suhrkamp taschenbuch
wissenschaft 2286

Warum geben sich autoritäre Regime Verfassungen? Reicht es, diese als bloße Fassaden oder »Verfassungen ohne Verfassungskultur« abzutun? Nein, sagt Günter Frankenberg und zeigt in seinem neuen Buch, dass man sie als für ein Publikum geschriebene Texte, mit denen Zwecke verfolgt werden, ernst nehmen und kritisieren muss. Ein exekutivlastiger, informeller Regierungsstil, konstitutioneller Opportunismus, Partizipation als Komplizenschaft, Macht als Privateigentum und der Kult der Unmittelbarkeit leisten als wesentliche Merkmale des autoritären Konstitutionalismus der imaginären Gemeinschaft von Herrschern und Beherrschten Vorschub und prägen die unterschiedlichen Varianten autoritärer Verfassungspraxis – vom Faschismus über kleptokratische und patrimoniale Systeme bis hin zum Populismus.

Günter Frankenberg ist Professor für Öffentliches Recht, Rechtsphilosophie und Rechtsvergleichung an der Goethe-Universität Frankfurt am Main. Letzte Veröffentlichungen im Suhrkamp Verlag: *Die Verfassung der Republik* (stw 1331), *Autorität und Integration* (stw 1622) sowie *Staatstechnik* (stw 1968).

Günter Frankenberg
Autoritarismus

*Verfassungstheoretische
Perspektiven*

Suhrkamp

Für Alani und Sophie

Bibliografische Information der Deutschen Nationalbibliothek
Die Deutsche Nationalbibliothek verzeichnet diese Publikation
in der Deutschen Nationalbibliografie;
detaillierte bibliogr afische Daten sind im Internet
über http://dnb.d-nb.de abrufbar.

suhrkamp taschenbuch wissenschaft 2286
Erste Auflage 2020
© Suhrkamp Verlag Berlin 2020
Alle Rechte vorbehalten, insbesondere das der Übersetzung,
des öffentlichen Vortrags sowie der Übertragung
durch Rundfunk und Fernsehen, auch einzelner Teile.
Kein Teil des Werkes darf in irgendeiner Form
(durch Fotografie, Mikrofilm oder andere Verfahren)
ohne schriftliche Genehmigung des Verlages reproduziert
oder unter Verwendung elektronischer Systeme
verarbeitet, vervielfältigt oder verbreitet werden.
Umschlag nach Entwürfen von
Willy Fleckhaus und Rolf Staudt
Druck: Druckhaus Nomos, Sinzheim
Printed in Germany
ISBN 978-3-518-29886-2

Inhalt

Vorwort 7
Einleitung 9
I. Verfassungen 20
  1. Szenen und Projekte 20
  2. Verfassungen finden statt 33
  3. Archetypische Muster und autoritäre Verfassungen .. 39
  4. Struktur autoritärer Verfassungen 44
  5. Autoritärer Konstitutionalismus zwischen Magie
     und Täuschung 48
II. Autoritarismus 55
  1. Autorität und Macht 55
  2. Autoritarismus 61
  3. Totalitäre Herrschaft 71
  4. Hobbes' Frage 75
  5. Spektrum des Autoritarismus 78
  6. Autoritarismus als Pathologie 82
  7. Abschied vom »Populismus«? 85
III. Liberaler Konstitutionalismus – autoritäre Momente .. 92
  1. Liberale Kolonisierung der Verfassungswelt 93
  2. Kritik liberalistischer Abwehrsemantik 98
  3. Autoritäre Gründungsmomente des liberalen
     Konstitutionalismus 108
  4. Prärogative und legislative Staatstechnik 113
  5. Prärogative im Doppelstaat und Deep State 117
  6. »Militante Demokratie« und Exekutivprivilegien . 127
  7. Entscheidungsprivilegien und Ermessen 130
IV. Staatstechnik des autoritären Konstitutionalismus ... 134
  1. Narrative und Experimente 134
  2. Konstitutioneller Opportunismus 137
  3. Autoritärer Informalismus 143
  4. Regieren mit Sondervollmacht 154
  5. Autoritäre Hermeneutik des Verdachts 162
  6. Entmachtung der Justiz 165
V. Autoritäre Macht als Privateigentum 170
  1. Das symbolische Dispositiv der Autokratie 170

2. Autoritäre Macht als Eigentumstitel 174
   3. Pastiche des dynastischen Prinzips 190
   4. Kleptokratie 196
   5. Aus der Finanzbuchhaltung des Autoritarismus 198
   6. Zur Verfassung autoritärer Eigentumsmacht 210
VI. Partizipation als Komplizenschaft 212
   1. Ambivalenz von Autoritarismus und Partizipation ... 212
   2. Zur Psychologie kollektiven Protests 220
   3. Krise der Repräsentation, Blüte des Autoritarismus .. 223
   4. Krisendiagnosen 227
   5. Autoritärer Konstitutionalismus
      und Formen der Partizipation 242
   6. Partizipation als Komplizenschaft 249
VII. Autoritäre Verfassung – Kult der Unmittelbarkeit 255
   1. Rechtsstaatliche Demokratie
      als Herrschaftsform der Distanz 256
   2. Inauguration des Kults der Unmittelbarkeit 258
   3. Unmittelbarkeit von Lüge und Propaganda 266
   4. Neutralisierung vermittelnder
      Institutionen und Verfahren 271
   5. Autoritäre Inszenierung von öffentlicher Privatheit .. 281
   6. Imaginäre Gemeinschaften 289
   7. Verfassungen der Unmittelbarkeit 298
VIII. Publikum und Zwecke autoritärer Verfassungen 305
   1. Nochmals: zur Frage der Verfassung 306
   2. Autoritäre Verfassungen als Archetypen 309
   3. Dispositiv autoritärer Verfassungen 315
   4. Varianten des autoritären Konstitutionalismus 320
Epilog 343
Literatur 349

Vorwort

Die Karriere des politischen Autoritarismus im letzten Jahrzehnt wirft Fragen auf. Mit einer vergleichenden Studie zum autoritären Konstitutionalismus[1] sollten einige von ihnen beantwortet werden. Den dort versammelten Autor*innen, insbesondere Helena Alviar García, Roberto Gargarella, Duncan Kennedy und Norman Spaulding, danke ich für intensive, lehrreiche Diskussionen. Dass sich aus meinem Aufsatz dort dieses Buch entwickelte, wäre ohne Klaus Günthers nachdrückliche Empfehlung und ohne unseren Gedankenaustausch auf dem Offenbacher Marktplatz der Ideen nicht jetzt, jedenfalls nicht so geschehen. Maximilian Pichl und Eric von Dömming haben das Projekt mehr als hilfskräftig unterstützt. Zudem hat Maximilian Pichl eine kritische Durchsicht auf sich genommen und eine Vielzahl von Änderungen angeregt. Während der Produktionsphase haben mir zahlreiche Kolleg*innen Gelegenheit für Testläufe gegeben; dankbar bin ich daher Armin von Bogdandy und seinem Team, Andreas Engelmann, Ratna Kapur, Hans Lindahl, Russell Miller, Horatia Muir Watt, Fernanda Nicola, Ulrich K. Preuß, Enno Rudolph, Peer Zumbansen und vor allem Uwe Volkmann. Für ihre spontane Bereitschaft, das Buch in die Reihe stw aufzunehmen, danke ich Eva Gilmer. Desgleichen Philipp Hölzing für das gründliche Lektorat des Manuskripts.

Apropos Kolleg*innen: Im weiteren Verlauf werde ich die »Genderisierung« maßvoll, manche mögen sagen inkonsequent, vornehmen und möchte dies kurz erläutern. Wo es historisch und aktuell empirisch absurd wäre zu »gendern«, vor allem beim Personal des Autoritarismus (Autokraten, Despoten, Diktatoren, Führer, Sklavenhalter usw.), werde ich, wie ich denke, aus guten Gründen, darauf verzichten. Desgleichen bei Begriffen, die im jeweiligen Anwendungsfall keine Person bezeichnen oder aber generell ein personales Substrat nicht zwanglos oder nicht ohne Ambivalenz zu erkennen geben (wie etwa Träger), um irreführende Subjektivierungen zu ver-

---

[1] Günter Frankenberg, »Authoritarian Constitutionalism – Coming to Terms with Modernity's Nightmares«, in: Helena Alviar García, Günter Frankenberg (Hg.), *Authoritarian Constitutionalism. Comparative Analysis and Critique*, Cheltenham UK: Edward Elgar, 2019.

meiden. Diesen Gender-Modus halte ich deshalb für gerechtfertigt, weil er die These stützt, dass Autoritarismus maskulin konnotiert ist und nicht selten durch Formen zur Herrschaft gekommener Maskulinität konstituiert wird.

Dieses Buch widme ich meiner Familie, angeführt von meinen Enkelinnen Alani und Sophie. Ob sie einst sagen werden, der Autoritarismus sei in diesem Jahrhundert nur ein Spuk gewesen?

Offenbach am Main, Juni 2019, G.F.

Einleitung

> »Eine Regierungsherrschaft nähert sich der Vollkommenheit, je mehr sie durch die Kraft ihrer Verfassung die Untertanen, und selbst die am wenigsten tugendhaften, dazu bestimmt, freiwillig zu tun, was das Gemeinwohl erfordert ...«[1]

Alle weltgeschichtlichen Ereignisse von Bedeutung geschehen zweimal, heißt es. Ebenso treten alle historischen Personen ebenfalls zweimal auf. In diesem Punkt waren sich Hegel und Marx weitgehend einig. Marx fügte präzisierend, wie er meinte, hinzu: »das eine Mal als Tragödie, das andere Mal als Farce«.[2] Vorsicht legt nahe, zwei Geistesgrößen nicht gleich am Anfang zu widersprechen. Also soll es zunächst bei einigen Fragen bleiben: Wäre demnach die rechtspopulistische Ehe von Cinque Stelle und Lega[3] in Italien die Farce zur Tragödie des italienischen Faschismus, die Benito Mussolini und seine Schwarzhemden schrieben? Erlebt Ungarn derzeit mit Viktor Orbán, ebenfalls als Farce, den Wiedergänger der stalinistischen Tragödie unter Mátyás Rákosi?[4] Geradeso wie

---

1 Publizist (anonym), *Révolutions de Paris, dédiées à la Nation*, hg. v. Louis-Marie Prudhomme, Paris: Imprimerie des Révolutions, Nr. 20, 21.-28.11.1789, hier zit. nach Ulrich K. Preuß, *Revolution, Fortschritt und Verfassung*, Berlin: Wagenbach, 1990, 12.
2 Karl Marx, »Der achtzehnte Brumaire des Louis Bonaparte«, in: Karl Marx, Friedrich Engels, *Ausgewählte Schriften in zwei Bänden* I, Berlin: Dietz, 1970, 226 ff./226.
3 Nach ihrem Sieg bei den Parlamentswahlen von 2018 schlossen die dem Front National in Frankreich nachempfundene Lega und die Bewegung Cinque Stelle (Fünf Sterne) ein Koalitionsbündnis, *Süddeutsche Zeitung* vom 05.03.2018. Dazu Filippo Tronconi (Hg.), *Beppe Grillo's Five Star Movement. Organisation, Communication and Ideology*, London: Ashgate, 2015, und David Broder, »Losing Ground«, in: *Jacobin* v. 06.10.2016 ⟨https://www.jacobinmag.com/2016/06/italy-five-star-beppe-grillo-m5s-elections-corruption-pd/⟩; und Michael Braun, »Die Lega Nord: Vom Wohlstandssezessionismus zum Anti-Euro-Nationalismus« in: Ernst Hillebrand (Hg.), *Rechtspopulismus in Europa: Gefahr für die Demokratie?*, Bonn: Dietz, 2015.
4 Rákosi, zunächst Generalsekretär der Kommunistischen Partei, dann auch Ministerpräsident Ungarns, bezeichnete sich selbst als »Stalins besten ungarischen Schüler«. Dazu Anne Applebaum, *Der Eiserne Vorhang: Die Unterdrückung Osteuropas 1944-1956*, München: Siedler, 2013.

Donald Trump Erinnerungen an Richard M. Nixons Tragödie der Demokratie wachruft? – Nicht wirklich. Oder genauer: nicht in jeder Hinsicht.

Der strenggläubige Sunnit Sultan Selim I. regierte das Osmanische Reich von 1512 bis 1520.[5] In seiner Regierungszeit verdiente er sich allemal das Prädikat »der Gestrenge und Grausame«: Er entmachtete seinen Vater, ließ nach der Übernahme der Macht seine Brüder und Neffen hinrichten, bekämpfte die Schiiten und Alewiten, führte Krieg gegen Persien und ließ es, auch in Friedenszeiten, an weiteren Grausamkeiten nicht fehlen. Würde Marx dies als die Tragödie bezeichnen, zu der Recep Tayyip Erdoğans autoritäres Regime heute die Farce als Nachspiel gibt? Vermutlich sähe der türkische Präsident sich nicht ungern als zeitgemäße Version jenes strenggläubigen osmanischen Herrschers. Nachdem die türkische Gesellschaft sich selbst unter Kemal Atatürk einen neuen Inhalt erobert hatte, scheint nun »der Staat zu seiner ältesten Form zurückgekehrt, zur unverschämt einfachen Herrschaft von Säbel und von Kutte«.[6]

Dennoch mag man der verführerischen Metapher von Farce und Tragödie, erst recht ihrer Abfolge nicht trauen. Und selbst wenn die Sequenz sich umkehren ließe – beim Wechsel von Hugo Chávez zu seinem Nachfolger Nicholás Maduro in Venezuela wäre das wohl angezeigt –: die Opfer einer Farce werden gegen die Marx'sche Umdeutung von Hegel Widerspruch einlegen. Das wohl zu Recht.

Autoritarismus: *Apocalypse now?*

Bliebe das 20. Jahrhundert als Epoche der Menschenrechte in Erinnerung, ließe sich dem nachfolgenden Jahrhundert ohne weiteres der Durchbruch der liberalen Demokratie gutschreiben. Freilich werden beide von tiefen Schatten verfinstert. Staatlich organisierte Vernichtung, Gewalt, Massaker, Folter und Vertreibungen haben sich in die Bilanz des vergangenen Jahrhunderts eingetragen.[7] Und

---

5 Dazu H. Erdem Çıpa, *The Making of Selim: Succession, Legitimacy and Memory in the Early Modern Ottoman World*, Bloomington IN: Indiana University Press, 2017.

6 Marx, »Der achtzehnte Brumaire des Louis Bonaparte«, 229.

7 Hannah Arendt, *Elemente und Ursprünge totaler Herrschaft. Antisemitismus, Imperialismus, totale Herrschaft* [1951], Piper: München/Zürich, 1986.

es fehlt nicht an Hinweisen, dass autoritäre Regime seit geraumer Zeit auf dem Vormarsch sind, wenn sie nicht bereits seit langem im Hintergrund oder im Mantel der Normalität auf ihre Stunde gelauert haben.

Die Renaissance des politischen Autoritarismus,[8] ja des »Aufstiegs einer neuen autoritären Internationalen« oder der Globalisierung des Autoritarismus,[9] von der allenthalben die Rede ist, lässt sich beziffern. Nach dem Transformationsindex BTI der Bertelsmann-Stiftung wuchs die Bevölkerung in Autokratien von 2003 bis 2017 von 2,3 auf 3,3 Milliarden, und derzeit 58 von 128 Staaten werden als Autokratien geführt.[10] Demokratien verzeichnen dagegen nur einen bescheidenen Bevölkerungszuwachs von 4,0 auf 4,2 Milliarden. Andernorts zählt die quantitative Forschung dieser Tage sogar mehr autokratische als demokratische Regime und Verfassungen.[11] Nach den meisten vorliegenden Untersuchungen wird die Mehrheit der Gesellschaften wohl (noch) demokratisch regiert. Ein eher schwacher Trost.

Kein Wunder also, dass neuerlich ein apokalyptischer Ton zu vernehmen ist. Seine Träger begnügen sich nicht damit, die ohnehin erschreckenden Zahlen zu nennen, sondern folgern aus dem autoritären Immer-Mehr – nach Art einer Nullsummenrech-

---

8 Ausführlich diskutiert werden Definitionen und Merkmale des politischen Autoritarismus in Kap. 2 und Kap. 4-7 in diesem Buch.
9 Dazu insbesondere Wilhelm Heitmeyer, *Autoritäre Versuchungen*, Berlin: Suhrkamp, 2018, 177 f., dessen empirische Untersuchungen autoritärer Einstellungen, Bewegungen und eben Versuchungen für die nachfolgendem Überlegungen von unschätzbarem Wert sind. Siehe auch Michael Zürn, *Autoritärer Populismus vs. offene Gesellschaft – eine neue Konfliktlinie?*, hg. v. d. Heinrich-Böll-Stiftung, Oktober 2018.
10 Zum Transformationsindex der Bertelsmann-Stiftung: ⟨https://www.bertelsmann-stiftung.de/de/unsere-projekte/transformationsindex-bti/⟩ (Zugriff: 03.11.2018).
11 Heitmeyer, *Autoritäre Versuchungen*, 177 ff.; André Bank, »Die Renaissance des Autoritarismus. Erkenntnisse und Grenzen neuerer Beiträge der Comparative Politics und Nahostforschung«, in: *Hamburg Review of Social Sciences* 4 (2009), 10 ff.; zum Ranking von *The Economist* ⟨https://www.businessinsider.de/ranking-2017-autoritaere-laender-2018-2?op/⟩ (Zugriff 11.06.2018), und https://www.dasparlament.de/2018/24/im_blickpunkt/-/559222/⟩ (Zugriff: 03.11.2018). Weitere Nachweise: Tom Ginsburg, Alberto Simpser (Hg.), *Constitutions in Authoritarian Regimes*, Cambridge: Cambridge University Press, 2013; Helena Alviar García, Günter Frankenberg (Hg.), *Authoritarian Constitutionalism*, Cheltenham: E. Elgar Publishing, 2018.

nung – ein Immer-Weniger an Demokratie: die »Umkehrung von 1989«, Gefährdungen der Freiheit, der Zerfall, die »Entleerung«, das »Schwinden« oder gar der »Tod« der Demokratie.[12]

In Europa, das sich als Union auf gutem Weg zu Wohlstand, Demokratie und einem langen, fast schon »ewigen Frieden« wähnte, an dem Kant[13] seine Freude gehabt hätte, zeigen sich – in seinem Zentrum und an der Peripherie – neue Phänomene des autoritären Konstitutionalismus und der Missachtung von Demokratie und Menschenrechten. Präsidialkabinette, Übergänge zu autoritären Entscheidungsverfahren[14] in Finanzkrisen, nationalradikale, sich dem »wahren Volk« andienende Regierungsparteien treten als Gespenster einer Vergangenheit auf, die längst gebannt schien, aber nicht vergehen will. Sie werden begleitet von außerparlamentarischen Bewegungen und von noch nicht organisierten Mentalitäten,

---

12 Veröffentlichungen aus neuerer Zeit: Yascha Mounk, *Der Zerfall der Demokratie*, München: Droemer, 2018 (Handeln ist dringend erforderlich, soll die Demokratie gerettet werden); Steven Levitsky, Daniel Ziblatt, *Wie Demokratien sterben: Und was wir dagegen tun können*, München: DVA, 2018 (nur mit gezielter Gegenwehr lässt sich die Demokratie retten – ggf. auch vom Sterbebett der Demokratie); Edward Luce, *The Retreat of Western Liberalism*, New York: Abacus, 2017 (Ende der Hegemonie des Westens); Timothy Snyder, *The Road to Unfreedom*, New York: Random House, 2018 (Bedrohung der Demokratie durch Revolten in den USA und in England gegen bewährte politische Praxis und Werte); Patrick Deneen, *Why Liberalism Failed*, New Haven: Yale University Press, 2018 (die Stärken des Liberalismus führen zugleich zu dessen Versagen); Aziz Huq, Tom Ginsburg, »How to Lose a Constitutional Democracy«, in: *UCLA Law Review* 65 (2018), 13 ff. und der Rettungsversuch von Tom Ginsburg und Aziz Z. Huq: *How to Save a Constitutional Democracy*, Chicago: University of Chicago Press, 2018; siehe auch Sujit Choudry, »Will Democracy Die in Darkness? Calling Autocracy by Its Name«, in: Mark A. Graber et al. (Hg.), *Constitutional Democracy in Crisis?*, Oxford: Oxford University Press, 2018, 571 ff. – Weder apokalyptisch noch neu, aber nach wie vor aktuell: Juan Linz, Alfred Stepan, *Problems of Democratic Transition and Consolidation. Southern Europe, South America, and Post-Communist Europe*, Baltimore: Johns Hopkins University Press, 1996; Juan Linz, *Totalitäre und autoritäre Regime*, Berlin: Berliner Debatte Wissenschaftsverlag, 2003.

13 Immanuel Kant, *Zum Ewigen Frieden* [1795], mit einem Kommentar von Oliver Eberl und Peter Niesen, Berlin: Suhrkamp, 2011.

14 Stephen Gill, »European Governance and New Constitutionalism: Economic and Monetary Union and Alternatives to Disciplinary Neoliberalism in Europe«, in: *New Political Economy* 1 (1998), 5 ff.; Lukas Oberndörfer »Vom neuen zum autoritären Konstitutionalismus«, in: *Kurswechsel* 2 (2012), 62 ff.

die die Flucht ins Autoritäre angetreten haben oder der autoritären Versuchung bereits erlegen sind.[15]

Im Bermuda-Dreieck von Rasse, Ethnie und Nation verbündet sich das organisierte Ressentiment gegen Fremde und Eliten mit Intoleranz gegenüber gesellschaftlichen Gruppen, die als »Minderheiten« geführt werden.[16] Autokraten greifen nach der Macht und der Verfassung. Selbst in Gesellschaften, die es besser wissen sollten und den Anschein erweckten, auf dem Weg zu einer nachhaltigen Demokratisierung zu sein, wie Polen und Ungarn, fahren antidemokratische Rhetorik und offen propagierte Illiberalität erhebliche Wahlerfolge ein. In Italien stellte eine bizarre, als rechtspopulistisch bezeichnete Koalition, vereint im Affekt gegen Eliten, Fremde und Brüssel, bis Mitte 2019 die Regierung. Frankreichs nationalistischer Rassemblement National, vor 2018 Front National, hofft in einer durch die Wahlniederlage gekränkten Opposition, die Proteste der »Gelben Westen« könnten zum Sturz der Regierung Macron führen und dann ihnen selbst die Macht in den autoritären Schoß legen.

Unter Hilfestellung eines antiquierten Wahlsystems erlagen die USA 2016 »mehrheitlich« der autoritären Versuchung. Präsident Donald Trump demonstriert seitdem, wie zügig es gelingt, in einer Demokratie, von der es hieß, sie sei gefestigt, das rhetorische Arsenal des Autoritarismus zu öffnen und sich dessen Waffen zu bedienen. Er demonstriert seit seinem Wahlsieg, wie leicht sich eine (vielleicht hierfür ohnehin anfällige) politische Kultur durch die Normalisierung rassistischer, sexistischer und xenophober Ausfälle regierungsamtlich vergiften und die Stimmung eines Belagerungszustandes herstellen lässt.

Wenn man von bizarren Trägern und Versionen des politischen Autoritarismus absieht, wie (bis vor wenigen Jahren) Robert Mugabes postkolonialer Diktatur der Grausamkeit in Zimbabwe, dem postsowjetischen Despotismus eines Gurbanguly Berdymuhamedow in Turkmenistan oder dem absolutistischen Zentrum des islamisch-wahhabitischen Fundamentalismus in Saudi-Arabien, fällt der Blick auf Regime, die den weniger auffälligen und deshalb nicht

---

15 Heitmeyer, *Autoritäre Versuchungen*; Elmar Braehler, Oliver Decker, *Flucht ins Autoritäre: Rechtsextreme Dynamiken in der Mitte der Gesellschaft*, Gießen: Psychosozial-Verlag, 2018.
16 Stuart Hall, *Das verhängnisvolle Dreieck. Rasse Ethnie Nation*, Berlin: Suhrkamp, 2018.

weniger gefährlichen Standard des Autoritarismus markieren. Zu denken ist etwa an Russland, Weißrussland, Thailand, Kambodscha, Iran, Bangladesch, Burundi, Ruanda, Pakistan, Libanon, Türkei, Uganda, Mosambik, Malaysia, Ägypten, Polen, Ungarn, Indien (Modi) und viele mehr. Einzurechnen in diese Gruppe wären geschickt taktierende Militärregime (in Myanmar) oder auch der eben gewählte brasilianische Präsident und Oberst der Reserve Jair Bolsonaro, der aus seiner Bewunderung für Militär, Folter und sonstige Gewalt keinen Hehl macht. Gewählt von der Mehrheit, darf er sich anschicken, nach dem »lawfare« gegen den früheren Präsidenten und aussichtsreichen Gegenkandidaten Lula, die Militärdiktatur von 1964 bis 1985 nunmehr als äußerlich ziviles, im Kern autoritäres Militärregime neu aufzulegen.[17] Nicht zu vergessen sind zur Autokratie mutierte, ehemals revolutionäre Kader, wie Daniel Ortega in Nicaragua, der nun um seine Macht ringende Nicholás Maduro in Venezuela oder vor kurzer Zeit noch die Präsidenten Thabo Mbeki und ihm folgend Jacob Zuma in Südafrika.

Die Frage der Verfassung

Was soll eine Verfassung in einem autoritären Regime, wo doch Repression, Massenmorde, Schauprozesse, Folter, Deportationen, Inhaftierungen, Praktiken der Diskriminierung und Einschüchterung (nicht alle Maßnahmen überall in gleichem Maße) ohne weiteres möglich sind und vielerorts stattfinden? Hat »Verfassung« etwas zu *sagen*, oder gilt sie nur *als ob*? Und wenn sie etwas zu sagen hat: an wen wendet sich eine Verfassung im autoritären Umfeld? Leitet sie die Regierungspraxis an und findet sie statt, oder beliefert sie nur die Propaganda mit Rhetorik und schönem Schein?

Angesichts der tiefen Abneigung von Autokraten gegen ihre gerichtliche, parlamentarische, mediale und gesellschaftliche Kontrolle, gegen politische Risiken und einklagbare rechtliche Verpflichtungen stellt sich die Frage, warum sie sich einer Verfassung unterwerfen, und sei es auch nur symbolisch. Warum beugen sie sich den Vorschriften eines Gründungsdokuments, wenn am Ende

---

17 Ausführlich: die Investigativplattform *The Intercept*, dazu Jens Glüsing, »Der Richter und sein Präsident«, in: *Spiegel Online* vom 23. 06. 2019, ⟨https://www.spiegel.de/politik/ausland/brasilien-justizskandal-um-praesident-jair-bolsonaro-a-1273563.html⟩ (Zugriff: 30. 06. 2019).

des Tages konstitutionelle Zwänge abgeschüttelt, missachtet oder manipuliert werden (können)? – Das führt zu dem Thema zurück, mit dem sich nicht nur die Wissenschaften seit Generationen, genauer: seit den Zeiten des Alten Testaments, gequält haben: Warum unterwirft sich ein allmächtiger Gott einem Abkommen? Warum leistet eine Gesellschaft einer Verfassung Gehorsam, die von der verfassunggebenden Gewalt einer vergangenen Generation ins Werk gesetzt wurde? Diesen Fragen – oder vielleicht: dem von ihnen verdeckten Paradox – werden die folgenden Überlegungen nachgehen.

Im Herzen der Finsternis des Autoritären könnte sich ein Paradox verbergen, das Abscheu und Faszination kombiniert. Unter der diskursiven Hegemonie des Liberalismus wird diese Zwiespältigkeit verdrängt, von der Strahlkraft des liberalen Konstitutionalismus wird sie nicht ausgeleuchtet, sondern eher verschattet. Angesichts der beängstigenden Ausbreitung des politischen Autoritarismus erscheint es angebracht, die eingeübte liberale Dominanzperspektive zu suspendieren, um autoritären Konstitutionalismus als Phänomen eigenen Rechts aus der Nähe zu betrachten und um ihn durch Kritik wieder auf Distanz zu halten, nicht aber wie so oft nur als Schwundstufe des Liberalismus oder als demokratisches Defizitmodell, als das ganz *Andere* des liberal-demokratischen Konstitutionalismus, sondern so, »wie das ganz Andere grundsätzlich erkannt werden kann, ohne etwas von seiner Andersartigkeit zu verlieren; das sehr weit Entfernte enorm nah sein kann, ohne weniger weit weg zu sein«.[18]

Gang der nachfolgenden Überlegungen

Das Programm der Annäherung und Untersuchung, Kritik und Zurückweisung des politischen Autoritarismus wird im Folgenden aus einer vorwiegend verfassungstheoretischen und verfassungsrechtlichen Perspektive in Angriff genommen. Im Anschluss an diese Einleitung wird zunächst die Frage der Verfassung gestellt (I.). Dass und wie sich Autokraten eine Verfassung geben, sollen einige historische Szenen und Verfassungsprojekte illustrieren. Dabei bleibt das Warum freilich unbeantwortet. Denn zu klären ist

---

18 Clifford Geertz, »Found in Translation: Social History of Moral Imagination«, in: ders., *Local Knowledge: Further Essays in Interpretive Anthropology*, New York: Basic Books, 1983, 48.

vorab, erstens, dass und wie sich autoritäre Regime des konstitutionellen Narrativs bedienen als einer Art und Weise, die Wirklichkeit zu sehen und zu verstehen; zweitens ist zu untersuchen, welche Leistungen, die Verfassungen erbringen (können), auch autoritären Regimen entgegenkommen; schließlich ist, drittens, zu fragen, wie der autoritäre Konstitutionalismus die magischen Kräfte, die Verfassungen zugeschrieben werden, regressiv einsetzt, um Herrschaft wie einst im Ancien Régime zu personalisieren und den abstrakten Verfassungs- und Rechtsgehorsam in eine persönliche Gehorsams- und Treuepflicht der Beherrschten (»Führer befiehl, wir folgen dir«) zu transformieren.[19]

Daran schließt (II.) der Versuch an, die schwierigen Begriffe und Verhältnisse von Macht und Autorität, von autoritären und totalitären Regimen so weit aufzuhellen, dass sie diese Studie zum autoritären Konstitutionalismus mit einigem Gewinn, wenn auch nicht mit letzter Sicherheit leiten können. Autoritarismus fungiert danach als Kollektivsingular weniger für Einstellungen, psychische Dispositionen[20] und Erziehungsstile als für Staatsformen, Machtkonzeptionen und Staatstechniken.

Das Verhältnis von Macht und Autorität bestimmt auch das Spektrum und die Pathologien des politischen Autoritarismus. Der Fokus auf den Konstitutionalismus, wenn dessen autoritäre Varianten untersucht und kritisiert werden sollen, setzt voraus, zu jener liberalen Orthodoxie auf Distanz zu gehen, die meint, autoritäre Verfassungen seien bloße Fassaden oder aber Konstitutionen ohne Konstitutionalismus und hätten folglich zum Verständnis des »eigentlichen« Konstitutionalismus nichts beizutragen (III.). Dieser Jargon der »Eigentlichkeit« wird mit einigen der von ihm verhüllten autoritären Momente konfrontiert, nicht um Liberalität oder demokratische Strukturen und Ideen zu desavouieren. Es geht vielmehr darum, den gedanklichen Raum zu öffnen für eine robuste Analyse möglicher anderer Funktionen von Verfassungen als die, Rechte zu gewähren oder Gewalten zu teilen, deren sich autoritäre Regime gerade bedienen könnten.

Die nachfolgenden Kapitel (IV.-VII.) tragen Bausteine des autoritären Konstitutionalismus zusammen. In ihrer Gesamtheit bilden

---

19 Eindrucksvoll zu den Folgen: Florian Huber, *Kind, versprich mir, dass du dich erschießt. Der Untergang der kleinen Leute 1945*, Berlin: Berlin Verlag, 2015.
20 Ausführlich dazu mit empirischem Material Heitmeyer, *Autoritäre Versuchungen*.

diese wesentliche Elemente, die sich in diversen Kombinationen und mit unterschiedlicher Ausprägung – je nach historischem Kontext und politischer Konstellation, Kultur und Ökonomie – den Varianten des politischen Autoritarismus und den Verfassungen autoritärer Regime aufprägen. Am weitesten verbreitet ist die *Staatstechnik* des autoritären Konstitutionalismus (IV.). Unter »Staatstechnik« verstehe ich im Anschluss an frühere Arbeiten die Gesamtheit der Praktiken, Normen und Prinzipien, Formen des Wissens und Fähigkeiten, Kalkulationen, Strategien und Taktiken, die staatliche Akteure und Institutionen bei ihren Operationen in Anschlag bringen.[21] Autoritäre Staatstechnik oder Methoden der Machtausübung zeichnen sich nicht allein durch die Verschiebung der Gewichte auf die Exekutive aus, sondern auch durch ihren konstitutionellen Opportunismus und ihre Vorliebe fürs Informelle. Opportunismus ist darauf angelegt, Machtansprüche zu legitimieren und autoritärer Herrschaftspraxis die Dignität des Rechts zu verleihen. Informalismus heißt, autoritäre Regime operieren im Schatten der Verfassung, an Formen und Verfahren nicht gebunden, zwischen Gesetzesherrschaft und Willkür, immer auf Tuchfühlung mit dem Ausnahmezustand.

Ein weiteres Merkmal des autoritären Konstitutionalismus ist die intime Beziehung zwischen *Macht und Eigentum* (V.). Das heißt konkret: Autokraten betrachten ihre durch Wahl oder Ernennung, Manipulation oder Usurpation erlangte Macht als *privates* Hausgut, mit dem sie nach Art von Eigentümern freihändig disponieren können. Zu dieser Dispositionsbefugnis gehören die Zentralisierung von Ämtern in einer Hand, die Entscheidung über das Ende der Amtszeit sowie die Bestimmung der Nachfolge, sprich: Erbfolge. Wenige autoritäre Führungspersonen können zudem der Versuchung widerstehen, sich im Amt nach dem pervertierten Zuschnitt eines »Herrscherrechts auf alles« über die Maßen zu bereichern.

Ob autoritäre Regime auf Partizipation angewiesen sind oder aber diese wie der Teufel das Weihwasser meiden und bereits in den Verfassungen die entsprechenden Konnexgarantien politischer Freiheit und Beteiligung zurücknehmen, wird überaus kontrovers diskutiert (VI.). In diese Kontroverse greife ich mit einer These

---

21 Günter Frankenberg, *Staatstechnik. Perspektiven auf Rechtsstaat und Ausnahmezustand*, Berlin: Suhrkamp, 2010, 12 ff.

ein, die keinen Mittelweg sucht, aber sowohl dem behaupteten Bedürfnis nach Partizipation der Bevölkerung als auch der Angst von Autokraten vor unkontrollierbaren Risiken (Wahlausgang!) und überschießenden zivilgesellschaftlichen Energien Rechnung trägt. Politischer Autoritarismus entwickelt, soweit nach der Rechtslage zulässig, ihm entgegenkommende Formen der Partizipation. Sie zielen auf Einstimmung statt Abstimmung ab und verstricken die Bürgerschaft als Komplizen in die Staatspraxis, ohne sie an der Entscheidung über Maßnahmen, Pläne und Programme – mangels Information und Stimme – wirklich zu beteiligen. Komplizenschaft gelingt allerdings nur, wenn Führer und Geführte im öffentlichen Raum präsent sind – bei Massenveranstaltungen (wie Paraden, »Reichsparteitagen« oder Nationalkongressen) oder in der »autoritären Sprechsituation« des Herrschermonologs, wenn sich die Führung in den (Staats-)Medien an die Gefolgschaft wendet oder diese zu Referenden (auch Wahlen als Referenden) und Konsultationen aufruft. Damit wird der Grundstein gelegt für den Kult der Unmittelbarkeit, den Autokraten pflegen, um die theatrale Dimension von Politik zu besetzen und ihr Charisma und ihre Propaganda ohne institutionelle oder mediale Kontrolle zur Geltung zu bringen (VII.). An die Stelle der rechtsstaatlich-demokratischen Herrschaftsform der Distanz setzen sie – nach Ausschaltung der intermediären Organisationen und Institutionen – die direkte Kommunikation mit dem »Volk« und die illusionäre Gemeinschaft von Führer und Gefolgschaft.

Die im folgenden Kapitel eingeführte und illustrierte These, dass Verfassungen Texte sind, die zu bestimmten Zwecken für ein (mehr oder weniger) deutlich bestimmtes oder plausibel bestimmbares Publikum geschrieben werden, wird am Ende wieder aufgegriffen (VIII.). Vor dem Hintergrund der Archetypen, die sich aus der Verfassungsgeschichte herauspräparieren lassen, wird dargelegt, in welcher Hinsicht autoritäre Verfassungen eher dem Typus des politischen Manifests entsprechen. Diese tragen ihre Zwecke nicht »auf der Stirn«, ebenso bleiben auch die Motive autoritärer Verfassungsgeber regelmäßig im Dunkeln. Folglich kann es nur um plausible Deutungen und Zuschreibungen gehen. Eben dazu wird abschließend ein heuristisches Schema eingeführt, das das interne Publikum mit dem externen kontrastiert und analytisch instrumentelle von symbolischen Zwecken trennt. Auf diese Weise ergeben sich vier grundlegende Spielarten und Grundmuster, denen sich autoritäre Verfassungen zuordnen lassen: das *Governance*-Skript, die Verfassung als *Programm* symbolischer Politik oder einer Mobilisierungsagenda, der *Ausweis* im Staatenverkehr und schließlich das *Schaufenster*.

Zum Umgang mit Verfassungen

Verfassungen sind keine hermetisch geschlossenen, sondern deutungsoffene Texte. Auch die Verfassungen autoritärer Regime wenden uns kein leicht lesbares Gesicht zu (wenn wir sie nicht als Fassaden abtun, sondern als Texte mit Zwecken, geschrieben für Adressat*innen, lesen). Ebenso wenig wie von liberalen Verfassungen ist von autoritären zu erwarten, dass sie eine verlässliche Landkarte ausbreiten, auf der die Allokation und Kontrolle politischer Macht säuberlich eingetragen ist, und Auskunft über den Gebrauchswert etwa der in ihnen niedergelegten Rechte oder Kompetenzregeln geben. Das macht sie keineswegs wertlos, wie es die These von der Verfassung als Fassade oder Täuschung haben will, sondern zunächst einmal schwierig und erst im kritischen Zugriff möglicherweise interessant. Zwischen naivem Verfassungsglauben (der liberalen Verfassungen gern geschenkt wird) und zynischer Verfassungsverachtung (die man Autokraten zu Recht unterstellt) liegt das weite Feld differenzierender Analysen. Diese halten auch in den Äußerungen strategisch operierender Regime Ausschau nach unbedachten Momenten, verdeckten Prämissen oder nicht hinreichend disziplinierten Randbemerkungen, die Auskunft geben darüber, welche Zwecke mit einer Verfassung verfolgt werden sollen und welches Publikum erreicht werden soll.

I. Verfassungen

> »Jedes Land hat seine eigene Verfassung … unsere ist Absolutismus gemäßigt durch Morde.«[1]

> »Verfassungen stellen eine Welt vor, die nicht existiert, und präsentieren sie, als ob sie existiert.«[2]

Wie sich autoritäre Regime »konstituieren«, wird hier exemplarisch und kursorisch an einigen historischen Momenten und Projekten dargestellt. Es bleibt zunächst dabei, die Fragestellung zu entwickeln und zu illustrieren. Das letzte Kapitel soll darauf antworten und mögliche Motive und Strategien von Autokraten mit Hilfe eines Rasters von Zwecken und Publika wieder aufgreifen und näher erläutern.

1. Szenen und Projekte

Seit Januar 2011 erlebte das »Königreich des Schweigens« ein kurzes Aufblühen im »Arabischen Frühling«. Noch im gleichen Jahr und in den folgenden durchlitt es das Grauen einer »Taufe des Horrors«.[3] Auf die vielstimmigen, anfangs gewaltlosen Proteste gegen Armut,

---

1 »Every country has its own constitution… ours is absolutism moderated by assassination.« Kommentar eines russischen Zeitgenossen im 19. Jahrhundert, zit. nach Clauspeter Hill und Jörg Menzel (Hg.), *Constitutionalism in Southeast Asia*, Singapur: Konrad-Adenauer-Stiftung, 2008, 5.
2 Gautam Bhatia, »Review«, in: *International Journal of Constitutional Law* 16 (2018), 1364 ff.
3 Nach vierzig Jahren Diktatur bezeichnet der Oppositionelle Riad al Turk 2011 Syrien als »Kingdom of Silence«, siehe Aimee Kligmans Interview mit al Turk im *Washington Examiner* ⟨http://exm.nr/LAN26R/⟩ (Zugriff: 18.07.2018). Zum »Arabischen Frühling«: Toby Manhire (Hg.), *Arab Spring. Rebellion, Revolution and a New World Order*, London: Guardian Books, 2012. Aus strategischer Perspektive: Volker Perthes, *Der Aufstand. Die arabische Revolution und ihre Folgen*, München: Pantheon, 2011. Zur Analyse der Ambivalenz: Jean-Marie Guéhenno »The Arab Spring Is 2011, Not 1989«, in: *The New York Times* vom 21. April 2011 ⟨https://www.nytimes.com/2011/04/22/opinion/22iht-edguehenno22.html⟩ (Zugriff: 19.06.2018).

Arbeitslosigkeit, Ämterpatronage, Zensur und Repression in Syrien reagierte das despotische Regime von Baschar al-Assad mit harter Repression, die sich alsbald zu einem an Grausamkeit kaum zu überbietenden Krieg gegen das eigene Volk steigerte.[4] Inmitten von Blutvergießen und brutaler Gewalt, Artillerie im Einsatz gegen Rebellen, Verhaftungen von Regimekritiker*innen und Angehörigen der Opposition durch Polizei und Geheimdienste, Vertreibung und Ermordung von Abertausenden von Gegnern, Unbeteiligten, Familien, Kindern gönnte sich der Despot al-Assad einen bizarren »constitutional moment«. Am 26. Februar 2012 rief er die syrische Bevölkerung an die Urnen, um sie in einem Referendum über eine neue Verfassung abstimmen zu lassen, die ihm ein handverlesenes Komitee nach seiner Vorlage erarbeitet hatte. Ironie der Geschichte: die alte Verfassung von 1973 war seinerzeit von dem bereits 1963 dekretierten Ausnahmezustand sogleich suspendiert worden. Mit einer Geste der Beschwichtigung, die freilich ins Leere wies, hatte al-Assad 2011 den Ausnahmezustand vorübergehend aufgehoben.

Erlass Nr. 94 setzte die neue Verfassung der Syrischen Arabischen Republik 2012 in Kraft, revidierte damit, wäre auf den Text Verlass, die Führungsrolle der regierenden Baath-(Einheits-)Partei in Staat und Gesellschaft zugunsten des politischen Pluralismus. Freilich wurde der Pluralismus sogleich konterkariert, indem für Syrien relevante Spielarten von Pluralität als Organisationsprinzipien politischer Organisation für verfassungswidrig erklärt wurden:

Auf der Basis von Religion, Sekte, Volksstamm, Region, Klasse, Beruf oder auf der der Diskriminierung nach Maßgabe von Geschlecht, Herkunft, Rasse oder Hautfarbe darf keine politische Aktivität unternommen [und] keine politische Partei oder Gruppierung gegründet werden. (Art. 8 Abs. 4)

Außerdem ist nennenswert, dass die Amtszeit des Präsidenten auf zwei siebenjähige Amtsperioden begrenzt wurde. Es bleibt abzu-

---

4 Robin Yassin-Kassab, *Burning Country: Syrians in Revolution and War*, London: Pluto Press, 2016 – auch zum Folgenden. Siehe auch den dramatischen Bericht »from the inside of the revolution« von Samar Yazbek, *The Crossing: My Journey to the Shattered Heart of Syria*, London: Ebury Press, 2016); und die vergleichsweise nüchterne, im Ergebnis unzutreffende Analyse der International Crisis Group Working to Prevent Conflict Worldwide, »Popular Protest in North Africa and the Middle East (VII): The Syrian Regime's Slow-Motion Suicide«, in: *Middle East/North Africa Report*, Nr. 109, 13. Juli 2011.

warten, ob al-Assad 2021 verfassungskonform abtritt.[5] Von den düsteren Zukunftsperspektiven und der Doppelzüngigkeit der Revisionen abgesehen, bleibt die Frage, die am Ende dieses Buches beantwortet wird (Kap. VIII), was den syrischen Despoten dazu getrieben haben könnte, sein Regime partiell neu zu verfassen.

Nach den Berichten über seinen Aufstieg und seine Amtspraxis war al-Assad, der »nützliche Tyrann«,[6] verschlagen genug zu erkennen, dass Verfassungen nicht nur erfunden wurden, um mit gleichsam magischer Kraft Einheit zu stiften, Herrschaft zu vertexten, Rechte zu verleihen und gemeinsame Werte zu schützen, sondern auch um als Instrumente der Täuschung herzuhalten. Mit der Revision könnte intendiert gewesen sein, der Bevölkerung den Verfassungszauber von Ordnung vorzuspiegeln, während das Land längst im Chaos versank.

Diese Strategie vereint al-Assad mit einem Autokraten vergleichbaren Zuschnitts, der aufs Ganze gesehen – mit Ausnahme des wüsten Krieges gegen die kurdische Bevölkerung – eine repressive, aber weniger mörderische Staatspraxis pflegt: Der türkische Präsident Recep Tayyip Erdoğan sorgte im Nachgang zu einem auffällig dilettantischen Coup (2016) unter Benutzung des üblichen verfassungsrechtlichen Bestecks, vor allem der Erklärung und mehrmaligen Verlängerung des Ausnahmezustandes, durch Massenverhaftungen des Justizpersonals und der Lehrerschaft, Säuberungen des öffentlichen Dienstes und Repressalien gegen Journalisten für eine ihm genehme Ordnung. Danach rief auch er die Bevölkerung dazu auf, im Referendum von 2017 seiner – natürlich auf ihn zugeschnittenen – Präsidialverfassung zuzustimmen. Der Plan ging auf. Die Mehrheit der türkischen Bevölkerung, mutmaßlich eingeschüchtert durch Repression oder eingenommen von der Propaganda, vielleicht auch von den Machtallüren des Präsidenten fasziniert, folgte ihm ins präsidiale Sultanat.

***

5 Art. 88: »The President of the Republic is elected for 7 years as of the end of the term of the existing President. The President can be elected for only one more successive term.« 2007 (97 %) und 2014 (88,7 %) stellte sich Assad jeweils ohne Gegenkandidaten zur »Wahl«, d. h. streng genommen zur Akklamation.

6 *Bashar al-Assad – der nützliche Tyrann*, Regie: Antoine Vitkine ⟨https://www.zdf.de/dokumentation/zdfinfo-doku/bashar-al-assad-der-nuetzliche-tyrann-108.html/⟩ (Zugriff 12. 06. 2018).

Nach der Oktoberrevolution verstanden sich die siegreichen Bolschewiki und in den folgenden Jahren die jeweiligen Träger der Sowjetmacht als Architekten eines ebenso neuen wie komplexen, auf Entwicklung angelegten gesellschaftlichen Befreiungsprojekts, das von einem Verfassungsexperiment begleitet wurde.[7] Sie verfolgten eine Verfassungsstrategie, die darauf abzielte, die Errungenschaften der Revolution und damit zugleich ihre Macht konstitutionell abzusichern. Die post-revolutionäre Verfassung von 1918 rückte den Aufbau der russischen Sowjetmacht und die Rechte des »werktätigen und ausgebeuteten Volkes« ins Zentrum, wohl um der neuen Klasse Legitimität zu verschaffen und die Macht der Kader gegen den Zugriff der Reaktion zu verteidigen. Die eben errichtete »Diktatur des städtischen und ländlichen Proletariats« trat an, »mit der barbarischen Politik der bürgerlichen Zivilisation« zu brechen (Art. 5). Die Verfassungen der Russischen Föderation von 1918 und der Sowjetunion von 1924 ordneten die Rechtsgarantien dem sozialistischen Projekt nach und legten den Grundstein für das Konzept sozialistischer Gesetzlichkeit:

Geleitet von den Interessen der Werktätigen, entzieht die Russische Sozialistische Föderative Sowjetrepublik einzelnen Personen und einzelnen Gruppen die von ihnen zum Nachteil der Interessen der sozialistischen Revolution ausgenutzten Rechte.[8]

Mit gesellschaftlicher Entwicklung und Übergang, sozialistischer Gesetzlichkeit und Interessen der Werktätigen führen beide Dokumente Schlüsselbegriffe für das Verständnis des sowjetischen Konstitutionalismus ein. Auf der Folie eines manichäischen Weltbildes, später tiefgefroren im Geist des Kalten Krieges, benennen die Sowjetverfassungen jeweils die erreichte Phase des Befreiungsprojekts. Es handelt sich um Transformationsdokumente, nicht Grundrechtechartas.

Nicht nur die Sowjetunion, sondern alle sozialistischen Staaten durchliefen in eher kurzen Abständen Phasen und Verfahren der Neukonstituierung; eine Ausnahme, die die Regel bestätigt, ist die

---

7 Scott Newton, *The Constitutional Systems of the Independent Central Asian States. A Contextual Analysis*, Oxford: Bloomsbury, 2017, 55 ff.; Günter Frankenberg, *Comparative Constitutional Studies – Between Magic and Deceit*, Cheltenham: E. Elgar, 2018, 46 ff.
8 Art. 14 Verfassung von 1924; nahezu wortgleich: Art. 23 der Verfassung von 1918.

Stalin-Verfassung von 1936 mit einer beachtlichen Lebensdauer von vier Dekaden, die 1977 von der Breschnew-Verfassung abgelöst wurde. Allem Anschein nach gehorchen im Sozialismus alle Verfassungen, wie Waren im Kapitalismus, dem Gesetz der »planned obsolescence«.[9] Allerdings wurden und werden diese Verfassungen nicht um des Profits willen wie Produkte mit künstlich begrenzter Lebensdauer hergestellt, vielmehr ergibt sich diese aus den Schriften von Marx, Engels und Lenin sowie der spezifischen Funktion sozialistischer Verfassungen: das Erreichen einer neuen Etappe soziöokonomischer und politischer Entwicklung zu ratifizieren.

> Die Verfassung eines sozialistischen Staates muss sich mit dem Übergang der Gesellschaft von einer historischen Stufe zu einer anderen ändern […]. Die 1936 verabschiedete Verfassung entsprach der Periode der Konsolidierung des Sozialismus […]. Naturgemäß sind die Hauptbestimmungen dieser Verfassung heute obsolet.[10]

Dieser Logik gehorchend, trägt die Verfassung der »Diktatur des städtischen und ländlichen Proletariats« (1918) deutlich die Spuren der Oktoberrevolution und der Abwehr ihrer Feinde:

> Die Hauptaufgabe der auf die gegenwärtige Übergangszeit berechneten Verfassung der Russländischen Sozialistischen Föderativen Sowjetrepublik besteht in der Aufrichtung der Diktatur des städtischen und ländlichen Proletariats und der ärmsten Bauernschaft in der Gestalt einer starken Allrussländischen Sowjetmacht zwecks vollständiger Unterdrückung der Bourgeoisie, Vernichtung der Ausbeutung eines Menschen durch den anderen und der Herstellung des Sozialismus, unter dem weder eine Klasseneinteilung noch eine Staatsgewalt sein wird. (Verfassung von 1918)

Die Diktatur des Proletariats mutierte 1924 zum »sozialistischen Staat der Arbeiter und Bauern« und firmierte 1977 als »entwickelte

---

9 Jeremy Bulow, »An Economic Theory of *Planned Obsolescence*«, in: *Quarterly Journal of Economics 101 (1986)*, 729 ff.

10 »The constitution of a socialist state must change with the transition of society from one historical stage to another […]. The constitution adopted in 1936 conformed to the period of the consolidation of socialism […]. Naturally, the chief provisions of this constitution are now obsolete.« Programmatische Erklärung von Nikita Chruschtschow, damals Erster Sekretär der KPdSU, zit. bei Arieh L. Unger, *Constitutional Development in the U.S.S.R.*, New York: Taylor & Francis, 1981, 174-175.

sozialistische Gesellschaft«. Denn wiederum war »eine gesetzmäßige Etappe auf dem Wege zum Kommunismus« erreicht. Mit einem *touch* von Verfassungsmagie stellt die Präambel fest, »der sowjetische Staat ist der Staat des ganzen Volkes geworden«, also nicht mehr nur der Staat der Arbeiter und Bauern.

Die Werke von Marx, Engels und Lenin sowie die Lehren von anderen Autoritäten (Mao, Ho Chi Minh, Kim Il-sung) mit regionalem Beritt, das Gesetz der Obsoleszenz und eventuell noch der Narzissmus des kleinen Unterschieds (Stalin als Verfassungsvater, nicht nur als Massenmörder – siehe die Wahlverwandtschaft zu al-Assad) erklären nicht zureichend, warum eine Diktatur des Proletariats oder die Herrschaft einer Partei, der KPdSU oder KPCh, sich neu konstituiert, statt den unauffälligeren Weg einer kosmetischen Verfassungsrevision zu wählen. Die programmatische Funktion sozialistischer Verfassungen und ihre vom liberalen Paradigma abweichende Grammatik stünden dem jedenfalls nicht entgegen.[11]

***

Über Haitis kurzlebige Verfassungen von 1801 und 1805 hat die Geschichte, so könnte man vermuten, den Mantel gnädigen Vergessens ausgebreitet, bliebe da nicht der Verdacht, sie seien systematisch aus dem Verfassungsdiskurs ausgeblendet worden.[12] Im Nachgang zu Hegels töricht ethnozentrischen Äußerungen über Afrika[13] könnte auch Haitis Bedeutung für Verfassungsgeschichte und Verfassungstheorie unterschätzt worden sein, will man der An-

---

11 Newton, *The Constitutional Systems of the Independent Central Asian States*; Frankenberg, *Comparative Constitutional Studies*, 46 ff.
12 Erst in jüngerer Zeit aus dem Gefängnis des Vergessens befreit von wenigen Autor*innen wie insbesondere Sibylle Fischer, *Modernity Disawowed. Haiti and the Cultures of Slavery in the Age of Revolution*, Durham NC: Duke University Press, 2004; Susan Buck-Morss, *Hegel, Haiti, and Universal History*, Pittsburgh: University of Pittsburgh Press, 2009; und Michel-Rolph Trouillot, *Silencing the Past: Power and the Production of History*, Boston: Beacon Press, 1995.
13 Hegel schreibt in seiner Geschichtsphilosophie [1837]: »Wir verlassen hiermit Afrika, um späterhin seiner keine Erwähnung mehr zu tun. Denn es ist kein geschichtlicher Weltteil, er hat keine Bewegung und Entwicklung aufzuweisen, und was etwa in ihm, das heißt, in seinem Norden geschehen ist, gehört der asiatischen und europäischen Welt zu.« G.W. F. Hegel, *Vorlesungen über die Philosophie der Geschichte*, Werkausgabe Bd. 12, Berlin: Suhrkamp, 2015, 163.

nahme ausweichen, diese wichtigen Dokumente eines alternativen Verfassungsparadigmas seien im hegemonialen konstitutionellen Diskurs absichtsvoll unterdrückt worden. Trotz ihrer jeweils kurzen Lebensdauer verdienen sie mehr Beachtung als eindrucksvolle Nachweise der weltweit ersten erfolgreichen Revolte gegen Sklaverei und Kolonialismus[14] sowie als Beispiele eines vom liberalen Paradigma abweichenden egalitären Konstitutionalismus in autoritär-imperialem Rahmen.[15] Das gilt selbst angesichts der Vielzahl von Neukonstituierungen und Reformen, die jene Dokumente überlagert und ins Abseits gedrängt haben.

Nach der von C.L.R. James in *The Black Jacobins* eindringlich geschilderten blutigen Revolte[16] erklärte die neue Elite im Triumph ihres Sieges die Sklaverei für »auf ewig abgeschafft« (»Es kann keine Sklaven auf diesem Gebiet geben, die Sklaverei ist darin für immer abgeschafft.« Art. 3, 1801), um sich sogleich vor der Kolonialmacht Frankreich, wohl eher seiner Revolution, zu verbeugen und deren Souveränität anzuerkennen: »Alle Menschen sind frei geboren, leben und sterben frei und französisch.« Beide Dokumente, insbesondere auch die Verfassung des *Empire d'Haïti* von 1805, setzen sodann den Akzent auf das konstitutionelle Narrativ einer egalitären Gesellschaft, die nur nach Tugend, Talent und Einsatz für den Dienst für das Land und dessen Unabhängigkeit unterscheidet:

Es soll keine anderen Unterschiede geben als solche, die auf Tugend und Talent beruhen, und anderen vom Gesetz gestatteten Vorrang bei der Ausübung einer öffentlichen Aufgabe. Das Gesetz ist das gleiche für alle, ob bei Bestrafung oder zum Schutz.[17]

Die Bürger Haitis sind Brüder zu Hause; Gleichheit vor dem Auge des Gesetzes ist unanfechtbar anerkannt, und es kann keine anderen Titel, Vorteile

---

14 Nach 1805 folgten 21 weitere Verfassungen Haitis bis 1987.
15 In Frankenberg, *Comparative Constitutional Studies*, habe ich versucht, beiden Verfassungen als »other-constitutions«, die das eherne Gehäuse des liberalen Konstitutionalismus sprengen, zumindest ausdehnen, mehr Aufmerksamkeit zu widmen.
16 C.L.R. James, *The Black Jacobins: Toussaint L'Ouverture and the San Domingo Revolution,* London: Secker & Warburg Ltd., 1938.
17 Art. 5, Verfassung von Haiti 1801: »There shall exist no distinction other than those based on virtue and talent, and other superiority afforded by law in the exercise of a public function. The law is the same for all whether in punishment or in protection.«

und Privilegien geben als jene, die sich notwendigerweise aus der Berücksichtigung von Diensten für Freiheit und Unabhängigkeit ergeben.[18]

An der Schwelle zur Moderne gingen Haitis »Schwarze Jakobiner« weit über die Abschaffung herkömmlicher Privilegien hinaus, für die Frankreichs Revolutionäre weithin gerühmt werden. Sie schritten voran beim Kampf gegen die in europäischen Staaten wohl geforderte, aber lange Zeit nur halbherzig betriebene Abolition der Sklaverei. Zwar dekretierte der französische Nationalkonvent 1794, die Sklaverei in der französischen Kolonien sei abgeschafft. Umständehalber blieb dieses Dekret jedoch bloßes Papier, weil die Sklavenhalter auf den rechtmäßigen Erwerb ihres 1789 als heiliges Recht ausgezeichneten Eigentums pochten. 1802 führte Napoleon die Sklaverei in den Kolonien wieder ein. Erst 1848 wurde sie für Frankreichs Territorien endgültig verboten.

In den USA wurde die Sklaverei lange Zeit geflissentlich übersehen, das heißt: geduldet und weiter mit Profit betrieben.[19] Die Verfassungsväter lebten komfortabel mit dieser Institution, solange Sklaven als bewegliche Sache (*chattel*) im rechtlichen Sinne vom Genuss der Freiheitsrechte *per definitionem* ausgeschlossen waren. 1865 sollte der Dreizehnte Verfassungszusatz (*Amendment*) dieser Barbarei ein Ende setzen:

Weder Sklaverei noch Zwangsdienstbarkeit darf, außer als Strafe für ein Verbrechen, dessen die betreffende Person in einem ordentlichen Verfahren für schuldig befunden worden ist, in den Vereinigten Staaten oder in irgendeinem Gebiet unter ihrer Gesetzeshoheit bestehen.

Allerdings hatten die Befürworter dieses Zusatzes die Rechnung ohne den US Supreme Court gemacht. Dieser bekräftigte in zwei ebenso folgenreichen wie berüchtigten Entscheidungen die autoritäre Binnenstruktur einer Sklavenhaltergesellschaft und stemmte sich von hoher Warte den Abolitionisten und Verfassungsrefor-

---

18 »The Citizens of Hayti are brothers at home; equality in the eyes of the law is incontestably acknowledged, and there cannot exist any titles, advantages, or privileges, other than those necessarily resulting from the consideration and reward of services rendered to liberty and independence.« (Art. 3, Verfassung von 1805)
19 Rosa A. Plumelle-Uribe, *Weiße Barbarei. Vom Kolonialrassismus zur Rassenpolitik der Nazis*, Zürich: Rotpunktverlag, 2004.

mern entgegen. In *Dred Scott*[20] bestätigte die Richtermehrheit die überkommene Doktrin, dass Sklaven Eigentum seien, und versagte diesen »folgerichtig« den Zugang zur Staatsbürgerschaft. *Plessy v. Ferguson*[21] beglaubigte noch 1896 (!), die Rassentrennung sei verfassungsmäßig, und bemühte dazu die infame Doktrin »separate but equal«. Auf ein konstitutionelles Haiti musste die afro-amerikanische Bevölkerung der USA bis zur *Brown*-Entscheidung 1954[22] und der *Civil-Rights*-Gesetzgebung 1964 warten.

Unter dem Schirm des modernen konstitutionellen Narrativs[23] hatte Haitis Verfassung von 1805, also einhundertvierundsechzig Jahre zuvor, in einem Satz die Lebenslüge von der Farbenblindheit (»colorblindness«) liberaler Verfassungen dekonstruiert und zugleich offensiv das Konzept einer politisch rassifizierten Staatsbürgerschaft eingeführt. Als deren grundlegende Signifikanten[24] legierte sie »blackness« mit »humanity«: Haitianer sollen künftig, unabhängig von ihrer Hautfarbe, »nur unter der generischen Bezeichnung als Schwarze« bekannt sein.[25]

***

20 *Dred Scott v. Sandford*, 60 U.S. 393 (1857). Dazu Ira Berlin, *Generations of Captivity: A History of African-American Slaves*, Cambridge/London: The Belknap Press of Harvard University Press, 2003.
21 *Plessy v. Ferguson*, 163 U.S. 537 (1896).
22 *Brown v. Board of Education*, 347 U.S. 483 (1954); siehe dazu Richard Kluger, *Simple Justice. A History of Brown v. Board of Education*, New York: Random House, 1977.
23 Nick Nesbitt, *Universal Emancipation: The Haitian Revolution and Radical Enlightenment*, Charlottesville: University of Virginia Press, 2008; Buck-Morss *Hegel, Haiti, and Universal History*; Doris L. Garraway, »›Légitime Défense‹: Universalism and Nationalism in the Discourse of the Haitian Revolution«, in: dies. (Hg.), *The Tree of Liberty*, Charlottesville VA: University of Virginia Press, 2008, 63.
24 Anne Gulick, »We Are Not the People: the 1805 Haitian Constitution's Challenge to Political Legibility in the Age of Revolution«, in: *American Literature* 78 (2008), 802. Siehe auch Garraway, »Légitime Défense«, 80.
25 »All acception (sic) of colour among the children of one and the same family, of whom the chief magistrate is the father, being necessarily to cease, the Haytians shall hence forward be known only by the generic appellation of Blacks.« (Art. 14, Verfassung von Haiti 1805)

Myanmar litt, wie zuvor Burma, jahrelang unter der brutalen Herrschaft des Militärs, das bis heute nicht nur im Hintergrund die Fäden in der Hand hält. Während das Land in der bitteren Erfahrung kolonialer Unterdrückung Haiti kaum nachsteht, hat es diesem eine sowohl ethnische als auch religiöse Zerrissenheit im Innern voraus, die Aufstände befeuerte und das Skript hergab für eine Serie von Staatsstreichen sowie die auf Dauer gestellte Repression der Bevölkerung, insbesondere ihrer ethnischen Minderheiten. 1948 von England »in die Unabhängigkeit entlassen«, wie Kolonialherren sich selbst die Absolution zu erteilen pflegen, wurde Burma zum Terrain von Kämpfen separatistischer Bewegungen, religiöser Konflikte zwischen Buddhisten und Muslimen,[26] immer wieder neu aufgelegter militärischer Coups und vor allem seit 2007 von zunehmenden Demonstrationen und Protesten gegen das Militärregime.[27] Was 1962 unter General Ne Win mit dem »birmesischen Weg zum Sozialismus« als Fortschrittslüge begann, dann als serielle Repressionspraxis mehrerer Militärjuntas fortgesetzt wurde, endete vorläufig 2015 mit den ersten Wahlen, die vor den Augen der Befehlshaber Gnade fanden, in einer nach wie vor militärisch »kontrollierten Demokratie«.[28]

In der Geschichte des militärischen Autoritarismus Myanmars spielen Verfassungen eine wie zu erwarten geringe Rolle. Militärs entwickeln kraft Schulung und Routine, die zur zweiten Natur wird, eine Affinität zu Regelwerken direkter Verhaltenssteuerung nach Maßgabe von Dienstvorschriften. Allen mit Befehl und Gehorsam Vertrauten sind Verfassungen, die in Wertsphären ausgreifen und sich auf Rechtsgarantien kaprizieren, von Hause aus suspekt. Auch deshalb wurde 1988 die bis dahin geltende Verfassung außer Kraft gesetzt. Den Übergang zum *de facto*-Ausnahmezustand rechtfertigt die seit 2008 geltende Verfassung in ihrer Präambel mit

---

26 Martin Smith, *Burma. Insurgency and the Politics of Ethnicity*, Ann Arbor: University of Michigan Press, 1991.

27 Ian Holliday, Maw Htun Aung und Cindy Joelene, »Institution Building in Myanmar: The Establishment of Regional and State Assemblies«, in: *Asian Survey* 55 (2015), 641 ff. Nick Cheesman und Nicolas Farrelly, *Conflict in Myanmar: War, Politics and Religion*, Singapur: ISEAS – Yusof Ishak Institute, 2018; ⟨https://diepresse.com/home/politik/aussenpolitik/610133/Burma_Geschichte-eines-leidenden-Landes/⟩ (Zugriff 14.06.2018).

28 Min Zin, »Burma Votes for Change: The New Configuration of Power«, in: *Journal of Democracy* 27 (2016), 116 ff.

nachgerade militärischer Diskretion und höflichen, kaum verdeckten Fehlerzuweisungen:

Um rasch die Unabhängigkeit zu erreichen, wurde die Verfassung in Eile entworfen, und sie wurde von der Konstituierenden Versammlung am 24. September 1947 angenommen. Nach Erlangung der Unabhängigkeit wurde das Parlamentarisch-Demokratische System in Übereinstimmung mit der Verfassung der Union von Myanmar praktiziert. Da jedoch das demokratische System nicht effektiv verwirklicht werden *konnte*, wurde die neue Verfassung, basierend auf dem Einheitspartei-System, entworfen und 1974 nach einem nationalen Referendum ein sozialistischer demokratischer Staat errichtet. Die Verfassung fand ihr Ende *wegen der allgemeinen Situation, die 1988 herrschte*.[29]

Bereits 1993 hatten die Beratungen über eine neue Verfassung begonnen, die aufgrund »vieler Schwierigkeiten und Störungen, denen der Nationale Konvent begegnete« (so der dezente Hinweis in der Präambel auf landesweite Unruhen), immer wieder unterbrochen wurden und sich in die Länge zogen. Erst 2008 kamen sie zu einem späten, aber überraschenden Abschluss, als die Regierung dekretierte, den Entwurf der Bevölkerung zur Abstimmung vorzulegen. Die Beteiligung an dem Referendum wurde offiziell mit magischen 98,12 % angegeben. Nicht minder magisch die Zustimmung von 92,48 % – und das, obwohl die neue Verfassung außerordentlich umstritten war und noch immer ist. Kritische Beobachter*innen sahen in ihr ein strategisches Manöver, die landesweiten Proteste »abzufangen«, der Oppositionspolitikerin und Friedensnobelpreisträgerin Aung San Suu Kyi den Weg ins Präsidentenamt zu verlegen[30] und, bei unvermeidlichen Zugeständnissen an die Protestbewegung, die Macht der Militärregierung durch kontrollierte »Teilung« weiter zu festigen.

***

29 Präambel der Verfassung Myanmars von 2008 – Hervorh. G. F.
30 Aufgrund ihrer Ehe mit dem britischen Tibetologen Michael Aris und der englischen Staatsangehörigkeit ihrer beiden Kinder. Die Verfassung von 2008 (Art. 59) setzt für die Zulassung zum Amt des Präsidenten und Vizepräsidenten voraus, dass Bewerber seit mindestens 20 Jahren ihren Wohnsitz im Lande haben und weder selbst noch Eltern, Ehepartner oder Kinder »einer fremden Macht« Loyalität schulden oder Bürger eines fremden Landes sind.

Der konstitutionelle Übergang vom sowjetisch dominierten Sozialismus zu einem ungarischen Sozialismusprojekt und schließlich in die Epoche des Postsozialismus schien mit zwei nachhaltigen Revisionen der ungarischen Verfassung von 1949 in den Jahren 1972 und dann 1989 gelungen. Im ersten Schritt widmete die Verfassung von 1972 die »Ungarische Volksrepublik«[31] vorsichtig zu einem »sozialistischen Staat« um, freilich nach wie vor als »Teil des sozialistischen Weltsystems«, in dem die Genossenschaften gefördert und persönliches Eigentum verbürgt sein sollten. Nach dem Zusammenbruch des Staatssozialismus und des Sowjetsystems zielte die Verfassungsrevision von 1989 darauf ab, die Republik auf den »friedlichen politischen Übergang zu einem Mehrparteiensystem, parlamentarische Demokratie und soziale Marktwirtschaft verwirklichenden Rechtsstaat« vorzubereiten und autoritäre Traditionen der Vergangenheit abzustreifen.[32] Parteien und Wahlen waren als Motoren, das Verfassungsgericht und der Bürgerrechtsbeauftragte als Paten dieses Übergangs vorgesehen. Durch partielle Neukonstituierung schien sich Ungarn auf einem guten Weg hin zu einer nachhaltigen Demokratisierung zu bewegen.

Allerdings überraschte Ungarn, bislang Musterschüler der Transformationsländer, die Welt, zumal die europäische, mit einer Verfassungsnovelle, die 2011 die Geister der tiefsten Vergangenheit beschwor[33] und das Herzstück der konservativen Revolution, das *Grundgesetz*, in die Nähe von Heilsgeschichten und Offenbarungstexten rückte. Nicht Ungarn, sondern die rechtskonservative Orbán-Regierung und die Regierungspartei Fidesz feiern die neue Verfassung seitdem als Abschluss des Übergangs zur Demokratie.[34] Ihre Gegner im In- und Ausland kritisieren sie als Absturz in eine neue autoritäre Herrschaft. Dass die ganze Verfassung im Einklang

---

31 In ihren Grundzügen modelliert nach der Stalin-Verfassung von 1936.
32 Catherine Dupré, *Importing the Law in Post-Communist Transitions. The Hungarian Constitutional Court and the Right to Human Dignity*, Oxford /Portland: Hart Publishing, 2003, 15 ff.
33 *Sonderheft Ungarn. Aus Politik und Zeitgeschichte*, H. 29-30 (2009) ⟨http://www.bpb.de/apuz/31841/ungarn/⟩; *Frankfurter Rundschau* ⟨http://www.fr.de/politik/meinung/leitartikel/wahl-in-ungarn-viktor-orban-die-geduldete-schande-a-1481424/⟩ Zugriff 19. 06. 2018.
34 Kim Lane Scheppele, »Autocratic Legalism«, in: *The University of Chicago Law Review*, 85 (2018), 545 ff. mit zahlreichen Nachweisen. Eindrücklich: Paul Lendvai, *Orbáns Ungarn*, Wien: Kremayr & Scheriau 2016.

mit dem »darin enthaltenen ›nationalen Bekenntnis‹ und mit den Errungenschaften unserer historischen Verfassung auszulegen« sei,[35] rückt den vermeintlich demokratischen Übergang ins Zwielicht. Die Berufung auf »unseren König, den heiligen Stephan I.«, auf Christentum und Nationalkultur folgt gewiss nicht den Regeln einer demokratischen Grammatik. Viel weniger noch die Einschränkung der politischen Kommunikationsfreiheit zum »Schutz der Würde der ungarischen Nation«, die Begrenzung von Studien- und Hochschulfreiheit und richterlicher Selbstverwaltung zu Nutz und Frommen der nationalen Einheit.

Nicht die demokratische Republik, sondern die sakrale Krone verkörpert mithin die Quintessenz der Konstitution, nämlich die imaginäre »Kontinuität des ungarischen Verfassungsstaates und der Einheit der Nation« sowie die Suprematie der Ungarn gegenüber allen Fremdländischen. Nach dem eigentümlichen historischen Verfassungsverständnis des ungarischen Regimes fungiert die Krone, nicht der Monarch, symbolisch als Träger der Souveränität und überragt als politische Instanz alle weltlichen Mächte, wohl nicht die Nation, aber doch den politischen Gesamtwillen der Bürgerschaft.[36] Weder durch die Verfassung noch durch das Verfassungsgericht lässt die Regierung ihrem Autoritarismus Zügel anlegen. Wenn das Gericht Gesetze für verfassungswidrig erklärt, werden diese von ihr kurzerhand als Verfassungsänderung eingebracht und mit parlamentarischer Mehrheit, genauer: Regierungsmehrheit, durchgesetzt.

Die Kritik am Orbán'schen Verfassungsprojekt hat sich vor allem auf Orbáns von ihm selbst – gegenüber der Europäischen Union – mit Illegalitätsprotz proklamierte Illiberalität konzentriert.[37] Daneben ist jedoch ein anderer Aspekt zu beachten, der Aufschluss geben könnte über Ungarns Verfassung des Autoritären. Das nationale *Grundgesetz* stellt nicht nur ein Depot repressiver

---

35 Dazu eingehend Maximilian Pichl, »The Constitution of False Prophecies: The Illiberal Transformation of Hungary«, in: Alviar, Frankenberg (Hg.), *Authoritarian Constitutionalism*; Renata Uitz, »Can you tell when an illiberal democracy is in the making?« in: *I.CON*, 13 (2015), 279 ff.

36 »Neue Verfassung für Ungarn«, in: *Süddeutsche Zeitung* vom 18.04.2011 ⟨http://www.sueddeutsche.de/politik/neue-verfassung-fuer-ungarn-ein-europaeischer-skandal-1.1086364-2/⟩ Zugriff 19.06.2018.

37 Zum Begriff: Fareed Zakaria, »The Rise of Illiberal Democracy«, in: *Foreign Affairs*, November/Dezember (1997), 22 ff..

Maßnahmen einschließlich deren Legitimation bereit; flankiert von Geschichtspolitik,[38] historischem Märtyrertum und Apokalypse (Migration), liefert es zugleich, keineswegs hintergründig, die Konstituierung einer neuen Form von imaginärer Gemeinschaftlichkeit, die sich ihrer Identität durch fremdenfeindliche Paranoia vergewissert. Die patriotischen, nationalistischen, ethnischen, rassistischen und anderen Spielarten imaginärer Gemeinschaftlichkeit – mit Durchgriffen auf die Vorstellung des authentischen, eigentlichen Volks – werden derzeit von radikal-nationalistischen Empörungsbewegungen in europäischen Ländern mit xenophober Schärfe propagiert, in Ungarn – auch in Polen und in Italien – sind sie bereits an der Macht. Zu sagen, sie seien im Aufwind, wäre also eine Verharmlosung.

***

Die hier sehr knapp vorgestellten Verfassungsprojekte autoritärer Regime bedienen sich ausnahmslos, wenngleich selektiv der herkömmlichen Rhetorik und Instrumente des politischen Autoritarismus. Ebenso selektiv beziehen sich autokratische Regime auf die jeweilige Verfassung. Diese Praxis des konstitutionellen Opportunismus wird als Staatstechnik weiter unten noch eingehend erörtert (Kap. IV), desgleichen die Konstitutierung imaginärer Gemeinschaften (Kap. VII).

2. Verfassungen finden statt

Verfassungen *sind* nicht nur Texte oder Projekte. Vielmehr *tun* sie etwas und *finden statt*. Ihre performative Kraft zeigt sich in der Art und Weise, wie sie – wegen ihres Rangs und Zuschnitts mehr noch

---

38 Reinhold Vetter, *Nationalismus im Osten Europas. Was Kaczynki und Orbán mit Le Pen und Wilders verbindet*, Berlin: Ch. Link, 2017. Siehe auch Hans Vorländer et al., *Pegida. Entwicklungen, Zusammensetzung und Deutung einer Empörungsbewegung*, Wiesbaden: Springer, 2016; Hans Vorländer, »Wenn das Volk gegen die Demokratie aufsteht: Die Bruchstelle der repräsentativen Demokratie und die populistische Herausforderung«, in: Bertelsmann-Stiftung (Hg.), *Vielfalt statt Abgrenzung. Wohin steuert Deutschland in der Auseinandersetzung um Einwanderung und Flüchtlinge?*, Gütersloh: Bertelsmann Verlag, 2016, 61 ff.

als einfache Gesetze – beanspruchen, die Wirklichkeit zu repräsentieren[39] und konstruktiv – nicht gänzlich unverwandt der künstlerischen Tätigkeit – zum »worldmaking«[40] beizutragen. Insbesondere transformieren sie eine Bevölkerung in ein »Volk«, ein Land mit Regierung in einen Staat und ein Gebiet in ein Territorium. Bei dieser Transformation bedienen sich die Autor*innen von Verfassungen eines bestimmten Vokabulars, folgen den Regeln einer Grammatik, die sich nicht unbedingt bei der Lektüre, sondern erst durch Deutung erschließen. Durch deren Anwendung werden sie zu mehr oder weniger eindrucksvollen, autoritativ Gehorsam einfordernden Texten – *commanding texts*;[41] dazu im nächsten Kapitel mehr. Es wird sich herausstellen, dass das *dem Grunde nach* auch für die Verfassungen autoritärer Regime gilt.

Die Bezeichnung »higher law« betont die *autoritative* Verteilung von Freiheiten in der Bürgerschaft, die Festlegung von Werten und die Allokation von Kompetenzen an staatliche Amtsträger*innen und Institutionen. Hält man Distanz zur juridischen Terminologie, geben sich Verfassungen als Skript für Governance oder Manual für die Bedienung des Staatsapparats zu erkennen. Zugleich prägen sie die Folie für Rhetorik und Argumentationsfiguren, die sich aufgrund der konstitutionellen Stützung besonderes normatives Gewicht verschaffen: aus Äußerungen werden Meinungen; was man zur privatnützlichen Verfügung hat, gilt als Eigentum; die Wohnung wird zur geschützten »Sphäre«; eine Inhaftierung bedarf als Einschränkung der körperlichen Bewegungsfreiheit der Rechtfertigung usw.

Wegen ihrer Nähe zu Politik und Moral ist es geboten, Verfassungen besonders akribisch zu lesen, jedem Hinweis auf den möglichen ideologischen Subtext nachzugehen und die verfassten institutionellen Arrangements auf Konstellationen politischer Machtverteilung und ökonomische Agenden abzutasten.

Der Reiz, den Verfassungen auf Regime aller Art ausüben, gründet zum einen in ihrer Vielseitigkeit, zum anderen in der Verfassungskraft als eigentümlicher Kombination von Magie und Täuschung.

---

39 »Ways of imagining the real« entnehme ich: Clifford Geertz, »Local Knowledge: Fact and Law in Comparative Perspective«, in: ders., *Local Knowledge. Further Essays in Interpretive Anthropology*, New York: Basic Books, 1983, 167 ff.

40 Dazu Nelson Goodman, *Ways of Worldmaking*, Cambridge, MA: Hackett, 1978.

41 Ausführlich dazu Frankenberg, *Comparative Constitutional Studies*.

Ihre Vielseitigkeit kommt in den unterschiedlichen Verwendungsweisen zur Geltung. Als Normtexte sind Verfassungen ein Signum der Moderne, ungeachtet der vor der Schwellenzeit vom Ende des 18. bis zum Beginn des 19. Jahrhunderts bereits bekannten Verfassungen und Fundamentalgesetze. Mit der *Virginia Bill of Rights* und der amerikanischen Unabhängigkeitserklärung von 1776, später der französischen Menschen- und Bürgerrechtserklärung von 1789, dann den Verfassungen Haitis von 1801 und 1805 geschieht etwas, das die Dynamik von Magie und Täuschung antreibt. An ebenjenem Ort der Macht, an dem zuvor die Herrschaft (Staat) in Gestalt des Monarchen persönlich und leibhaftig den Untertanen gegenübertrat, manifestiert sich im Verfassungsdokument nunmehr die Abstraktion der modernen Staatsidee als reine Schrift.

Damit geht ein Wandel der politischen Ikonographie einher. In der ersten französischen Verfassung der konstitutionellen Monarchie von 1791 wird der zweite Körper des Königs nur noch höchst artifiziell im Dokument abgebildet. Die Vertextung von Herrschaft wird deutlicher dargestellt im Porträt von König Louis XVIII., wie in der Abbildung 1 zu sehen: Die *Charte* ist dem »Kopf des Staates« eingeschrieben. Die *Charte* von 1814, revidiert 1820, beansprucht nunmehr Geltung als verbindliches Skript einer politischen Ordnung. Dem ehemals absolutistischen Eigensinn werden die Grenzen eines gewaltenteiligen Systems aufgeprägt.

Abb. 1: Vertextung von Herrschaft –
Le Roi et la Charte (1820).[42]

Durch das Verfassungsgesetz gelingt, gleichsam magisch, einerseits die Vertextung von Herrschaft durch geschriebene und gedruckte Dokumente.[43] Andererseits wird das Kollektiv (Bevölkerung, Masse) subjektiviert und zum Träger der Selbstbestimmung erhoben – in den USA als »People«, in Frankreich als »Nation«, später in Deutschland und anderswo als »Volk«, »Pueblo« etc. Zugleich wird die Herrschaftsmacht im Staat entpersönlicht, kommt im Text zur Geltung. Eine Besonderheit leistet sich England mit der Zähmung sowohl der Monarchie als auch des Volkes im Medium der Repräsentation nach Maßgabe der Kompromissformel »King-in-Parliament«, heute eben »Queen-in-Parliament« – körperlich abwesend, aber symbolisch immer anwesend.

42 Quelle: Bibliothèque Nationale de France, ⟨https://gallica.bnf.fr/ark:/12148/btv1b69543oeh.r=le%20roi%20et%20la%20charte?rk=42918;4/⟩ (Zugriff: 07.03.2019). – Den Hinweis auf diese Abbildung verdanke ich Daniel Schulz. Siehe Daniel Schulz, »Verfassungsbilder: Text und Körper in der Ikonographie des demokratischen Verfassungsstaates«, in: *Leviathan* 46 (2018), 71 ff.
43 Grundlegend hierzu Thomas Vesting, *Die Medien des Rechts: Schrift*, Weilerswist: Velbrück, 2011, und vor allem ders., *Die Medien des Rechts: Buchdruck*, Weilerswist: Velbrück, 2013.

Verfassungen geben den modernen Typen der »Gesellschaft der Individuen«[44] oder auch der Gesellschaft der Organisationen eine politisch-rechtliche Form. Diese bringt sich als Einheit – Staat, Nation, Volk, Bund, Republik oder Union – zur Sprache. Das ist nicht nur eine Inszenierung, sondern eine mehr als konzeptuelle Transformationsleistung. Nach herkömmlicher Lesart legen Verfassungen die Prinzipien, das institutionelle Arrangement und die Entscheidungsverfahren fest, mit denen Gesellschaften die Aufgabe der Selbstregierung bewältigen und ihren sozialen Zusammenhalt bewahren wollen. Ein solches Projekt[45] ist wegen der transformativen Kraft mithin auch für autoritäre Regime von Interesse. Gerade weil diese, wie im Folgenden gezeigt wird, die Widersprüchlichkeit moderner Vergesellschaftung einseitig in Richtung einer völkischen oder jedenfalls homogenen Gemeinschaft auflösen und durch andere Mechanismen der Exklusion der Fremden oder sonst wie Störenden verdecken wollen, bedienen sie sich rechtlich eines Relais der Universalisierung, das sie in der Verfassung vorfinden.

Verfassungen verraten sowohl die Hoffnungen als auch die Ängste ihrer Autor*innen (und anvisierten Adressat*innen) bezüglich der beiden zentralen Probleme: Begründung legitimer Autorität und Stiftung gesellschaftlicher Integration.[46] Autokratien sind an beidem besonders interessiert. Das Grundlegende von Verfassungen, ihrer Aufgaben wie auch ihres Inhalts, betonen Bezeichnungen wie »supreme law« oder »higher law« und bekräftigen ihren Vorrang vor allen anderen Rechtssätzen einer nationalen Rechtsordnung. Gleichsam als Normenadel stehen sie – der »erste Stand« – als natürliche, nationale Autoritäten an der Spitze der Normenpyramide,[47]

---

44 Dazu Alexis de Tocqueville, *Le despotisme démocratique*, Paris: L'Herne, 2010; Norbert Elias, *Die Gesellschaft der Individuen*, Berlin: Suhrkamp, 1987. Ein anderes Narrativ präsentiert Andreas Reckwitz, *Das hybride Subjekt: Eine Theorie der Subjektkulturen von der Moderne zur Postmoderne*, Weilerswist: Velbrück, 2006.

45 Dazu Hans Vorländer, *Die Verfassung. Idee und Geschichte*, München: C. H. Beck, 1999; ders., *Integration durch Verfassung*, Wiesbaden: Westdeutscher Verlag, 2002; Günter Frankenberg, *Die Verfassung der Republik*, Frankfurt am Main: Suhrkamp, 1997.

46 Günter Frankenberg, *Autorität und Integration*, Frankfurt am Main: Suhrkamp, 2003; Vorländer, *Integration durch Verfassung*; Erhard Denninger, »Loyalitätserwartungen«, in: *Kritische Justiz* 44 (2011), 321 ff.

47 Grundlegend dazu für den Rechtspositivismus Hans Kelsen, *Reine Rechtslehre* [1934], Studienausgabe, Tübingen: Mohr Siebeck, 2008.

nachdem sie in besonderen Verfahren zustande gekommen sind, wie etwa durch ein Referendum oder eine qualifizierte parlamentarische Entscheidung. Einmal dort platziert, können sie wiederum nur in einem besonderen Verfahren, regelmäßig mit qualifizierter Mehrheit, geändert werden, soweit sie oder ihre Teile nicht der Revision durch den verfassungsändernden Gesetzgeber gänzlich entzogen sind. Bis 1808 schützte Art. V der US-Verfassung die Sklavenhalter und -händler vor jeglichem Gesetz, das den Import von Sklaven reduzierte. Art. IV der türkischen Verfassung entzieht die republikanische Staatsform jeder Initiative, sie ändern zu wollen. In gleichem Sinne ist die Doppelrolle des Königs von Marokko als weltlicher und geistlicher Herrscher verfassungsrechtlich sakrosankt. Die »Ewigkeitsklausel« des Art. 79 III Grundgesetz (GG) entzieht Art. 1 (Garantie der Menschenwürde) und Art. 20 (Prinzipien der Staatsorganisation) der Änderung.

Bezeichnete »Konstitution« früher eine in aller Regel gottgewollte politische und soziale Ordnung, einschließlich der diesen zugrunde liegenden ethischen Prinzipien, wird der Verfassungsbegriff in der Moderne juristisch auf die rechtliche Grundordnung eines politischen Gemeinwesens umgestellt und enggeführt. Montesquieus *De l'esprit des loix* (1748) lässt noch eine beachtliche Bedeutungsvielfalt des Verfassungsbegriffs mit den Elementen Staatsform, öffentliches Wohl, Zustand, Grundgesetz und Bindungswirkung erkennen. Die Verschriftlichung und der Druck von Verfassungen im Zeitalter der Kodifikationen führen schließlich in der zweiten Hälfte des 18. Jahrhunderts zu einer spezifischen Verrechtlichung staatlicher Herrschaft und mit dieser zur Konzentration des Verfassungsbegriffs auf seine juristischen Konnotationen: Organisation und Bindung staatlicher Gewalt, Gewaltenteilung und Garantie von fundamentalen Rechten der Bürger*innen in einem grundlegenden Regelwerk, das bestimmt, wie, innerhalb welcher Grenzen und zu welchen Zwecken öffentliche Autorität auszuüben ist. Kurz: »Declaration of Rights and Frame of Government«, wie es in der Verfassung des Staates Pennsylvania von 1776 heißt. Noch prägnanter John Locke: »limited and lawful government«.[48]

In rascher Folge signalisieren die Dokumente der »demokra-

---

48 John Locke, *Two Treatises of Government* [1689], hg. v. Peter Laslett, Cambridge UK: Cambridge University Press, 1988.

tischen Revolutionen«, der konstitutionellen »Schwellenzeit«, bis heute vorbildhaft und späteren Kodifikationen Maß gebend, die Befreiung von tyrannischer Herrschaft: allen voran die Unabhängigkeitserklärung der neuenglischen Kolonien von 1776 oder die demokratische Neugründung durch die nordamerikanische Bundesverfassung von 1787/1789[49] und die französische Erklärung der Menschen- und Bürgerrechte von 1789 nebst den ihnen nachfolgenden Revolutionsverfassungen von 1791 und 1793. Wiederum nicht zu vergessen die Verfassungen von Haiti 1801 und 1805, die das Ende von Sklaverei und Fremdherrschaft auf der Insel besiegeln sollten.

In den folgenden zwei Jahrhunderten steigt die Verfassung zum weltweit kopierten und vielfach variierten Muster auf, nach dem Gesellschaften ihre politische Ordnung als republikanisch, demokratisch, rechtsstaatlich, sozial etc. ausweisen sowie auf die Anerkennung von Grund- und Menschenrechten gründen, um Zutritt zu erhalten zum Kreis der in den Vereinten Nationen organisierten »zivilisierten Staaten«. Auch diese Qualität von Verfassungen machen sich Autokratien zunutze. Dabei konzentrieren sich die Verfassungen der meisten von ihnen auf das goldene Dreieck des autoritären Konstitutionalismus: den Typus des politischen Manifests, den Fokus auf Werte und die Herstellung einer imaginären Gemeinschaft.

3. Archetypische Muster und autoritäre Verfassungen

Die Vielfalt des Konstitutionalismus lässt sich mit vier häufig nachgeahmten Archetypen (und zahlreichen Hybriden) zumindest in ihrer Grundstruktur erfassen. Die dominanten Muster – Verfassung als *Vertrag*, *Manifest*, *Programm* und *Gesetz* – sind freilich für den Autoritarismus nicht von gleichem Belang. Im Unterschied zum virtuellen Gesellschaftsvertrag kommt der *kontraktualistische* Archetyp als Realvertrag zur Geltung in Bündnissen von Fürsten (etwa die Deutsche Reichsverfassung von 1871), von Einzelstaaten als Gliedern eines Bundesstaates (etwa die Verfassung der Föderation

---

49 So Hannah Arendt, *Über die Revolution* [1963], München: Piper, 2017. Vgl. dazu Ulrich Rödel, Günter Frankenberg und Helmut Dubiel, *Die demokratische Frage*, Frankfurt am Main: Suhrkamp, 1989.

von Malaysia) oder souveränen Staaten als Mitgliedern eines Staatenbundes (Commonwealth). Der konstitutionelle Vertrag strukturiert den *pouvoir constituant* intern als Rechtsbeziehung zwischen diskreten Vertragsparteien, zum Beispiel:

Seine Majestät der König von Preußen im Namen des Norddeutschen Bundes, Seine Majestät der König von Bayern, Seine Majestät der König von Württemberg, Seine Königliche Hoheit der Großherzog von Baden und Seine Königliche Hoheit der Großherzog von Hessen und bei Rhein für die südlich vom Main gelegenen Theile des Großherzogthums Hessen, *schließen einen ewigen Bund* zum Schutze des Bundesgebietes und des innerhalb desselben gültigen Rechtes, sowie zur Pflege der Wohlfahrt des Deutschen Volkes […]. (Verfassung des Deutschen Reiches von 1871)

Oder kurz: »Wir, die Unterzeichner« (»We, the Undersigned«). Den Inhalt von Verfassungsverträgen prägen die institutionellen und kompetenziellen Modalitäten des meist föderalen *government*. Grundrechtsfragen treten hinter die Regeln der Machtverteilung und -sicherung zurück. Ein wichtiges, aktuelles Beispiel einer Verfassung als (Real-)Vertrag ist das Vertragsnetzwerk der Europäischen Union; sie fand als »Staatenverbund« Eingang in die Rechtsprechung des Bundesverfassungsgerichts und die Dogmatik der Staatslehre.[50]

Die Verfassung als *Manifest* ist demgegenüber keine Konstitution im strengen Sinne, jedenfalls keine in sich geschlossene. Nach dem Verständnis seiner Autor*innen *konstitutiert* das Manifest nichts Neues, sondern *erklärt* nur, was als Einsicht geteilt wird oder als Konsens bereits zur Verfügung steht. Als Abschluss revolutionärer Kämpfe oder politischer Befreiungsbewegungen bringt das Manifest feierlich, apodiktisch und prägnant die politisch-rechtlichen Einsichten und Absichten der Akteure zur Sprache. Seine Form suggeriert Evidenz, sein Inhalt Wahrheit. So beginnt die *Virginia Bill of Rights* in ihrem 1. Artikel mit der Feststellung:

Alle Menschen [nach damaligem Sprachgebrauch: *men* – G. F.] sind von Natur aus in gleicher Weise frei und unabhängig und besitzen bestimmte angeborene Rechte, welche sie ihrer Nachkommenschaft durch keinen Ver-

---

50 Siehe die *Maastricht*-Entscheidung des Bundesverfassungsgerichts – BVerfGE 89, 155 (»Verbund demokratischer Staaten«); und die Entscheidung zum *Lissabon-Vertrag* – BVerfGE 123, 267 (»Staatenverbund«).

trag rauben oder entziehen können, wenn sie eine staatliche Verbindung eingehen, und zwar den Genuss des Lebens und der Freiheit, die Mittel zum Erwerb und Besitz von Eigentum und das Erstreben und Erlangen von Glück und Sicherheit.

Vorbildlich als normativer Sprechakt im Stil eines Manifests proklamiert die französische *Déclaration des Droits de l'Homme et du Citoyen* von 1789, was die Vertreter des französischen Volkes »beschlossen [...] haben, in einer feierlichen Erklärung darzulegen«. Typisch für das Manifest ist, dass (überwiegend selbsternannte) Repräsentant*innen im Bewusstsein ihres vermeintlich überlegenen kognitiven, genauer: machtgesicherten Zugriffs auf die historische Wahrheit und das normativ Gebotene – eben: das zu Deklarierende – zu dessen Proklamation schreiten. Im Vergleich zu anderen Verfassungen bleiben Manifeste rudimentär, sprechen gemeinsame Ziele, Werte, Rechte und Grundsätze an, die als fundamental ausgezeichnet werden, und halten sich mit konkreten Aussagen zur Organisation eines politischen Gemeinwesens zurück.

Im Gegensatz zum ausgehandelten Vertrag potentiell gleichrangiger Partner kommen die Einseitigkeit des Manifest-Sprechakts, dessen *top-down*-Erklärung, die gebieterische Geste und die in die Struktur der Erklärung eingelassene Bevormundung eher den Verfassungseliten autoritärer Regime entgegen. Der klassische Sprechakt –

Indem wir, derohalben, die Repräsentanten der Vereinigten Staaten von America, im General-Congreß versammlet, uns wegen der Redlichkeit unserer Gesinnungen auf den allerhöchsten Richter der Welt berufen, so Verkündigen wir hiemit feyerlich, und Erklären, im Namen und aus Macht der guten Leute dieser Colonien, Daß diese Vereinigten Colonien Freye und Unabhängige Staaten sind, und von Rechtswegen seyn sollen [...].[51]

– findet sich aktualisiert, modifiziert in zahlreichen Verfassungen von Autokratien. Die Volksrepublik China konstituiert sich als »de-

---

51 »We, therefore, the Representatives of the United States of America, in General Congress, Assembled, appealing to the Supreme Judge of the world for the rectitude of our intentions, do, in the Name, and by Authority of the good People of these Colonies, solemnly publish and *declare* [...].« (*A Declaration by the Representatives of the United States of America*, 4. Juli 1776), ⟨https://de.wikisource.org/wiki/Unabh%C3%A4ngigkeitserkl%C3%A4rung_der_Vereinigten_Staaten_von_Amerika/⟩ (Zugriff 21.07.2018).

mokratische Diktatur des Volkes, angeführt durch die arbeitende Klasse und basierend auf der Allianz von Arbeitern und Bauern« (Art. 2 Verfassung von 1982). Mit gleichem illiberalen Überschwang beschwört die ungarische Verfassungselite, wie oben erwähnt, den entrückten König Stephan I. als Kronzeugen für ihre abenteuerliche Vorstellung einer ungarischen Nation, die auf der Allianz der Ungarn »der Vergangenheit, Gegenwart und Zukunft« gründet (Präambel von 2016). Die geistliche Führung des Iran weiß die Gemeinschaft im islamischen Gottesstaat aufgehoben (Präambel der Verfassung von 1989). Nordkoreas Verfassungseliten berufen sich auf den »genialen« Theoretiker und Führer Kim Il-sung, dessen Ideologie und Gedankengut sie dem Volk als Verfassung weiterreichen (Präambel Verfassung Nordkoreas 1972/2016). Alle sprechen im Namen der jeweiligen »guten Leute«, berufen sich auf die Redlichkeit ihrer Gesinnungen und auf transzendente Autoritäten.

In der Nähe des politischen Manifests liegt der dritte Archetyp: die Verfassung als Abbild und Vorgabe eines normativen *Programms* (oder Plans) gesellschaftlicher Entwicklung. Der real existierende Sozialismus verband diesen Archetyp zu einer Art konstitutionellem Fünf-Jahres-Plan. Angeleitet vom historischen Materialismus,[52] übersetzen sozialistische Führungskader die »Gesetze des wissenschaftlichen Sozialismus« in konstitutionelle Entwürfe mit durchweg begrenzter Lebensdauer.[53] Nach Maßgabe der ideologischen Vorgaben und des jeweils deklarierten bzw. erreichten sozio-ökonomischen Entwicklungsstandes waren die Plan-/Programm-Verfassungen wegen ihrer Akzessorietät zum Ablauf der Geschichte als eine durch ökonomische Prozesse gesetzmäßig bestimmte Entwicklung der menschlichen Gesellschaft periodisch total zu revidieren und die Gesellschaften jeweils neu als »Volksdemokratien«, »sozialistische« oder »kommunistische« Demokratien konstitutionell auszuweisen.

Als semantische Konzession an den liberalen Konstitutionalismus enthalten auch Programm-Verfassungen ein politisch-organisatorisches Design und einen Katalog von Rechten. Angesichts der grundlegenden ideologischen Annahme, dass der Staat bzw. die

---

[52] Ausführlich erläutert von Helmut Fleischer, *Marxismus und Geschichte*, 7. Aufl. Frankfurt am Main: Suhrkamp, 1977.
[53] Dazu Frankenberg *Comparative Constitutional Studies*, 46 ff., und Scott Newton, *The Constitutional Systems of the Independent Central Asian States: A Contextual Analysis*, London: Hart Publishing, 2017.

Führungskader stets in Einklang mit den wahren Interessen des Volkes handeln und dass der Gebrauch der Rechte nicht den »objektiven Erfordernissen« des sozialistischen Fortschritts widerstreiten darf, fehlt den »Grundrechten« allerdings die ihnen im Paradigma des Liberalismus zugeschriebene machtbegrenzende und freiheitssichernde Funktion. Insofern ist es ebenso aufschlussreich wie konsequent, dass Freiheitsverbürgungen in sozialistischen Verfassungen eng an soziale Verpflichtungen oder Staatsaufträge gekoppelt sind – ein Bündnis, das dem liberalen Paradigma zwangsläufig fremd ist und es sprengen würde.

Darstellungen des sowjetischen oder sozialistischen Konstitutionalismus verfehlen folglich dessen Spezifik, wenn der liberal-demokratische Verfassungstyp ohne Umschweife als Maßstab gesetzt und beispielsweise die Verfassungslage in China, Kuba oder Vietnam *daran* gemessen und zwangsläufig als defizitär bewertet wird. Gewiss ist zutreffend, dass die jüngere Verfassungsentwicklung vom Archetyp des (liberalen) Verfassungs*gesetzes* beherrscht wird, das sich aufgrund seiner Form und Struktur zwanglos in die jeweilige Rechtsordnung einfügt und sie überformt. Auch ist nicht zu bestreiten, dass die codierte Verfassung den anderen archetypischen Mustern jedenfalls insofern überlegen ist, als sie deren Elemente aufnehmen und in Gesetzesform transferieren kann.[54] Hinzu kommt, dass dieser Typus sich, abgesehen von einigen supranationalen Kontrakt-Verfassungen, weltweit – auch in autoritären Regimen – durchgesetzt hat.[55] Gleichwohl ist der besonderen Logik unterschiedlicher Spielarten des Konstitutionalismus im Folgenden Rechnung zu tragen.

54 Manifest-Charakter haben zum Beispiel die Präambeln, aber auch bekenntnishafte Verfassungsnormen. Programmatisches, das der Umsetzung durch den Gesetzgeber bedarf, kleiden Gesetzesverfassungen in Staatsziele und Verfassungsaufträge, wie etwa Frauenförderung, Schaffung von Arbeitsplätzen oder den Schutz der natürlichen Lebensgrundlagen.

55 Kennzeichnend für diesen Typus und das liberale Paradigma des Konstitutionalismus ist, dass die konstitutionellen Eliten regelmäßig das abwesende Volk als *pouvoir constituant* beschwören. Die semantische Differenz zwischen »We the People« und »We the Undersigned« markiert dabei den ideologischen Unterschied zwischen einer (virtuell) selbst gesetzten und stellvertretend kontrahierten Verfassung. Der Akt der Verfassunggebung antizipiert das republikanisch-demokratische Regelwerk, das eben erst »konstituiert« wird, und versucht auf diese Weise der Paradoxie einer *creatio ex nihilo* zu entgehen.

4. Struktur autoritärer Verfassungen

Verfassungen, auch die Verfassungen von Autokratien, folgen in ihrer Struktur einem ähnlichen Konstruktionsplan, soweit es sich um vollständige Verfassungen und nicht nur um Fragmente, wie Resolutionen oder auf einen bestimmten Zweck zugeschnittene Deklarationen, handelt. Vollständig heißt, dass Konstitutionen darauf angelegt sind, Grundsätze und Grundregeln für die Lösung der wesentlichen Probleme des Zusammenlebens in der Gesellschaft und in einer nationalstaatlich (oder auch supranational) organisierten Umwelt vorzugeben.

Erstens: Hinsichtlich Fragen der Gerechtigkeit lassen sich Grundrechtskataloge, flankiert von rechtsstaatlichen Prinzipien und Prozeduren, weltweit in ein überschaubares Spektrum von Antworten eintragen. Verfassungen verbürgen mit der gesicherten gleichen Freiheit aller Freiräume individueller und kollektiver Selbstbestimmung, sie institutionalisieren und begrenzen die legitime Macht aller staatlichen bzw. öffentlichen Gewalten. Diese Funktion fällt in den Verfassungen autoritärer Regime aus, es sei denn, demokratische Maskerade wäre geboten. Je nach System wird versucht, sie durch Pflichten zu verdrängen und/oder durch transformative Garantien, Akklamationsrituale und die Propagierung von imaginärer Gemeinschaftlichkeit zu kompensieren. Diese Kompensationsmechanismen stehen später bei der Erörterung der Wesensmerkmale des autoritären Konstitutionalismus im Zentrum.

Zweitens: Hinsichtlich der Frage des Gemeinwohls bekräftigen Verfassungen Werte, die übersetzt werden in Staatsziele und Verfassungsaufträge, wie etwa »Ordnung und Fortschritt« (Brasilien), »Unabhängigkeit und Freiheit der Nation« (Vietnam), »Widerstand gegen Rassismus« (Zimbabwe), »Verantwortung gegenüber zukünftigen Generationen« und »soziale Gerechtigkeit« (Usbekistan), »Gleichheit nach Maßgabe der Schari'a« (Saudi Arabien), das »Wohl und Gedeihen Russlands« usw., oder in staatliche Schutzpflichten, wie den Schutz von Leben und Gesundheit oder von Familie und Kindererziehung. Oder aber die Werte kommen zur Geltung in Bürgerpflichten, die über die allgemeine Gehorsamspflicht und die Respektierung der Rechte anderer hinausgehen, etwa wie Wehrpflicht, Arbeitspflicht oder sonstigen Dienstpflichten. In aller Regel lassen es insbesondere die Verfassungen von Autokratien an der konstitutionellen Verbürgung von Werten (und aus diesen abgeleiteten Aufträgen des Staates) nicht fehlen, da diese aufgrund der hoheitlichen Durchsetzung von Haus aus eine autoritäre Innentendenz haben.

Drittens: Den größten Raum in Verfassungen nehmen durchweg (staats-)organisatorische Regelungen ein, die auch dem gesteigerten Ordnungsbedarf von Autokratien entgegenkommen. Sie beantworten die von der historischen Erfahrung informierten Fragen politischer Klugheit, Strategie und Praxis mit der Konstruktion von Institutionen und Verfahren der politischen Entscheidungsbildung, der Zuweisung und Verteilung von Kompetenzen auf die staatlichen Organe, mit deren wechselseitiger Kontrolle sowie der Bestellung politischer Entscheider durch Wahl, Abstimmung oder Ernennung. Die konstitutionelle Organisation eines autoritären Systems richtet sich nach dessen Typ (insbesondere personalistische, Militär-, Ein-Parteien-Regime – dazu gleich mehr) und nicht zuletzt danach, ob es sich in einer vorgegebenen demokratischen Umwelt einrichten und maskieren muss.

Viertens: Das vierte konstitutionelle Bauelement betrifft Fragen der Geltung, Änderung und des Schutzes einer Verfassung. Seine Kollisions- und Meta-Regeln prägen die Selbstreflexivität und Modernität von Verfassungen im engeren Sinne. Sie stellen sicher, dass diese ihre Legitimität aus sich heraus schöpfen, indem sie regelmäßig das Volk als Souverän auszeichnen und jede Änderung an einen Beschluss dieses Souveräns oder seiner Repräsentanten rückbinden. Das gilt, *mutatis mutandis*, auch für die selten direkt demokratisch mandatierten Verfassungsgerichte. Wie bereits erörtert, schöpfen Verfassungen des politischen Autoritarismus freimütig transzendente Legitimitätsquellen ab, wie autoritative Ideologie, Tradition oder die Notwendigkeit als Rechtfertigung von Ausnahmerecht.

Die Leistung der Typisierung von Verfassungsmustern und Konstruktionselementen – im Zusammenhang mit deren je spezifischer Kombination – sollte jedoch nicht überschätzt werden. Immerhin kann sie den Blick freigeben auf *mögliche* Absichten, Interessen und Erwartungen von Verfassungseliten. Verfassungen *können* auch Hoffnungen und Befürchtungen der Bevölkerung in Anbetracht historischer Herausforderungen, Krisen und Aufgaben abbilden. In Hinsicht auf Autorität und Integration lassen sich überdies zwei Felder abgrenzen: In *autoritätsorientierten* Verfassungen dominieren

Regelungen der Institutionalisierung und Kontrolle von politischen Machtzentren, welche die für ihre Kompetenzbereiche allgemein verbindlichen Entscheidungen treffen. Vorbild einer solchen Organisationscharta ist die amerikanische Bundesverfassung von 1787, der erst 1791 die »Bill of Rights« der zehn *Amendments* angefügt wurde. Diese eigentümliche Konstruktion war den Debatten und Interessengegensätzen von *Federalists* und *Anti-Federalists* geschuldet, vor allem den weit verbreiteten Ängsten vor neuer Tyrannei durch eine übermächtige Union.[56]

Autokratien sind ebenfalls mit Fragen der Organisation beschäftigt, verzichten allerdings selten auf eine ihnen genehme Rekonstruktion der Vorgeschichte in Präambeln und legen dort dem nicht gefragten Volk die passenden Legitimationsformeln, Werte und Geschichtsdeutungen in den Mund. Exemplarisch für die Volkspädagogik des autoritären Konstitutionalismus lässt sich die Verfassung der Islamischen Republik Iran von 1979 zitieren:

Das islamische Volk kam nach der Erfahrung mit konstitutionellen Bewegungen gegen Willkürherrschaft und mit der antikolonialistischen Bewegung, die eine Nationalisierung der Erdölindustrie angestrebt hat, zu der wertvollen Einsicht, dass der maßgebende und deutlich sichtbare Grund für das Scheitern dieser Bewegungen im Fehlen einer den Kampf tragenden Weltanschauung bestand.[…]

Nunmehr erkannte das erwachte Gewissen des Volkes unter der Führung der höchsten islamischen Autorität Imam Khomeini die Notwendigkeit, einer den Grundsätzen der islamischen Lehre verpflichteten Bewegung zu folgen; und diesmal erhielten die kämpfende Geistlichkeit des Landes, die stets in vorderster Linie der Volksbewegungen gestanden hatte, wie auch die ihrer Verantwortung folgenden Schriftsteller und Intellektuellen, unter der geistlichen Führung eine neue Antriebskraft. […]

Unser Volk befreite sich bei seinem revolutionären Entwicklungsprozess vom Laster der Verführung und Abtrünnigkeit, reinigte sich von wesensfremdem Gedankengut und kehrte zur islamischen Weltanschauung und ihren geistigen Positionen zurück. Und nun hat sich das Volk zum Ziel gesetzt, durch islamische Prinzipien ein vorbildliches Gesellschaftswesen aufzubauen.[57]

---

56 Alexander Hamilton, James Madison, John Jay, *Die Federalist Papers* [1787/1788], München: C. H. Beck, 2007.
57 Verfassung der Islamischen Republik Iran 1979 – Präambel.

Verfassungen des politischen Autoritarismus schlagen in den Präambeln und Wertklauseln eine Brücke zu *integrationsorientierten*, demokratischen Verfassungen. In diesen übernehmen Gemeinwohlwerte eine tragende, einheitsbildende Funktion. Eine nach Umfang und Expliziertheit augenfällige Betonung von integrativen Werten verweist nicht selten auf Einigungskämpfe, die der Verfassunggebung vorausliegen, auf die Brisanz ethnischer oder kultureller Heterogenität oder eben das ideologische *world-making* in integrativer Absicht. Nicht zufällig, sondern absichtsvoll adressiert an die (nach wie vor virulenten) autoritären Kräfte, begann die Weimarer Verfassung von 1919 mit dem (voreiligen) Stoßseufzer, dass Deutschland nunmehr »einig in seinen Stämmen« sei, und entfaltete zusätzlich ein im Hinblick auf die Wirtschafts- und Sozialordnung beachtliches, wenngleich in den Folgejahren kaum beachtetes Integrationsprogramm.

Legen Verfassungen den Akzent auf Grundrechtskataloge, können sie damit eine doppelte Stoßrichtung verfolgen, die in vielen Fällen der Erfahrung von Willkürherrschaft geschuldet ist. Zum einen sollen verfassungsmäßig verbürgte, fundamentale (Menschen-) Rechte im Verbund mit rechtsstaatlichen Grundsätzen – im angloamerikanischen Verfassungsraum: mit »rule of law« – einer Wiederkehr gesetzwidriger politischer Machtausübung vorbeugen und Herrschaft zur Freiheitssphäre der Bürger*innen auf Distanz halten. Zum anderen enthalten auch sie Integrationsangebote, indem sie gleiche Freiheit *vom* Staat und gleiche Mitwirkung *im* Staat verheißen. Wie die meisten anglo-europäischen Verfassungen lässt sich auch das Grundgesetz von 1949 als ein solcher januskäpfiger Verfassungstyp kennzeichnen. Wesentliche Teile der Grundgesetzkonstruktion sind als »Lehren aus Weimar« erkennbar der politischen Gefahrenabwehr und institutionellen Stabilität geschuldet, insbesondere die »streitbare Demokratie«, die jeder Änderung entzogenen Fundamente (die erwähnte »Ewigkeitsklausel«), die Kanzlerdemokratie und eben die Betonung der Grundrechte. Zugleich ist das Grundgesetz integrativ angelegt: mit der Verbürgung öffentlicher Kommunikation, mit seinen Diskriminierungsverboten und den institutionellen Garantien von Ehe und Familie, Eigentum, Presse und Rundfunk, auch mit der Einbeziehung der Parteien in den Verfassungskreis. Insofern unterscheidet es sich in seiner Struktur und Funktion nicht wesentlich von anderen liberal-demokratischen Verfassungen.

Die Verfassungen autoritärer Regime sollten, wie gesagt, nicht als Verbriefungen der Grundrechtsgeltung gelesen werden. Mit einer Reihe von Mechanismen entschärfen sie die normative Kraft grundrechtlicher Verbürgungen. Sozialistische Verfassungen übergehen regelmäßig den Interessengegensatz zwischen Bürgerschaft und Staat, andere Verfassungen des Autoritarismus erdrücken Rechtsgarantien mit dem Gewicht von Gemeinschaftswerten oder der öffentlichen Sicherheit. Autokratien privilegieren grundsätzlich die Imperative von Ordnung und Sicherheit und die Belange der Gemeinschaft gegenüber dem Geltungsbefehl von Grundrechten.[58] Das zeigt: Politischer Autoritarismus bedient sich der Verfassungen, um seine Autorität zu inszenieren und seine Legitimität zu bekräftigen. In den Raum der Inauguration des Staatsoberhauptes wird die Verfassung feierlich wie eine heilige Schrift hineingetragen und dort dem Staatschef gleichsam »angetragen« (siehe unten Abbildung 2). Auch in Autokratien wird das Führungspersonal regelmäßig öffentlich auf die Verfassung vereidigt. Ungeachtet eines opportunistischen Verhältnisses zum Konstitutionalismus, machen sich autoritäre Regime für ihre Selbstdarstellung die symbolische Kraft von Verfassungen zunutze. Darauf ist am Ende des Buches zurückzukommen.

5. Autoritärer Konstitutionalismus zwischen Magie und Täuschung

Seit über zweihundert Jahren oszillieren Verfassungsprojekte zwischen der Zuschreibung besonderer Kräfte, die ich Zauberkräfte oder Magie nenne, und der Vorspiegelung falscher Tatsachen, wie etwa der ungenauen Abbildung von Macht. Ebenso lange haben sich Regime aller Art, insbesondere auch autoritäre Regierungen, das konstitutionelle Verzaubern und Vorspiegeln zunutze gemacht.

Der Zauber, der Verfassungen innewohnen soll, zeigt sich in unterschiedlicher Gestalt und Abstraktheit. Zum einen bewirkt er, wie oben erwähnt, die Transformation von Individuen in Träger von Rechten und, durch Vertrag oder Gesetz, von Bevölkerungen eines Territoriums in Mitglieder imaginierter Gemeinschaften

---

58 Beispiel: Art. 67 Verfassung von Vietnam (Vorrang der Interessen des Staates und des Volkes).

(»Volk«) oder die »Vertextung« von Herrschaft. Die Nation ist eine imaginierte Gemeinschaft, die man sich vorstellt als sowohl souverän wie auch inhärent begrenzt. Nach Benedict Anderson ist sie imaginiert, weil die Mitglieder selbst der kleinsten Nation in aller Regel die meisten anderen Mitglieder weder kennen noch treffen noch auch nur von ihnen je hören, gleichwohl in der Vorstellung aller das Bild ihrer Verbundenheit existiert und wachgehalten wird. Gemeinschaften unterscheiden sich also nicht nach ihrer Echtheit oder Falschheit, sondern durch den Stil und die Modalität, in dem sie vorgestellt werden.[59] Der Stil jener Imagination war und ist geprägt durch konstitutionelles Vokabular: Deklarationen von Rechten, Unabhängigkeitserklärungen oder komplette Verfassungen. Wie mit Hilfe eines Taschenspielertricks stellen diese Texte kraft der konstitutionellen, liberalen Rhetorik, getragen von Ritualen und Verfahren, persönliche Herrschaft auf die moderne Idee des Regierens um – das »government of laws and not of men«, die Herrschaft des Gesetzes.[60] Der Verfassungszauber soll Macht zum Verschwinden bringen, Herrschaft entpersonalisieren und die persönliche Treuepflicht der Beherrschten gegenüber den Herrschern in abstrakten, aufs äußere Verhalten abstellenden Rechtsgehorsam transformieren. Als führte Hollywood Regie.

Konstitutionelle Sprechakte – Rechtskataloge, die Formulierung von allgemeinen Werten, die Berufung auf das Volk oder die Tradition, die Verfassung von Politik oder die Beschwörung von Gemeinschaft etc. – sind performative Akte: sie kommunizieren Ideen (Volkssouveränität oder demokratische Diktatur, gleiche Freiheit, Befreiung von Sklaverei), öffnen neue Horizonte der Bedeutung (konstitutionelle Monarchie, »demokratische Diktatur« oder König Stephan I. als wiederentdeckter Vater der ungarischen Nation) und leiten Ereignisse (wie Abstimmungen, Wahlen oder Erklärungen des Ausnahmezustandes etc.) an. Es ist also nicht unangemessen zu sagen: nicht das Volk erklärt oder konstituiert sich, sondern es wird von der Verfassung, empirisch: von den Verfassungseliten, im Moment der Erklärung konstituiert.[61]

---

59 Benedict Anderson, *Imagined Communities. Reflections on the Origin and Spread of Nationalism*, London: Verso, 1983.
60 Verfassung von Massachusetts, Teil I, Art. XXX. Dazu Franz Neumann, *Die Herrschaft des Gesetzes*, Frankfurt am Main: Suhrkamp, 1980.
61 Siehe Jacques Derrida, »Declarations of Independence«, in: ders., *Negotiations:*

Abb. 2: Beitrag zum Verfassungszauber – Kirgisische Soldaten tragen die Verfassung zur Inauguration des Präsidenten Dscheenbekow am 24. 11. 2017.[62]

Konstitutionelle Magie wirkt und wirkt sich aus, je nachdem wie Normen, Ideologie, Mythen und generell die symbolische Dimension von Verfassungen ins Spiel gebracht werden. In der Folge, so scheint es, nehmen *bills of rights*, gerichtliche Entscheidungen, Doktrinen, Konventionen, sogar ungeschriebene Verfassungen, Formeln wie »King/Queen-in-Parliament«, Konzepte wie Verfassungsstaat oder konstitutionelle Demokratie auf je unterschiedliche Weise an der Aura des Magischen teil.

Diese Aura könnte freilich nur die Vorderseite von Täuschung oder Irreführung sein. Geläufige Beispiele wären das bereits erwähnte Mantra des US-amerikanischen Konstitutionalismus, die Verfassung sei farbenblind, oder das Gegen-Mantra des oben zitierten Art. 14 der Verfassung Haitis (1805). Oder auch der Versuch des syrischen Despoten, seinem blutigen Krieg gegen das eigene Volk ein Verfassungsmoment abzupressen. Mit Anleihen bei den autoritativen Schriften inthronisieren und legitimieren sich die sowjetischen Kader kraft ihres überlegenen Wissens als Vollstrecker historischer Bewegungsgesetze und politischer Entwicklungsprogramme – nach Maßgabe der sozialistischen Gesetzlichkeit. Die

Interventions and Interviews, 1971-2001, Stanford: Stanford University Press, 2002, 46 ff.; und Jacques de Ville, »Sovereignty without Sovereignty: Derrida's Declarations of Independence«, in: *Law and Critique* 19 (2008), 87 ff.

62 Quelle: *Novastan.org*, ⟨https://www.novastan.org/de/kirgistan/kirgistan-amtsein fuhrung-von-sooronbaj-dscheenbekow/⟩.

begüterten Eliten der Gründungsstaaten der USA übersetzten ihre partikulären ökonomischen Interessen und Forderungen elegant, aber autoritär gegenüber dem nicht präsenten Volk, *by proxy*, in die Rhetorik universeller Garantien.

Weniger bekannte, weitere Hinweise auf den Glauben an den Verfassungszauber – und die sich unter der (semantischen) Oberfläche oder im Hintergrund verbergende Täuschung: Noch unter japanischer Besetzung rief die Verfassung der Philippinen von 1943 den Beistand der göttlichen Vorsehung an und proklamierte, vielleicht dadurch gestärkt, ihre Unabhängigkeit.[63] Im konstitutionellen Überschwang schrieb ein chinesischer Beobachter des Japanisch-Russischen Krieges den Sieg des kaiserlichen Militärregimes von Japan letztlich dessen Verfassung zu. Die Macht einer Verfassung, meinte ein Historiker, »kommt der Macht von einer Million Soldaten gleich«.[64] Nun ja.

Diese Beispiele zeigen an, dass das Studium der Verfassungen – aller Verfassungen – gut daran tut, sich mit Realismus und Geduld auszustatten und diese mit einem kritischen Ansatz zu verbinden, zumal wenn man dem autoritären Konstitutionalismus auf den Pelz rücken will. Denn was als Wortzauberei erscheint, könnte sich alsbald im Dickicht von Ideologie, Mythos und Strategie als inhaltsleeres Gerede verlieren. Beim Umgang mit den Verfassungsdokumenten von Autokratien und ihrer Verfassungsrhetorik sind Realismus und Nüchternheit besonders gefragt, allerdings auch leichter geboten als praktiziert. Wie alle Verfassungen sind auch die autoritären überfrachtet mit Ideen, Idealen und Ideologie. Sie erzählen Gründungsmythen, denen man nicht recht glauben mag, rekurrieren auf Erfahrungen, die nur einen Ausschnitt der Geschichte wiedergeben, enthalten politische Visionen und Befürchtungen, bieten ein Interpretationsraster an für die interessiert verzeichnete Deutung der Wirklichkeit und errichten am Ende ein Gerüst der

---

63 »[Securing] the blessings of independence and democracy under the rule of law and a regime of truth, justice, freedom, love, equality, and peace.« (Präambel, Verfassung der Republik der Philippinen 1987) Obwohl gleichfalls eine anspruchsvolle Aufgabe, hat dies doch ein wenig mehr Realismus für sich.

64 Jingxiong Wu, *Studien zur Rechtsphilosophie*, Peking: Quinghua University Press, 2005; und Dieter Kuhn, *Die Republik China von 1912-1936. Entwurf für eine politische Ereignisgeschichte*, 3. Aufl., Heidelberg: edition forum, 2007; Xiaodan Zhang, *Stufenordnung und Verfahren der Setzung von Rechtsnormen in der Volksrepublik China*, Frankfurt am Main, Diss., 2017 – unveröffentlichtes Manuskript.

Legalität, von dem man nicht weiß, wen – außer der Führung – es tragen soll.

Von Verfassungen ist eine exakte Beschreibung der Lebenswelt ebenso wenig zu erwarten wie ein Schaubild des tatsächlichen Funktionierens politischer Institutionen. Insofern hat der später bisweilen verwendete Begriff »Betriebsanleitung des Staates« eine nicht nur polemische, sondern auch ironische Bedeutung. Vor allem die Zentren der Macht werden nicht akkurat lokalisiert, und insbesondere über private, eigentumsgestützte Macht schweigen sich (auch liberale) Verfassungen gern aus. Verfassungen sollten also nicht als »blueprint« gelesen werden, sondern eher als Narrativ oder je nach Unschärferelation als Texte mit in die Zukunft weisenden Aspirationen (*aspirational texts*), die andeuten, was Gesellschaften oder eher ihre an konstitutionellen Fragen interessierten Eliten anvisieren, etwa Kubas Entschlossenheit, »niemals zum Kapitalismus zurückzukehren«, oder Ruandas Selbstverpflichtung, »das Verbrechen des Genozids zu verhindern und zu bestrafen«, Pakistans »unablässiger Kampf gegen Unterdrückung und Tyrannei« oder Weißrusslands Verteidigung seiner »Unabhängigkeit und territorialen Integrität«.

Gleichwohl geben Verfassungsdokumente stets zu beachtende Hinweise, wie Gesellschaften bzw. ihre Eliten das Geschäft der Selbstregierung bewältigen wollen – oder aber versuchen, ihre Interessen und Pläne zu verdecken:

[N]iemals wieder durch Handlungen der Regierung von den Schrecken des Krieges heimgesucht werden […]. (Verfassung von Japan, 1947)

In den kommenden Jahren ist die grundlegende Aufgabe der Nation, ihre Kräfte auf die sozialistische Modernisierung zu konzentrieren. Unter der Führung der Kommunistischen Partei Chinas und der Anleitung des Marxismus-Leninismus und des Denkens Mao Zedongs folgt das chinesische Volk aller Nationalitäten dem sozialistischen Weg […]. (Präambel der Verfassung der Volksrepublik China, 1982)

Beschworen wird regelmäßig die Gemeinschaft, worauf später zurückzukommen ist (Kap. VII.). Dabei verfolgen politische Gemeinwesen, Staaten und Nationen unterschiedliche Wege der Transformation der Gesellschaft einzelner Personen und Gruppen in eine *Gemeinschaft* als »more perfect Union« (Bundesverfassung der USA, 1787) oder »immer engere Union der Völker Europas« (EU Vertrag 1992), schlicht als Nation (für viele: Argentinien 1853) oder als ein »freier Staat, souverän und unabhängig von jeglicher anderen Macht« (Haiti 1805). Autoritäre Regime schließen sich an die übliche Rhetorik (Volk, Nation, Republik) an, verschieben jedoch den Akzent von den (rituell bekräftigten) Rechten hin zur angestrebten Gemeinschaft. Die chinesische Verfassung beschwört das »chinesische Volk aller Nationalitäten«. Ungarns Verfassung feiert einschränkend die »intellektuelle und spirituelle Einheit« der Nationalitäten, »die bei uns leben«, und gibt damit die Strategie, Flüchtende oder Migrant*innen abzuwehren, im Ansatz zu erkennen. Indonesiens Verfassung bekräftigt den »Glauben an den Einen und einzigen Gott, die gerechte und zivilisierte Menschheit, die Einheit Indonesiens und das demokratische Leben«.[65] Die iranische Verfassung (1979/1989) platziert das gottesfürchtige Volk in die grenzüberschreitende, religiös fundierte *Umma*, die Gemeinschaft aller Muslime. Nordkorea überformt die »Volksrepublik« mit dem »sozialistischen Vaterland« – oder umgekehrt.

Viele Konstitutionen bescheiden sich mit weniger anspruchsvollen Zielen, wohl aber drängenden Problemen, wie etwa Territorium und sozialen Frieden zu verteidigen (Jordanien 2016). In Kasachstan und Kirgistan stehen politische Eintracht und Stabilität im Vordergrund (Verfassungen von 2017 und 2010). Jemen, seit Jahren im Zustand der Rechtlosigkeit und Gewalt, widmet zahlreiche Artikel der Verfassung dem darniederliegenden Steuersystem. Albanien strebt die Gleichheit der religiösen Gemeinschaften an. Unabhängig davon, welche Visionen und Interessen, Befürchtungen und Hoffnungen sich im Text niedergeschlagen haben, äußern sich Verfassungsdokumente nahezu ausnahmslos zu Ordnung und Gemeinschaftszielen, zu Legitimität und kollektiver Identität.[66]

Ursprünglich waren Verfassungen auf Nationalstaaten und die Sozialstruktur bürgerlicher Gesellschaften zugeschnitten, sie stellten sich in den Dienst der Befreiung vom Feudalismus, der Leibeigenschaft und sehr viel später der Sklaverei. Im Laufe der Zeit sollten sie auch supra- und transnationale Räume bewohnen und wurden in die Diversität soziopolitischer Strukturen und Beziehungen eingepasst – Klassengegensätze, Rassentrennung, postkoloniale Erneuerung, Diktaturen, multiethnische Gesellschaften prägten das Verfassungsdesign. Zwangsläufig haben sich damit die an eine

65 Verfassung von 1945/2002.
66 Dazu Kap. VIII.

Verfassung gerichteten Erwartungen gesteigert, insbesondere durch die grundlegende Erfahrung, dass gesellschaftliche Kämpfe eher gewonnen werden, wenn sie in die Sprache der Verfassung übersetzt werden, dass Interessen mehr Gewicht und Legitimität haben, wenn sie sich als fundamentale Rechte ausweisen lassen.

Einige dieser Erwartungen wurden erfüllt, andere enttäuscht. Wer sich in gesellschaftlichen Kontroversen auf Verfassungspositionen beruft, lernt alsbald, was es heißt, dass Verfassungen wie andere Gesetze gelesen, gedeutet, decodiert werden, wie aus ihnen plausible Argumente abgeleitet und gegen andere plausible Argument verteidigt werden müssen. Dadurch lernt man, den »formalistischen Irrtum«[67] zu vermeiden: Nämlich zu glauben, eine bestimmte Vorschrift bedinge ein bestimmtes Ergebnis oder eine bestimmte Schlussfolgerung – »one right answer«,[68] wo doch die Teilnehmer*innen eines Verfassungsgesprächs *lege artis* sehr wohl andere Ergebnisse oder Folgerungen generieren können, die ebenfalls mit der genannten Vorschrift kompatibel sind.

Wie lassen sich Verfassungen ernst nehmen, ohne dabei den in ihnen zur Wirkung kommenden Motiven und Strategien des autoritären Konstitutionalismus auf den Leim zu gehen? Zunächst: Ganz gleich ob in gutem oder bösem Glauben geschrieben, werden sie – auch die Verfassungen autoritärer Regime – auf ihren Kontext bezogen und auf den Ebenen von Regime und Rhetorik untersucht, nicht aber als Belege für bloße Abweichungen vom Verfassungsideal oder defizitären liberalen Konstitutionalismus – als dessen anderes – abgebucht. Um dafür Raum zu gewinnen, wird der Blick nach Zwischenüberlegungen zur begrifflichen Klärung von Autorität und Autoritarismus sodann auf üblicherweise nicht näher erläuterte autoritäre Elemente liberaler Verfassungstheorie und -praxis gerichtet.

---

67 Duncan Kennedy »Legal Formalism«, in: Neil Smelser, Paul Baltes (Hg.), *Encyclopedia of the Social Sciences*, Bd. 13, Amsterdam: Elsevier, 2001, 8634 ff.
68 Die »one right answer«-These wurde von Ronald Dworkin entwickelt in: *Bürgerrechte ernstgenommen*, Frankfurt am Main: Suhrkamp, 1984; ders., *A Matter of Principle*, Cambridge: Harvard University Press, 1985.

II. Autoritarismus

> »Der autoritäre Charakter vermag die Welt allein mit den Modi des Ernstfalls und des Ausnahmezustandes zu sehen. Diese Perspektive ermächtigt ihn zu all den Maßnahmen, die ihn Schritt für Schritt aus dem Rahmen des Humanismus und der Aufklärung herausführen. Es kommt zur Revolte nicht gegen die, sondern im Namen der Autorität.«[1]

1. Autorität und Macht

Autorität und Macht haben miteinander zu tun. Umstritten ist jedoch, was genau. Wie lassen sich die Begriffe abgrenzen? In welcher Beziehung stehen sie zu einander, und worauf beruht diese? Wie so oft, wenn es schwierig wird, weil alltägliche Phänomene im Außeralltäglichen eine Rolle spielen, sind die Hilfestellungen der Wissenschaften (von der Politik und vom Recht) aufschlussreich, aber von begrenztem Gebrauchswert. Sie bedienen ihre Leserschaft nicht mit eindeutigen Konzepten oder gesicherten Erkenntnissen. Über Macht erfahren wir unter anderem, sie sei Schein,[2] zeige sich in der Fähigkeit, anderen den eigenen Willen aufzuzwingen,[3] bestehe im Management von Enttäuschungen, im richtigen Umgang mit den »Baronen«,[4] in der Fähigkeit, etwas – zum Beispiel eine

---

1 Volker Weiß, *Die autoritäre Revolte. Die Neue Rechte und der Untergang des Abendlandes*, Stuttgart: Klett-Cotta, 2017, 265 – eine sehr lesenswerte, informative Studie zu den Netzwerken der autoritär-nationalistischen Rechten in Deutschland.
2 So zum Machttheoretiker par excellence, Niccolò Machiavelli, Dirk Hoeges in seiner Studie: *Niccolò Machiavelli. Die Macht und der Schein*, München: C. H. Beck, 2000; Herfried Münkler, *Machiavelli: Die Begründung des politischen Denkens der Neuzeit aus der Krise der Republik Florenz*, Frankfurt am Main: Fischer, 1984. Mit sicherer Hand setzt Enno Rudolph die Orientierungsmarken bei seiner prägnanten Darstellung und Deutung der philosophischen Machttheorien: Enno Rudolph, *Wege der Macht*, Weilerswist, Velbrück, 2017.
3 Max Weber, *Wirtschaft und Gesellschaft*, 5. Aufl., Tübingen: Mohr Siebeck, 2002, Kap. 1, § 16, und Kap. 9, § 1.
4 Nach Samuel E. Finer, *The History of Government*, Bd. 1-3, Oxford: Oxford University Press, 1997, ist die Macht des Königs davon abhängig, dass seine Barone sie

Ordnung – zu erschaffen oder zu zerstören.[5] »Macht entspringt« nach Hannah Arendts einflussreicher Definition »der menschlichen Fähigkeit, nicht nur zu handeln oder etwas zu tun, sondern sich mit anderen zusammenzuschließen und im Einvernehmen mit ihnen zu handeln.«[6] Niklas Luhmann stellt lakonisch fest, Macht habe, wer warten könne.[7]

Viele Wege führen zur Macht. Macht verfolgt unterschiedliche Wege.[8] Je nach theoretischer Deutungsperspektive ist Macht ein Phänomen des Willens, der Sprache oder der Gewalt. Ob willentliche, kommunikative oder handgreifliche Macht, stets ist sie in der Praxis, in der sie zur Anwendung kommt, abhängig von Autorität, genauer: von der Autorität des Macht*habers*, von der autoritativen Weise der Ausübung, von der Autorität des Zwecks, dem Macht zu Diensten steht, und nicht zuletzt von der Reaktion derjenigen, zu denen eine autoritätsgestützte Machtbeziehung, sei es Gehorsam, Gefolgschaft, Duldung, Zustimmung oder begeisterte Unterstützung, hergestellt werden soll. Konzentriert man sich nur auf diesen letzten Aspekt, wie der Philosoph Stein Ringen, dann ist Autorität von der Bereitschaft anderer abhängig, zuzuhören, sich überzeugen zu lassen und sie letztlich demjenigen zu schenken, der sie ausüben will.[9] Behält man jedoch alle eben genannten Bedingungen der Mög-

umsetzen. Sie müssen also dafür gewonnen werden, seine Befehle mit Begeisterung zu befolgen (das beste Resultat) oder sie zu akzeptieren (das nächst beste, nach Max Weber hinreichende Ergebnis), jedenfalls keinen Widerstand zu leisten.

5 Raymond Aron, *Zwischen Macht und Ideologie. Politische Kräfte der Gegenwart*, Leest: Baulino Verlag, 1984.
6 Hannah Arendt, *Macht und Gewalt*, München: Piper, 1970, 45. Dazu Jürgen Habermas, »Hannah Arendts Begriff der Macht«, in: *Merkur* 30 (1976), 946 ff.
7 Niklas Luhmann, »Kausalität im Süden« ⟨http://www.uni-bielefeld.de/sozsys/deutsch/leseproben/luhmann.htm/⟩ (Zugriff: 16.12.2018); und ders., *Organisation und Entscheidung*, Wiesbaden: VS Springer, 2000, 123 ff.
8 Rudolph, *Wege der Macht*.
9 »Authority depends on the willingness of others to listen and be persuaded. No governor has any other authority than that which others see in him. He has the authority he is able to extract from those he wants to lead and which they are willing to award him. Authority enables governors to get others to do for them, but at the same time the governor is at the mercy of those same others for the authority he needs in order to lead. Authority, then, although appearing to belong to the governor, is really a gift from those he wants to exercise authority over. The ultimate power of others is their ability to deny the governor the authority he needs to be able to affect them.« Stein Ringen, »It's about Authority, Stupid! Having Power is

lichkeit wirksamer Machtausübung im Blick, dann bestünde Macht in der Fähigkeit, eine normative Ordnung hervorzubringen,[10] in der verbindliche Entscheidungen getroffen werden. Verbindlichkeit setzt neben der Allgemeinheit der Anweisung auch deren Rechtfertigung voraus, sollen nicht Gewalt und Waffen zu Argumenten geadelt werden. So leiten Staatspraxis und Staatstechnik ihren Titel zur Machtausübung üblicherweise aus legitimer, das heißt: irgendwie, aber überzeugend gerechtfertigter Autorität[11] ab, die mit der Einsetzung eines Machthabers entsteht. Ebenso üblich ist es, wie im Folgenden zu zeigen sein wird, Regime nach Maßgabe der Überzeugungskraft ihrer Legitimität zu unterscheiden.

Grundformen von Autorität

Autorität stellt eine Beziehung zwischen Macht*haber* und Macht*unterworfenen* her. Genauer: sie stellt sich *in* dieser Beziehung her.[12] Nach Karl Marx ist ein Mensch »nur König, weil sich andere Menschen als Untertanen zu ihm verhalten. Sie glauben umgekehrt, Untertanen zu sein, weil er König ist.«[13] Autorität muss geglaubt[14]

   Not Enough to Get Things Done«, in: *WZB-Mitteilungen* 133 (2011), 7ff. ⟨https://www.ssoar.info/ssoar/bitstream/handle/document/30867/ssoar-wzbmitt-2011-133-ringen_its_about_authority.pdf?sequence=1&isAllowed=y/⟩ (Zugriff: 11.08.2018).

10 Auch sie zu ändern oder zu zerstören. Zur normativen Macht Joseph Raz, *The Authority of Law*, Oxford: Clarendon Press, 2. Aufl. 2009, 124ff. Dazu Uwe Volkmann, *Rechtsphilosophie*, München: C. H. Beck, 2018, 168ff. und Rudolph, *Wege der Macht*.

11 Aus der umfangreichen Bibliothek über Autorität: Herbert Marcuse, »Theoretische Entwürfe über Autorität und Familie. Ideengeschichtlicher Teil«, in: Max Horkheimer, Erich Fromm und Herbert Marcuse, *Studien über Autorität und Familie*, Paris: D. zu Klampen, 1936, 137ff.; Hannah Arendt, *Between Past and Future*, New York: Viking, 1954 (»What is Authority?«); Alexandre Kojève, *The Notion of Authority. A Brief Presentation*, London/New York: Verso, 2014 (Kommentar zum post-revolutionären Russland); Joseph Raz, *Between Authority and Interpretation. On the Theory of Law and Practical Reason*, Oxford: Oxford University Press, 2009; Richard Sennett, *Autorität*, Frankfurt am Main: S. Fischer, 1984.

12 Aus der ebenso verzweigten wie komplexen theoretischen Debatte und den zahlreichen empirischen Untersuchungen werden hier nur einige für das Verständnis des Autoritarismus besonders hilfreiche Aspekte aufgegriffen.

13 Karl Marx, Friedrich Engels, *MEW* 23, Berlin: Dietz-Verlag, Fn. zu S. 72. Den Hinweis auf Marx verdanke ich Andreas Engelmann.

14 Niklas Luhmann, *Die Politik der Gesellschaft*, Frankfurt am Main: Suhrkamp, 2008.

oder, in Gewaltverhältnissen, gefürchtet werden. Nicht Autorität bestimmt das Verhältnis, sondern die Verhältnisse bestimmen letztlich, was als Autorität gilt oder »durchgeht«.

Im politischen Kontext kann Autorität sich in den Grundformen Vater, Herr, Führer und Richter sowie deren hybriden Kombinationen entfalten, ohne einer von diesen vollends zu entsprechen. Das gilt auch für die temporalen Modalitäten, die Alexandre Kojève mit diesen Grundformen verknüpft: Vater/Vergangenheit, Herr/Gegenwart, Führer/Zukunft und Richter/Ewigkeit.[15] In autoritären Regimen schiebt sich Führerschaft mit ihrem Zukunftsbezug regelmäßig in den Vordergrund: Reichskanzler Bernhard von Bülow sah Preußen-Deutschland auf einem »Platz an der Sonne«.[16] Adolf Hitler erklärte in seiner ersten Radioansprache 1933: »Nun, deutsches Volk, gib uns die Zeit von vier Jahren, und dann urteile und richte uns!«[17] Vergleichsweise abgegriffen der Zukunftsbezug in nicht nur Donald Trumps Slogan: »Make America great again!«[18] Dann doch origineller das vom ehemaligen Kanzler Helmut Kohl wider besseres Wissen oder leichtfertig abgegebene Versprechen »blühender Landschaften«, mit denen dereinst im Osten des geeinten Deutschlands zu rechnen sei.[19]

Das alles ist bei der Beschäftigung mit politischem Autoritarismus zu berücksichtigen. Dementsprechend tritt von den üblicherweise unterschiedenen Autoritätskomponenten bei der Ausübung politischer Herrschaft die *personale*, durch Leistung, Wissen, Erfahrung, Alter oder ähnliche Eigenschaften vermittelte Autorität hinter die *funktionale*, in Professionalität und Sachkunde gründende, und vor allem die *positionale*, mit einem Amt, einer Position oder einem Rang verbundene, zurück. Diese Staffelung ist keineswegs festge-

---

15 Kojève, *The Notion of Authority*. Beim Richter (wenn es nicht das letzte Gericht ist) wäre Ewigkeit vielleicht auf die Dauer der Rechtskraft zu beschränken.
16 Georg Lukács, »Was Hitler den Deutschen bedeutet«, in: *Der Spiegel* vom 14.03.1966.
17 Sven Felix Kellerhoff, »Gebt mir vier Jahre Zeit«, in: *Die Welt* vom 30.01.2017 ⟨https://www.welt.de/geschichte/article161651359/Gebt-mir-vier-Jahre-Zeit.html/⟩ (Zugriff: 04.01.2019).
18 »Let's make America great again!« war Ronald Reagans Wahlkampf-Mantra, das auch in den Reden anderer US-Präsidenten, wie etwa Bill Clinton, auftauchte.
19 Ein Versprechen, das 1990 wohl den Akt einer autoritär-administrativen Einigung aufhellen und legitimieren sollte. Klaus Wiegrefe, »Kohls Lüge von den blühenden Landschaften«, in: *Spiegel Online* vom 26.05.2018.

fügt. In Autokratien wird sie insbesondere von charismatischen Führerpersonen durchbrochen (was auch demokratische Staatsoberhäupter nicht abhält, aus dieser Quelle zu schöpfen).

Autoritätsbeziehungen weisen also generell eine reziproke, aber asymmetrische Struktur auf. Paradigmatisch dafür ist das Verhältnis von Herrschaft und Knechtschaft,[20] das je nach theoretischer Konzeption unter anderem firmiert als »bejahte Abhängigkeit« (Max Horkheimer et al.), »Abhängigkeitsverhältnis« (Karl Marx), »Bejahung des Autoritätsträgers« (Herbert Marcuse) oder auch als Dualismus von einem bestimmten Maß an Freiheit und der Bindung des eigenen Willens durch Unterwerfung – einmal an den Willen des Trägers der Autorität, zum anderen als Bindung des Machthabers an das Herrschaftsverhältnis.

Bezüglich politischer Systeme, ihrer Herrschaftspraxis und Ideologie korrespondiert dem angemaßten oder vom Gesetz gestützten autoritativ leitenden Willen, der autoritativen Entscheidungsmacht und Weisungsbefugnis – kraft Person, Amt, Rolle, Investitur oder Institution – auf der Herrschaftsseite in aller Regel, sei es durch Bindung oder Selbstbindung, eine Pflicht zu Führung und Schutz, auf der Seite der Beherrschten eine korrespondierende Pflicht zu Loyalität und Gehorsam, zu Gefolgschaft und Unterstützung.

Wenn sie Geltung nicht nur beanspruchen, sondern durchsetzen, treten Verfassungen in die Autoritätsbeziehung ein. Vorausgesetzt, es besteht ein Wille zur Verfassung und sie wird befolgt, weil sie eine *Verfassung* ist. Dann kann sie als Relais fungieren, das zwischen den Polen Führung und Geführten vermittelt. Wird ihr die Autorität eines »commanding text« zugeschrieben, verfügt sie über eine normative Hausmacht.

Anerkennung und Schutzgewähr

Freiwillige oder erzwungene Anerkennung politischer Autorität erhält oder erwartet als Gegenleistung – regimeübergreifend und in diversen kulturellen Kontexten – das Versprechen von Sicherheit als einem auf die Zukunft gezogenen Wechsel, in dem die Vater-/Führer-Autorität gründet. Dem historischen Nachlass nicht nur

---

20 Georg Wilhelm Friedrich Hegel, *Phänomenologie des Geistes* [1807]. Werke 3, Frankfurt am Main: Suhrkamp, 1986, B.IV.A.

von Thomas Hobbes entlehnt, besetzt öffentliche Sicherheit damit in der konstitutionellen Rhetorik das Zentrum sowohl von Staatstechnik[21] als auch deren politischer Legitimation:

Die *Aufgabe* des Souveräns, ob Monarch oder Versammlung, ergibt sich aus dem Zweck, zu dem er mit der souveränen Gewalt betraut wurde, nämlich der Sorge für die *Sicherheit des Volkes*.[22]

Aufweisen lässt sich dies sowohl in Regimen, die als demokratische firmieren, als auch in solchen, die sich als »illiberale«[23] titulieren oder auf die unabhängig von solch freimütiger Selbstbeschreibung ohne weiteres die Bezeichnung »autoritär« zutrifft.

Ganz gleich, ob sich die herzustellende Sicherheit als Staatsprogramm ausrichtet auf die Absicherung der territorialen Grenzen durch die Abwehr äußerer Feinde, auf die Sicherung von friedlicher Koexistenz und sozialem Frieden im Innern, auf die Ausschaltung bewaffneter Aufständischer oder aber auf den Katastrophenschutz und andere anarchische Naturzustände oder ob sie in kollektiven Bündnissen gesucht wird, ob die Sicherheitsaufgabe dem Militär, den Geheimdiensten, der (Grenz-)Polizei oder anderen Behörden zugewiesen ist – stets tritt das *Versprechen* von Sicherheit, es mag ehrlich oder eine Täuschung sein, mit dem Anspruch auf, eine Gegenleistung für geschuldeten Bürgergehorsam zu sein. Im Kosmos des liberalen Konstitutionalismus soll dieses Versprechen damit

21 Thomas Hobbes, *Leviathan* [1651], hg. und eingeleitet v. Iring Fetscher, Frankfurt am Main: Suhrkamp, 1994, insbes. 99 ff., 131 ff., 136 ff.; und dazu Quentin Skinner, *Freiheit und Pflicht. Thomas Hobbes' politische Theorie*, Berlin: Suhrkamp, 2008; Michel Foucault, *Geschichte der Gouvernementalität I. Sicherheit, Territorium, Bevölkerung*, Berlin: Suhrkamp 2004; Günter Frankenberg *Staatstechnik. Perspektiven auf Rechtsstaat und Ausnahmezustand*, Berlin: Suhrkamp, 2013, bes. Kap. 1; Jens Puschke, Tobias Singelnstein (Hg.), *Der Staat und die Sicherheitsgesellschaft*, Wiesbaden: Springer VS, 2018.
22 Hobbes, *Leviathan*, 255.
23 Fareed Zakaria, »The Rise of Illiberal Democracy«, in: *Foreign Affairs*, Dezember 1997, 22 ff. – Ungarns Ministerpräsident Viktor Orbán betonte in einer Rede am 26.07.2014, dass seine Regierung plane, einen »neuen, illiberalen Staat« zu errichten, ohne die fundamentalen Grundsätze des Liberalismus zu verwerfen. ⟨http://www.kormany.hu/en/the-prime-minister/the-prime-minister-s-speeches/prime-minister-viktor-orban-s-speech-at-the-25th-balvanyos-summer-free-university-and-student-camp/⟩ (Zugriff 22.07.2018). Sein Illiberalismus scheint im Verbund der konservativen Europäischen Volkspartei, der auch Orbáns Fidesz-Partei angehört, an seine Grenzen zu stoßen.

einhergehende Freiheitsverluste kompensieren. Nicht immer so deutlich wie bei Hobbes, wird der Schutz (nach der Logik seines staatstheoretischen Realismus) als *Zweck* des Gehorsams benannt. Üblicher und fälschlicher Weise wird die komplexe Problematik von Freiheit, sozialem Zusammenhalt und wechselseitiger Bindung an gemeinsame Normen auf die Dichotomie von Freiheit und Sicherheit reduziert, weil die Problematik im liberalen Paradigma nicht anders handhabbar zu sein scheint.[24]

2. Autoritarismus

Alltagssprache und wissenschaftlicher Diskurs unterscheiden weder einheitlich noch hinreichend deutlich »autoritativ« und »autoritär«. »Autoritär« kann ohne weiteres dem »Autoritarismus« zugeordnet werden, der damit als eine Art Ober- oder Sammelbegriff fungiert. Als Staatsform, Staatspraxis und Rhetorik lässt sich dieser Kollektivsingular in Hinsicht auf die jeweilige nationale politische Konstellation und (Verfassungs-)Kultur als diktatorisch, nationalradikal, populistisch, kleptokratisch oder unter Rückgriff auf andere Prädikate zuordnen. Im Übrigen verwenden die nachfolgenden Ausführungen die Begriffe autokratisch, despotisch, diktatorisch, tyrannisch etc. synonym, um jene Personen oder Instanzen – Führer, Kader, Cliquen oder konsolidierte Regime – zu kennzeichnen, denen in den jeweiligen Herrschaftsverhältnissen Autorität zugeschrieben wird und in denen Verfassungen und Gesetze Weisungs- und Eingriffsbefugnisse gegenüber den Weisungsabhängigen und zu Gehorsam und Loyalität Verpflichteten übertragen. Dagegen mag man einwenden, diese Zuordnung lasse die konzeptuelle Macht des Faktischen triumphieren. Das mag sein. Dennoch ist es angesichts des uneinheitlichen, alltagssprachlichen und wissenschaftlichen Gebrauchs wenig aussichtsreich, die Spielarten des Autoritären *vorab definitorisch* festzulegen, etwa strikt in undemokratische, illiberale, despotische, rechtspopulistische Staatstechniken und Ideologien zu unterteilen, und damit durch Begriffe zu verstellen, was durch das Studium von historischen und sozialen Kontexten sowie politischen Konstellationen des Autoritären erst noch zu verstehen wäre.

[24] Ausführlich dazu Frankenberg, *Staatstechnik*, Kap. 1 und »Kritik des Bekämpfungsrechts«, in: *Kritische Justiz* 38 (2005), 370ff.

Erziehungsstil, Einstellungsmuster

»Autoritarismus« definiert der Duden eher dürftig und irreführend zum einen als »autoritäre *Staatsform*, die nicht auf einer bestimmten Ideologie basiert« und zum anderen als *Erziehungsstil*. Im Lexikon der Psychologie wird die Bezeichnung für »eine generalisierte *Einstellung* bzw. ein System von Meinungen, Einstellungen und Werthaltungen« hervorgehoben,[25] gefolgt von dem aus fachwissenschaftlicher Sicht naheliegenden Rekurs auf das »von Adorno et al. über Interviews und projektive Verfahren ermittelte und mit der F-/Faschismusskala definierte Einstellungssyndrom des Antisemitismus, Ethnozentrismus, Faschismus und politischen Konservatismus«.[26] In den Mittelpunkt rücken damit die seinerzeit bahnbrechende, aber seit langem methodisch nicht unumstrittene Forschung zur »autoritären Persönlichkeit« und mit ihr der »veraltete« (?) autoritäre Charakter,[27] geprägt durch eine (hierarchische und ausbeuterische) Eltern-Kind-Beziehung, die sich zur politischen Ideologie verdichten und aufspreizen kann und sowohl in privaten Verhältnissen als auch in öffentlich-politischen Diskursen ihr Profil gewinnt. Im Anschluss an den autoritären Charakter untersuchen zahlreiche Umfragen und Forschungsprojekte bis heute autoritäre Einstellungen in der Bevölkerung, wie zuletzt die Fluchten Jugendlicher in autoritäre Denkmuster.[28]

Die Ausbreitung des Autoritarismus in Regierungen und konsolidierten Regimen, Organisationen und Netzwerken wirft allerdings die Frage auf, wie die signifikante Zunahme antidemokratischer und

---

25 Markus A. Wirtz (Hg.), *Dorsch Lexikon der Psychologie*, 18. Aufl., Göttingen: Verlag Hogrefe, 2017.

26 Theodor W. Adorno et al. *The Authoritarian Personality,* New York: Harper and Brothers, 1950; ders., *Studien zum autoritären Charakter*, Frankfurt am Main: Suhrkamp, 1995. Zu Kritik und Revisionen der ursprünglichen Konzeption siehe Robert Altemeyer, *Enemies of Freedom. Understanding Right-Wing Authoritarianism*, San Francisco: Jossey-Bass, 1988.

27 Oliver Decker et al., »Das Veralten des autoritären Charakters«, in: Friedrich-Ebert-Stiftung (Hg.), *Die Mitte in der Krise. Rechtsextreme Einstellungen in Deutschland 2010*, Berlin: zu Klampen, 2012, 29 ff.

28 Zum Beispiel eine Untersuchung »Neuer Politischer Autoritarismus« ⟨http://www.bpb.de/apuz/59723/neuer-politischer-autoritarismus?p=all/⟩ (Zugriff: 18. 07. 2018). Siehe Elmar Brähler, Oliver Decker, *Flucht ins Autoritäre: Rechtsextreme Dynamiken in der Mitte der Gesellschaft*, Gießen: Psychosozial-Verlag, 2018.

rassistischer Einstellungen, chauvinistischer, misogyner, homophober Haltungen und fremdenfeindlicher Rhetorik zu erklären ist und wie es sein kann, dass sich die Abwertung von »Fremden«, anders Aussehenden und Lebenden verstärkt und nahezu parallel dazu die Zustimmung zur Demokratie deutlich abnimmt. Zu den Einstellungen, die dem Autoritarismus entgegenkommen, und zu deren Ursachen hat Wilhelm Heitmeyer soeben eine materialreiche Analyse und höchst plausible Deutungen vorgelegt.[29] An seine ebenso gründlichen wie aktuellen Forschungen zu autoritären Versuchungen sowie zu einigen Deutungsmustern betreffend die Ambivalenz der (entsicherten) Moderne und kapitalistischer »Landnahmen« kann hier, soweit erforderlich, angeknüpft werden, vor allem an die Grundformen des *unterwürfigen* Autoritarismus, gekennzeichnet durch eine hohe Folgebereitschaft, des *anomischen* Autoritarismus, geprägt durch Gewissheitsverluste und eine damit einhergehende »ungerichtete Suchbereitschaft«, und des *aggressiven* Autoritarismus, der sich machtbereit und angriffslustig gegen die (möglicherweise zwiespältigen) Angebote liberaler Demokratie positioniert.[30]

Allerdings treten Handlungsorientierungen und Einstellungsmuster von Individuen oder Gruppen bei der Analyse des autoritären Konstitutionalismus zwangsläufig hinter Erwägungen zur Staatsform und Staatspraxis – genauer: zu Erwerb und Ausübung von politischer Macht – und deren konstitutioneller Begleitrhetorik zurück und sind allenfalls sekundär von Belang. Erziehungsstile bleiben gänzlich unerörtert. Stattdessen richtet sich der Fokus einerseits auf systemische Handlungsdispositionen, die ich als autoritäre Staatstechnik und Kommunikation sowie im Kontext einer Konzeption von Macht als Privateigentum erörtere. Andererseits tritt Autoritarismus als Ideologie und Rhetorik in Erscheinung und äußert sich in der Einwerbung von Partizipation als Komplizenschaft und

---

29 Heitmeyer, *Autoritäre Versuchungen*. Siehe dort auch die bibliographischen Hinweise auf die Bände der von ihm herausgegebenen Analysen *Deutsche Zustände*, S. 383. Für die deutsche Szene informativ ist auch die streckenweise »dichte Beschreibung« der Netzwerke und Publikationen der (zum Teil alten) Neuen Rechten von Weiß, *Die autoritäre Revolte*, vor allem 64 ff., 187 ff., 241 ff.

30 Heitmeyer, *Autoritäre Versuchungen*, 86 f.; Klaus Dörre, »Landnahme und die Grenzen kapitalistischer Dynamik. Eine Ideenskizze«, in: *Initial – Berliner Debatte* vom 24.07.2012, ⟨https://www.linksnet.de/artikel/27742/⟩ (Zugriff: 26.06.2019).

der Propagierung imaginärer Gemeinschaftlichkeit. Dazu später mehr.

»Autoritäre Versuchungen«, wie sie Heitmeyer für individuelle Einstellungen und gesellschaftliche Tendenzen eindringlich erläutert, und »Fluchten ins Autoritäre«[31] werden hier nur in den Kapiteln über Partizipation und den Kult der Unmittelbarkeit aufgegriffen. Im Übrigen richtet sich das Augenmerk auf die Seite der Machthaber, deren Staatspraxis und Umgang mit der Verfassung. Wenn man so will: auf deren Bereitschaft, etwa nach einer demokratischen Wahl ihrerseits autoritären Versuchungen nachzugeben und die Transformation eines politischen Systems einzuleiten, oppositionelle Parteien auszuschalten, die Medien unter Kuratel zu stellen oder demokratische Handlungsräume wie Schulen, Universitäten, Bildungsstätten, Jugendclubs etc. zu besetzen, um dort im vorpolitischen Raum repressive, bevormundende Sozialisationsinstanzen einzurichten. In einer Studie demokratieferner Räume hat Matthias Quent nachgezeichnet, wie die AfD dort Erfolg hatte, wo bereits zuvor demokratische Strukturen zerstört worden waren.[32]

Autoritäre Herrschaftsformen

In der Politologie und ihren Nachbarwissenschaften wird Autoritarismus überwiegend als anti-demokratische Alternative erörtert, deren aktuelle Varianten unter dem Topos »neuer Autoritarismus«[33] nicht unbedingt mit dem weithin geläufigen primitiv-repressiven Regierungsstil aufwarten, sondern sich mitunter als durchaus anpassungsfähige und funktionell flexible Formen von *Governance* erweisen.[34]

---

31 Brähler, Decker, *Flucht ins Autoritäre*.
32 Dazu Matthias Quent, »Studien und Interventionen zu PEGIDA, AfD und der ›Neuen Rechten‹«, in: *Soziologische Revue* 4 (2017), 525 ff.
33 Ralf Dahrendorf, »Der 11. September und der neue Autoritarismus«, in: *Project Syndicate* (2011) ⟨www.project-syndicate.org/commentary/dahrendorf54/German/⟩ (Zugriff: 21. 01. 2012); weitere Nachweise bei Ingmar Bredies, »Verfassungen ohne Konstitutionalismus: quasikonstitutionelle Institutionalisierung des Autoritarismus in Osteuropa«, in: *Totalitarismus und Demokratie* 8 (2011), 133 ff.
34 Bank, »Die Renaissance des Autoritarismus«, 10 ff.; Patrick Köllner »Autoritäre Regime – Ein Überblick über die jüngere Literatur«, in: *Zeitschrift für Vergleichende Politikwissenschaft* 2 (2008), 351 ff., 357.

Besonders schwierig zu greifen sind daher demokratisch auftretende oder maskierte Typen des politischen Autoritarismus. Denn zum einen wahren sie äußerlich die konstitutionelle Form und setzen sich, der *Form* nach und insoweit unvermeidbar, dem Risiko von Wahlen aus. Zum anderen schauen sie in ihrer antidemokratischen Gleichgültigkeit nicht auf die möglichen anderen Formen von Herrschaft (der Eliten, des Unternehmertums etc.), die sich hinter der Maske verbergen könnte, und thematisieren nicht die Illiberalität der liberalen Ordnung oder die Verwüstungen, die unter der Flagge der Freiheit (Klimawandel, Armut, Unverantwortlichkeit ökonomischer Macht) angerichtet werden.

Politikwissenschaftliche Analysen des Autoritarismus richten den Fokus entweder als (vergleichende) Regimelehre auf die *Herrschaftsformen* und unterscheiden regelmäßig Demokratie und Autoritarismus, bisweilen zusätzlich: Totalitarismus.[35] Oder aber sie untersuchen mit normativer Orientierung ausgewählte, überwiegend dem liberal-demokratischen Kontext entnommene *Institutionen*, insbesondere Wahlen und politischer Wettbewerb, Gewaltenteilung sowie die gerichtliche Überprüfung von Akten der Regierung und Verwaltung.

Annäherungen an den Autoritarismus sowohl aus dem Blickwinkel der Herrschaftsformen als auch der Institutionen operieren fast zwangsläufig mit einem westlich-liberalen Bias und warten daher mit Thesen auf, die zu erkennen geben, dass autokratische Regime nicht als Phänomene eigenen Rechts kritisch untersucht werden, sondern ganz überwiegend aus der Perspektive des Paradigmas des politischen Liberalismus nur als illiberale, defizitäre oder defekte

---

35 Karl Loewenheim, *Verfassungslehre*, 2. Aufl., Tübingen: Mohr, 1969; Hans-Joachim Lauth, »Typologien in der vergleichenden Politikwissenschaft: Überlegungen zum Korrespondenzproblem«, in: Susanne Pickel et al. (Hg.), *Methoden der vergleichenden Politik- und Sozialwissenschaft. Neue Entwicklungen und Anwendungen*, Wiesbaden: Springer VS, 2009, 153 ff. mit weiteren Nachweisen. Einflussreich: Juan Linz, *Totalitäre und autoritäre Regime*, 3. Aufl. Potsdam: Potsdamer Textbücher, 2009. Vgl. auch Wolfgang Merkel, *Systemtransformation. Eine Einführung in die Theorie und Empirie der Transformationsforschung* Wiesbaden: Springer VS, 2010; Peter Brooker, *Non-democratic Regimes: Theory, Government, and Politics*. New York: St. Martin's Press, 2000 mit weiteren Nachweisen; Lars Rensmann, Steffen Hagemann, Hajo Funke, *Autoritarismus und Demokratie. Politische Theorie und Kultur in der globalen Moderne*, Schwalbach: Wochenschau Verlag, 2011.

Demokratien in den Blick kommen. Beispielhaft dafür stehen die folgenden Aussagen: Autokratisches Regieren sei an keine Rechtsvorschriften gebunden, die den Einsatz der Staatsgewalt begrenzen. Autoritäre Staatsgewalt sei nicht rechenschaftspflichtig. In autokratischen Regimen sei eine ordnungsgemäße Nachfolge im Amt nicht von Rechts wegen verbürgt.[36]

Diese Aussagen lassen sich im Einzelnen gewiss empirisch valuieren. Nicht Realitätsferne dürfte also ihr Problem sein, wohl aber die Methode des strategischen Vergleichens[37]. Diese legt dem Vergleich von Herrschaftssystemen das vertraute (liberale) Modell und von diesen »abgezogene« Kriterien unhinterfragt zugrunde, kehrt nach Anschauung des im Kontrast zum Eigenen *ganz Anderen* von der vergleichenden Analyse zurück zur eingerichteten Wissensbasis, zu dem *situated knowledge* bzw. zum vertrauten *settled knowledge*, und verzichtet darauf, diese Basis und Vertrautheit durch neue Informationen und Einsichten irritieren oder mit ihnen wachsen zu lassen.[38] Dem hegemonialen Gestus solcher Vergleiche versuche ich mich dadurch zu entziehen, dass hier nicht eine Herrschaftsformenlehre anvisiert wird, sondern Staatspraxis und Staatstechnik, also die Herrschaftsweise und Propaganda, außerdem die institutionellen Strukturen[39] sowie symbolischen Repräsentationen zur Bestimmung des politischen Autoritarismus und der Merkmale des autoritären Konstitutionalismus herangezogen werden.[40]

---

36 Amos Perlmutter, *Modern Authoritarianism: A Comparative Institutional Analysis*, New Haven: Yale University Press, 1981, 1; zustimmend Bredies, »Verfassungen ohne Konstitutionalismus«, 139. Weitere Referenzen in Kap. III.

37 Zum strategischen Vergleich in der Rechtsvergleichung: Günter Frankenberg, »Critical Comparisons. Re-Thinking Comparative Law«, in: *Harvard International Law Journal* (1985), 411 ff. und ders., *Comparative Law as Critique*, Cheltenham UK: E. Elgar, 2016, bes. 85 ff.

38 Aus sehr unterschiedlichen Perspektiven dazu Donna Haraway, »Situated Knowledges: The Science Question in Feminism and the Privilege of Partial Perspective«, in: *Feminist Studies* 14 (1988), 575 ff., und Ralf Dahrendorf, »Ungewißheit, Wissenschaft und Demokratie«, in: ders., *Konflikt und Freiheit*, München: Piper, 1972.

39 Ähnlich Barbara Geddes, »What Do We Know About Democratization After Twenty Years?«, in: *Annual Review of Political Science* 2 (1999), 115 ff.

40 Siehe unten Kap. IV-VII.

Autoritäre Machtpraxis, Staatstechnik

Autoritarismus der Staatspraxis, ob in altem oder neuem Gewand, und autoritäre Rhetorik als dessen sprachliche Darstellung, häufig verfassungsrechtlich eingekleidet, nehmen beide Bezug auf die Ausübung von Macht, ohne stets auf Kohärenz zu achten. Ohne der Erörterung der wesentlichen Merkmale des politischen Autoritarismus vorzugreifen, lässt sich allgemein festhalten, dass Macht dort autoritär ausgeübt wird, wo öffentliche Debatten über die gemeinsamen Geschäfte der Gesellschaft entweder nicht stattfinden dürfen oder aber hoheitlich reguliert werden und die Infragestellung der Legitimität von Herrschaft, das heißt: die demokratische Frage, suspendiert oder unter Strafe gestellt wird.[41] Autoritär ist ein Regime, in dem eine »wohlorganisierte politische Führungsgruppe« oder Partei, ein Clan oder eine Clique oder eine von einer solchen Gruppe oder Partei unterstützte Einzelperson ihre Herrschaft auf eine wählende, akklamierende oder schweigende Mehrheit stützt.[42]

Während Autorität etwas *hervorbringt*, erzeugt, wie insbesondere eine Beziehung, die auf Ansehen, Anerkennung und Legitimität oder auch Furcht und Ehrfurcht gründet, erweist sich Autoritarismus eher in einer negativen Beziehung, die darauf gründet, dass etwas *nicht zugelassen*, exkludiert oder unterdrückt wird und deshalb eher die Erfahrung von Verlust und Ohnmacht begünstigt.[43] Das öffnet die Möglichkeit, *sub specie* Autoritarismus eine Vielzahl von Modellen der Staatspraxis und Rhetoriken aller Schattierungen zu erfassen. Angesichts der lehrreichen, allerdings durchaus kontroversen Vorschläge in der vergleichenden Politikwissenschaft ist es wenig sinnvoll, dichotomisierende Definitionen, wie etwa: Autoritarismus versus Diktatur, voranzustellen oder sich vorab auf eine bestimmte Typologie festzulegen, da sich aus guten Gründen kein Konsens hierüber herstellen lässt und man sich auf Evidenzen, zum Beispiel dass sich ein Despot oder Diktator, Sultan oder Autokrat in der despotischen, diktatorischen oder sultanesken *Performance* zu erkennen gibt, nicht verlassen sollte.

---

41 Dazu Ulrich Rödel, Günter Frankenberg, Helmut Dubiel, *Die demokratische Frage*, Frankfurt am Main: Suhrkamp, 1989.
42 Ralf Dahrendorf, *Versuchungen der Unfreiheit. Die Intellektuellen in Zeiten der Prüfung*, München: C. H Beck, 2006, 204.
43 Dazu auch Sennett, *Autorität*, 20 ff.

Bei formaler Betrachtung lassen sich immerhin die folgenden, besonders häufigen Varianten des Autoritarismus kontrastieren, die im wirklichen Herrschaftsleben durchweg hybride Verbindungen eingehen: *Personalistischer* Autoritarismus (Führerprinzip oder Führungskader, Sultanat), *Einparteienherrschaft*, *Clan-Herrschaft* (Oligarchie, Scheichtum, *Warlords*), *Militärjunta* sowie seltener *Theokratie* und *autoritärer Korporatismus*. Freilich bieten diese Varianten bestenfalls einen ersten Zugriff, aber keine tragfähige Grundlage, auf der die vielfältigen Regime ein präziseres, empirisch informiertes Profil erhalten könnten. Hier wird daher ein anderer Weg gewählt. Die folgenden Ausführungen beschränken sich zunächst auf einige Annäherungen an den Autoritarismus, die eine Abgrenzung von Totalitarismus nahelegen, um später wesentliche Kennzeichen zu erörtern.

Indizien, Kriterien und Übergänge

In aller Regel tragen politische Systeme oder Führungskader die Selbstbeschreibung »autoritär« nicht wie eine Monstranz vor sich her, sieht man vom demonstrativen Illiberalitätsprotz à la Viktor Orbán in Ungarn und Jarosław Kaczyńskis Partei für Recht und Gerechtigkeit (PiS) in Polen einmal ab. Auf den ersten Blick geben auch Verfassungen keine verlässliche Auskunft über die imperative oder demokratische Qualität einer Staatspraxis, zumal Regime, die man ohne Umschweife als autoritär bezeichnen möchte, sich ebenso regelmäßig als demokratisch oder republikanisch etikettieren, mit Grundrechtskatalogen schmücken und ihre Praxis, soweit eben möglich, demokratisch einkleiden. Übergänge hin zur Autokratie oder deren Ausprägungen finden sich jedoch am deutlichsten in der Regierungspraxis und lassen sich in der Rhetorik, etwa programmatischen Erklärungen, amtlichen Verlautbarungen oder offiziellen Rechtfertigungen, und auch versteckt in Verfassungen aufweisen.

Indizien für Autoritarismus sind insbesondere die Abriegelung der Zugänge zu den politischen Entscheidungszentren und die Verwaltung des öffentlichen Raums. Daraus folgt regelmäßig: oppositionelles Verhalten wird sanktioniert; und öffentlich geäußerte Zweifel am politischen Status und der Legitimität der Machthaber sowie an deren Anspruch auf Gehorsam werden mit Freiheitsentzug oder Todesstrafe pönalisiert. Autoritarismus kann, wie erwähnt, die demokratische Frage,[44] die auf Dauer gestellte, systematische Infragestellung der Legitimität, nicht zulassen. Mit Meinungsäußerungs- und Versammlungsverboten und diese vollstreckenden Straftatbeständen, wie Anstiftung zum Aufruhr, Landfriedensbruch oder Hochverrat, wird gleichsam der Schalter umgelegt von der Zulassung aktiver Beteiligung – *agency* und *voice* – der Bürgerschaft hin zur Beschränkung auf Akklamation oder gar Passivität, von öffentlichen Diskursen zu forcierter stillschweigender Zustimmung.[45] Ein starkes Indiz ist stets, ob die Mitglieder der Bürgerschaft zu Untertanen[46] degradiert werden, denen auferlegt wird, auf ihr Recht zu verzichten, selbst darüber zu bestimmen, was für sie Gerechtigkeit und gutes Leben bedeuten, und ob das System ihnen zivile Desertion, also das Verlassen des öffentlichen Raumes in die innere Emigration oder das Verlassen des Staates, nahelegt.

Autoritäre Legitimität

Bezogen auf politische Regime setzt die Unterscheidung autoritativ/autoritär außerdem voraus, dass sich Herrschaft als legitim auszeichnen lässt – oder eben nicht. Im Anschluss an Max Weber kämen Tradition, Charisma und rationale Legalität als idealtypische Kandidaten legitimer Autorität in Frage, die sich auf den Alltagsglauben an die Heiligkeit von je her geltender Traditionen, auf die »außeralltägliche Hingabe an die Heiligkeit oder die Heldenkraft oder die Vorbildlichkeit einer Person und der durch sie offenbarten oder geschaffenen Ordnungen« oder aber auf den nüchternen »Glauben an die Legalität gesatzter Ordnungen und des Anwei-

---

44 Dazu Rödel et al., *Die demokratische Frage*, im Anschluss an Claude Lefort, *L'invention démocratique: Les limites de la domination totalitaire*, Paris: Fayard, 1994.
45 Hierauf hat zu achten, wer auf den Begriff des Populismus nicht verzichten will (dazu später mehr).
46 Erkennbar an Ausreiseverboten und am Entzug des Rechts auf Rückkehr. Zur Lage der palästinensischen Flüchtlinge: Martin Klingst, »Weniger Geld für die Krake«, in: *Zeit Online* vom 22. 01. 2018 ⟨https://www.zeit.de/politik/ausland/2018-01/un-hilfswerk-unrwa-donald-trump-usa-zahlungen-palaestinenser-5vor8/⟩ (Zugriff: 02. 01. 2018).

sungsrechts der durch sie zur Ausübung der Herrschaft Berufenen« stützen.[47] Der philosophische Diskurs nach Thomas Hobbes gründet Legitimität von Herrschaft dagegen überwiegend *normativ* in Konsens, Vertrag, Demokratie/Volkssouveränität, Vertrauen und realem Diskurs oder Deliberation.[48] Staats- und Verfassungslehren, soweit sie Legitimitätsfragen aufwerfen, leiten sie durchweg aus der Souveränität und Verfassungsmäßigkeit von Herrschaft und ihrer Konstitution durch demokratische Wahlen ab, wenn deren korrekte Durchführung unterstellt werden kann.[49]

Welten davon entfernt, orientiert sich politische Legitimität in der Praxis und Propaganda autoritärer Regime, Parteien, Bewegungen und Netzwerke an den Problemen der ambivalenten, verunsicherten Moderne und dem Versprechen ihrer Überwindung: Maßgeblich für Legitimität ist überwiegend nicht deren Übereinstimmung mit der Verfassung oder deren Zustimmungsfähigkeit in einem normativ anspruchsvollen Sinne, sondern die Plausibilität von Deutungsangeboten, die darauf abzielen, der Anhängerschaft mit Verschwörungstheorien die Verunsicherung auszutreiben, oder auch die mobilisierende Kraft strategischer Konzepte, mit denen die Kontrollverluste kompensiert werden sollen, nach dem Muster »America first«, »Austria zuerst«, »Ausländer raus« oder »Wir holen uns unser Land zurück«.[50] Legitimationswirksam kann schließlich auch sein, die Ventile für Hasskommunikation zu öffnen, um dadurch aufgestaute Verunsicherungen und Ängste auf *outgroups* zu entladen.[51] Der gegenwärtige Präsident der USA präsentiert ein

---

47 Max Weber, *Wirtschaft und Gesellschaft. Grundriss einer verstehenden Soziologie* [1922], Tübingen: Mohr Siebeck, 2005, III, § 2 und § 10.
48 Iring Fetscher, *Herrschaft und Emanzipation. Zur Philosophie des Bürgertums*, München 1976; Rainer Forst, *Normativität und Macht. Zur Analyse sozialer Rechtfertigungsordnungen*, Berlin: Suhrkamp, 2015; Klaus Günther, »Geteilte Souveränität, Nation und Rechtsgemeinschaft«, in: *Kritische Justiz* 49 (2016), 321 ff.
49 Hans Kelsen, *Allgemeine Staatslehre*, Berlin, 1925, 102 ff. und 248 ff.; Thomas Fleiner-Gerster, *Allgemeine Staatslehre. Über die konstitutionelle Demokratie in einer multikulturellen globalisierten Welt*, Berlin/Heidelberg: Springer Verlag, 1995.
50 Anschauliche Beispiele bei Heitmeyer, *Autoritäre Versuchungen*, 265 f.; Norbert Frei et al., *Zur rechten Zeit. Wider die Rückkehr des Nationalismus*, Berlin: Ullstein, 2019, 161 ff.
51 Beispielsweise der Kommentar von Alice Weidel (AfD) zum Netzwerkdurchsetzungsgesetz: »Das Jahr beginnt mit dem Zensurgesetz und der Unterwerfung unserer Behörden vor den importierten, marodierenden, grapschenden, prügeln-

legitimatorisches Amalgam (siehe dazu die ironische Leviathan-Repräsentation, Abbildung 3) aus Nationalismus, Tribalismus, Xenophobie, Anti-Elitismus und beratungsresistenter ökonomischer »Tatkraft«.

Abb. 3: »America first« – Trump als Leviathan.[52]

3. Totalitäre Herrschaft

Trotz der auf der Hand liegenden Definitionsprobleme wird hier an der Differenzierung von autoritären und totalitären Systemen festgehalten. Totalitarismus führe ich als markante Steigerungsform des Autoritarismus[53] ein, die durch distinkte Strukturelemente aus den

den, messerstechenden Migrantenmobs, an die wir uns gefälligst gewöhnen sollen.« ⟨https://www.welt.de/politik/deutschland/article172108821/AfD-Gauland-verklaert-von-Storchs-und-Weidels-Tweets.html/⟩ (Zugriff: 17.11.2018).
52 Quelle: Collage von @Max Frankenberg, 2019.
53 Dazu Herbert Marcuse, »Der Kampf gegen den Liberalismus in der totalitären Staatsauffassung«, in: ders., *Schriften*, Bd. 3, Frankfurt am Main: Suhrkamp, 1979; und Linz, *Totalitäre und autoritäre Regime*. Kritisch: Nicos Poulantzas, *Pouvoir politique et classes sociales*, Bd. 2, Paris: Maspero, 1972, 118 ff.

Autoritarismen hervortritt und sich nicht etwa nur durch die Intensität repressiver Staatstechnik oder die Hermetik einer Ideologie auszeichnet. In Anschauung des italienischen Faschismus, vor allem aber des Nationalsozialismus und Stalinismus[54] präparierte Hannah Arendt folgende den Typus totaler Herrschaft bestimmende Strukturelemente heraus: ein mit Absolutheitsanspruch auftretendes Weltdeutungssystem (Ideologie), organisiert als Massenbewegung zum Zweck der Ausübung von Terror:

Das Wesentliche der totalitären Herrschaft liegt also nicht darin, dass sie bestimmte Freiheiten beschneidet oder beseitigt, noch darin, dass sie die Liebe zur Freiheit aus den menschlichen Herzen ausrottet; sondern einzig darin, dass sie die Menschen, so wie sie sind, mit solcher Gewalt in das eiserne Band des Terrors schließt, dass der Raum des Handelns, und dies allein ist die Wirklichkeit der Freiheit, verschwindet.[55]

Terror geht also in totalitären Systemen über die Einschnürung von Systemkritik und die Einschüchterung sowie Beseitigung oppositioneller Personen und Organisationen hinaus und steigt zum wichtigsten Herrschaftsinstrument der Gleichschaltung auf. Im Terror, der gewaltförmigen, nahezu alle und alles ergreifenden sozialen Kontrolle, der die Beherrschung der Menschen in allen Lebensbereichen nach Maßgabe einer hermetischen Weltanschauung zur Geltung bringt,[56] zeigen Regime ihr totalitäres Gesicht. Das schließt nicht aus, dass sie im Übrigen Merkmale eines die Bevölkerung mobilisierenden Nationalismus zeigen, der sich als populistisch bezeichnen lässt.[57] Ethnische und politische »Säube-

---

54 Vgl. dazu auch die Kritik aus sozialistischer Perspektive von Karl Kautsky: »Der Faschismus ist aber nichts als das Gegenstück des Bolschewismus, Mussolini nur der Affe Lenins.« (*Der Bolschewismus in der Sackgasse*, Berlin: 1930, 102).

55 Hannah Arendt, *Elemente und Ursprünge totaler Herrschaft*, München/Zürich: Piper, 1986, 958; Franz Neumann, *Behemoth. Struktur und Praxis des Nationalsozialismus 1933-1944*, Köln/Frankfurt am Main: Europäische Verlagsanstalt, 1977.

56 Zu unterschiedlichen Regimen, in denen eine Weltanschauung durch Terror exekutiert wurde: Eberhard Jäckel, *Hitlers Herrschaft. Vollzug einer Weltanschauung*. 4. Aufl., Stuttgart: DVA, 1999; Orlando Figes, *Die Flüsterer. Leben in Stalins Russland*, Berlin: Berlin Verlag, 2008; Ben Kiernan, *The Pol Pot Regime. Race, Power and Genocide in Cambodia under the Khmer Rouge, 1975-79*, 2. Aufl., New Have CT: Yale University Press, 2002.

57 Stefano Cavazza, »War der Faschismus populistisch? Überlegungen zur Rolle des

rungen«, Deportationen, Massenmord exekutieren das Projekt der Gesellschaftshygiene, um Eindeutigkeit herzustellen und Ambivalenz auszulöschen.

Nach Claude Lefort und Marcel Gauchet kennzeichnet totalitäre Regime nicht nur die Propagierung einer geschlossenen Ideologie und die Praxis totalen Terrors, die eine »säkularisierte Religion«[58] durchsetzen. Vielmehr sind diese Regime angemessen allein als Träger einer »anonymen Intentionalität« zu begreifen, die den wüsten Traum von einer Gesellschaft exekutieren, die *eines* Sinnes und *sich selbst transparent* ist, weil Interessengegensätze und unterschiedliche Vorstellungen vom guten Leben restlos eliminiert sind.[59] Das Phantasma einer solchen Gesellschaft ersetzt die unabschließbare Infragestellung der Legitimität von Herrschaft in einer Demokratie durch die unablässige Stigmatisierung und Beseitigung ihrer (mutmaßlichen) Feinde.[60] Dieses Phantasma gebietet die Unterwerfung der Subjekte unter die Notwendigkeit und »Gesetzmäßigkeit« historischer Prozesse, welche die herrschende Ideologie vorzeichnet, und greift daher nicht selten mit rassistischen Gesetzen auf die Gesellschaft und ihre Lebenswelten zu, etwa durch Wohn- und Aufenthaltsverbote[61] oder Heiratsverbote.[62] Konsequent hierauf bezogen ist die Verpflichtung der Bürger*innen (in diesem

---

Populismus in der faschistischen Diktatur in Italien (1922-1943)«, ⟨https://www.ssoar.info/ssoar/handle/document/38454⟩ (Zugriff: 28. 11. 2018).

58 Raymond Aron, »L'avenier des religions séculières«, in: *Commentaire* Nr. 28-29 (1985), 369 ff.

59 Siehe Claude Lefort, *The Political Forms of Modern Society: Bureaucracy, Democracy and Totalitarianism*, Cambridge MA: MIT Press, 1986; und Marcel Gauchet, »Die totalitäre Erfahrung und das Denken des Politischen«, in: Ulrich Rödel (Hg.), *Autonome Gesellschaft und libertäre Demokratie*, Berlin: Suhrkamp, 1990, 107 ff.; Rödel et al, *Die demokratische Frage*, Kap. IV.

60 Claude Lefort, »The Concept of Totalitarianism« [1988], in: ders., *Papers in Social Theory*, Warwick Social Theory Centre, Coventry UK, 2007, 22. ⟨https://www.dissentmagazine.org/wp-content/files_mf/1390336709d9LeFort.pdf⟩ (Zugriff: 22. 07. 2018); Rödel et al., *Die demokratische Frage*, Kap. IV.

61 Vgl. den *Natives Laws Amendment Act (Act No 54 / 1952)* von 1952 des südafrikanischen Apartheidregimes. Dazu Christoph Sodemann, *Die Gesetze der Apartheid*, Bonn: Informationsstelle Südliches Afrika, 1986.

62 Beispiele: das nationalsozialistische »Gesetz zum Schutze des deutschen Blutes und der deutschen Ehre« vom 15. September 1935 (RGBl. I S. 1146); der Prohibition of Mixed Marriages Act (Act No. 55/1949) des Apartheid-Regimes in Südafrika.

Fall Nordkoreas) »auf Einhaltung der sozialistischen Lebensnormen«.[63]

Organisiert sind totalitäre Regime durchweg nach dem Führerprinzip und/oder in einer Einheitspartei. Beide stellen das Phantasma als Doktrin in den Dienst eines durchgreifenden, umfassenden Herrschaftsplanes: »Alles im Staate, nichts außerhalb des Staates, nichts gegen den Staat.«[64] Das Phantasma erzeugt schließlich die Vorstellung einer inkorporierten Gesellschaft, deren »blutige Ästhetik« sich im »endlosen Drama des gesunden sozialen Körpers« zur Geltung bringt, »der sich auf der Suche nach Reinheit gegen Parasiten zur Wehr setzt«.[65] Die Imagination einer Gesellschaft, die mit sich buchstäblich im Reinen, weil von ihren Interessengegensätzen und von »Fremdvölkischen« gesäubert ist, kommt in offiziellen Verlautbaren faschistischer Regime besonders drastisch zur Sprache.[66] Robert Paxton definiert Faschismus daher als »obsessive Beschäftigung mit Niedergang, Demütigung oder Opferrolle einer Gemeinschaft«, die in kompensatorischen »Kulten der Einheit, Stärke und Reinheit« zutage tritt.[67]

Im Unterschied zum Totalitarismus müssen sich Autokratien, solange sie sich nicht oder nicht gänzlich der totalitären Hermetik und Repression verschreiben, zumindest mit einer real existierenden Gesellschaft befassen und sich ansatzweise auf Interessengegensätze, Pluralismus und Opposition einlassen. Es ist später darauf zurückzukommen, auf welche (autoritäre) Weise Herrschaftsansprüche von Eliten, Kadern und Organisationen außerhalb der Einzugssphäre des Totalitären durchgesetzt werden. Typischerweise schieben sich in der autoritären Rhetorik – als Echo des Totalitären: »Gemeinsinn geht vor Eigennutz!«, »Du bist nichts, dein Volk ist

---

63 Art. 82, Verfassung der Volksrepublik Nordkorea.
64 Benito Mussolini, »Per la medaglia dei benemeriti del comune di Milano«, in: *Opera Omnia*, Bd. 21, Florenz, 1925, 425.
65 Lefort, »The Concept of Totalitarianism«.
66 Zum Phantasma der mit sich einigen Gesellschaft: Kim Jong-un exemplarisch in seiner Rede zum 7. Jahrestag der PdAK vom 14. Oktober 2015 ⟨http://www.nordkorea-info.de/kim-jong-un--rede-zum-7.-jahrestag-der-pdak.html/⟩ (Zugriff: 25.07.2018).
67 Robert Paxton, *Anatomie des Faschismus*, München: Deutsche Verlagsanstalt, 2006, 319.

alles«, »Einer für alle, alle für einen«[68] – die mutmaßlichen Interessen der Gemeinschaft, vor allem ihre Sicherheit als Staatssicherheit, in den Vordergrund. Wo Zwang, Gewalt und Ungleichheit wegzuargumentieren sind, wird die Gemeinschaft – die »politisch-ideologische Einheit des ganzen Volkes« (in der Verfassung Nordkoreas) – als Trägerin des Allgemeininteresses oder Gemeinwohls ins Feld geführt.[69]

4. Hobbes' Frage

Totalitäre wie autoritäre Regime, im Übrigen auch demokratische, stehen aus staatlicher Sicht vor der Frage, die sich auch aus sozialpsychologischen Theorien zur Irrationalität kollektiver Akteure und ihrer bedrohlichen Aktionen oder aus soziologischen Analysen der Interessengegensätze ableiten lässt und die in Staatslehre und Philosophie nachdrücklich, im Kontext seiner kontraktualistischen Konzeption keineswegs reaktionär, Thomas Hobbes verfolgte: Wie lassen sich die Leidenschaften und Interessen der Individuen, die überschießenden Energien und Initiativen der Zivilgesellschaft hoheitlich bändigen und auf Dauer unter Kontrolle bringen?[70] In diese Frage eingelassene Vermutungen zu Irrationalität und Gefährlichkeit begleiten wie ein Schatten *alle* Formen des Aufbegeh-

---

68 Verfassung der Volksrepublik Nordkoreas, Art. 63.
69 Eher knapp und fast dezent die »Familienkonzeption« der im Übrigen auf Föderalismus und vertikale Gewaltenteilung konzentrierten Verfassung der Union der Sozialistischen Sowjetrepubliken von 1924: »Schließlich drängt der seiner Klassennatur nach internationale Aufbau der Sowjetmacht die werktätigen Massen der Sowjetrepubliken auf den Weg der Vereinigung in eine sozialistische Familie.« Auch Kim Il-sung, der Staatsgründer Nordkoreas, »verwandelte so die ganze Gesellschaft in eine große Familie, zusammengeschlossen mit einem Herzen und einer Seele« (Präambel der Verfassung der Volksrepublik Nordkorea). Vergleichbar: Die Verfassung der Islamischen Republik Iran von 1979: »Aus der Sicht des Islam geht der Staat nicht aus dem Klassendenken oder der Hegemonie von Individuen bzw. Gruppen hervor, sondern er ist die Umsetzung des politischen Ideals eines in Religion und Denkweise gleich ausgerichteten Volkes, das sich organisiert, um bei dem geistigen und ideologischen Entwicklungsprozess den Weg zu seinem letztendlichen Ziel – den Weg hin zu Gott – zu ebnen.« (Präambel)
70 Dazu Hobbes, *Leviathan*, insbes. Kap. 17. Darauf ist in Kap. VI zurückzukommen.

rens gegen staatliche Autorität und die politischen Kämpfe um die Durchsetzung von Republik und Demokratie. Auch die Mobilisierungskampagnen autoritärer Organisationen müssen sich dieser Frage stellen, wollen sie vermeiden, dass ihre Ordnung von einer entfesselten Anhängerschaft überrollt wird.

Seit der Französischen Revolution treten insbesondere die intellektuellen Wortführer von Restauration und Gegenrevolution als Kritiker der Aufstände auf. Je nach historisch-politischem Kontext halten sie die für passend erachteten Antworten auf die Hobbes'sche Frage bereit. Traumatisiert durch den Terror der Jakobiner, unterlegten die katholischen Gegenrevolutionäre des 19. Jahrhunderts ihre Bilder einer revoltierenden Bürgerschaft mit religiösen Metaphern und apokalyptischen Visionen. Für Joseph de Maistre, einen katholischen Gegenrevolutionär der allerersten Stunde, war die Französische Revolution »etwas Teuflisches, das sie von allem unterscheidet, was man bisher erlebt hat und noch erleben wird«.[71] Metaphorisch zugespitzt, skizziert auch der von der französischen Februarrevolution von 1848 nachhaltig entsetzte Donoso Cortés, welche Zustände er nach den von Revolution und Revolutionären zerstörten Legitimitätsgrundlagen und Ordnungsstrukturen befürchtet und von wo er Hilfe erhofft:

[D]ie Menschheit ist ein Schiff, das ziellos auf dem Meer umhergeworfen wird, bepackt mit einer aufrührerischen, ordinären, zwangsweise rekrutierten Mannschaft, die grölt und tanzt, bis Gottes Zorn das rebellische Gesindel ins Meer stößt, damit wieder Schweigen herrsche.[72]

Diagnose und Therapievorschläge der Wortführer der katholischen, nicht unbedingt an einer kirchlichen Ordnung orientierten Revolutionskritik[73] sind heute nur im äußersten rechten Spektrum

---

71 Joseph de Maistre, *Considérations sur la France* [1796], London: Bâle, 1797, 76. Vgl. dazu auch Carl Schmitt, *Politische Theologie. Vier Kapitel zur Lehre von der Souveränität* [1922], München/Berlin: Duncker & Humblot, 1934, 67 ff. (»Die Staatsphilosophie der Gegenrevolution«); Edmund Burke, *Reflections on the Revolution in France*, hg. v. J. C. D. Clark, Stanford, CA: Stanford University Press, 2001.

72 Juan Donoso Cortés, *Obras* I, Madrid: Tejado, 1854, 192.

73 Moderater im Ton, in der Sache unerbittlich und auch der Religion als Ordnungskraft zugeneigt: Burke, *Reflections on the Revolution in France*, bes. 189 f. und 198 f.

der politischen Geographie anschlussfähig. Aktuelle Deutungen, Thesen und Bilder entspringen anderen Quellen. Wohl hat die Vorstellung von einem aufgebrachten Mob bar jeder Vernunft die Zeitläufte überdauert. Mangels religiösen Rückhalts weniger bildkräftig als Donoso Cortés, de Maistre oder auch Burke, aber doch in geistesverwandter Tonlage, schwelgen die Apokalyptiker unserer Tage von der Irrationalität einer Gesellschaft, die sich abschafft und sich dem Islam ausliefert.[74] Der Vater des »Wutbürgers« ruft die »Bürgerlichen« auf, endlich zu erkennen, dass ihnen »die innere Mitte« fehlt.[75] Wo Joseph de Maistre und Donoso Cortés am Ende die Kraft der Religion und die »Diktatur des Dolches« gegen den revoltierenden Pöbel[76] abrufen, fordert der *Spiegel*-Autor des Wutbürger-Essays bescheiden, ja ein wenig kleinkariert den Sinn für die »gute Zukunft des Landes« ein. Allerdings auch die politisierte *Contenance* der Kaufmannsethik von Thomas Buddenbrook. Kein autoritäres Regime also, nur eine »tadellose Haltung angesichts vieler Schwierigkeiten«.[77] Der sozialdemokratischen Heimat entflohen, treibt Thilo Sarrazin dagegen im apokalyptischen Fahrwasser seiner literarischen Erfolge und fordert dieser Tage weniger religiös, aber im Abwehrgeist der Gegenrevolutionäre eine Trendumkehr zur Verhinderung der »Eroberung durch Fertilität« als Folge der muslimischen Immigration und der »feindlichen Übernahme«.[78] Sein islamophober Biologismus findet auch in den Diskursen über Vitalismus und Gesellschaftszucht im Nationalsozialismus und Neo-Nationalsozialismus ein Echo.

---

74 Exemplarisch Thilo Sarrazin, *Deutschland schafft sich ab: Wie wir unser Land aufs Spiel setzen*, München: DVA, 2010; und ders., *Feindliche Übernahme: Wie der Islam den Fortschritt behindert und die Gesellschaft bedroht*, München: FinanzBuch Verlag, 2018. Zu Netzwerken eines autoritären Aufbruchs in einigen Ländern der Europäischen Union: Weiß, *Die autoritäre Revolte*; Stuart Hall, »The Great Moving Right Show«, in: *Marxism Today* (1979), 14 ff.; Didier Eribon, *Rückkehr nach Reims*, Berlin: Suhrkamp, 2016.

75 Dirk Kurbjuweit, »Der ›Wutbürger‹ – Stuttgart 21 und Sarrazin-Debatte: Warum die Deutschen so viel protestieren«, in: *Der Spiegel* 41/2010: »Der ›Wutbürger‹ buht, schreit, hasst und brüllt.« Er »kündigt der Politik die Gefolgschaft auf«, »macht nicht mehr mit, er will nicht mehr«. Ausführlich komme ich darauf unten in Kap. VI zurück.

76 Donoso Cortés, *Über die Diktatur: Drei Reden aus den Jahren 1849/50*, hg. v. Günter Maschke, Wien: Karolinger Verlag, 1996.

77 Kurbjuweit, »Wutbürger«.

78 Sarrazin, *Feindliche Übernahme*.

Nach Joseph de Maistres Gegenentwurf zum Gesellschaftsvertrag besitzt »die Demokratie [...] einen leuchtenden Moment, aber [...] man muss ihn teuer bezahlen«.[79] Er eröffnet damit einen die Demokratie seit Anbruch der Moderne begleitenden, skeptischen bis verfallstheoretischen Diskurs. Dieser wird von jenen Auguren geführt, die im Unternehmen der (Selbst-)Regierung »den Ruin einer jeden legitimen Ordnung« sehen und denen Demokratie stets ein »Synonym der Abscheulichkeit« bleibt, weil die politische Macht doch »rechtmäßig den Personen [zukommen sollte]«, die durch Geburt oder Stand, Verdienst oder Fähigkeiten zur Führung berufen sind.[80] An diese Gattung politischer Elogen des Autoritären schließen sich nicht alle oben zitierten Autor*innen an. Die Apokalyptiker unserer Tage verleumden die eine oder andere Minderheit, der sie die Verantwortung für den bevorstehenden Untergang zuschreiben. Das beschert ihren Druckwerken hohe Auflagen und ihnen gesteigerte Talkshow-Präsenz. Die gemäßigtere Gruppe neigt demgegenüber dazu, Demokratie für eine staatliche Veranstaltung zu halten. Deshalb fordert sie eine staatstragende Haltung ein, nicht ohne einen Mangel an Autoritarismus zu beklagen.

5. Spektrum des Autoritarismus

Autoritäre Programme und Propaganda, Bewegungen, Regime und Führer sind seit Jahren auf nationalen Schauplätzen und in der globalen Arena im Aufwind.[81] Sie erodieren das *standing* demokratischer Governance oder machen sich deren Probleme zunutze.[82]

---

79 Joseph de Maistre, *De la souveraineté du peuple: Un anti-contrat social, Étude sur la souveraineté* [1794], Paris: Presses Universitaires de France, 1992.
80 Jacques Rancière, *Der Hass der Demokratie*, Berlin: August Verlag, 2011, 8. Ein besonders prägnantes Beispiel für diesen Diskurs: Edmund Burke, *Reflections on the Revolution in France*, der vieles beanstandet, insbesondere die Zusammensetzung der Assemblée Nationale und die Dominanz der Anwälte in der Vertretung des dritten Standes (S. 194f.).
81 Patrick Köllner, »Autoritäre Regime – Ein Überblick über die jüngere Literatur«, in: *Zeitschrift für Vergleichende Politikwissenschaft* 2 (2008), 351ff., Bank, »Die Renaissance des Autoritarismus«, 10ff. mit weiteren Nachweisen. Siehe auch die Nachweise in der Einleitung und in Kap. I oben.
82 Ein globales, empirisch informiertes Panorama bieten im Verbund: Larry

Je nach Definition und Agenda werden sie von unterschiedlichen Praktiken und Rhetoriken,[83] symbolischen Repräsentationen[84] und konzeptionellen Verkleidungen[85] begleitet, die ein weites Spektrum des Autoritarismus abdecken: bürokratischer und Wettbewerbsautoritarismus,[86] orientalischer Despotismus,[87] personalistische oder Entwicklungs-Diktatur, Autokratie, Elitismus, Einparteienherrschaft, Militärregime, rechter Kommunitarismus, rechter oder linker Populismus,[88] Bonapartismus,[89] Polizeistaaten, Willkürherrschaft, Technokratie, ökonomischer Autoritarismus,

Diamond, Marc F. Plattner, Christopher Walker (Hg.), *Authoritarianism Goes Global: The Challenge to Democracy*, Baltimore MD: Johns Hopkins University Press, 2016; *Mark R. Thompson*, »Pacific Asia After ›Asian Values‹: Authoritarianism, Democracy, and Good Governance«, in: *Third World Quarterly 25* (2004), 1079 ff.; Stephen J. King, *The New Authoritarianism in the Middle East and North Africa*, Bloomington: Indiana University Press, 2009; Jerzy W. Borejsza et al. (Hg.), *Totalitarian and Authoritarian Regimes in Europe*, Oxford/New York: Berghahn Books, 2006; Guillermo A. O'Donnell, »The Perpetual Crisis of Democracy«, in: *Journal of Democracy* 18 (2007), 5 ff. sowie Geddes, »What Do We Know About Democratization After Twenty Years?«.

83 Dazu Duncan Kennedy, »Authoritarian Constitutionalism in Liberal Democracy«, in: Alviar, Frankenberg (Hg.), *Authoritarian Constitutionalism*, zur Verfügbarkeit autoritärer Argumentationsfiguren für unterschiedliche Regime.

84 Zur Ikonographie des Autoritarismus von Hugo Chavez: Jorge Gonzalez in Alviar, Frankenberg (Hg.), *Authoritarian Constitutionalism*.

85 Einen guten Überblick geben Juan Linz, *Totalitarian and Authoritarian Regimes*, Boulder CO: Lynne Rienner Publishers, 2000; Mathijs Bogaards & Sebastian Elischer, »Competitive Authoritarianism in Africa Revisited«, in: *Zeitschrift für Vergleichende Politikwissenschaft* 10 (2016), 5 ff.; Steven Levitsky, Lucan A. Way, *Competitive Authoritarianism. Hybrid Regimes After the Cold War*, Cambridge: Cambridge University Press, 2010.

86 Eindrucksvoll materialreich und konzeptuell klar: Levitsky, Way, *Competitive Authoritarianism*.

87 Dazu die vorzügliche Studie von Nimer Sultany, *Law and Revolution: Legitimacy and Constitutionalism After the Arab Spring*, Oxford: Oxford University Press, 2017.

88 Zur Entwicklung des Populismus in Europa: Maximilian Pichls Analyse der Rhetorik und Staatspraxis des Orbán-Regimes in Ungarn, »The Constitution of False Prophecies: The Illiberal Transformation of Hungary«.

89 Martin Beck, Ingo Stützle (Hg.), *Die neuen Bonapartisten*, Berlin, Dietz, 2018. Instruktiv die historische Rekonstruktion und Kritik des Bonapartismus von Eugénie Mérieau, »French Authoritarian Constitutionalism and its Legacy«, in: Alviar, Frankenberg (Hg.), *Authoritarian Constitutionalism*, 185 ff.

autoritärer Nationalradikalismus,[90] »Doppelstaaten«[91] und Neopatrimonialismus,[92] nicht zu vergessen: Kleptokratie.[93] Und es gibt weitere Erscheinungsformen des politischen Autoritarismus, die oft begünstigt werden durch Präsidialsysteme.[94]

Noch unübersichtlicher wird das Bild durch hybride Verschaltungen autoritärer Strömungen. In Italien versuchte sich bis zum Scheitern 2019 die Kombination einer eigentümlichen Art von verquerer Volkstümlichkeit (Cinque Stelle) mit autoritär-xenophobem Nationalismus (Lega), die durch Anti-Elitismus, ökonomische Verunsicherung und Anti-EU-Affekt verbunden war, an einer gemeinsamen Regierung.[95] In Österreich regierte von 2017 bis 2019 eine Koalition von frischem »Salonpopulismus«, repräsentiert durch den geschniegelten Bundeskanzler, Arm in Arm mit dem abgestandenen, xenophob-autoritären »Alpennationalismus« der FPÖ.[96]

---

90 Heitmeyer, *Autoritäre Versuchungen*, 231 ff.

91 Ernst Fraenkel, *Der Doppelstaat*, Frankfurt am Main/Köln: Europäische Verlagsanstalt, 1974.

92 Eine Mischform aus klassisch patrimonialer und legal-rationaler Herrschaft, die Elemente von Autokratie und Demokratie kombiniert. Siehe Shmuel N. Eisenstadt, *Traditional Patrimonialism and Modern Neopatrimonialism*, Beverly Hills CA: Sage, 1973; Michael Bratton, Nicolas van de Walle, *Democratic Experiments in Africa. Regime Transitions in Comparative Perspective*, Cambridge UK: Cambridge University Press, 1997, insbesondere 61-96.

93 Scott Newtons Analyse der kleptokratischen Regime in Zentralasien: *The Constitutional Systems of the Independent Central Asian States: A Contextual Analysis*, Oxford: Hart, 2017.

94 Dazu Juan J. Linz, *The Failure of Presidential Democracy*, Baltimore MD: The Johns Hopkins University Press, 1994, und Maximilian Görgens, *Die Präsidentialismus-Falle*, Saarbrücken: AV Akademikerverlag, 2017. Siehe auch die exemplarische Studie zur Affinität von Präsidentialismus und Autoritarismus in Mexiko von Ana Micaela Alterio und Roberto Niembro Ortega, »Constitutional Culture and Democracy in Mexico – A Critical View of the 100-Year-Old Mexican Constitution«, in: Mark Graber et al. (Hg.), *Constitutional Democracies in Crisis?*, Oxford: Oxford University Press, 2018, Kap. 9; Roberto Gargarella, *Latin American Constitutionalism 1810-2010. The Engine Room of the Constitution*, Oxford: Oxford University Press, 2013, 157 ff.;

95 ⟨http://populismus-seminar.blogspot.com/2018/03/die-funf-sterne-bewegung.html/⟩ (Zugriff: 02.01.2018).

96 »Katastrophales Ende eines Experiments«, in: *faz.net* vom 20.05.2019, ⟨https://www.faz.net/aktuell/politik/ausland/ueber-das-tragische-ende-der-koalition-in-oesterreich-16195929.html/⟩ (Zugriff: 10.07.2019). Allgemein dazu: Michael Zürn, *Autoritärer Populismus vs. offene Gesellschaft – eine neue Konfliktlinie?*.

Wie ein Chamäleon wechselt Autoritarismus seine Färbung und Erscheinung von einem Kontext zum anderen, als wollte er die Regeln seiner Grammatiken flexibel anpassen oder aber der eingehenden Prüfung entziehen, die ergeben könnte, wie sehr die heutigen Autoritarismen Formen der Moderne adaptieren wie etwa rationale Bürokratie und zentralisierte Regierung, und wie intensiv diese Regime an der liberalen Weltordnung, den Finanzströmen, Investitionsplänen und Wertschöpfungsketten partizipieren, ja von diesen abhängig sind – und doch vorgeben, sie zu bekämpfen. Das Spektrum reicht von Aserbaidschan bis Polen, von Ägypten bis Swasiland, von Nordkorea bis Singapur. Es umfasst Erdoğans vermeintlich »kompetitiven Wettbewerbsautoritarismus« und Wladimir Putins Mixtur von Autoritarismus und »vertikaler«, »gemanagter Demokratie«. [97] Es registriert anfänglich demokratische Bewegungen, die sich im nationalistischen Cäsarismus verlieren (Peronismus, Chavismus), und repressive Kleptokratien, die nur mehr Gier statt eines verwirrten Idealismus unter Beweis stellen.

Kurz: Aus dem Blickwinkel der Begriffsgeschichte[98] trägt sich Autoritarismus als Kollektivsingular, der eine Pluralität sehr heterogener Phänomene umfasst, in das Buch der Moderne ein. Nur wenige Jahre nach dem Beginn des »langen 19. Jahrhunderts«[99] überschattete der politisch-revolutionäre Autoritarismus in Gestalt der *terreur*, alsbald gefolgt vom Bonapartismus,[100] den Glanz der

---

97 Berk Esen, Sebnem Gumuscu, »Rising Competitive Authoritarianism in Turkey«, in: *Third World Quarterly* (2016), 1581 ff.; Nikolay Petrov, Michael McFaul, »The Essence of Putin's Managed Democracy«. ⟨https://carnegieendowment.org/2005/10/18/essence-of-putin-s-managed-democracy-event-819/⟩ (Zugriff: 26.07.2018).

98 Reinhard Koselleck, *Begriffsgeschichten: Studien zur Semantik und Pragmatik der politischen und sozialen Sprache*, Berlin: Suhrkamp, 2006; und Jan-Werner Müller, »On Conceptual History«, in: Darrin M. McMahon, Samuel Moyn (Hg.), *Rethinking Modern European Intellectual History*, Oxford: Oxford University Press, 2014, 74.

99 Eric Hobsbawn, *Das lange 19. Jahrhundert*, 3 Bde., Stuttgart: Theiss, 2017; Matthias von Hellfeld, *Das lange 19. Jahrhundert. Zwischen Revolution und Krieg 1776-1914*, Berlin: Dietz, 2015.

100 Karl Marx, »Der achtzehnte Brumaire des Louis Bonaparte« [1852], in: *MEW* Bd. 8, 111-207; Karl Hammer, Peter Claus Hartmann (Hg.), *Der Bonapartismus. Historisches Phänomen und politischer Mythos. 13. Deutsch-französisches Historiker-*

demokratischen Revolutionen. Nicht zu vergessen die häufig geflissentlich übergangenen Kolonialregime[101] und der Imperialismus, die fortan als Albträume in Theorie und vor allem Praxis die Moderne begleiten. Im Folgenden wird versucht, Autoritarismen zu identifizieren. Dazu werden zahlreiche Beispiele aufgerufen – nicht aber durchanalysiert –, und es wird nach Art eines Arbeitsbuches zu weiterer Beschäftigung mit ihnen angeregt.

6. Autoritarismus als Pathologie

In klinischen Begriffen lässt sich Autoritarismus auch als Pathologie[102] – als pathologische Erscheinungsform der Selbstregierung – diagnostizieren. Autoritarismus stellt Muster des Regierens bereit, die sich aus dem gemeinsamen Auftreten verschiedener virulenter Symptome erschließen lassen, wie etwa aus manipulierten Wahlen mit höchst unplausiblen Resultaten; [103] Regieren auf der Basis von Dekreten, nach dem Vorbild der Weimarer Notverordnungen gem.

---

kolloquium des Deutschen historischen Instituts Paris in Augsburg vom 26. bis 30. September 1975, München/Zürich: Artemis, 1977; Mérieau, »French Authoritarian Constitutionalism and its Legacy«.

101 Jürgen Osterhammel, *Kolonialismus: Geschichte, Formen, Folgen*, München: C. H. Beck, 1995; Oliver Gliech, *Der Sklavenaufstand von Saint-Domingue und die Französische Revolution (1789-1795)*, Köln: Böhlau, 2010; James, *The Black Jacobins*.

102 Zu einer kritischen Analyse der Muster des Autoritarismus: Theodor W. Adorno »Die Freudsche Theorie und die Struktur der faschistischen Propaganda«, in: *Psyche* 24 (1970), 486; Wendy Brown, Peter E. Gordon und Max Pensky, *Authoritarianism. Three Inquiries in Critical Theory*, Chicago: University of Chicago Press, 2018; Peter E. Gordon »The Authoritarian Personality Revisited: Reading Adorno in the Age of Trump«, in: *boundary*, 15.06.2016 ⟨http://www.boundary2.org/2016/06/peter-gordon-the-authoritarian-personality-revisited-reading-adorno-in-the-age-of-trump/?platform=hootsuite/⟩ (Zugriff: 22.07.2018).

103 Ergebnisse sind vorderhand unplausibel, wenn nur Kandidaten einer Partei zur Wahl stehen, wenn Kandidaten nur mit Billigung der Regierung zur Wahl antreten dürfen (Ruanda 2017), wenn oppositionelle Kandidaten verhaftet, ausgeschlossen oder eingeschüchtert werden. Die Ergebnisse sind außerdem unplausibel, wenn sie auf eine manipulierte Auszählung schließen lassen. In einem seltenen Moment eines konstitutionell fixierten Plausibilitätsmakels nennt die Präambel der Verfassung der Islamischen Republik des Iran (1979) die ihr durch Referendum zuteilgewordene Zustimmung: 98.2 %!

Art. 48 Abs. 2 WRV;[104] Inhaftierungen ohne Gerichtsverfahren; wenig oder kein Schutz für Minderheiten; wenig oder keine Toleranz von oppositionellen Meinungen und Programmen; Gender-Ungleichheit, die auf eine intime Beziehung zwischen Autoritarismus und patriarchalischer Herrschaft verweist;[105] Verlängerung der Amtsperiode eines Regierungschefs (durch Verfassungsänderung) wie zuletzt in China;[106] Rückgriffe auf ein quasi-dynastisches Prinzip bei der Nachfolgeregelung; hoheitliche Verwaltung und Einschnürung der öffentlichen Sphäre; Manipulation der Regeln für politische Verantwortlichkeit und Rechenschaftspflichten; Lockerung der Kontrolldichte für staatliche Maßnahmen, häufig ersetzt durch öffentliche Appelle an die Bevölkerung zur Unterstützung politischer Entscheidungen und Projekte; Erklärungen des Ausnahmezustandes und die Verhängung von Notstandsmaßnahmen, nicht selten realiter verknüpft mit ökonomischen Krisensituationen;[107] sowie ein politisches Strafrecht, das Widerspruch als Hochverrat[108] und Abweichungen von der Staatsreligion als Blasphemie oder Verleumdung unter Strafe stellt.[109] Nahezu ausnahmslos treten Xe-

---

104 Auf die *rule by decree* werde ich im Zusammenhang mit der autoritären Staatstechnik noch ausführlich eingehen.

105 Mark J. Brandt, P. J. Henry, »Gender Inequality and Gender Differences in Authoritarianism«, in: *Personality and Social Psychology Bulletin 38* (2012), 1301 ff.

106 Im März 2018 erfuhr der Plan des chinesischen »State Chairman« Xi Jinping, seine Amtszeitbegrenzung aufzuheben, die nahezu einhellige Zustimmung aller 3000 Mitglieder des Volkskongresses. Offizielle Begründung: es solle ihm erlaubt werden, die Trinität seiner Führungsämter in Partei, Militärkommission und Staat zu bewahren.

107 Häufige Symptome ohne Verfassungsbezug: ökonomische Stagnation, Preissteigerungen (vor allem im Lebensmittelsektor) und erratische Interventionen der Regierung.

108 Wegen Hoch- oder Kriegsverrat haben die deutschen Wehrmachtgerichte von 1933-1945 etwa 25 000 Todesurteile verhängt und davon ca. 18 000-22 000 vollstreckt. Dazu Manfred Messerschmidt, *Die Wehrmachtjustiz 1933-1945*, Schöningh, Paderborn/München/Wien/Zürich, 2005. Siehe auch Volker Bützler, *Staatsschutz mittels Vorfeldkriminalisierung. Eine Studie zum Hochverrat, Terrorismus und den schweren staatsgefährdenden Gewalttaten*, Baden-Baden, Nomos, 2017.

109 In Pakistan wurden Christ*innen wiederholt verfolgt. Prominent der Fall der wegen Blasphemie zum Tode verurteilen, schließlich freigesprochenen Asia Bibi ⟨https://www.thenews.com.pk/latest/387811-asia-bibi-verdict-today-security-beefed-up/⟩ (Zugriff: 30. 01. 2019).

nophobie und Homophobie, Antisemitismus und Misogynie als prägende Merkmale autoritärer Staatspraxis hinzu. Die Dämonisierung der Anderen zu Fremden und Feinden fungiert als deren negativ integrierende Rhetorik.

Nach pathologischer Betrachtung wären die Varianten autoritärer Regime durch je unterschiedlich kombinierte Cluster von Krankheitsbildern geprägt, die überwiegend drei besonders augenfällige Symptome verbinden: erstens, ein tiefes Misstrauen gegen oppositionelle Bewegungen, zweitens, eine ebenso tiefe Aversion gegen politische Risiken, die der Demokratie inhärent sind, und drittens, die Präferenz für Einseitigkeit, d. h. die Ablehnung von Mitbestimmungs- und Mitentscheidungsbefugnissen oder wechselseitigen Verpflichtungen. Diese Kombinationen formen und informieren die klinische Diagnose politischer Autorität, die vom Autoritarismus infiziert ist.

Als *drohende* Autorität präsentierte sich Autoritarismus im faschistischen Führerkult in Deutschland und Italien. Im *Estado Novo* Portugals[110] und Brasiliens der dreißiger Jahre als katholisches bzw. von Geheimdienst und Militär gestütztes autoritäres Regime. Das Apartheidregime Südafrikas kombinierte seinen auf ein gesetzliches Gerüst gestützten Autoritarismus mit einer rassistischen Agenda und Staatspraxis[111] – wie auch die Institution der Sklaverei und die Suprematie der Weißen in den Südstaaten der USA ihre lange Lebensdauer den *Jim Crow Laws* verdankten.[112] Die Autorität einer *nationalistischen* Programmatik hatte sich in Indira Gandhis Regierung in Indien und das Regime von Gamal Abdel Nasser in Ägypten, hier verbunden mit Panarabismus und Antikolonialismus, eingeschrieben. Vom Militarismus infiziert zeigte sich der Autoritarismus von Juntas in Griechenland, Argentinien, Chile, Nordkorea, Myanmar und zahlreichen anderen Militärdiktaturen in aller Welt.[113]

---

110 Dirk Friedrich, *Salazars Estado Novo. Vom Leben und Überleben eines autoritären Regimes 1930-1974*, Bonn: Minifanal, 2016.

111 Dazu Dennis Davis, »Authoritarian Constitutionalism: The South African Experience«, in: Alviar, Frankenberg (Hg.), *Authoritarian Constitutionalism*, 57 ff..

112 Linz, *Totalitarian and Authoritarian Regimes*; George M. Frederickson, *White Supremacy: A Comparative Study in American and South African History*, Oxford: Oxford University Press, 1981.

113 Siehe dazu die Berichte der Organisation Freedom House; Gero Erdmann, Christian von Soest, »Diktatur in Afrika«, in: *GIGA focus* (2008), H. 8 mit zahlreichen Nachweisen.

7. Abschied vom »Populismus«?

»Populismus« schillert ungebremst durch Medien und Wissenschaften, füllt Bibliotheken und besetzt aktuell ein nach außen nicht begrenztes Begriffsfeld. Auf diesem verlegen Worthülsen und Schlagworte den Weg zu einem angemessen präzisen, empirisch informierten Verständnis dieses komplexen Phänomens. Sich deshalb konzeptuell zu verabschieden und andere Begriffe zu suchen, könnte der intellektuellen Hygiene dienen, ist freilich eine Haltung, die angesichts der sich überkreuzenden und anschwellenden Populismus-Diskurse auf verlorenem Posten steht. Also spricht einiges dafür zu versuchen, Spielarten des Populismus[114] zu unterscheiden, die derzeit Furore machen. Der Begriff verlangt nach historischer Erinnerung und regionaler Differenzierung, Beachtung seiner programmatischen Diversität und politischen Ökonomie. Dass sich der sprichwörtliche Pudding mit einer Definition an die Wand nageln lässt, ist schwerlich zu erwarten.[115] Allenfalls kursorisch können hier die hauptsächlichen Verwendungsweisen bzw. Diskurslinien benannt werden:

---

114 Zur Ambivalenz und Attraktivität des Populismus und zu dessen Verhältnis zu Demokratie und Konstitutionalismus: Hans Vorländer, »The Good, the Bad, and the Ugly – über das Verhältnis von Populismus und Demokratie; eine Skizze«, in: *SSOAR* 8/2 (2011), 187-194. ⟨http://nbn-resolving.de/urn:nbn:de:0168-ssoar-326211/⟩ (Zugriff: 23. 07. 2018); Margaret Canovan, *Populism*, New York: Harcourt Brace Jovanovich, 1981; dies. »Trust the People! Populism and the Two Faces of Democracy«, in: *Political Studies* 47 (1999), 2 ff.; Gino Germani, *Authoritarianism, Fascism, and National Populism*, Piscataway Township NJ: Transaction Publishers, 1978; Ernesto Laclau, *Politics and Ideology in Marxist Theory: Capitalism, Fascism, Populism*, London: NLB/Atlantic Highlands Humanities Press, 1977; ders., *On Populist Reason*, London: Verso, 2005; Benjamin Moffitt, *The Global Rise of Populism: Performance, Political Style, and Representation*, Stanford: Stanford University Press, 2016; Jan-Werner Müller, *Was ist Populismus? Ein Essay*, Berlin: Suhrkamp, 2016; Alejandro Rodiles, »Is There a ›Populist‹ International Law (in Latin America)?«, in: *The Netherlands Yearbook of International Law* (2019); Heitmeyer, *Autoritäre Versuchungen*, 350 ff.; Philipp Manow, *Die Politische Ökonomie des Populismus*, Berlin: Suhrkamp, 2018; zuletzt Cornelia Koppetsch, *Die Gesellschaft des Zorns. Rechtspopulismus im globalen Zeitalter*, Bielefeld: Transcript Verlag, 2019.
115 Isaiah Berlin »To Define Populism«, in: *The Isaiah Berlin Virtual Library*, 1967, 1 ff., ⟨http://berlin.wolf.ox.ac.uk/lists/bibliography/bib111bLSE.pdf/⟩ Zugriff: 26. 06. 2019)

Populismus als Strategie: Erstens bezeichnet Populismus eine Strategie zur *Erlangung der politischen Macht*, was etwa auf die Namensgeberin, die Populist (People's) Party[116] in den USA im ausgehenden 19. Jahrhundert, zutrifft. Allerdings auch auf die Anfänge des *Chavismo* in Venezuela, den Front National (jetzt: Rassemblement) in Frankreich und die Alternative für Deutschland oder, oberflächlich betrachtet, auch Donald Trumps Wahlkampf und Politik. Populismus verbindet Kampagnen und Wahlkämpfe mit dem Ziel, den Ort der Macht zu besetzen, d. h. in den politischen Vertretungskörperschaften präsent zu sein und Regierungsämter wahrzunehmen – überwiegend im Namen des (wahren) Volkes.[117]

Populismus als Ideologie: Zweitens charakterisiert Populismus einen manichäischen, ideologischen Diskurs[118] über Politik als Kampf zwischen dem (guten) »mythischen« Volk »hier unten« und den (bösen) Eliten, Bürokraten (etwa in Brüssel) oder Regierenden »da oben« (in Washington, Paris, Berlin). Diesen Diskurs befeuern derzeit insbesondere die nationalradikalen, anti-europäischen Bewegungen in Mitgliedstaaten der Europäischen Union von Sverigedemokraterna (Schwedendemokraten) und Dansk Folkeparti bis (früher) zu Lega und Cinque Stelle in Italien, von Fidesz und Jobbik in Ungarn bis zu Teilen der Gilets jaunes in Frankreich.[119] Populismus markiert hier in Programmatik oder Gestus außerparlamentarische Protestbewegungen oder Strömungen, die sich die Schwindsucht der Sozialdemokratie in diesen Ländern zunutze machen, um sich durch Angstkampagnen, die Dämonisierung von Feinden (Fremde, Migrant*innen) und die Heroisierung der Vergangenheit (beispielsweise die ungarische Nation zu Zeiten des heiligen Stephan; das einst »große« Amerika) als politische Alternative ins Spiel zu bringen.

---

116 Goodwyn, Lawrence, *The Populist Moment: A Short History of the Agrarian Revolt in America*, Oxford: Oxford University Press, 1978.
117 So die einflussreiche These von Jan Werner Müller, *Was ist Populismus?*.
118 Daniele Albertazzi, Duncan McDonnell, »The Sceptre and the Spectre«, in: dies. (Hg.), *Twenty-First Century Populism. The Spectre of Western European Democracy*, London: Palgrave MacMillan, 2008, 1 ff.
119 Cas Mudde, *Populist Radical Right Parties in Europe*, Cambridge UK: Cambridge University Press, 2007.

Populismus als Stil politischer Mobilisierung: Drittens benennt Populismus einen Stil politischer Mobilisierung der Bevölkerung, der sich an die strategische Bedeutung anlehnt.[120] Er ist darauf angelegt, apathische Gruppen der Bevölkerung durch die direkte Ansprache und Sozialprogramme für die Wahrnehmung ihrer Interessen und die Teilnahme an der Politik zu aktivieren. Das gelang zum Beispiel dem frühen Peronismus in Argentinien mit der Mobilisierung der *Descamisados* (der Hemdlosen) und Hugo Chávez in den Anfangsjahren mit der Aktivierung der mit Armut geschlagenen Bevölkerung Venezuelas. Ein aktuelles Beispiel ist *Podemos* (»Wir können«) – eine Protestbewegung in Spanien, die sich als politische Partei konsolidierte. Wo sich keine »Abgehängten«, keine zivilen Deserteure in großer Zahl finden lassen, fungiert (anstelle von Sozialprogrammen) wiederum der Mythos »Volk«[121] als Mobilisierungsnarrativ, das strukturell auf die Exklusion der Anderen, der nicht zum wahren, eigentlichen Volk Gehörenden, angelegt ist. Auf diesen Stil der Mobilisierung und Regierung ist in den Kapiteln VI (Partizipation) und VII (Kult der Unmittelbarkeit) zurückzukommen.

Populismus als Unbehagen: Viertens wird Populismus als Kollektivsingular verwendet, um ein diffuses Unbehagen vor allem über die Kontrollverluste zu beschreiben, das durch die Entsicherungen und Landnahmen des autoritären Kapitalismus, die Folgen der Globalisierung und die Ambivalenzen der Moderne ausgelöst wurde.[122] Als seine Träger werden (von Medien und Wissenschaft) vorzugsweise die in den Prozessen der Modernisierung und Globalisierung zu kurz Gekommenen, Abgehängte und Wutbürger*innen sowie randständige Gruppen in prekären Lebensverhältnissen benannt. Diese Variante des Populismus richtet sich vornehmlich gegen das Rechts- und Politikversagen, das den unverantwortlichen ökonomischen Eliten und Mitgliedern der politischen Klasse angelastet wird und die Angehörigen der Mittel- und Unterschicht bedroht.

---

120 Kai Hirschmann, *Der Aufstieg des Nationalpopulismus – Wie westliche Gesellschaften polarisiert werden*, hg. v. d. Bundeszentrale für politische Bildung, 2017.
121 Müller, *Was ist Populismus?*.
122 Ausführlich Heitmeyer, *Autoritäre Versuchungen*. Zuletzt: Robert Vehrkamp, Wolfgang Merkel, *Populismus-Barometer. Populistische Einstellungen bei Wählern und Nichtwählern in Deutschland 2018*, Gütersloh: Bertelsmann-Stiftung, 2018. Dazu auch Koppetsch, *Gesellschaft des Zorns*.

Populismus als Rhetorik des Ressentiments: **Fünftens** benennt Populismus, wenn sich das Unbehagen verschärft, als Relationsbegriff eine Rhetorik des Ressentiments gegen die Anderen, die aus der Gemeinschaft auszuschließen sind. Dämonisiert werden Fremde, Ausländer*innen, Homosexuelle, Minderheiten.[123] Das Klima des Ressentiments muss durch Tabubrüche, wie etwa Ausfälle gegen den Holocaust, *shit storms* gegen Homosexuelle oder Brandanschläge auf Flüchtlingsheime, immer neu aufgeladen werden.[124] Dieser Diskursstrang verliert sich auf Seiten der Kritiker*innen nicht selten in generalisierenden, moralisierenden Etikettierungen, wie Rassisten, Faschisten, Neonazis und dergleichen, die im Einzelnen empirisch zutreffend sein mögen, zum Verständnis der tiefer liegenden Probleme und zur Überwindung des Ressentiments, dessen Ursachen sowie zur »Heilung der Brüche«[125] aber wenig beitragen.[126]

Populismus als Diskurs der politischen Geographie: **Sechstens** und für sich genommen wohl am wenigsten überzeugend, wenngleich derzeit unablässig im Gebrauch und bisweilen als Kürzel wohl unvermeidbar, sind die Verortungen als populistisch bezeichneter Organisationen und Regierungen mit Hilfe der Koordinaten der herkömmlichen, aktuell zur Charakterisierung der Programmatik und Milieus von Parteien wenig hilfreichen politischen Geographie als Links- oder Rechtspopulismus.[127] Oftmals handelt es sich dabei

---

123 Hans-Georg Betz, »Rechtspopulismus. Ein internationaler Trend?«, in: *Aus Politik und Zeitgeschichte* B 9-10 (1998), S. 1 ff./ 5.

124 Beispiele: Maßnahmen gegen LGBT in Polen, Jan Opielka, »Händchenhalten verboten«, in: *Frankfurter Rundschau* 16. 05. 2016, ⟨https://www.fr.de/panorama/haendchenhalten-verboten-11110784.html⟩ (Zugriff: 24. 02. 2019); Orbáns regierungsamtlicher Antisemitismus in Ungarn, Clemens Verenkotte, »Orbáns zwiespältige Politik«, in: *Deutschlandfunk* 23. 01. 2019, ⟨https://www.deutschlandfunk.de/antisemitismus-in-ungarn-orbans-zwiespaeltige-politik.886.de.html?dram:article_id=439004/⟩ (Zugriff: 24. 02. 2019); Holocaust-Leugner in der AfD-Bundestagsfraktion, Severin Wieland, »Hand-Werk«, in: *Spiegel Online* 20. 02. 2018 ⟨https://www.spiegel.de/politik/deutschland/holocaust-afd-abgeordneter-hansjoerg-mueller-nennt-gedenken-im-bundestag-heuchlerisch-a-1194521.html⟩ (Zugriff: 24. 02. 2019).

125 Heitmeyer, *Autoritäre Versuchungen*, 14 ff.

126 Kritisch auch Manow, *Die politische Ökonomie des Populismus*, 26 ff. und Koppetsch, *Gesellschaft des Zorns*.

127 Karin Priester, *Rechter und linker Populismus: Annäherung an ein Chamäleon*, Frankfurt am Main: Campus Verlag, 2012.

um den untauglichen Versuch, den Rechtspopulismus aus dem liberalen Lager zu verbannen, obwohl er mit den Verfechtern eines autoritären Kapitalismus eine beachtliche Schnittmenge teilt.[128]

Aussichtsreicher und klärender erscheint die Zuordnung zu einer der eben genannten Verwendungsweisen und deren Justierung nach ihrer affirmativen oder selektiven Bezugnahme auf korporatistische Ideen, Anti-Elitismus, Anti-Institutionalismus, Sozialismus, Konservatismus, Nationalismus, Volkssouveränität oder völkische Ideologie, Vorstellungen von Ethnizität und suprematistische Lehren sowie nach den in ihrer Praxis und Propaganda zutage tretenden Motiven und Einstellungen, wie besonders häufig Fremdenfeindlichkeit, Antisemitismus oder Intoleranz gegenüber Minderheiten.

Wer am Begriff des Populismus festhält, müsste folglich zunächst daran interessiert sein, zwischen populistischen Bewegungen, Parteien, Regierungen und konsolidierten Regimen zu unterscheiden. Denn es dürfte einen Unterschied machen, ob Populismus sich noch gesellschaftsseitig im Protest von Bewegungen artikuliert, bereits staatsseitig als Regierungspolitik betrieben wird oder aber sich fest als Regime konsolidiert hat. Eine Frage ist dabei insbesondere, welche Veränderungen populistischer Rhetorik und Strategie zu notieren sind, wenn sich Organisationen (wie *Podemos* oder *AfD*) im parlamentarischen oder im Regierungskontext bewegen und hinsichtlich ihrer Praxis unter Rechtfertigungsdruck und Mäßigungszwang stehen.

In einem weiteren Schritt wären – wie oben hinsichtlich Autorität – die *Beziehung*, die durch Populismus konstituiert wird, und deren Dynamik in Rechnung zu stellen. Insbesondere ist dann auf Übergänge von der Modalität der Mobilisierung zur Modalität der Demobilisierung zu achten: Bei der Analyse etwa des Peronismus oder auch des Chavismus sind also die Momente und Bedingungen des Übergangs von der Aktivierung der Bevölkerung hin zu deren Entmutigung und Kontrolle durch repressive Staatstechnik zu untersuchen.

Schließlich sind alle Populismen daraufhin zu befragen, wann und wie Volkstümlichkeit und Volksnähe in Demagogie und schie-

---

128 Mike Wilkinson, »Authoritarian Liberalism as Authoritarian Constitutionalism«, in: Alviar, Frankenberg (Hg.), *Authoritarian Constitutionalism*, 317 ff.; Heitmeyer, *Autoritäre Versuchungen*.

re Ideologie umschlagen, wie sich etwa die Mutation einer ehemals revolutionären, jedenfalls mobilisierenden Bewegung beispielsweise in Venezuela oder Nicaragua zum Despotismus ihrer Führungskader erklären lässt.

Überdies ist stets die Aufmerksamkeit auf besondere ideologische Komponenten des »Populismus« zu richten, wie etwa Donald Trumps rassistischen Suprematismus und Tribalismus,[129] Viktor Orbáns antisemitische Kampagnen, die Verrufserklärungen von »Feinden« (in Maduros Venezuela) oder die Apologie eines autoritären (etwa Putin'schen) Regierungsstils, die allesamt potentiell demokratische Konnotationen auslöschen. Im Zweifel könnte es also vorzugswürdig sein, Rhetorik und Programmatik, Strategie und Mobilisierungsstil als autoritär-nationalistisch, xenophob oder islamophob, suprematistisch oder tribalistisch zu kennzeichnen und sie nicht mit dem Allerweltsetikett »Rechtspopulismus« zu belegen.

Belehrt durch eines der aktuellen Hauptphänomene, den unter dem Titel »Rechtspopulismus« firmierenden autoritären, fremdenfeindlichen Nationalismus, der derzeit in Europs grassiert, belehrt auch durch das Spektrum heterogener Autoritarismen, werde ich versuchen, Komplexität zu reduzieren und politischen Autoritarismus im Folgenden allgemein als Konfiguration von Strategie, Ideologie,[130] Propaganda und praktischer Performanz zu verstehen ein Ensemble, das geprägt ist von der jeweiligen sozioökonomischen Umgebung, von kulturellen Dispositionen und politischen Konstellationen. Auf Letztere richtet sich wegen der Nähe zur Verfassung besondere Aufmerksamkeit. In diesen Konstellationen entfalten sich mannigfaltige Techniken, Repräsentationen und Rechtfertigungen von Herrschaft, die jede auf ihre Weise einen Mix von mehreren Grundelementen bzw. besonderen Merkmalen aufweist.

---

129 Instruktiv: Ta-Nehisi Coates, »The First White President«, in: *The Atlantic Monthly*, October 2017; Duncan Kennedy, »A Left of Liberal Interpretation of Trump's ›Big‹ Win, Part One«, in: *Nevada Law Journal Forum* 1 (2017), 98.

130 Ich teile nicht die Einschätzung, dass sich Autoritarismus dadurch auszeichnet, dass Ideologie durch Mentalität ersetzt wird. So aber Juan Linz, »Totalitarian and Authoritarian Regimes«, in: Fred I. Greenstein, Nelson Polsby (Hg.), *Macropolitical Theory: Handbook of Political Science* III, Reading: Addison-Wesley, 1975, 175 ff. Auf Ideologie verzichten Autoritarismen jedenfalls nicht, wenn man jene als Muster der Weltdeutung versteht, die jeweils mit bestimmten Wertesystemen verbunden sind.

Von diesen sollen nach der Auseinandersetzung mit dem liberalen Konstitutionalismus und seinen »autoritären Momenten« die markantesten vier untersucht werden, die jeweils dazu beitragen, die Stärke des autoritären Regimes zu demonstrieren, Institutionen niederzureißen und Gegner zu dämonisieren: ein exekutivischer Stil des Regierens, geprägt durch konstitutionellen Opportunismus, Informalismus und eine Sicherheitsagenda; politische Macht verstanden und ausgeübt als Privateigentum; Partizipation als Komplizenschaft; und ein auf die Stiftung illusorischer Gemeinschaftlichkeit ausgerichteter Kult der Unmittelbarkeit.[131]

---

[131] Damit soll nicht bestritten werden, dass sich Autoritarismus, zumal autoritärer Konstitutionalismus, auch anders beschreiben und klassifizieren lässt. Siehe etwa Paul Brooker, *Non-Democratic Regimes*, 2. Aufl., New York: Palgrave, 2009, insbes. 1 ff. und 16 ff., der Monarchie, Ein-Personen-Herrschaft, Militärherrschaft, Ein-Parteien-Systeme unterscheidet; eindrucksvoll auch Guillermo O'Donnell, *Modernization and Bureaucratic Authoritarianism: Studies in South American Politics*, Berkeley CA: University of California Press, 1979, und Linz, »Totalitarian and Authoritarian Regimes«.

III. Liberaler Konstitutionalismus – autoritäre Momente

»Iliacos intra muros peccatur et extra.«[1]

Die Orthodoxie des Liberalismus und auch des liberalen Konstitutionalismus behandelt autoritären Konstitutionalismus weder als »wesentlich umstrittenes Konzept«[2] noch als ernst zu nehmendes Phänomen eigenen Rechts. Üblicherweise wird er als bloße Travestie abgetan oder als in Täuschungsabsicht präsentiertes Ensemble von Normen, Prinzipien und Praktiken dargestellt, das ein »westliches« Vokabular nachäfft, aber den Geist, der das Gerüst der Legalität trägt, verfehlt. Unbefangen kultiviert diese Orthodoxie der Mainstream in Verfassungstheorie und Rechtsvergleichung – eine naive Vorstellung von westlichem Recht und westlichem Konstitutionalismus, ohne sich der ethnozentrischen Konnotationen bewusst zu sein. Zwangsläufig werden dadurch alle auf Anhieb »nicht-westlichen« Verfassungen nicht als unvertraute oder fremde Konstitutionen nebst ihrer Theorie wahrgenommen und besonders intensiv untersucht, sondern als das ganz »Andere« abgebucht. Der autoritäre Konstitutionalismus empfängt sein Profil folglich allein vom liberalen und demokratischen Vorbild. Solcher »Verwestlichung« und Normalisierung soll dieses Kapitel entgegenarbeiten: zunächst mit einer knappen Kritik der anglo-europäischen Kolonisierung der Verfassungswelt, sodann mit einer Sichtung der

---

1 »Innerhalb und außerhalb der Mauern von Ilium (Troja) wird gesündigt.« Quintus Flaccus Horaz, *Episteln*, zit. nach *Brockhaus' Kleines Konversations-Lexikon*, 5. Aufl., Bd. 2, Leipzig 1911, 368.
2 Nach Walter B. Gallie, »Essentially Contested Concepts«, in: *Proceedings of the Aristotelian Society* 56 (1956), 167 ff., muss der umstrittene Begriff insbesondere ein bestimmtes Phänomen bezeichnen oder anerkennen (»appraisiveness«), er muss in sich komplex sein, also mehrere definitorische Komponenten haben (»internal complexity«), unterschiedlich beschreibbar sein, wobei die verschiedenen Akzentsetzungen unterschiedliche Bedeutungen ergeben (»diverse describability«), er muss offen sein, also Abwandlungen unterliegen z. B. in Reaktion auf sich verändernde historische Umstände (»openness«), und von den am Diskurs Beteiligten als umstritten anerkannt werden (»reciprocal recognition«). Diese Kriterien werden von »Konstitutionalismus«, auch dem autoritären, ohne weiteres erfüllt, wie in den folgenden Kapiteln zu zeigen versucht wird.

autoritären Momente im liberalen-demokratischen Paradigma von Theorie und Praxis der Verfassung. Innerhalb und außerhalb der Mauern des Liberalismus wird gesündigt.

1. Liberale Kolonisierung der Verfassungswelt

Dass sich Ethnozentrismus auf dem westlichen Diwan breitmacht, kommt nicht von ungefähr. Warum sollten Recht und Verfassung[3] hiervon ausgenommen sein? Einer der »Meister der Rechtsvergleichung«[4], René David, setzte die Wegmarke für »westliches Recht«, an der sich die Komparatisten der Verfassungsvergleichung – aufgrund ihrer unscharfen und inkohärenten Epistemologie und Methodologie[5] – ziemlich bedenkenlos orientieren. In seinem Essay zum »Konzept des westlichen Rechts« verteidigt René David, noch immer eine prägende Gestalt in der französischen Rechtsvergleichung,[6] mit bemerkenswertem Selbstvertrauen und Mangel an kritischer Reflexion die hegemoniale Sicht der Dinge und den autoritären Gestus, den sie unterstützt. Für ein wesentliches Merkmal der »westlichen« Zivilisation hält er die Rolle, die Recht in Gesellschaften spielen soll:

Als Westler (›Westerners‹) haben wir ein Ideal: eine Gesellschaft, die so weit wie möglich vom Gesetz (*law*) beherrscht wird. [...] Dieses Ideal ist ohne Zweifel in unterschiedlichem Maße unvollkommen in unseren gegenwärtigen Gesellschaften verwirklicht, jedoch streben wir seine fortschreitende

---

3 Zur Kritik der Rhetorik und Ideologie des »westlichen« Rechts und »westlicher« Konstitutionen: Günter Frankenberg, *Comparative Constitutional Studies – Between Magic and Deceit*, Cheltenham: E. Elgar 2018, 74 ff.; Zoran Oklopcic, »The South of Western Constitutionalism: a map ahead of a journey«, *Third World Quarterly* 37 (2016), 2080 ff.
4 So Annelise Riles, *Rethinking the Masters of Comparative Law*, Oxford UK: Hart, 2001.
5 Dazu kritisch Ran Hirschl, *Comparative Matters. The Renaissance of Comparative Constitutional Law*, Oxford: Oxford University Press, 2014.
6 Bis heute stützt die von René David erstellte Studie zu den »Grands Systèmes« des Rechts von 1950 (René David, Jauffret-Spinosi, Camille und Goré, Marie, *Les grands systèmes du droit contemporains*, 12. Aufl., Paris: Dalloz, 2016) seinen Nimbus als Meister (dazu Riles, *Rethinking the Masters of Comparative Law*). Vgl. auch René David und John E. Brierley, *Major Legal Systems in the World Today*, 3. Aufl. London: Stevens & Sons, 1985.

Verwirklichung an, und für Gesellschaften, die die Idee des Rechts ablehnen, können wir uns nur vorstellen, dass dort Anarchie, Willkür und Chaos herrschen.[7]

Das Problem solcher – man könnte *prima facie* meinen: arglosen – ideologischen Äußerungen ist, dass sie Naivität mit einem unitarisierenden Denkansatz verbinden. Dieses Amalgam führt dazu, dass Verfassungstheorie und -vergleichung ihre Informationen und Wertungen überwiegend der Erfahrung und den Vorstellungen von einem halben Dutzend einigermaßen politisch stabiler, ökonomisch florierender liberaler Demokratien entnehmen.[8] Dass nichteuropäischen und nicht-amerikanischen Texten und Traditionen die »gleiche diskursive Dignität« verwehrt wird,[9] versteht sich dann von selbst. Gewiss, die Wiege des modernen Konstitutionalismus stand die längste Zeit in Virginia, Philadelphia und Paris. Der Kolonialismus wird jedoch mit anderen Mitteln fortgesetzt, wenn die zentraleuropäisch-amerikanische Privilegierung des Deutungsmusters von Freiheit und *limited and lawful government* zur Folge hat, dass andere Varianten wie etwa der egalitäre oder transformative Konstitutionalismus im Schatten bleiben.

Nach den Verfassungsexperimenten des 19. Jahrhunderts[10] ist es überdies wenig plausibel anzunehmen, autoritäre Verfassungen hätten zum Verständnis des Konstitutionalismus als Verfassungstheorie und -praxis nichts beizutragen. Ebendas ist jedoch den Standardlehrbüchern und Monographien vorzuwerfen: Dass sie fest auf dem Boden und in den engen Grenzen des liberalen Paradigmas verharren und die Welt des Konstitutionellen vorwiegend aus dem Blickwinkel möglichst der Rechtsprechung des *U.S. Supreme Court*

---

7 René David, »On the Concept of ›Western‹ Law«, in: *Cincinnati Law Review* 52 (1983), 126 ff.

8 Hirschl, *Comparative Matters*, 205. Zentaro Kitagawa, »Comparative Law in East Asia«, in: Mathias Reimann, Reinhard Zimmermann (Hg.), *Oxford Handbook of Comparative Law*, Oxford: Oxford University Press, 2006, 237 ff. und 245, zeigt, zu welchen abstrusen und einander widersprechenden Bewertungen der Identität japanischen Rechts Komparatisten kommen, die dazu westliche Standards heranziehen

9 Upendra Baxi, »The Colonial Heritage«, in: Pierre Legrand, Roderick Munday (Hg.), *Comparative Legal Studies: Traditions and Transitions*, Cambridge: Cambridge University Press, 2003, 50 ff.

10 Dazu später mehr. Ausführlich dazu mit zahlreichen Nachweisen: Frankenberg, *Comparative Constitutional Studies*, 156 ff.

unter kognitive Kontrolle bringen wollen.[11] Zur Ergänzung wird die Judikatur einiger anderer – »westlicher« – Verfassungsgerichte beigezogen, wie insbesondere die des Bundesverfassungsgerichts in Karlsruhe, der *Court constitutionelle* in Paris sowie, an guten Tagen auch, der Verfassungsgerichte von Italien und Südafrika (seit 1996), neuerdings auch der *Corte Suprema Justicia* in Kolumbien.[12] In den Mittelpunkt rücken stets Praxis und Problematik des richterlichen Prüfungsrechts *(judicial review)*. Methodologisch konzentriert sich diese Art der Vergleichung nicht nur auf das Zentrum, dessen Institutionen und Problemsicht *(the West)* zu Lasten der Peripherie *(the rest)*, sondern operiert zudem, in gutem, von der funktionalen Methode[13] geschenktem Glauben mit der Annahme, dass die Bereiche der Übereinstimmung und Konvergenz deutlich mehr Gewicht haben als signifikante Formen kontextueller, struktureller oder funktionaler Diversität.[14] Indem sich die vergleichende Be-

---

[11] Der Titel von David Fontanas im Übrigen sehr informativer und gründlicher Analyse, »The Rise and Fall of Comparative Constitutional Law in the Postwar Era«, in: *Yale International Law Journal* 36 (2011), 1 ff., suggeriert, dass hier Auf- und Niedergang der gesamten Disziplin untersucht werden. Doch der Autor befasst sich ausschließlich mit der Zeit des Warren-Court sowie der Prä- und Post-Warren-Zeit in den USA.

[12] Siehe S. E. Finer et al., *Comparing Constitutions*, Oxford: Clarendon, 2006; Walter Murphy, Joseph Tanenhaus, *Comparative Constitutional Law: Cases and Commentaries*, London: Palgrave Macmillan, 1977; Donald W. Jackson, C. Neal Tate (Hg.), *Comparative Judicial Review and Public Policy*, Santa Barbara CA: Greenwood Press, 1992; Norman Dorsen et al., *Comparative Constitutionalism*, 3. Aufl., Eagan MN: West Publ. Co, 2016. Eine größeres Spektrum und differenzierte methodologische Überlegungen bieten dagegen Vicky C. Jackson und Mark Tushnet in ihrem Lehrbuch: *Comparative Constitutional Law*, 3. Aufl., New York: Foundation Press, 2014.

[13] Dorsen et al., *Comparative Constitutionalism*, 1.

[14] Weitere Nachweise solcher unitarisierenden Ansätze finden sich bei David, »On the Concept of ›Western‹ Law«; Mauro Cappelletti (Hg.), *New Perspectives for a Common Law of Europe*, Leyden: Sijthoff, 1978; Ruti Teitel, »Comparative Constitutional Law in a Global Age«, in: *Harvard Law Review* 117 (2004), 2570 ff. Zur Kritik: Frankenberg, *Comparative Constitutional Studies*, 74-84; Frankenberg, »Critical Comparisons – Rethinking Comparative Law«, in: *Harvard International Law Journal* 26 (1985), 411 ff.; ders., *Comparative Law as Critique*, Cheltenham UK: E. Elgar, 2016; Pierre Legrand, »The Return of the Repressed. Moving Comparative Legal Studies Beyond Pleasure«, in: *Tulane Law Review* 75 (2001), 1033-1052 und »Negative Comparative Law«, in: *Journal of Comparative Law* 10 (2016), 405 ff.

trachtung und die Theorie auf den eingerichteten und ausgeübten liberalen Betrieb konzentrieren, liegen autoritäre Konstitutionalismen automatisch außerhalb des Spektrums der Aufmerksamkeit.

Ethnozentrismus[15] äußert sich nicht nur in der Privilegierung der eigenen Ethnie und nicht erst in einer feindseligen Einstellung gegenüber Phänomenen fremden Rechts, sondern bereits darin, dass unvertraute Verhaltensweisen oder Einzelaspekte fremder Kulturen durch die Brille der eigenen Kultur, Tradition oder des Common Sense interpretiert werden, die somit selbstreferentiell die vertrauten Werte und Ideen exportieren. Das »Fremde« oder Andere wird nur als Abweichung vom Bekannten gesehen, das gegenüber dem Eigenen, weil minderwertig oder marginal bedeutsam, weniger Aufmerksamkeit *verdient*. Ethnozentrismus ist das erwartbare Ergebnis, wenn vergleichende Analysen kultureller Artefakte, wie Verfassungen oder Gesetze es sind, strategisch vorgehen, das heißt bei der Untersuchung des Fremden mental und kognitiv »den Zug nicht verlassen« und sich nur auf der Basis des gefestigten (und nicht zu erschütternden) Wissens (»settled knowledges«)[16] bewegen. Standardbeispiele hierfür sind, dass *Zivilisation* im 19. und 20. Jahrhundert von den Schulen der Rechtsvergleichung als im Wesentlichen weiß, männlich und christlich konnotiert wurde und dass die überwiegende Auffassung von *Konstitutionalismus* dazu neigte und, trotz der wachsenden Zahl von Dissidenten, noch immer dazu neigt, die Welt insgesamt für ein liberales Szenario zu halten[17] oder aber mit einem totalisierenden Begriff einer westlich

---

15 Das Konzept wurde eingeführt von William G. Sumner, *Folkways*, New York: Ginn, 1906. Zur neueren Debatte siehe Vernon Reynolds, Vincent Falger, Ian Vine (Hg.), *The Sociobiology of Ethnocentrism*, Athens GA: University of Georgia Press, 1987.

16 »Settled knowledge does not *grow*.« – Karl Popper, *The Myth of the Framework: In Defence of Science and Rationality*, London/New York: Routledge, 1994, 156.

17 Z. B. das Konzept des Welt-Konstitutionalismus (Bruce Ackermans, »The Rise of World Constitutionalism«, in: *Virginia Law Review* 83 (1997), 771); der Referenzpunkt von Kim Lane Scheppeles Analyse des »Autocratic Legalism«, in: *The University of Chicago Law Review* 85 (2018), 545 ff.; und Laurent Pech, Kim Lane Scheppele, »Illiberalism Within: Rule of Law Backsliding in the EU«, in: *Cambridge Yearbook of European Legal Studies* 19 (2017), 3 ff.; die Einleitung und Verfallsgeschichte von Tom Ginsburg, Aziz H. Huq, Mila Versteeg, »The Coming Demise of Liberal Constitutionalism?«, in: *The University of Chicago Law Review* 85 (2018), 239 ff.; die Gegen-Geschichte präsentiert Richard A. Epstein,

geprägten Verfassung zu operieren. Dazu noch einmal René David:

> Die Idee der ›rule of law‹, des Rechtsstaates, ist ein Begriff, den Nationen des Westens teilen. Dies ist die Idee, hinter die sich die Länder Afrikas und Asiens stellen, wenn sie, um ihrem Wunsch, sich zu ›verwestlichen‹, Geltung zu verschaffen, sich von Modellen inspirieren lassen, die ihnen von den Nationen Westeuropas oder den Nationen des Common Law zur Verfügung gestellt wurden.[18]

Daraus erschließt sich zwanglos, dass die Repräsentation des konstitutionell Anderen, Unvertrauten, Fremden von Beginn an in höchst intensivem Maße normativ war und dies noch immer ist. Eine fremde Verfassung mag noch so interessant, exotisch oder rätselhaft sein, die eigene und vertraute wird gleichwohl regelmäßig positiver bewertet. Die Verfassungen autoritärer Regime, so ist daraus zu schließen, haben es schwer, in der vom liberalen Paradigma beherrschten Welt einen Platz zu finden, geschweige denn die für kritische Analyse nötige, gleiche diskursive Dignität zu erlangen. Um ihnen diesen Status – vor allem in der Kritik – einzuräumen und zugleich die Vorstellung zu unterlaufen, sie seien das ganz »Andere«, werden nun die Argumente betrachtet, mit denen der autoritäre Konstitutionalismus des Untersuchungsraums verwiesen wird.

Für die Notwendigkeit, einen Ort zu finden, an dem der autoritäre Konstitutionalismus nicht nur als abgeleitetes Phänomen untersucht und kritisiert werden kann, sprechen dessen Vielfalt und globale Ausbreitung.[19] Für eine Analyse, die nicht immer schon auf dem Terrain stattfindet, das vom liberal-demokratischen Konstitutionalismus besetzt ist, spricht die Vermutung, dass die diskursive Hegemonie des Liberalismus verdecken könnte, was sich sowohl im Herzen autoritärer Finsternis als auch hinter dem liberalen Glanz verbirgt: jeweils eine Ambivalenz oder Paradoxie, die ein Schlüssel zum Verständnis sowohl des autoritären als auch des liberalen Konstitutionalismus sein könnte.

»The Wrong Rights, or: The Inescapable Weakness of Modern Liberal Constitutionalism«, in: *The University of Chicago Law Review* 85 (2018), 403 ff.
18 David, »The Concept of ›Western‹ Law«, 131. Die Autor*innen des renommierten Lehrbuchs *Comparative Constitutionalism*, Dorsen et al., sprechen im *Teacher's Manual* zum Lehrbuch von »the universal ideal of constitutionalism«.
19 Ähnlich: Roberto Niembro Ortega, »Conceptualizing authoritarian constitutionalism«, in: *Verfassung und Recht in Übersee* 49 (2016), 339 ff.

2. Kritik liberalistischer Abwehrsemantik

Konstitutionalismus »im eigentlichen Sinne«

Unverfroren anglo-eurozentrisch operiert die liberale Orthodoxie mit dem Begriff eines Konstitutionalismus »im eigentlichen Sinne«[20]. Dieser *constitutionalism in the proper sense* umfasst den Komplex liberaler Ideen, Ideale und Ideologien sowie die Kombination von Praktiken und Mustern des Regierens, die sich hinter dem Palisadenzaun der Legalität oder Verfassungsmäßigkeit aufhalten und einen Bereich okkupieren, in dem die Autorität jeder Regierung idealiter sich ableitet von und ihre Grenze findet in Grundgesetzen und fundamentalen Rechten sowie den Regeln einer Kompetenzordnung. Diese Orthodoxie orientiert sich an der idealisierten anglo-eurozentrischen Verfassungsgeschichte. Geradezu obsessiv[21] privilegiert sie einen Rechte-Konstitutionalismus[22] – Rechte verstanden als negative Kompetenzen des Staates und als positive Kompetenzen zum bürgerlichen (zivilen und politischen) Freiheitsgebrauch. Demgegenüber treten soziale Berechtigungen und Grundrechte sowie sozialstaatliche, redistributive Politiken in den Hintergrund.

Von diesem Modell unterscheidet sich demokratischer Konstitutionalismus als Idealtyp durch einen anderen Fokus und eine andere Akzentsetzung: Die Sorge gilt weniger den Rechten des possessiven oder auch nicht-possessiven, aber schutzbedürftigen Individuums,

---

20 Aus der kaum zu überschauenden Literatur zur Kennzeichnung des »wahren Konstitutionalismus«: Albert V. Dicey, *Introduction to the Study of the Law of the Constitution*, 8. Aufl., London: Macmillan, 1914; Charles H. McIlwain, *Constitutionalism: Ancient and Modern*, Ithaca NY: Cornell University Press, 1947; Maurice Duverger, *Les constitutions de la France*, Paris: Presses Universitaires de France, 1944; Dieter Grimm, *Constitutionalism – Past, Present and Future*, Oxford: Oxford University Press, 2016. Mit Einschränkungen hinsichtlich des Topos »wahrer Konstitutionalismus«: Mark Tushnet, »Authoritarian Constitutionalism«, in: *Cornell Law Review* 100 (2015), 391 ff.; Mark Tushnet, *Advanced Introduction to Comparative Constitutional Law*, Cheltenham, UK: E. Elgar, 2014.

21 Roberto Gargarella, *Latin American Constitutionalism 1810-2010. The Engine Room of the Constitution*, Oxford: Oxford University Press, 2013, vii, spricht von »obsessive attention to issues of rights«.

22 In ihrer empirischen Studie messen Law und Versteeg daher »constitutional compliance« folglich an der »rights performance« von Staaten; David S. Law und Mila Versteeg, »Sham Constitutions«, in: *California Law Review* 101 (2013), 863 ff.

folglich ist seine Zielrichtung nicht Eingriffsabwehr, d. h. die Abwehr rechtswidriger staatlicher Übergriffe,[23] vielmehr die Ermöglichung und Absicherung des bürgerlichen Handelns und politischen Aktivstatus durch die Garantie von Rechten und die Institutionalisierung von Verfahren, die den »staatserzeugenden Rechtsstand« und die aktivbürgerliche Kompetenz gewährleisten sollen.[24]

Vom Hochsitz hinter dem Palisadenzaun aus betrachtet, werden Verfassungen autoritärer Regime heruntergeargumentiert auf das Niveau devianter oder defizitärer Formen des liberalen und/oder demokratischen Konstitutionalismus in demokratisch[25] nicht voll entwickelten oder gescheiterten Staaten (»failed states«).[26] Bestenfalls erscheinen sie in diesem Blickwinkel als Übergangsphänomene, die ihre Entwicklung hin zu Grundrechten, Gewaltenteilung und freien Wahlen noch vor sich haben.

Die These eines »eigentlichen Konstitutionalismus«, die zwangsläufig den »uneigentlichen« oder unechten impliziert,[27] gründet in der ideologisch verdichteten Konzeption eines institutionellen und rechtlichen Arrangements, das eine freie politische Ordnung schmiedet, die sich auf ein Legalitätsgerüst stützt – die konstitutionelle Demokratie, die früher auch als freiheitliche Republik firmierte. Konstitutionalismus wäre demnach koextensiv mit den kanonischen Elementen des Liberalismus: einklagbaren (Grund-)Rechten,

---

23 Umfassend: Gertrude Lübbe-Wolff, *Die Grundrechte als Eingriffsabwehrrechte: Struktur und Reichweite der Eingriffsdogmatik im Bereich staatlicher Leistungen*, Baden-Baden: Nomos, 1988 mit weiteren Nachweisen.

24 Grundlegend dazu Erhard Denninger, *Der gebändigte Leviathan*, Baden-Baden: Nomos, 1990, 9 ff. Siehe auch Ulrich K. Preuß, *Legalität und Pluralismus*, Frankfurt am Main: Suhrkamp, 1974.

25 Dazu Alexander Somek, »Authoritarian Constitutionalism: Austrian Constitutional Doctrine 1933 to 1938 and Its Legacy«, in: Christian Joerges, Navraj Singh Ghaleigh (Hg.), *Darker Legacies of Law in Europe: The Shadow of National Socialism and Fascism over Europe and its Legal Traditions*, Oxford: Hart Publishing, 2003, 361 ff.; Niembro Ortega, »Conceptualizing Authoritarian Constitutionalism«. Entsprechende *obiter dicta* finden sich in den oben zitierten Publikationen (Anm. 17 und 20).

26 Zum Begriff: Noam Chomsky, *Failed States: The Abuse of Power and the Assault of Democracy*, New York: Henry Holt & Co., 2006; H. Cristian Breede, *The Idea of Failed States*, New York: Routledge, 2017.

27 Reduziert auf die Ideologiekritik der These vom »constitutionalism in the proper sense« zumindest instruktiv: Theodor W. Adorno, *Jargon der Eigentlichkeit – Zur deutschen Ideologie*, Frankfurt am Main: Suhrkamp, 1963.

freien und fairen Wahlen, Gewaltenteilung, richterlicher Überprüfung der Maßnahmen von Regierung und Verwaltung etc., kurz: Rechtsstaatlichkeit (*rule of law*) und Demokratie. Der eigentliche Konstitutionalismus fungiert als elaboriertes Update des konzeptionellen Verbundes von John Lockes »limited and lawful government«, Thomas Paines »power with [...] right«, Immanuel Kants »Verfassungsstaat« [28] und James Madisons moderatem, sich gegen Mehrheiten richtendem Verdacht,[29] übersetzt ins Verfassungsrecht unserer Zeit und eingepasst in den jeweiligen nationalen Kontext. John Locke entwarf in seiner *Zweiten Abhandlung*, was James Harrington zuvor als »empire of laws«[30] propagiert hatte und später, mit mehr ideologischem Momentum, als »government of laws and not of men« (Art. 30 Verfassung von Massachusetts 1780) weltweit kursierte. Dieses Ensemble philosophischer und juridischer Ideen mit eindrucksvollem Stammbaum bringt das liberale Paradigma des Konstitutionalismus[31] hervor – freilich auch jene Abwehrsemantik, die den uneigentlichen Konstitutionalismus als uninteressantes Phänomen aus der Welt des Konstitutionellen verbannt.

Verfassungen ohne Verfassungskultur

Auf dieser Argumentationsspur wird den »uneigentlichen Verfassungen« autoritärer Regime nachgesagt, sie seien »Verfassungen ohne Konstitutionalismus«, ihnen fehlten die Umgebung einer Verfassungskultur (*constitutions without constitutionalism*) und ein Geist und eine Verfassungstheorie, die eine genuine Verfassungspraxis anleiten könnten.[32] Das ist die vornehme Variante jener These, die

---

28 John Locke, *Zwei Abhandlungen über die Regierung* [1689], Frankfurt am Main: Suhrkamp, 1977; Thomas Paine, *Die Rechte des Menschen* [1791-1792], München: dtv, 2007; Immanuel Kant, *Studienausgabe*, hg. v. W. Weischedel, darin: »Metaphysische Anfangsgründe der Rechtslehre« [1797], Bd. IV, Frankfurt am Main: Suhrkamp, 1976.

29 Alexander Hamilton, James Madison, John Jay, *Die Federalist Papers* [1787/1788], München: C. H. Beck, 2007.

30 James Harrington, *The Commonwealth of Oceana* und *A System of Politics* [1656], hg. v. J. G. A. Pocock, Cambridge: Cambridge University Press, 1992.

31 Stephen Holmes, »Constitutions and Constitutionalism«, in: Michel Rosenfeld, András Sajó (Hg.), *The Oxford Handbook of Comparative Constitutional Law*, Oxford: Oxford University Press, 2012, 198 ff.

32 Zum Beispiel: Nathan J. Brown, *Constitutions in a Nonconstitutional World*, Al-

ihnen den Verfassungscharakter gänzlich bestritten. Danach werden Verfassungen autoritärer Regime als »Papier-Verfassungen«, »bloße pergamentene Begrenzungen der Macht«, »potemkinsche Dörfer«, »unehrliche Versprechungen« oder »Fassaden« abgetan. Bei nur milder Verachtung gehen sie gerade noch durch als »*de jure*, aber nicht *de facto*« oder als bestimmte Ziele anstrebende Texte (»aspirational texts«), die ein gewisses Bemühen erkennen lassen, aber zu nichts führen bzw. normativ nichts »bringen«.[33] Mitunter wird anerkannt, dass die Verfassungskonformität von Regierungshandeln durchaus gewährleistet sein kann, Rechtsautorität und Rechtsanwendung der Verfassungsbestimmungen jedoch keineswegs mit dem Konstitutionalismus-Prinzip – im Sinne von *limited and lawful government* – korrelieren. »*Verfassungen ohne Konstitutionalismus* dämmen autoritäre Herrschaft nicht ein, sondern ermöglichen diese erst.«[34]

Diese Abwehrsemantik konzentriert sich regelmäßig auf nicht-

---

bany NY: State University of New York Press, 2002; Hastings Okoth-Ogendo, »Constitutions Without Constitutionalism: An African Political Paradox«, in: Douglas Greenberg et al. (Hg.), *Constitutionalism and Democracy: Transitions in the Contemporary World*, New York: Oxford University Press, 1993, Ch. 4; Albert H. Y. Chen, »The Achievement of Constitutionalism in Asia – Moving Beyond ›Constitutions Without Constitutionalism‹«, in: ders. (Hg.), *Constitutionalism in Asia in the Early Twenty-First Century*, Cambridge: Cambridge University Press, 2014, 4 ff.; Ingmar Bredies, »Verfassungen ohne Konstitutionalismus: quasikonstitutionelle Institutionalisierung des Autoritarismus in Osteuropa«, in: *Totalitarismus und Demokratie* 8 (1) (2011), 133 ff., ⟨http://nbn-resolving.de/urn:nbn:de:0168-ssoar-326127/⟩ (Zugriff: 05.08.2018). Zur Kritik: H. Kwasi Prembeh, »Africa's ›Constitutionalism Revival‹: False Start or New Dawn?«, in: *International Journal of Constitutional Law* 5 (2007), 469 ff. und Nimer Sultany, *Law and Revolution: Legitimacy and Constitutionalism After the Arab Spring*, Oxford: Oxford University Press, 2017.

33 Siehe Walter F. Murphy, *Constitutional Democracy: Creating and Maintaining a Just Political Order*, Baltimore MD: Johns Hopkins University Press, 2007, 14; András Sajó, *Limiting Government: An Introduction to Constitutionalism*, Budapest: Central European University Press, 1999; Giovanni Sartori, »Constitutionalism: A Preliminary Discussion«, in: *American Political Science Review* 56 (1962), 853 ff.; Douglas Greenberg et al. (Hg.), *Constitutionalism and Democracy, Transitions in the Contemporary World*, New York: Oxford University Press, 1993. Eine interessantere Perspektive offerieren Tom Ginsburg, Alberto Simpser (Hg.), *Constitutions in Authoritarian Regimes*, Cambridge: Cambridge University Press, 2014; vor allem aber die Studie von Nimer Sultany, *Law and Revolution: Legitimacy and Constitutionalism After the Arab Spring*.

34 Bredies, »Verfassungen ohne Konstitutionalismus«, 134.

westliche Systeme, vor allem auf die Verfassungen sozialistischer Regime,[35] danach auf die Verfassungen im arabischen und afrikanischen Raum[36] und, derzeit allerdings weniger, auf die Verfassungen lateinamerikanischer Staaten. Sie stützte sich ursprünglich in erster Linie auf die Nichteinklagbarkeit von Rechten und auf Defizite der Gewaltenteilung in zentralistischen bzw. Ein-Parteien-Staaten oder aber auf das Auseinanderfallen von Demokratie und Liberalismus:

> Die beiden Stränge liberaler Demokratie, die im *westlichen* politischen Gewebe miteinander verflochten sind, fallen im *Rest der Welt* auseinander. Demokratie floriert; Konstitutionalismus [dagegen] nicht.[37]

Die Fassaden-These und die ihr verwandten Etikettierungen beruhen auf zwei Fehlschlüssen: *Erstens* reduzieren sie Konstitutionalismus schlechthin, also *jede* Verfassungstheorie und -praxis, auf das liberale Paradigma und hier insbesondere auf die Kriterien: *Compliance* mit Rechten, deren Einklagbarkeit, richterliche Kontrolle und effektiv machtbegrenzende Funktion.[38] Damit werden andere Grammatiken des Konstitutionellen ausgeblendet, die eher egalitär ausgerichtet sind (Haiti 1805, Südafrika 1996, Bolivien 2009) oder sich weniger auf Eingriffsabwehr (des Staates) kaprizieren als mit der Förderung von Emanzipation darauf abzielen, die gesellschaftlichen Verhältnisse umzuwandeln und gleichzeitig zu stabilisieren.[39] Instruktiv dazu die Passage in einer Entscheidung des Supreme

---

35 Siehe dazu die Diagnose des sowjetischen Konstitutionalismus von Scott Newton, *The Constitutional Systems of the Independent Central Asian States. A Contextual Analysis*, Oxford: Hart, 2017; Frankenberg, *Comparative Constitutional Studies*, 46 ff. (Analyse der sozialistischen Programm-Verfassungen); siehe auch Dupré, *Importing the Law in Post-Communist Transitions*, 15 ff., 129 ff.
36 Brown, *Constitutions in a Nonconstitutional World*, xiv, 9-10.
37 »[T]he two strands of liberal democracy, interwoven in the *Western* political fabric, are coming apart in the rest of the world. Democracy is flourishing; constitutional liberalism is not.« So Fareed Zakaria, »The Rise of Illiberal Democracy«, in: *Foreign Affairs* 76 (1997), 22 ff., 23 – Hervorh. nicht im Original.
38 Law, Versteeg, »Sham Constitutions« mit weiteren Nachweisen.
39 Zum transformativen Konstitutionalismus: Karl Klare, »Legal Culture and Transformative Constitutionalism«, in: *South African Journal on Human Rights* 14 (1998), 146; Heinz Klug, *Constituting Democracy: Law, Globalism and South Africa's Political Reconstruction*, Cambridge, UK: Cambridge University Press, 2000; Dennis Davis, »Authoritarian Constitutionalism – the South African Experience«, in: Alviar, Frankenberg (Hg.), *Authoritarian Constitutionalism*, 57 ff.

Court von Kenia, die sich sinngemäß auch in Urteilen des südafrikanischen Verfassungsgerichts finden lässt:

> Kenias Verfassung von 2010 ist eine transformative Charta. Im Unterschied zu ›liberalen‹ Verfassungen früherer Dekaden, die im Wesentlichen die Kontrolle und Legitimierung öffentlicher Gewalt anstrebten, ist es das erklärte Ziel der heutigen Verfassung, sozialen Wandel und soziale Reform zu instituieren, durch Werte wie *soziale Gerechtigkeit, Gleichheit, Dezentralisierung, Menschenrechte, Rechtsstaatlichkeit, Freiheit und Demokratie* […].[40]

Das Problem des liberalen Paradigmas und seiner Abwehrsemantik liegt auf der Hand: Sie lähmen die konstitutionelle Phantasie und lassen keine *anderen* Vorstellungen von konstitutioneller Theorie und Praxis zu, können folglich auch funktionell widersprüchlich bestimmten Verfassungen wenig abgewinnen. Mit deutlich abweichenden Auffassungen zum Sinn und Zweck von Verfassungen, wie etwa der folgenden, kann die liberale Orthodoxie wenig anfangen:

> Lenin und die Bolschewistische Partei glaubten, dass die Verfassung nicht nur ein Rechtsakt sei, sondern zugleich ein bedeutendes politisches Dokument. Die Partei betrachtete die Verfassung als Ratifizierung der Gewinne der Revolution und zugleich als Proklamation der grundlegenden Zwecke und Ziele beim Aufbau des Sozialismus.[41]

Es kann schwerlich darum gehen, Leonid Breschnew als lupenreinen Verfechter des Konstitutionalismus wiederaufterstehen zu lassen. Gleichwohl ist es wichtig, den Blick zu öffnen für den Ty-

---

40 »Kenya's Constitution of 2010 is a transformative charter. Unlike the conventional ›liberal‹ Constitutions of the earlier decades which essentially sought the control and legitimization of public power, the avowed goal of today's Constitution is to institute *social change* and *reform*, through values such as *social justice, equality, devolution, human rights, rule of law, freedom and democracy* […].« Supreme Court von Kenia in der Entscheidung: *Speaker of the Senate & Another v Attorney-General & Another & 3 Others*, § 51 – zit. nach Eric Kibet, Charles Fombad, »Transformative Constitutionalism and the Adjudication of Constitutional Rights in Africa«, in: *African Human Rights Journal 17* (2017), 340 ff. (Hervorh. im Orig.).

41 Leonid Breschnew, *On the Draft Constitution of the Union of Soviet Republics*, Moskau: Foreign Languages Publishing House, 1977, 10: »Lenin and the Bolshevik Party believed that the constitution is not only a legal act but also a major political document. The Party regarded the constitution as a ratification of the gains of the revolution and also as a proclamation of the fundamental aims and objectives of building socialism.«

pus der sozialistischen Programmverfassung und deren spezifische Funktionen.⁴² Dass diese, weil sie dem liberalen Paradigma nicht entsprechen, eine rein symbolische Bedeutung als Fassade nach außen und eine instrumentelle als Werkzeuge sozialer Kontrolle nach innen haben, sagt wenig über sie aus und ist eigentlich eine belanglose Feststellung. Kommunistische Ein-Parteien-Systeme verfügen mit Polizei, Militär und Geheimdiensten über weitaus schlagkräftigere und durchgreifende Möglichkeiten der Verhaltenssteuerung und Sicherung von Loyalität, als eine schlichte Verfassung bieten könnte. Überdies leuchtet nicht ein, wen ein solches konstitutionelles Manöver täuschen (können) sollte; hierauf ist am Ende (Kap. VIII) bei der Bestimmung der Zwecke von Verfassungen und ihres Publikums zurückzukommen. Der Hinweis auf die Aufgabe, gesellschaftliche Entwicklungen zu ratifizieren, ist daher durchaus ernst zu nehmen – und lähmt auch keineswegs den kritischen Zugriff. Er verweist zugleich auf die symbolische Dimension des programmatischen Archetyps und dessen Manifest-Charakter. Daneben wäre zu bedenken, ob nicht eine Verfassung zur Mobilisierung der Bevölkerung für eine vorgegebene (positive) Ideologie etwas beitragen könnte.⁴³

Zweitens legt die Abwertung von nicht-liberalen Verfassungen zu bloßen Fassaden oder Mogelpackungen im Umkehrschluss nahe, dass liberal-demokratische Verfassungen als genuines *Recht* (nicht: mythische Gründungsgeschichten oder Ideologie) unverfälscht halten, was sie versprechen, insbesondere dass sie die Orte der Macht lokalisieren, deren Verfahrensweisen vorzeichnen und Zentren kontrollieren. Nur naiver Positivismus könnte aber dazu verleiten, liberale Verfassungen als einigermaßen realitätsgetreue politische Landkarten zu lesen. Kaum jemand dürfte der Einschätzung widersprechen, dass der liberale Konstitutionalismus vor allem hinsichtlich privater Macht – ihrer Entstehung, Ausübung und Verteilung – viele Augen zudrückt und etwa hinsichtlich Rasse und Hautfarbe

---

42 Frankenberg, *Comparative Constitutional Studies*, 46 ff.; Newton, *The Constitutional Systems of the Independent Central Asian States*, 86 ff.
43 Mark Sidel, *Law and Society in Vietnam*, Cambridge, UK: Cambridge University Press, 2008, 18; Thiem H. Bui, »Liberal Constitutionalism and the Socialist State in an Era of Globalisation: An Inquiry into Vietnam's Constitutional Discourse and Power Structures«, in: *Global Studies Journal* 5 (2013), 43 ff.

alles andere als »colorblind«[44] ist, wie es der Mythos in den USA seit der viel kritisierten Entscheidung *Plessy v. Ferguson* (1896),[45] einem *landmark*-Urteil zur Bedeutung der »equal protection« Klausel des Vierzehnten Zusatzes zur US-Verfassung (*Fourteenth Amendment*)[46] haben will. In *Plessy* hatte der US Supreme Court über die Verfassungsmäßigkeit der Segregation zu entscheiden. Die Richtermehrheit bejahte diese mit folgendem Argument:

Ein Gesetz, das nur eine rechtliche Unterscheidung zwischen weißen und farbigen Rassen impliziert – eine Unterscheidung, die in der Farbe der beiden Rassen gründet und die immer existieren muss, solange weiße Menschen von der anderen Rasse aufgrund der Farbe unterschieden werden –, hat keine Tendenz, die rechtliche Gleichheit der beiden Rassen zu zerstören. [...] Das Ziel des Vierzehnten Verfassungszusatzes war zweifellos, die absolute Gleichheit der beiden Rassen vor dem Gesetz durchzusetzen, aber nach der Natur der Sache konnte es nicht darauf gerichtet sein, Unterschiede, die auf der Farbe basieren, abzuschaffen oder soziale im Unterschied zur politischen Gleichheit durchzusetzen oder eine Vermischung der beiden Rassen nach Maßgabe von Bedingungen, die beiden unangemessen sind.

Der Richtermehrheit hielt Richter Harlan als einziger *dissenter* das liberale Credo entgegen:

44 Keith E. Sealing»,The Myth of a Color-Blind Constitution«, in: *Washington University Journal of Urban and Contemporary Law* 54 (1998), 157 ff. und Neil Gotanda, »A Critique of ›Our Constitution is Color-Blind«, in: *Stanford Law Review* 44 (1991), 1 ff.
45 *Plessy v. Ferguson* 163 U.S. 537 (1896). Der Rechtsfall entstand 1892, als ein Bürgerkomitee Louisianas *Separate Car Act* (1890) vor Gericht brachte. Das Gesetz verlangte, dass alle Eisenbahnen des Staates »equal but separate accommodations« für weiße und nicht-weiße (»coloured«) Bürger*innen vorzuhalten hatten. Es war Fahrgästen nicht erlaubt, andere als die ihnen auf der Basis ihrer Rasse zugeteilten Abteile zu betreten.
46 »Alle Personen, die in den Vereinigten Staaten geboren oder eingebürgert sind und ihrer Gesetzeshoheit unterstehen, sind Bürger der Vereinigten Staaten und des Einzelstaates, in dem sie ihren Wohnsitz haben. Keiner der Einzelstaaten darf Gesetze erlassen oder durchführen, die die Vorrechte oder Freiheiten von Bürgern der Vereinigten Staaten beschränken, und kein Staat darf irgendjemandem ohne ordentliches Gerichtsverfahren nach Recht und Gesetz Leben, Freiheit oder Eigentum nehmen oder irgendjemandem innerhalb seines Hoheitsbereiches den gleichen Schutz durch das Gesetz versagen.« (1. Absatz des *Fourteenth Amendment*)

Unsere Verfassung ist farbenblind und weder kennt noch toleriert sie Klassen von Bürgern. Hinsichtlich der Bürgerrechte sind alle Bürger vor dem Gesetz gleich. Der ärmste ist dem mächtigsten ebenbürtig. Das Gesetz betrachtet den Menschen als Menschen (»man as man«) und nimmt keine Notiz von seiner Umgebung oder seiner Hautfarbe, soweit seine Bürgerrechte betroffen sind, die vom höchsten geltenden garantiert Recht werden.[47]

Diese Entscheidung liegt mehr als ein Jahrhundert zurück[48] und hat dennoch eine bedrängende Aktualität.[49] Rassismus ist nach wie vor in den unterschiedlichsten Verfassungsstaaten – auch in den USA – zu Hause.[50] Neben Rasse treiben vor allem Eigentum/Klasse, Ethnie, Religion, politische Überzeugung, Geschlecht immer noch konstitutionelle Achsen der Ungleichheit hervor und bleiben

---

47 *Plessy v. Ferguson*, 537, 559 (1896): »A statute which implies merely a legal distinction between the white and colored races – a distinction which is founded in the color of the two races, and which must always exist so long as white men are distinguished from the other race by color – has no tendency to destroy the legal equality of the two races [...] The object of the [Fourteenth A]mendment was undoubtedly to enforce the absolute equality of the two races before the law, but in the nature of things it could not have been intended to abolish distinctions based upon color, or to enforce social, as distinguished from political equality, or a commingling of the two races upon terms unsatisfactory to either.« Der dissentierende J. Harlan hielt dem entgegen: »Our Constitution is color-blind, and neither knows nor tolerates classes among citizens. In respect of civil rights, all citizens are equal before the law. The humblest is the peer of the most powerful. The law regards man as man, and takes no account of his surroundings or of his color when his civil rights as guaranteed by the supreme law of the land are involved.«

48 In den 1950er Jahren wurde *Plessy* durch Entscheidungen aufgehoben, die die Rassentrennung für verfassungswidrig erklärten: *Brown v. Board of Education of Topeka*, 347 U.S. 483 (1954). Dazu Richard Kluger, Simple Justice, New York: A. Knopf, 1976.

49 Michelle Alexander, *The New Jim Crow*, New York: The New Press, 2012.

50 Toni Morrison, *Die Herkunft der anderen. Über Rasse, Rassismus und Literatur*, Reinbek: Rowohlt, 2018; Ta-Nehisi Coates, *We Were Eight Years in Power. Eine amerikanische Tragödie*, Berlin: Hanser, 2017; Tagungsbericht, »»Rasse«. Geschichte und Aktualität eines gefährlichen Konzepts«, 8.10.2015-10.10.2015 Dresden, in: *H-Soz-Kult*, 27.11.2015, ⟨https://www.hsozkult.de/conferencereport/id/tagungsberichte-6265⟩ (Zugriff: 04.08.2018); Achim Bühl, *Rassismus. Anatomie eines Machtverhältnisses*, Wiesbaden: Marixverlag, 2016; Cengiz Barskanmaz, »Rasse – Unwort des Antidiskriminierungsrechts?«, in: *Kritische Justiz* 44 (2011), 382 ff.

als Verfassungsaufgabe von Belang.[51] Es besteht also kein Anlass, das liberale Paradigma als abgeschlossenes und verwirklichtes Programm zu verstehen, viel weniger noch: es gegen Kritik zu immunisieren. Für eine robuste Analyse autoritärer (wie auch liberaler und demokratischer) Verfassungen ist daher anzuraten, nicht die Reinheit des liberalen Konstitutionalismus – etwa von strategischen Motiven und politischen Agenden – zu unterstellen. Deshalb wird hier auch vom manichäischen Bild guter versus böser Verfassungen Abstand gehalten und in Bezug auf *alle* Verfassungen gefragt:

Erstens, verweisen sie auf eine konkrete (und nicht nur idealisierte) Staatspraxis?[52] *Zweitens*, welche Arten der Staatspraxis und Staatstechnik[53] entziehen sich der jeweiligen verfassungsrechtlichen Matrix? *Drittens*, welche Staatspraxis bedarf einer jenseits des liberalen Paradigmas liegenden Verfassungstheorie, die genauer auf ihre Grundzüge zugeschnitten ist?

Von diesen Fragen lassen sich die nachfolgenden Überlegungen leiten. Sie gehen davon aus, dass Konstitutionalismus unterschiedliche Theorien und Praktiken von Verfassung meinen kann: den auf die Begrenzung politischer Herrschaft ausgerichteten wie auch den die Transformation von Gesellschaft und die Steigerung politischer Autorität fördernden Konstitutionalismus,[54] den instrumentell angelegten wie auch den symbolischen, den zynisch-bösgläubigen wie auch den normativ-gutgläubigen Konstitutionalismus. Diese Leitfragen erscheinen bedeutsam, weil es nicht ganz uninteressant ist zu untersuchen, was sich autoritäre Herrscher von einer Verfassung versprechen könnten.

---

51 Aus der kaum zu überschauenden Literatur: Helen Irving, *Gender and the Constitution. Equity and Agency in Comparative Constitutional Design*, Cambridge, UK: Cambridge University Press, 2008; Cara Röhner, *Ungleichheit und Verfassung – Vorschlag für eine relationale Rechtsanalyse*, Weilerswist: Velbrück, 2019; T. H. Marshall, *Bürgerrechte und soziale Klassen: Zur Soziologie des Wohlfahrtsstaates* [1950], Frankfurt am Main: Campus, 1992.

52 Staatspraxis firmiert in politikwissenschaftlichen Analysen seit inzwischen längerer Zeit als »Governance« und betont die Regierungsführung: Arthur Benz, *Politik im Mehrebenensystem*, Wiesbaden: Verlag für Sozialwissenschaften, 2006; Renate Mayntz, *Über Governance*, Frankfurt am Main: Campus, 2009.

53 Zum Begriff der Staatstechnik als Methode und Technologie des Regierens: Günter Frankenberg, *Staatstechnik. Perspektive auf Rechtsstaat und Ausnahmezustand*, Berlin: Suhrkamp: 2010.

54 Ähnlich im Ansatz Brown, *Constitutions in a Nonconstitutional World*, xiii und 3 ff.

3. Autoritäre Gründungsmomente des liberalen Konstitutionalismus

»Galerie der Schande«[55] oder eingerichteter und ausgeübter liberaler Verfassungsbetrieb? In Gänze wohl weder das eine noch das andere, wenn wir autoritäre Momente des Liberalismus aufspüren. Und doch bewegen wir uns in beiden Räumlichkeiten – Galerie und Betrieb –, wenn wir uns der Ambivalenz des liberalen Paradigmas zuwenden und zunächst autoritäre Momente des Liberalismus aufsuchen. Galerie der Schande, weil der Autoritarismus aus der Innenperspektive regelmäßig geleugnet wird,[56] und üblicher Betrieb, soweit die Ambivalenzen des liberalen Paradigmas von Verfassungen in die Theorie eingestellt werden. Leugnung wird bei Protagonisten des liberalen Konstitutionalismus allerdings großgeschrieben. Sie äußert sich im Schweigen und in einer differenzierten Abwehrsemantik, geläufiger formuliert: in den Rechtfertigungen autoritärer Strukturen als notwendig, unvermeidlich oder wenigstens doch praktisch.

Leugnung beginnt mit dem ersten konstitutionellen Moment: der Stunde null einer Gründung, die eine Verfassungsdebatte mit gebieterischer Geste abschließt. Der *pouvoir constituant*, selbsternannt, eingenommen von Eliten oder eingesetzt vom demokratischen Souverän, legt den Entwurf des grundlegenden Abkommens vor, und die wahlberechtigte Bevölkerung oder deren Repräsentant*innen im Parlament stimmen darüber ab. Nach ihrer Annahme tritt die Verfassung in Kraft. In das wechselseitige Versprechen, wenn man das Bild eines Gesellschaftsvertrages bemüht, werden alle einbezogen. Auch die bei der Abstimmung unterlegenen Minderheiten und künftigen Generationen haben sich (zunächst einmal) zu unterwerfen; sie schulden wie alle anderen den gebotenen Verfassungsgehorsam. Der performative Akt der Verfassungsgebung *konstitutiert*,

---

[55] »Gallery of shame« nennt Duncan Kennedy meine Untersuchung der autoritären Momente des Liberalismus, ders., »Authoritarian Constitutionalism in Liberal Democracy«, in: Alviar, Frankenberg (Hg.), *Authoritarian Constitutionalism*, 173 und 175.

[56] Eine Ausnahme ist die nicht unproblematische These des »neuen Despotismus«, die Alexis de Tocqueville aus der Sicht eines die USA bereisenden Aristokraten entwickelt: Alexis de Tocqueville, *Über die Demokratie in Amerika*, Ditzingen: Reclam, 1986.

das heißt: stiftet ein Gemeinwesen, indem er die Bevölkerung zum Volk adelt und das Land (sprich: Territorium mit Leuten) zum Staat transformiert. Er ist ein Akt struktureller und definitorischer Gewalt, soweit er schweigt und keine Gründe angibt: »Die gewaltsame Struktur der stiftenden Tat birgt ein Schweigen […].« Die »Setzung« durch Verfassungsgesetz, »der Ursprung der Autorität ist in sich selbst eine grund-lose Gewalt[tat]«.[57] Eritrea, kein liberales Musterland, benennt in der Präambel seiner Verfassung von 1997 als eines der ganz wenigen Länder sehr deutlich diesen Charakter von Verfassungen: »[D]ie Verfassung, die wir annehmen, wird ein Abkommen zwischen uns und der Regierung sein, das wir nach unserem freien Willen ausgestalten, um als Mittel zu dienen, diese und künftige Generationen zu regieren […].«

Wer Jacques Derrida und Walter Benjamin[58] in die Abgründe des Mythischen nicht folgen mag und sich stattdessen an die Empirie hält, wird unschwer feststellen, dass Konstruktion und Beschluss von Verfassungen durchweg in der Hand von Eliten liegen. Beim Verfassungskonvent von 1787 wie zuvor bei der Beratung und dem Beschluss der Unabhängigkeitserklärung 1776 in Philadelphia waren nicht »the good people« der Neuenglandstaaten versammelt, sondern weiße, wohlhabende Männer, mehrheitlich Großgrundbesitzer, Kaufleute und Financiers (siehe Abbildung 4).[59] Dass einige dieser Verfassungsväter zugleich Sklavenhalter waren, ist kein belangloses Detail.[60]

---

57 Jacques Derrida, *Gesetzeskraft. Der »mystische Grund der Autorität«*, Berlin: Suhrkamp, 1991, 28 und 29.
58 Walter Benjamin, »Zur Kritik der Gewalt«, in: ders., *Gesammelte Schriften* II.1, hg. v. Rolf Tiedemann und Hermann Schweppenhäuser, Berlin: Suhrkamp, 1999, 179-204.
59 Nachweise bei Charles Beard, *Eine ökonomische Theorie der amerikanischen Verfassung*, Frankfurt am Main: Suhrkamp, 1974; zur Kontroverse um die ökonomische Interpretation: Leonard W. Levy (Hg.), *Essays on the Making of the Constitution*, Oxford: Oxford University Press, 1969.
60 Michael J. Klarman, *The Framers' Coup: The Making of the United States Constitution*, Oxford: Oxford University Press, 2016, bes. 257 ff.; Howard Zinn, *A People's History of the United States*, New York: Harper, 2015 und natürlich die umstrittene Studie von Charles Beard, *Eine ökonomische Interpretation der Verfassung*.

Abb. 4: Verfassungsgebung im *Philadelphia Style* (1787) – weiße, besitzende Männer unter sich.[61]

Andere Momente des Gebens der Verfassung waren mehr oder weniger konspirativ. Die Teilnehmenden tagten damals wie heute, aber nicht immer unter Ausschluss der Öffentlichkeit. Der überaus erfolgreiche *Philadelphia Style* fand viele Nachahmer. Im Verlauf der Verfassungsgeschichte machten die Verfassungseliten allerdings einen Gestaltwandel durch. An die Stelle der Vertreter von Adel, Klerus und (Groß-)Bourgeoisie traten bereits in der »Schwellenzeit« des Konstitutionalismus politische Eliten, etwa in den USA und Frankreich.[62] Im Lauf des 19. Jahrhunderts dominierte jeweils die nationale politische Klasse die Experimente der Neu- oder Re-Konstitutionalisierung. Im 20. Jahrhundert erhielt der Elitismus eine zunehmend parteipolitische Färbung. Neben den Vertretern von Parteien bestimmen in den Konventen allerdings bald regelmäßig auch Experten die Debatten, wie etwa die »Sachverständigenausschüsse«, die 1918 die Weimarer Verfassung vorbereiteten, oder schließlich die »Ausschüsse von Experten«, die auf Herrenchiemsee

---

61 Quelle: New York Historical Society Library, Department of Prints, Photographs, and Architectural Collections, ⟨https://www.nyhistory.org/web/crossroads/gallery/all/declaration_of_independence_currier_ives.html⟩.

62 Materialreich dazu und mit weiteren Nachweisen: Michael P. Fitzsimmons, *The Remaking of France: The National Assembly and the Constitution of 1791*, Cambridge UK: Cambridge University Press, 1994.

1948 an der Wiege des Grundgesetzes standen.[63] Nach dem Zusammenbruch des autoritären Staatssozialismus waren Importeure und *legal consultants* mit Verfassungsprojekten in den Ländern Mittel- und Osteuropas unterwegs.[64]

Wohin man auch schaut: Stets bringen Eliten ihre Interessen, Sicht der Dinge, Erfahrungen, Agenden, Expertise oder auch Reputation als Gegner eines abgelösten oder Befürworter eines neuen Regimes[65] in die von ihnen dominierten Beratungen der Verfassungskonvente ein. Empirisch war und ist das Konstituieren überwiegend also nicht Selbstbindung des demokratischen Souveräns »Volk« im Singular oder im Plural, sondern Fremdbindung durch Vertreter*innen, die für das Volk sprechen und entscheiden. Daher ist der Vorgang mit Ausschlüssen derjenigen verbunden, die am Ende weder konkludent noch tatsächlich dem konstitutionellen Ereignis und seinem Ergebnis zustimmen.

Dieses Procedere mag man im Sinne der Arbeitsteilung für sachdienlich oder gar unvermeidlich halten. Man kann ihm auch demokratisch einiges abgewinnen, weil das nicht beteiligte Volk durch den Akt der Verfassungsgebung erst »konstituiert« werden muss und die Gründung, von der es ausgeschlossen war, nachträglich im Modus des Bürgerprotests und anderer Formen des Aktivismus nachholen kann.[66] Das alles soll hier jedoch dahingestellt bleiben. Es geht hier allein um die Identifizierung (nicht die Verurteilung) eines autoritären Moments im liberalen Konstitutionalismus, um eine Ambivalenz im Gründungsakt von Freiheit. Aufschlussreich ist, dass die autoritäre Valenz in den historischen Darstellungen in aller Regel kaum Erwähnung findet und in den liberalen Theorien des Gründungsakts selten zur Sprache kommt.

Eine besondere Variante des *Covenant*-Autoritarismus erlebten die Deutschen, gleichsam *ex negativo*: Ihnen wurde 1990 die Einlösung eines Verfassungsversprechens verweigert. Eben hatten sie

---

63 Sabine Kurtenacker, *Der Einfluss politischer Erfahrungen auf den Verfassungskonvent von Herrenchiemsee*, München: H. Utz Verlag, 2017.
64 Dupré, *Importing the Law in Post-Communist Transitions*, 65 ff.; Frankenberg, »Stranger Than Paradise«.
65 Exemplarisch Wilhelm Hoegner (SPD) and Hans Nawiasky in Bayern, dazu Michael Stolleis, *Geschichte des öffentlichen Rechts IV*, München: C. H. Beck, 2012, 117 mit zahlreichen Nachweisen.
66 Zur nachholenden Gründung: Rödel et al., *Die demokratische Frage*, 71 ff.

ihre ursprüngliche Verpflichtung erfüllt, die Wiedervereinigung ohne Gewalt zu verwirklichen: »Das gesamte Deutsche Volk bleibt aufgefordert, in freier Selbstbestimmung die Einheit und Freiheit Deutschlands zu vollenden.«[67] Statt nunmehr auf dem von Art. 146 GG in seiner ursprünglichen Fassung von 1949 vorgezeichneten Weg freudig voranzuschreiten und sich »in freier Entscheidung« eine neue – gesamtdeutsche – Verfassung zu geben, wurde die deutsche Einigung administrativ[68] durch Beitritt der fünf »neuen Bundesländer« vollzogen. Ein Vorgang, den ein Staatsrechtslehrer zynisch als »gescheiterte Sezession«[69] beschrieb. Der Ausfall einer Verfassungsdebatte wurde von nicht wenigen beklagt, von den meisten kaum bemerkt oder aber begrüßt.[70] Für die administrative Lösung wurde sogleich das Rechtfertigungsarsenal geöffnet: Es habe an der Zeit gefehlt, Verfassungsdebatte und Referendum durchzuführen; das Grundgesetz sei doch eine solide, weithin akzeptierte Verfassung (was niemand bestritt); eine Neugründung der Bundesrepublik Deutschland hätte im Verhältnis zur Europäischen Union eine Neuverhandlung der Verträge impliziert; das liberale Grundgesetz sollte nicht den sozialen Forderungen der Bevölkerung aus dem Osten ausgeliefert werden – und ähnliche Argumente mehr. Erschöpft möchte man einräumen, dass es für den administrativen Vollzug der Einigung gute Gründe gegeben haben mag. Sie wurden jedoch nicht im Sinne einer Verfassungsdebatte öffentlich erläutert und diskutiert. Und wenn sich das kleine und intern

---

67 Präambel des Grundgesetzes in der Fassung von 1949.
68 Nach Maßgabe des damals geltenden Art. 23 GG: »Dieses Grundgesetz gilt zunächst im Gebiete der Länder Baden, Bayern, Bremen, Groß-Berlin, Hamburg, Hessen, Niedersachsen, Nordrhein-Westfalen, Rheinland-Pfalz, Schleswig-Holstein, Württemberg-Baden und Württemberg-Hohenzollern. In anderen Teilen Deutschlands ist es nach deren Beitritt in Kraft zu setzen.«
69 Jochen A. Frowein et al., *Deutschlands aktuelle Verfassungslage*, Berlin/New York: W. de Gruyter, 1990, 150.
70 Zur Kontroverse über Vefassungsreferendum versus Beitritt: Josef Isensee, »Abstimmen, ohne zu entscheiden?«, in: *Die Zeit* vom 09.06.1990, ⟨https://www.zeit.de/1990/24/abstimmen-ohne-zu-entscheiden/⟩ (Zugriff: 01.08.2018); »Ist das Volk untergegangen?«, in: *Der Spiegel* vom 21.09.1990, ⟨http://www.spiegel.de/spiegel/print/d-13507142.html/⟩ (Zugriff: 01.08.2018). Siehe auch Deutscher Bundestag (Hg.), *Materialien zur Verfassungsdiskussion und zur Grundgesetzänderung in der Folge der deutschen Einigung: Anhörungen und Berichterstattergespräche*, Berlin: Deutscher Bundestag, 1996.

zerrissene Albanien nach dem Ende einer brutalen Diktatur unter gewiss schwierigeren politischen und sozialen Umständen eine solche Debatte leistete[71] – warum nicht auch die hyperstabile Bundesrepublik Deutschland? So blieb es dabei, dass der am »Runden Tisch« erarbeitete Verfassungsentwurf dokumentiert, aber nicht in aller Öffentlichkeit diskutiert wurde.[72]

Das bedeutet: Gründungs- oder Neugründungsentscheidungen können von den Unterlegenen durchaus als gewaltsamer Ausschluss erlebt werden. Ihnen bleibt nichts anderes übrig, als an der Seitenlinie auf ihre historische Chance zu warten, bei veränderten Machtverhältnissen (die sie unter günstigen Bedingungen herbeiführen können) eine andere, für ihre Interessen und Pläne offenere Autorität zu etablieren. Thomas Jefferson mag dies vor Augen gehabt haben (oder war es das schlechte Gewissen eines Mitglieds der obsiegenden US-Verfassungselite?), als er erklärte: »Der Baum der Freiheit muss von Zeit zu Zeit mit dem Blut von Patrioten und Tyrannen erfrischt werden.«[73]

4. Prärogative und legislative Staatstechnik

Während das Autoritäre des Gründungsmoments in der Zitadelle des Liberalismus wie ein Geheimnis gehütet wird, vollzieht sich der Diskurs über die Prärogative nachgerade freimütig im Licht der interessierten (Fach-)Öffentlichkeit. Allerdings nicht unter dem Thema Autoritarismus. Die Freimut hat eine Tradition, die von einem der bedeutendsten Gründer und einflussreichsten Theoretiker des liberalen Paradigmas, John Locke, begründet wurde. In der zweiten seiner *Zwei Abhandlungen über die Regierung*[74] führt er seine Leserschaft mit leichter Hand durch die Ausstellung der von

---

71 Günter Frankenberg, »Stranger than Paradise: Identity & Politics in Comparative Law«, in: *New Approaches to International and Comparative Law. Utah Law Review* 545 (1997), 1 ff.
72 Siehe die Dokumentation des Verfassungstextes mit Einleitung von Ulrich K. Preuß, *Kritische Justiz* (1990), 222 ff.; Ulrich K. Preuß, *Revolution, Fortschritt und Verfassung*, Berlin: Wagenbach, 1990.
73 Thomas Jefferson: »The tree of liberty must be refreshed from time to time with the blood of patriots and tyrants.« (Brief an William Stephens Smith, 13.11.1787)
74 John Locke, *Zwei Abhandlungen über die Regierung*.

ihm für wichtig erachteten Autoritäten – Monarch, Vater,[75] Richter und Gesetzgeber –, zuerst im halbierten Naturzustand, dann im halbierten Gesellschaftszustand. Halbiert, weil Frauen, Mütter, Sklav*innen in seinem patriarchalisch-possessiven Beuteschema nicht vorkommen. In den Mittelpunkt der Aufmerksamkeit rückt Locke die legislative Staatstechnik,[76] mit anderem Vokabular, eingerahmt vom Konzept der Herrschaft des Gesetzes. Das verfassungsrechtliche Design der Institutionen (Gewaltenteilung) und Kompetenzen (insbesondere des Gesetzgebers), vor allem die Suprematie der Legislative (§§ 149-157) erscheinen passgenau zugeschnitten zu sein auf die Sekuritätsinteressen der sich entfaltenden (besitz-)bürgerlichen Gesellschaft[77]:

Unter politischer Gewalt also verstehe ich ein Recht, Gesetze zu geben mit Todesstrafe und folglich allen geringeren Strafen, zur Regelung und Erhaltung des Eigentums, und die Macht der Gemeinschaft zu gebrauchen, um diese Gesetze zu vollziehen und das Gemeinwesen gegen Schädigung von außen zu schützen, und alles dies allein für das öffentliche Wohl.« (*Zweite Abhandlung*, Kap. I, 3)

Der legislativen Gewalt gibt Locke strenge Grenzen vor:

Erstens, sie muss nach öffentlich bekanntgemachten, festen Gesetzen regieren, die nicht in besonderen Fällen geändert werden dürfen, sondern nur ein Maß haben für Reich und Arm, für den Günstling am Hof und für den Bauern am Pflug.

Zweitens, diese Gesetze sollen zuletzt keinem anderen Zweck dienen als dem Wohl des Volks.

Drittens, sie dürfen keine Steuern von dem Eigentum des Volks erheben, ohne seine durch das Volk selbst oder seine Vertreter gegebene Zustimmung. Dies betrifft im eigentlichen Sinn nur solche Regierungen, wo eine

---

75 Dass es um Eltern gehen müsste, erkennt er zwar, scheint dies und die andere Seite der Gesellschaftstheorie-Erzählung – die Unterwerfung – aber sogleich zu vergessen. Dazu die klassische Analyse von Carol Pateman, *The Sexual Contract*, Stanford: Stanford University Press, 1988, bes. 3 und 19 ff.
76 Frankenberg, *Staatstechnik*, 27 ff.
77 Zur Kontroverse über Lockes »possessiven Individualismus«: C. B. MacPherson, *Die politische Theorie des Besitzindividualismus*, Frankfurt am Main: Suhrkamp, 1990; und James Tully, *A Discourse on Property, Locke and his Adversaries*, Cambridge: Cambridge University Press, 1980.

ständige Legislative besteht, oder wenigstens, wo das Volk nicht einen Teil der Legislative für Vertreter vorbehalten hat, die von Zeit zu Zeit von ihm selbst gewählt werden. (*Zweite Abhandlung*, Kap. 11, § 142)

Das hört sich vielversprechend an. Nachdem Locke das allgemeine Gesetz in die Planstelle der zentralen, ehedem monarchischen (absoluten) Autorität eingerückt und mit dieser das Herzstück des »lawful government« eingesetzt hat, folgt die zumindest retrospektiv überraschende Wende zu Tradition und Realpolitik, mit der er die Architektur der Konstitution ändert. An der Schwelle zur Moderne führt er wiederum die aus monarchischer Zeit vertraute[78] Prärogative ein:

Wo die legislative und die exekutive Gewalt in verschiedenen Händen liegen, – wie es in allen gemäßigten Monarchien und gut eingerichteten Regierungen der Fall ist, – verlangt das Wohl der Gesellschaft, dass verschiedene Dinge dem Ermessen desjenigen überlassen bleiben, der die exekutive Gewalt hat. Denn *da die Gesetzgeber nicht imstande sind, die Zukunft vorauszusehen und durch Gesetze für alles Vorsorge zu treffen*, was für die Gemeinschaft nützlich sein kann, ist der Vollzieher der Gesetze, der die Gewalt in der Hand hat, durch das gemeinsame Naturgesetz [der Erhaltung aller – G. F.] berechtigt, seine Macht für das Wohl der Gesellschaft in vielen Fällen zu gebrauchen, in denen das besondere Recht des Landes keine Weisung gegeben hat, bis die Legislative in angemessener Weise versammelt werden kann, um das Weitere zu bestimmen. Es gibt viele Dinge, die durch das Gesetz schlechterdings nicht vorhergesehen werden können, und diese müssen notwendigerweise dem Ermessen desjenigen überlassen bleiben, der die exekutive Gewalt in der Hand hat, um durch ihn geordnet zu werden, wie es der öffentliche Nutzen und Vorteil erfordern. [...] Diese Macht, nach Ermessen für das öffentliche Wohl ohne Vorschrift des Gesetzes und zuweilen gegen das Gesetz zu handeln, ist das, was Prärogative genannt wird.[79]

Einführung und Rechtfertigung der Prärogative verdienen es, ausführlich zitiert zu werden, weil sie die legislative Staatstechnik durchbrechen und die autoritäre Valenz des liberalen Konstitutio-

---

78 Christopher W. Brooks, *Law, Politics and Society in Early Modern England*, Cambridge, UK: Cambridge University Press, 2008.
79 *Zweite Abhandlung über die Regierung*, Kap. XIV. Ausführlich dazu die grundlegende Studie von Martin Loughlin, *Foundations of Public Law*, Oxford: Oxford University Press, 2010, 377 ff. mit zahlreichen Nachweisen.

nalismus im modernen Narrativ ganz offensichtlich und eigentlich begründungsbedürftig hervortreten lassen. Locke entledigt sich der Begründungslast *normativ*, indem er das naturgesetzliche Selbsterhaltungsrecht beizieht, und *pragmatisch-empirisch* mit dem Hinweis auf für den Gesetzgeber unvorhersehbare Probleme.

Wie ein Schatten begleiten beide Topoi fortan die weiteren Entwicklungen und Metamorphosen des liberalen Regelungsmodells, das in die Regime des *rule of law*, der Rechtsstaatlichkeit, des *État de droit*, *estado de derecho* und ihrer Verwandten eingelassen ist. Insbesondere in der Krise tritt es in Erscheinung.[80] Wir werden sehen, dass die Protagonisten dieser Modelle, in allen Varianten, Ausnahmebefugnisse für die Exekutive immer wieder damit rechtfertigen, dass sie die mangelnde Antizipierbarkeit gesellschaftlicher Krisen und außergewöhnlicher Problemlagen und, diesen korrespondierend, die Lückenhaftigkeit der Rechtsordnung ins Spiel bringen[81] oder aber sie als Beitrag zur öffentlichen Sicherheit banalisieren.[82] Unfreiwillig unterminieren sie damit den Anspruch des liberalen Modells, alle wesentlichen Beziehungen, Konflikte und Probleme des Lebens in Gesellschaft zu regeln, und kompromittieren zugleich dessen formal-rationale Autorität. Martin Loughlin arbeitet die Spannung zwischen Norm und Ausnahme (nicht nur bei Locke) präzise heraus. Er versucht freilich, die autoritäre Valenz dieser politisch-rechtlichen Dynamik dadurch zu neutralisieren, dass er den »außerordentlichen Souverän« als eine »Sache soziologischer Notwendigkeit« einführt.[83]

---

80 Worauf bereits Herbert Marcuse hingewiesen hat: »Der Kampf gegen den Liberalismus in der totalitären Staatsauffassung« [1934], in: ders., *Schriften*, Bd. 3, Frankfurt am Main: Suhrkamp, 1979, 21.

81 Exemplarisch: Ernst-Wolfgang Böckenförde, »Der verdrängte Ausnahmezustand. Zum Handeln der Staatsgewalt in außergewöhnlichen Lagen«, in: *Neue Juristische Wochenschrift* (1978), 1881 ff.

82 Wie beispielsweise 2017 die Verhängung und Verlängerung des »état d'urgence« in Frankreich: Jean-Baptiste Jacquin, »L'intégralité du projet de loi du gouvernement pour banaliser les mesures de l'état d'urgence«, in: *Le Monde* vom 08.06.2017, ⟨https://www.lemonde.fr/libertes-surveillees/article/2017/06/08/l-integralite-du-projet-de-loi-du-gouvernement-pour-banaliser-les-mesures-de-l-etat-d-urgence_5140602_5109455.html⟩ (Zugriff 05.08.2018). Siehe Matthias Lemke (Hg.), *Ausnahmezustand – Theoriegeschichte, Anwendungen, Perspektiven*, Wiesbaden: Springer VS, 2017.

83 Loughlin, *Foundations of Public Law*, 383-387. Die Ambivalenz dieser Konstruktion wird deutlicher herauspräpariert von Harvey C. Mansfield, *Taming the Prince:*

Ganz gleich, wie man es nennen will, Ambivalenz oder Kombination von zwei antithetischen Narrativen oder konstruktiven Widerspruch: Von Beginn an hat die liberale Zitadelle einen tiefen Riss in ihrem Mauerwerk und enthält Zugänge für den personalen, von Willkür nicht freien, exekutiven Stil des Regierens, der weder Rechtfertigungszwängen unterworfen noch der richterlichen Kontrolle ausgesetzt ist. Um eine andere Metapher zu bemühen: die Prärogative wird zum trojanischen Pferd, das unterschiedliche Spielarten des Autoritarismus in den Innenhof der Liberalität einschleust. Im Folgen sollen kurz drei Formen autoritärer Staatlichkeit vorgestellt werden – der *Doppelstaat*, der *Deep State* und der *Ausnahmestaat*. Anschließend werden hinsichtlich ihres Geltungsbefehls begrenztere, modifizierte Varianten der Prärogative erörtert.

5. Prärogative im Doppelstaat und Deep State

Den »Doppelstaat« führte Ernst Fraenkel 1940/1941 als Matrix für die Analyse des Nazi-Regimes ein.[84] Er bezeichnet die Koexistenz des exekutivischen Maßnahmenstaates, der jegliche formale Rationalität verwirft, mit dem Normenstaat, der darauf angelegt ist, staatliche Aktivität durch Normen zu regulieren und zu binden, in dessen Hintergrund jedoch »ständig ein Vorbehalt (lauert): Die Erwägung der politischen Zweckmäßigkeit«.[85] Zweckmäßigkeit setzt sich je nach Lage der Dinge über normierte Grenzen von Zuständigkeitsbereichen und normierte Verfahrensweisen hinweg und unterläuft gerichtliche Kontrolle. Abgesehen von den Rechtsmaterien der kapitalistischen Wirtschaftsordnung, operiert der Normenstaat, so Fraenkel, nie und nirgendwo auf sicherem Terrain, sondern ist stets bedroht von der Dynamik des Maßnahmenstaates, im Machtbereich des Nazi-Regimes angetrieben durch die Prärogative

---

The Ambivalence of Modern Executive Power, Baltimore MD: Johns Hopkins University Press, 1993, 181.

84 Fraenkel, *Der Doppelstaat*. Franz L. Neumann, *Behemoth. Struktur und Praxis des Nationalsozialismus 1933-1944* [1944], Frankfurt am Main: Europäische Verlagsanstalt, 2018, betonte zu gleicher Zeit die innere Strukturlosigkeit des NS-Regimes, die Massenmanipulation durch Terror in Rechtsform und vor allem die totalitäre Monopolwirtschaft (»Befehlswirtschaft«).

85 Fraenkel, *Der Doppelstaat*, 96.

von Führer und Partei, die auf die »völlige Beseitigung der Unverbrüchlichkeit des Rechts« und jeglicher Berechenbarkeit staatlicher Maßnahmen hinwirkt.[86] Fraenkel sah in der *Reichstagsbrandverordnung* vom 28. Februar 1933 die »Verfassungsurkunde des Dritten Reiches«. Mit dieser wurden unter skandalösen Begleitumständen[87] die Weimarer Verfassung außer Kraft gesetzt und die Prärogative des Terrors inthronisiert, sichtbar vor allem in der Verfolgung der jüdischen Bevölkerung und der politischen Opposition.

Dem janusköpfigen Doppelstaat, der unter seinem Dach Maßnahmen- und Normstaat beherbergt, oder auch dem strukturlos repressiven Behemoth verwandt sind neuerdings registrierte Formen des »deep state«.[88] Unter dem Deckmantel republikanischer Rhetorik operieren dessen Netzwerke durchaus prärogativ im Arkanum konstitutioneller Staatlichkeit. Hält man Abstand zu Verschwörungstheorien,[89] eignen sich *deep state* oder »double government«[90] konzeptionell dazu, extra-legales Regierungshandeln, das parasitär die Verfassung vereinnahmt, zu erfassen. Der Begriff *deep state* geht vermutlich zurück auf einen von Mustafa Kemal Atatürk 1923 gegründeten Geheimbund. Als *deep state* wurde später der *military-industrial complex* in den USA der 1950er und 1960er Jahre und werden heute die hypertrophen, netzwerartig operierenden Sicherheitsapparate zahlreicher Länder bezeichnet.[91] Die

---

86 Ebd., 136.
87 Ulrich Herbert, *Geschichte Deutschlands im 20. Jahrhundert*, München C. H. Beck, 2017, Kap. 7.
88 Definiert von Mike Lofgren, *The Deep State: The Fall of the Constitution and the Rise of a Shadow Government*, London: Penguin, 2016. Siehe auch, aus dezidiert anarchistischer Perspektive, Jason Royce Lindsay, *The Concealment of the State*, London: Bloomsbury, 2013.
89 Und damit zugleich zu den durchsichtigen Polemiken der Trump-Regierung gegen eine angeblich »entrenched bureaucracy« oder kritische Medien. Matthias Kolb, »Die gefährliche Theorie von Amerikas ›deep state‹«, in: *Süddeutsche Zeitung* vom 10.03.2018, ⟨https://www.sueddeutsche.de/politik/fans-von-us-praesident-trump-die-gefaehrliche-theorie-von-amerikas-deep-state-1.3411661⟩ (Zugriff: 01.08.2018).
90 Jordan Michael Smith, »Vote all you want. The secret government won't change«, in: *Boston Globe* 18.10.2014, ⟨https://www.bostonglobe.com/ideas/2014/10/18/vote-all-you-want-the-secret-government-won-change/jVSkXrENQlu8vNcBfMn9sL/story.html⟩ (Zugriff: 01.08.2018).
91 Zum »deep state« in Thailand: Eugénie Mérieau, »Thailand's Deep State, Royal

im *deep state* assoziierten Teile einer Regierung handeln im Verbund mit Spitzenfunktionären aus Hochfinanz und Wirtschaft jenseits formaler demokratischer Verfahren und Institutionen als zeitgemäß pluralistisch zusammengesetzte Prärogativgremien – im Schatten des Verfassungsstaates.

Prärogative als Ausnahmezustand

Im Ausnahmezustand[92] vereinen sich Gewalt und Geheimnis. Hier kommt die Prärogative ganz zu sich. Totalisierend zieht sich der Ausnahmestaat von der Regel, vom Normenstaat zurück und öffnet der Prärogative ein schier unbegrenztes Terrain. Das Recht dankt ab, die Prärogative tritt auf. Dieser Moment roher Maskulinität zieht einen bestimmten Typus des Intellektuellen unwiderstehlich an. Der eine löst die Ambivalenz zu Lasten des Rechts auf; ein anderer spielt das Urteil gegen die Entscheidung[93] oder das Staatsrecht gegen die »schöne Literatur« aus: »Der Ästhet fühlt sich angezogen vom orgiastischen Kult der Ausnahme.«[94] Den Intellektuellen als Bohemien reizt das Spiel mit dem Feuer. Die Ausnahme hat den Charme der Grenzerfahrung. Sie bietet, woran es dem spröden Normalfall mangelt: ein düsteres Szenario, das sich zu apokalyptischen Visionen aufspreizen lässt. Sie strahlt eine romantische Ironie fürs Paradoxe und eine Machtvollkommenheit aus, die sich niemandem verantworten muss.

Ein Ausnahme*zustand* oder auch *-staat* ist nicht ohne Bedeutungsverluste zu definieren. Das signalisieren Metaphern, die sich vordrängen: »Stunde der Exekutive«, »Not kennt kein Gebot« oder – technischer – »legaler Bürgerkrieg«. Außer dem Recht kommen

Power, and the Constitutional Court (1997-2015)«, in: *Journal of Contemporary Asia* 46 (2016), 445 ff.

92 Die nachfolgenden Überlegungen setzen die Diskussion zur Normalisierung des Ausnahmezustandes fort; dazu Frankenberg *Staatstechnik*, Kap. I und IV, sowie Günter Frankenberg, »Im Ausnahmezustand«, in: *Kritische Justiz* 50 (2017), 3 ff.

93 Carl Schmitt, *Politische Theologie. Vier Kapitel von der Lehre zur Souveränität*, Berlin: Duncker & Humblot, 2015, 22.

94 Josef Isensee, »Normalfall oder Grenzfall als Ausgangspunkt rechtsphilosophischer Konstruktion?«, in Winfried Brugger, Görg Haverkate (Hg.), *Grenzen als Thema der Rechts- und Sozialphilosophie*, Stuttgart: Franz Steiner Verlag, 2002, 51 ff./67. Kritisch dazu Horst Bredekamp, *Der Künstler als Verbrecher*, München: Carl-Friedrich-von-Siemens-Stiftung, 2008.

andere Bezugspunkte für eine Ausnahmelage ins Spiel: neben Souveränität vor allem Naturgewalt, (Bio-)Politik, Verfassung, Gewalt, Terror.[95] Der Ausnahmediskurs kennt unterschiedliche Anwendungsfelder: er kann, *erstens*, die Bewältigung einer tatsächlichen Notsituation anvisieren, hervorgerufen durch den Einbruch höherer Gewalt – Sturmflut, Tsunami, Erdbeben, Epidemien – oder durch von Menschenunvernunft induzierte Unglücksfälle, die als Einfälle niederer Gewalt ihren Ort im Namen tragen (Tschernobyl, Seweso, Fukushima, Bhopal und viele mehr). Wer einen solchen »Notstand« ausruft, verspricht, zur Beherrschung der entfesselten Gewalten auch das zu tun, was jenseits *seiner* Macht liegt.

Zweitens hält der Ausnahmezustand her, als *Surrogat* für das rechtliche Normalregime aufzutreten. Er wird verordnet, wenn die Zu- oder Umstände so dargestellt werden oder sich so darstellen, dass es praktisch unmöglich erscheint, sie unter Rückgriff auf die Elemente des Normalrechts (Rechtsgarantien, Verfassung, Gerichtsbarkeit, Gesetzgebung etc.) zu beherrschen. In aller Regel gilt dies für politische Krisen und Bedrohungen, die höherer Gewalt gleichgesetzt werden, weil sie (angeblich) den Rahmen und die Routinen üblicher Gefahrenabwehr sprengen. In der Staatspraxis führen vor allem Terroranschläge[96] und politische Unruhen,[97] wenn sie die öffentliche Ordnung katastrophisch stören, zur Suspendie-

---

95 Siehe dazu die Diskussion und Nachweise bei Achille Mbembe »Necropolitics«, in: *Public Culture* 15 (2003), 11 ff.
96 Die tunesische Regierung verhängte den Ausnahmezustand am 4.7.2015 nach einem Terroranschlag, bei dem 38 Touristen ermordet wurden. »38 Tote in Sousse, Attentäter als Tourist getarnt«, in: *Zeit Online* vom 26.06.2015, ⟨https://www.zeit.de/gesellschaft/zeitgeschehen/2015-06/tunesien-sousse-anschlag-liveblog/⟩ (Zugriff: 10.07.2019). Der französische Präsident erklärte nach dem Terroranschlag von Paris am 13.11.2015 den Ausnahmezustand und verlängerte ihn zuletzt nach dem Anschlag in Nizza bis 2017.
97 Ägyptens Machthaber erklärte am 14.8.2013 – wieder einmal – den Ausnahmezustand, um die landesweite Mobilisierung der Muslimbruderschaft zu unterbinden und deren Protestlager aufzulösen. Dazu: *The Guardian* – 3. Juli 2013 bis 15. Januar 2014: »Egypt – Postscript to a revolution – After The Square: Egypt's tumultuous year – interactive timeline«, von Patrick Kingsley, Nadja Popovich, Raya Jalabi und dem Guardian US interactive team, 24. Januar 2014. Nach den Vorstadtunruhen verhängte die französische Regierung 2005 den »état d'urgence«. Im Kampf gegen die islamistische Terrororganisation Boko Haram verhängte der nigerianische Präsident im Mai 2013 den Ausnahmezustand über besonders »unruhige Bundesstaaten«. Dazu Frankenberg, »Im Ausnahmezustand«.

rung von Grundrechten und Gewährung von Sonderbefugnissen für die Sicherheitskräfte, denen Ausgangssperren, nächtliche Verhaftungen, Arrest für Verdächtige, Einrichtung von Sicherheitszonen, Versammlungsverbote, intensivierte Abhör- und Überwachungsmaßnahmen als Sonderbefugnisse an die Hand gegeben werden. Solcher ausnahmerechtlichen Praxis kommt entgegen, wenn Verfassung oder Gesetz sie antizipiert: paradigmatisch Art. 48 II Weimarer Verfassung, der das Stichwort und die Grundlage für das Regime der Notverordnungen lieferte.

Drittens kann Ausnahmerhetorik bezwecken, eine Notlage herbeizureden, um – gegebenenfalls bei Wahrung der auf Äußerlichkeiten heruntergebrachten verfassungsrechtlichen Formen und Verfahren – Sonderbefugnisse in Anschlag zu bringen. Den »Vorwand des Notrechts«[98] benutzt, wer politische Säuberungsaktionen oder andere Strategien machiavellistischer Machtsicherung exekutieren will. Die Ahnenreihe ihrer Protagonisten ist lang, deren Herkunft verteilt sich gleichmäßig auf alle Kontinente. Nachdrücklich lässt sich die Annahme einer Ausnahmelage und deren ausnahmerechtliche Praxis in den Kolonien aufzeigen, in denen exekutivische Ausnahmeregime erprobt wurden.[99] Hier einzuordnen wäre jener Notwehrexzess des Erdoğan-Regimes, für den der erstaunlich und nachdenkenswert dilettantische Putsch aus der Mitte des Staatsapparats 2016 Anlass war, die Regimekritik zu liquidieren und den öffentlichen Dienst zu säubern.

Viertens hat US-Präsident Trump eine neue Variante kreiert. Er hat *uno actu* den Notstand an der Südgrenze der Vereinigten Staaten erklärt und öffentlich zugegeben, dass ein solcher nicht vorliegt. Aufgrund seiner weitreichenden Kompetenzen für Notlagen[100] – in diesem Fall auf der Grundlage des *National Emergencies Act* von 1976 – versuchte er, das Budgetrecht des Kongresses zu unterlaufen,

---

98 Der sich nach Kant zum Recht nicht einmal als außerrechtliche Rechtsbegründung verhält. Eingehend dazu Ingeborg Maus, *Zur Aufklärung der Demokratietheorie*, Frankfurt am Main: Suhrkamp, 1992, 107 ff.

99 Felix Hanschmann, »Die Suspendierung des Konstitutionalismus im Herzen der Finsternis. Recht, Rechtswissenschaft und koloniale Expansion des Deutschen Reiches«, in: *Kritische Justiz* 2 (2012), 144 ff.

100 Ausführlich: Elizabeth Goitein, »The Alarming Scope of the President's Emergency Powers«, in: *The Atlantic*, Februar 2019, ⟨https://www.theatlantic.com/magazine/archive/2019/01/presidential-emergency-powers/576418/⟩ (Zugriff; 24.02.2019).

um sich die (ihm verweigerten) Haushaltsmittel für den Bau der Grenzmauer zu beschaffen. Die Abgeordneten der Demokratischen Partei und Rechtsexpert*innen halten dieses Vorgehen mit guten Gründen für verfassungswidrig.[101] Der Präsident muss diese Maßnahme nun vor Gericht verantworten.

Im Ausnahmezustand tritt die irreguläre Seite der Macht hervor.[102] Wo diese den Bereich des sachlich gebotenen Katastrophenschutzes verlässt, führt sie vor aller Augen einen geheimen Krieg gegen die Gesellschaft. In einer Demokratie ist dieses offene Geheimnis, dass ihre Stabilität in Notlagen von einer radikal antidemokratischen Praxis abhängt, unbedingt zu wahren. Politische Regellosigkeit – ob Ausnahmezustand, *deep state* oder Prärogative – darf sich keinesfalls *als solche* zu erkennen geben. John Locke führte die monarchische Prärogative daher unauffällig im Schatten des liberalen Regierungsparadigmas mit und hielt der Politik das Tor zu Ermächtigungen, nach freiem Ermessen, ja nach Willkür zu entscheiden, für alle Fälle des »Rechtsversagens« und die Bereiche des Ungeregelten offen.[103] Nach dieser Maxime handeln, ohne dass es eines Rechtsversagens bedürfte, mit kalkulierter Brutalität Regime, die keine Gefangenen machen, ihre Opfer isolieren, in Geheimgefängnissen foltern, ermorden und nach getaner Arbeit alle Spuren von deren Existenz auszulöschen suchen – die sich natürlich nicht auf Locke berufen, wohl aber auf die Notwendigkeit der Selbsterhaltung. Auf diese ist bei der Vorstellung des (unverhüllten) Autoritarismus zurückzukommen.

Dass Regellosigkeit um den Preis des Ansehens- und Legitimitätsverlusts von Regimen zumeist nicht als solche erkennbar sein darf, könnte dafür sprechen, einen Schritt weiter zu gehen als John Locke und die Prärogative zu verrechtlichen, den Ausnahmezustand konstitutionell einzuhegen.[104] Fraglich ist zunächst, wie – oder bes-

---

101 Alex Rogers, »House Democrats introduce resolution to block Trump's national emergency, Trump vows to veto«, in: *CNN* vom 22.02.2019, ⟨https://edition.cnn.com/2019/02/22/politics/house-democrats-trump-national-emergency-vote/index.html/⟩ (Zugriff: 24.02.2019).

102 Eva Horn, *Der geheime Krieg: Verrat, Spionage und moderne Fiktion*, Frankfurt am Main: S. Fischer, 2007.

103 Locke, *Zweite Abhandlung über die Regierung*, Kap. XIV, § 160

104 Nach wie vor instruktiv die klassische Studie von Clinton Rossiter, *Constitutional Dictatorship: Crisis Government in Modern Democracies*, Princeton NJ: Princeton University Press, 1948. Siehe auch Oren Gross, »Chaos and Rules:

ser: wo – sich der Ausnahmezustand im Verhältnis zur Rechtsordnung situieren lässt – innerhalb oder außerhalb. Für eine Konstitutionalisierung des Ausnahmezustandes bieten sich unterschiedliche Ansätze und Argumente an. Sie lassen sich reduzieren auf die Optionen Generalklausel, Modellstruktur oder Typisierung. Eine Generalklausel hat die Struktur, genauer wohl: Strukturlosigkeit, einer Notstandsregelung (wie etwa der von unbestimmten Rechtsbegriffen aufgelockerte, rechtfertigende Notstand gemäß § 34 StGB[105]), freilich ohne über die Schließmechanismen von deren Begleitdogmatik zu verfügen. Kaum weniger porös und daher mit kaum größerer Kontrolldichte gestattet Art. 15 der Europäischen Konvention für Menschenrechte den Hohen Vertragsparteien, »Maßnahmen zu treffen, die von den in dieser Konvention vorgesehenen Verpflichtungen abweichen, jedoch nur, soweit es die Lage unbedingt erfordert« (*unbedingt*, was sonst) und sonstige völkerrechtliche Verpflichtungen gewahrt sind.[106] Auslösebedingung ist nach Maßgabe der Konvention eine Bedrohung des Lebens der Nation durch Krieg oder einen anderen öffentlichen Notstand. Die türkische Verfassung listet auf ähnliche Weise »war, mobilization, martial law or a state of emergency« auf. Außer ihrem Mangel an Bestimmtheit signalisiert Art. 154 der ägyptischen Verfassung (2014), insofern typisch, eine weitere Schwachstelle vieler Generalklauseln: Sie fassen sich kurz und überlassen qua Delegation dem einfachen (!) Gesetzgeber, sich in den Fallstricken von Ausnahme/Regel und »tragic choices« zu verfangen.[107]

Demgegenüber präferiert Ernst-Wolfgang Böckenförde eine »Modellstruktur« für die positiv-verfassungsrechtliche Bewältigung

Should Responses to Violent Crises Always be Constitutional?«, in: *Yale Law Journal* 112 (2003), 1014; und Loughlin, *The Foundations of Public Law*, 396 ff.

105 »(1) Wer in einer gegenwärtigen, nicht anders abwendbaren Gefahr für Leben, Leib, Freiheit, Ehre, Eigentum oder ein anderes Rechtsgut eine Tat begeht, um die Gefahr von sich oder einem anderen abzuwenden, handelt nicht rechtswidrig, wenn bei Abwägung der widerstreitenden Interessen, namentlich der betroffenen Rechtsgüter und des Grades der ihnen drohenden Gefahren, das geschützte Interesse das beeinträchtigte wesentlich überwiegt. (2) Dies gilt jedoch nur, soweit die Tat ein angemessenes Mittel ist, die Gefahr abzuwenden.« § 34 Strafgesetzbuch der Bundesrepublik Deutschland.

106 Nahezu *verbatim* übernommen in einer Reihe von nationalen Verfassungen, wie etwa Art. 15 Türkische Verfassung (1982).

107 So beispielsweise Art. 67 Verfassung Kubas (1976/2002)

von Ausnahmelagen.[108] Eine solche hält etwa die indische Verfassung von 1949 mit eingehenden prozeduralen Bestimmungen und Kompetenzregelungen für alle Fälle des »ernsten Notstandes« (*grave emergency*) vor (Art. 352 ff.). Zwar folgt Böckenfördes Ansatz nicht Schmitts »Souveränitätsepiphanie« (Hasso Hofmann), denkt jedoch den Ausnahmezustand in der etatistischen Tradition vom Staat her und begründet die Notwendigkeit einer modellhaften Regelung mit einer Lücke in der Verfassungsordnung. Das Problem einer solchen Lückenperspektive liegt auf der Hand. Über kurz oder lang holt die Unvorhersehbarkeit einer (weiteren) Ausnahmelage die Modellstruktur ein und lässt in ihr neue Lücken zutage treten. Da Normallagen und auch Ausnahmezustände, wie oben diskutiert, ihre Zeit haben,[109] läuft die Annahme einer unvollständigen Rechtsordnung Gefahr, in einen »infiniten Regress immer weiterer Meta-(Staats-)Notrechte« zu führen.[110]

Die bundesrepublikanischen Notstandsgesetze von 1968 stehen für den Versuch, Ausnahmelagen durch *Typisierung* verfassungsrechtlich überschaubar und beherrschbar zu machen. Verteidigungsfall (Art. 115a ff.), Spannungsfall/Bündnisfall (Art. 80a), Naturkatastrophe und Unglücksfall (Art. 35 II-III), »bewaffneter Aufstand« (Art. 87a IV) und »innerer Notstand« (Art. 91) orientieren sich ganz offensichtlich an – zum Teil allerdings verblichenen – historischen Vorbildern. Hinzu tritt der fast vergessene Gesetzgebungsnotstand[111] (Art. 81), als parlamentarisch-demokratische Alternative

---

108 Böckenförde »Der verdrängte Ausnahmezustand«; ähnlich Christoph Enders, »Der Staat in Not«, in: *Die Öffentliche Verwaltung* 60 (2008), 1039 ff. Zur Kritik Gertrude Lübbe-Wolff, »Rechtsstaat und Ausnahmerecht«, in: *Zeitschrift für Parlamentsfragen* 11 (1980), 110 ff., und Frankenberg *Staatstechnik*, 152 ff.

109 »Geschichtliche Erfahrung lehrt, dass solche Normallagen ihre Zeit haben, juristische Erfahrung lehrt, dass es geboten erscheint, Normallagen nicht ohne den Ausnahmefall in Betracht zu ziehen.« Ernst Forsthoff, »Der introvertierte Rechtsstaat und seine Verortung«, in: *Der Staat* 2 (1963), 385 ff./397.

110 Steffen Augsberg »›Denken vom Ausnahmezustand her‹. Über die Unzulässigkeit der anormalen Konstruktion und Destruktion des Normativen« in: Felix Arndt et al. (Hg.), *Freiheit – Sicherheit – Öffentlichkeit*, Baden-Baden: Nomos, 2009, 17 ff./26.

111 Klaus Stern, »Der Gesetzgebungsnotstand – eine vergessene Verfassungsnorm«, in: Jürgen Jekewitz, Michael Melzer, Wolfgang Zeh (Hg.), *Politik als gelebte Verfassung. Aktuelle Probleme des modernen Verfassungsstaates. Festschrift F. Schäfer*, Wiesbaden: Springer, 1980, 129 ff.

zu Art. 48 WRV, der bei einer Funktionsstörung des Bundestages – nicht wirklich einem Ausnahmezustand also – Bundesregierung und Bundesrat zum Ersatzgesetzgeber erklärt. Im Grundgesetz fehlt eine Klausel, die den Ausstieg aus der Enumeration zulässt – nach dem Beispiel etwa der Verfassung Kolumbiens, die die Anwendung von »emergency powers« über Krieg und Aufruhr (»state of disturbance«) hinaus für nicht geregelte Ereignisse (»events different from those provided in Articles 212 and 213«) öffnet.

Für die Typisierung von Ausnahmelagen spricht, dass sie immerhin (meist leidvolle) historische Erfahrungen zur Sprache bringen.[112] Freilich ist der Gebrauchswert solcher Ansätze, Ausnahmen enumerativ an die Kette zu legen, begrenzt: Während Naturkatastrophen mit stoischer Gleichförmigkeit in die Normalität einbrechen, unterscheiden sich bereits die von Menschen verursachten Nuklear- und Industriekatastrophen, erst Recht die politisch-militärischen Ausnahmelagen erheblich nach Art der Auslösung und des Ausmaßes der Verwüstungen, die sie anrichten. Angesichts der oben erörterten Veränderungen werden klassische Lagen zunehmend zu Mustern ohne Wert, die dennoch, wie wir sehen werden, autoritärer Staatlichkeit die Tür öffnen.

Weltweit halten die meisten Verfassungen Regelungen für Notstände vor.[113] Ganz überwiegend optieren diese für eines der Modelle – Generalklausel, Modellstruktur oder Typisierung.[114] Vom »Doppelstaat« unterscheiden sich alle Modelle dadurch, dass der

---

[112] Erkennbar auch in der Verfassung Chiles von 2012, die sich – vor dem Hintergrund der Pinochet-Diktatur – in den Art. 32 ff. um eine möglichst präzise Umschreibung der Ausnahmelagen – *external/internal war, internal commotion, emergency, public calamity, state of siege, state catastrophe, state of assembly* – bemüht.

[113] Dazu Markus Trotter, *Der Ausnahmezustand im historischen und europäischen Rechtsvergleich*, Dissertation. Heidelberg 1997; Gabriel L. Negretto, Jose Antonio Rivera, »Liberalism and Emergency Powers in Latin America: Reflections on Carl Schmitt and the Theory of Constitutional Dictatorship«, in: *Cardozo Law Review* 21 (2000), 1797 ff.; die Beiträge in Lemke, *Ausnahmezustand* und Alf Lüdtke, Michael Wildt (Hg.), *Staats-Gewalt: Ausnahmezustand und Sicherheitsregimes*, Göttingen: Wallstein, 2008.

[114] Frankenberg, *Comparative Constitutional Studies*, Kap. VIII. mit Nachweisen; und Victor V. Ramraj (Hg.), *Emergencies and the Limits of Legality*, Cambridge, UK: Cambridge University Press, 2008; Pasquale Pasquino, »The Law of the Exception: A Typology of Emergency Powers«, in: *International Journal of Constitutional Law* 2 (2004), 210 ff.

Ausnahmezustand förmlich erklärt wird und in aller Regel befristet ist – ein Formalismus, der den Vorrang der Normalverfassung sichern soll. In der Praxis werden Ausnahmezustände freilich nahezu beliebig verlängert. Spitzenreiter dürfte Ägypten sein, das seit 1958 bis 2012 im Wesentlichen auf der Basis von Notstandsgesetzen regiert wurde; der kurzfristigen Aufhebung folgten 2012 und 2013 neue Notstandsmaßnahmen. Auch zeitlich beschränkte Suspendierungen, wie etwa der sechsmal verlängerte Ausnahmezustand vom November 2015 (bis 2017) in Frankreich oder der siebenmal verlängerte Ausnahmezustand in der Türkei, der 2018 endete,[115] werfen die Frage auf, wie sie sich auf Verfassungen und Verfassungskultur auswirken – zumal wenn sie anschließend in den Rechtscorpus aufgenommen, also normalisiert werden. Steffen Augsberg argumentiert zu Recht, die Erklärung des Notstandes hinterlasse nach der Aufhebung einen Zombie.[116] Hinzuzufügen wäre, dass die Verfassungskultur erodiert, wenn Ausnahmezustände wiederholt verlängert werden oder aufgrund ihrer Dauer ein Ende nicht abzusehen ist, wie z. B. in Ägypten, das sich in einer Endlosschleife von Notstandsgesetzen bewegt, nur punktuell von Normallagen durchbrochen.[117] Um das Trauma der Ausnahme zu verarbeiten, bedarf es einer »Verfassungszeit«, in der das Vertrauen in die Verlässlichkeit der neuen Verfassung und die Funktionsfähigkeit ihrer Institutio-

---

115 Zu den Verlängerungen des Ausnahmezustands in Frankreich: »Ausnahmezustand in Frankreich zum sechsten Mal verlängert«, in: *Deutsche Welle* vom 06.07.2017, ⟨https://www.dw.com/de/ausnahmezustand-in-frankreich-zum-sechsten-mal-verl%C3%A4ngert/a-39583191/⟩ (Zugriff am 29.06.2019). Zum Ersatz des Ausnahmezustandes durch Anti-Terror-Gesetze in Frankreich: »Frankreich: Scharfes Anti-Terror-Paket ersetzt Ausnahmezustand«, in: *netzpolitik.org* vom 03.11.2017, ⟨https://netzpolitik.org/2017/frankreich-ausnahmezustand-ohne-ende/⟩ (Zugriff: 29.06.2019); und Zia Weise, »Im permanenten Ausnahmezustand«, in: *Zeit Online* v. 19.07.2018.
116 Augsberg, »Denken vom Ausnahmezustand her«.
117 Abgesehen von der Existenz republikfeindlicher Kräfte und Parteien wurde das normative Kapital der Weimarer Verfassung durch die Notverordnungspraxis, das Ermächtigungsgesetz und dessen wiederholte Verlängerung erheblich aufgezehrt. Vgl. Konrad Hesse, *Die normative Kraft der Verfassung*, Tübingen: Mohr Siebeck, 1959. Weitere Beispiele für die Verdauerung des Ausnahmezustands sind Myanmar (Burma), Syrien, bis vor kurzem Äthiopien. Dazu mit weiteren Beispielen Matthias Lemke, *Demokratie im Ausnahmezustand: Wie Regierungen ihre Macht ausweiten*, Frankfurt am Main/New York: Campus, 2017.

nen und Normen wieder wachsen können. Ägypten hätte sechzig Jahre aufzuarbeiten.

6. »Militante Demokratie« und Exekutivprivilegien

Unterhalb der Schwelle des Ausnahmestaates wird die Prärogative in kleinerer Münze gehandelt. Die dort überwiegend zugunsten der Exekutive gebündelten Maßnahmen und Institutionen können ihre Affinität zur Prärogative, einige auch zum Ausnahmestaat nicht verleugnen. Die Konzeption der »streitbaren« bzw. »wehrhaften« Demokratie war ursprünglich mit Stoßrichtung gegen den Hitlerfaschismus von der Politikwissenschaft als *militant democracy* konzipiert worden,[118] hat sich allerdings seitdem von diesem Kontext abgelöst und wird in einer Reihe von Ländern des liberal-demokratischen Konstitutionalismus als autoritäres Instrument zur Bekämpfung »demokratiefeindlicher« politischer Bewegungen eingesetzt.[119] Im Arsenal der »militanten Demokratie« lagern breitgefächerte Kompetenzen zur Überwachung und Repression, einschließlich der Möglichkeit, regimekritische (regelmäßig als »feindlich« titulierte) Parteien und Vereinigungen zu verbieten oder den politischen Wettbewerb durch deren Ausschluss von Wahlen zu zügeln.[120] Das Grundgesetzt sieht neben der Möglichkeit, Vereinigungen zu verbieten (Art. 9 II GG) und Parteien für verfassungswidrig zu erklären (Art. 21 II GG), die Verwirkung von Grundrechten der politischen Kommunikation nebst Asylrecht[121] vor, die aber seit 1949 keine

---

118 Die Formel geht auf einen einflussreichen Aufsatz von Karl Loewenstein zurück: »Militant Democracy and Fundamental Rights«, in: *American Political Science Review* 31 (1937), 417 ff. und 638 ff.; vgl. auch Karl Mannheim, *Diagnosis of Our Time. Wartime Essays of a Sociologist*, London: Paul, Trench, Trubner & Co., 1943.

119 András Sajó (Hg.), *Militant Democracy*, Utrecht: Eleven International Publishing, 2004.

120 Frankenberg, *Staatstechnik*, insbes. Kap. 5-6 mit zahlreichen Nachweisen. Robert Pildes geht davon aus, dass Demokratien – wie im Übrigen Marktwirtschaften – die Tendenz haben, den Wettbewerb einzuschränken – Robert H. Pildes, »The Inherent Authoritarianism in Democratic Regimes«, in: András Sajó (Hg.), *Out of and Into Authoritarian Law*, New York: Kluwer Law International, 2003, 125.

121 Wortlaut des Art. 18 GG: »Wer die Freiheit der Meinungsäußerung, insbeson-

praktisch-instrumentelle Bedeutung erlangt hat, wohl aber in der politischen Rhetorik der Parteien bisweilen mobilisiert wird.

Rechtfertigungen der Einschränkung von Grundrechten und von Parteiverboten nehmen durchweg Bezug auf die immanenten Grenzen politischer Freiheit (»Keine Freiheit für die Feinde der Freiheit«) und den Selbstschutz von Demokratie. Dass in deren Namen nicht gefordert werden könne, sie ihren Zerstörern auszuliefern, erinnert an das von John Locke bemühte naturgesetzliche Selbsterhaltungsrecht. Selten wird die autoritäre Innentendenz von Demokratien, den politischen Wettbewerb einzuschränken, von regierenden Mehrheiten, sich politischer Minderheiten zu entledigen, und von Regierungen, im Namen der Sicherheit ihre Kompetenzen auszuweiten, so plastisch wie von Stephen Holmes in Hinsicht auf den »Krieg gegen Terror« beschrieben:

Die Frage ›Können Demokratien antidemokratische Parteien demokratisch bekämpfen?‹ lädt den Vergleich mit der Frage ein ›Können Demokratien Terrorismus in den Grenzen des Rechtsstaates bekämpfen?‹. Was beide Fragen zu verstehen suchen, ist, ob die konstitutionelle Demokratie eine Art Selbstmordpakt ist. Die Analogie zwischen diesen zwei Kämpfen gewinnt einige Plausibilität aufgrund der offensichtlichen Fähigkeit transnationaler terroristischer Organisationen, tödlich bewaffnete Saboteure in das Gebiet des Feindes einzuschleusen. Der US-Präsident hat behauptet, in dieser Kriegssituation gestatteten ihm seine Kompetenzen als Oberbefehlshaber, auf dem Boden der USA zu operieren, als sei dieser ein fremdes Schlachtfeld. Als Beschützer der Nation begreift sich der national gewählte Präsident offensichtlich als Inkarnation der militanten Demokratie.[122]

Auf ähnliche Weise werden die Gepflogenheiten der *rule of law* durch Privilegien aufgestört, welche die Exekutive gegenüber dem Gesetzgeber, der Justiz, den Medien oder der Öffentlichkeit für sich reklamiert. Überwiegend verteidigen Regierungschefs oder

> re die Pressefreiheit (Artikel 5 Abs. 1), die Lehrfreiheit (Artikel 5 Abs. 3), die Versammlungsfreiheit (Artikel 8), die Vereinigungsfreiheit (Artikel 9), das Brief-, Post- und Fernmeldegeheimnis (Artikel 10), das Eigentum (Artikel 14) oder das Asylrecht (Artikel 16a) zum Kampfe gegen die freiheitliche demokratische Grundordnung mißbraucht, verwirkt diese Grundrechte. Die Verwirkung und ihr Ausmaß werden durch das Bundesverfassungsgericht ausgesprochen.«

122 Stephen Holmes, »Review«, in: *International Journal of Constitutional Law* 4 (2006), 586 ff. Vgl. Jens Puschke und Tobias Singelnstein (Hg.), *Der Staat und die Sicherheitsgesellschaft*, Wiesbaden: Springer VS, 2018.

Regierungsbehörden ihre Informationen und Akten, die sie wie Privateigentum hüten, gegen jeglichen Zugriff mit der Berufung auf ein *executive privilege*.[123] Legendär war die letztlich erfolglose Weigerung der Nixon-Regierung, Tonbänder des Präsidenten zum Watergate-Skandal und Dokumente der Regierung zum Vietnamkrieg den Gerichten bzw. der Presse zu überlassen. Der U.S. Supreme Court bejahte in einem Fall die Existenz eines »qualifizierten Privilegs«, schloss die Einsichtnahme jedoch nicht aus, sofern der Nachweis erbracht werden könne, dass das umstrittene Material von »substantieller Bedeutung« für ein gerichtliches Verfahren sei.[124]

Ähnliche Privilegien zur Abschirmung exekutiver Entscheidungsprozesse und Geheimhaltung von Dokumenten werden geltend gemacht, um die gerichtliche Aburteilung von Menschenrechtsverletzungen durch das Militär zu verhindern[125] oder die Tätigkeit von Geheimdiensten zu kontrollieren. Im NSU-Verfahren beriefen sich Verfassungsschutzbehörden, die die Herausgabe von Informationen verweigerten, auf die zu schützende Vertraulichkeit der Quellen und natürlich das Staatswohl.[126] Nach der Ermordung des Kasseler CDU-Politikers Walter Lübcke entschieden die Verfassungsschutzbehörden zunächst, die NSU-Akten sollten 120 Jahre unter Verschluss bleiben. Nach Protesten beschränkten sie die Dauer der Einstufung als Verschlusssache auf 40 Jahre![127] Nach der Logik von Sicherheit und Geheimhaltung schrieben die Behörden

---

123 Archibald Cox, »Executive Privilege«, in: *University of Pennsylvania Law Review* 122 (1974), 1384 ff.; Charlie Savage, »Explaining Executive Privilege and Sessions's Refusal to Answer Questions«, in: *New York Times*, 15. Juni 2017. Siehe auch *Chavez v. Public Estates Authority*, G.R. No. 133250, 9. Juli 2002 (Philippinen).

124 *United States v. Nixon* (418 U.S. at 713-14) und zu Watergate: Cox, »Executive Privilege«, 1406 f.

125 Anthony W. Pereira, *Political (In)Justice: Authoritarianism and the Rule of Law in Brazil, Chile and Argentina*, Pittsburg PA: University of Pittsburg Press, 2005.

126 Antonia von der Behrens, »Das Netzwerk des NSU, staatliches Mitverschulden und verhinderte Aufklärung. Plädoyer vom 29. November und 5. Dezember 2017«, in: dies. (Hg.), *Kein Schlusswort. Nazi-Terror. Sicherheitsbehörden. Unterstützernetzwerk. Plädoyers im NSU-Prozess*, Hamburg: VSA Verlag, 2018, 197 ff.; Maximilian Pichl, »Von Aufklärung keine Spur: 20 Jahre NSU-Komplex«, in: *Blätter für deutsche und internationale Politik* 8 (2018), 111 ff.

127 ⟨https://www.deutschlandfunk.de/hessischer-verfassungsschutz-geheimakten-zum-nsu-ab-2044.1939.de.html?drn:news_id=1021470/⟩ (Zugriff: 29.06.2019).

ein weiteres Kapitel zur Aktualität der Prärogative für das Regime des liberal-demokratischen Konstitutionalismus.

7. Entscheidungsprivilegien und Ermessen

Das Privileg der Nichtbegründung

Derridas Feststellung »Die gewaltsame Struktur der stiftenden Tat birgt ein Schweigen« lässt sich *mutatis mutandis* auch auf die Verfassungsgerichtsbarkeit anwenden. An die obersten Gerichtshöfe, die auf Verfassungsrecht, insbesondere Grund- und Menschenrechte spezialisiert sind, richten sich besondere Erwartungen. Nichts weniger als die letzten Fragen sollen sie beantworten. Auch darauf gründet ihre Reputation, Autorität und Macht.[128] Als Gerichte der höchsten Instanz werden sie nicht nur mit Hoffnungen überfrachtet, sondern mit Fällen überschwemmt, besonders attraktiv sind Grundrechtsklagen. So macht die Verfassungsbeschwerde beim Bundesverfassungsgericht etwa 96 % aller Verfahren aus. Von 228 501 Beschwerden waren seit 1951 aber nur 2,3 % erfolgreich.[129] Für sich genommen verweist das noch nicht auf einen autoritären Mechanismus. Filtersysteme der Zulässigkeit sind elementarer Bestandteil des Rechts, ebenso liegt auf der Hand, dass querulatorische oder unbegründete Anträge scheitern oder sich während des Verfahrens erledigen. Auffällig ist jedoch die Entscheidung, welche Rechtsmittel (und Fälle) *überhaupt* zugelassen (certiorari)[130] bzw. welche Verfassungsbeschwerden ohne jede Begründung nicht angenommen werden. Wenn in Karlsruhe von 5000-6000 Verfassungsbeschwerden nur etwa 70-90 akzeptiert und die erdrückende Mehrheit ohne Begründung abgelehnt wird, dann lässt sich dieses Ergebnis nicht als übliche Zulässigkeitsprüfung oder Schonung des

---

128 Grundlegend Ran Hirschl, *Towards Juristocracy. The Origins and the Consequensequences of the New Constitutionalism*, Cambridge MA: Harvard University Press, 2007.

129 Bundesverfassungsgericht, *Jahresstatistiken 2017*, ⟨https://www.bundesverfassungsgericht.de/DE/Verfahren/Jahresstatistiken/2017/gb2017/A-I-1.pdf?__blob=publicationFile&v=2/⟩ (Zugriff: 11.03.2019)

130 Tom Kennedy, »First Steps Towards a European Certiorari?«, in: *European Law Review* 18 (1993), 121 ff.

Gerichts rechtfertigen, da jeder Antrag ohnehin intern gutachtlich gewürdigt wird.[131] Die Verweigerung auch nur einer knappen Begründung, wenngleich mit gesetzlicher Rückendeckung (§ 93 Abs. 1 S. 3 BVerfGG), kennzeichnet die gewaltsame Struktur einer Entscheidung, die ihre Gründe verschweigt.

Ermessen und Entscheidungsspielräume

Wenig spektakulär, aber durchaus effizient wird die Prärogative in der Entscheidungspraxis der Gerichte und Verwaltungsbehörden von *allen* Nullachtfünfzehn-Systemen des liberal-demokratischen Konstitutionalismus entdämonisiert und normalisiert. Sie wird zerlegt und verteilt auf Myriaden von Vorschriften für richterliche und behördliche Entscheidungsprozesse und tritt uns dort als »Ermessen«, »Beurteilungsspielraum« oder »Einschätzungsprärogative« oder, geadelt zur Doktrin, nach der oberste Gerichtshöfe verfahren, als »margin of appreciation« entgegen.

Während die Einschätzungsprärogative des Gesetzgebers dessen Beschlüsse (Gesetze) ein Stück weit vom Zugriff der Verfassungsgerichte abrückt und damit Demokratie privilegiert, gewährt die »margin of appreciation«-Doktrin[132] den Konventionsstaaten bei der Anwendung der Europäischen Konvention für Menschenrechte (EKMR) insbesondere bei moralischen und sittlichen Fragen, wie etwa dem Streit um das Kruzifix im Klassenzimmer oder die Kopftuch tragende Lehrerin, eine deutlich weiter gefasste Beurteilungs- und Entscheidungsfreiheit als etwa bei Fragen der nationalen Sicherheit oder der Anwendung strafprozessualer Grundrechte. Es handelt sich streng genommen um eine Anleitung für die Gewährung und Ausfüllung von Interpretationsspielräumen, die vor allem der Methode der Abwägung geschuldet sind. Ein gerichtlicher Einschätzungsspielraum bzw. *margin of appreciation* ist der Prärogative

---

[131] Pia Lorenz, Markus Sehl, »Weg von der Praxis des leeren Blatts?«, in: *Legal Tribune online* vom 16.11.2018, ⟨https://www.lto.de/recht/justiz/j/bundesverfassungsgericht-verfassungsbeschwerde-nichtannahme-ohne-begruendungpflicht/⟩ (Zugriff: 11.03.2019)

[132] Dazu Eva Brems, »The Margin of Appreciation Doctrine in the Case-Law of the European Court of Human Rights«, in: *Zeitschrift für ausländisches öffentliches Recht und Völkerrecht* 56 (1996), 248 ff.; und Council of Europe, »The Margin of Appreciation«, ⟨https://www.coe.int/t/dghl/cooperation/lisbonnetwork/themis/echr/paper2_en.asp/⟩ (Zugriff: 05.08.2018).

daher allenfalls weitläufig und eher als Methode denn als Befugnisnorm verwandt.

Anders ist die Situation bei richterlichen Entscheidungsspielräumen, auch richterliches Ermessen genannt. Solche Spielräume werden in der Regel durch sogenannte prozessleitende Verfügungen ausgefüllt, wie etwa die Nichtverlängerung einer Begründungsfrist,[133] die nicht *isoliert* mit Rechtsmitteln angreifbar sind. Dennoch sind auch diese Entscheidungen der Prärogative nicht vergleichbar, weil sie in Verbindung mit einem Urteil oder Beschluss überprüft werden können. Sie unterscheiden sich auch von richterlichen Ermessensentscheidungen in der Sache, die Ronald Dworkin mit der Metapher des Hohlraums im Donut veranschaulichte. In seinem Klassiker *Bürgerrechte ernstgenommen*[134] differenzierte er dennoch schwaches und starkes richterliches Ermessen (*discretion*). Letzteres hielt er für problematisch, soweit Richter*innen nicht an die von einer (anderen) Autorität, insbesondere der des Gesetzgebers, gesetzten Standards gebunden seien. Im Unterschied zu den von ihm kritisierten Rechtspositivisten versucht Dworkin in schwierigen Fällen (»hard cases«), den richterlichen Entscheidungsspielraum durch Prinzipien einzuengen – in der Überzeugung, durch Abwägung die *eine* richtige Antwort zu finden.

Ermessen als Letztverantwortung bei Entscheidungen ist vor allem eine Domäne der Verwaltung.[135] Dieses Ermessen ist nicht, wie es in der Frühzeit des Rechtsstaats hieß, frei, sondern gesetzlich gebunden und pflichtgemäß auszuüben.[136] Die Entscheider sind auch gezwungen, sich nach Maßgabe des Gesetzeszwecks und der Verhältnismäßigkeit zu rechtfertigen. Ermessen betrifft die Rechtsfolgen einer gesetzlichen Bestimmung und gestattet der Verwaltung bei der Anwendung eines gesetzlichen Tatbestandes, zwischen ver-

---

133 Zur Illustration: Bundesfinanzhof (BFH), Beschluss vom 16.07.1986 – VIII B 105/85, BFH/NV 1988, 570.

134 Ronald Dworkin, *Bürgerrechte ernstgenommen*, Frankfurt am Main: Suhrkamp, 1984; Dworkin, »Judicial Discretion«, in: *The Journal of Philosophy* 60 (1963), 624 ff.

135 Hartmut Maurer, *Allgemeines Verwaltungsrecht*, 18. Aufl., München: C. H. Beck, 2011, 143 ff.

136 Die entsprechenden Kautelen der Ermessensbetätigung im US-amerikanischen Recht: »reasonably, impartially and avoiding oppression or unnecessary injury« – z. B. *Mobil Oil Exploration & Producing Southeast v. United Distrib. Cos.*, 498 U.S. 211 (U.S. 1991).

schiedenen Verhaltensweisen (Entscheidungen) eine Wahl zu treffen. Dabei tritt es doppelt auf: Es kann sich darauf beziehen, ob die Verwaltung überhaupt eingreift (sog. *Entschließungsermessen*) oder/ und welche Maßnahmen sie treffen will (*Auswahlermessen*). Ermessensspielräume werden durchweg für notwendig erachtet, etwa um den Polizeikräften nach Maßgabe der Generalklausel zu ermöglichen, flexibel auf eine Gefahrensituation zu reagieren (»... *kann die erforderlichen Maßnahmen treffen, um eine Gefahr abzuwehren* ...«), oder Einzelfälle (sach-)gerecht zu entscheiden.

Unabhängig von praktischen Erwägungen und auch bei sorgfältiger Wahrung der Ermessensgrenzen und -bindungen (vor allem durch Gesetzeszweck und verfassungsrechtliche Grundsätze) sowie unter Beachtung der Ermessensfehlerlehre bleibt Ermessen ein Kandidat für die »Galerie der Schande« im liberal-demokratischen Konstitutionalismus, jedenfalls für autoritäre Momente im Einzelfall: Soweit Ermessen die bürokratisch-administrative Herrschaft von Expertise und Routine – stets punktuell und nur ein Stück weit – dem prüfenden Blick der dritten Gewalt entzieht, wird die Kontrolldichte verringert und die Gewaltenteilung suspendiert. Es bleibt ein Rest von nicht zu verantwortender »Letztverantwortung«,[137] soweit Rechtsnormen den Entscheidenden Entschließungs- und Auswahlermessen zugestehen oder Beurteilungsspielräume[138] eröffnen. Damit überlebt in neuem Gewande, auf unzählige Normen verteilt, gesetzlich gezügelt, im Einzelfall die Prärogativgewalt.

Kurz: Jede der klassischen Gewalten des liberalen Paradigmas und sogar die Verfassungsgerichtsbarkeit hat ihre Rückzugsräume, in denen sie sich dem kontrollierenden Zugriff der strengen *law-rule* bzw. Rechtsstaatlichkeit entziehen. Das lässt sich im Einzelnen, wie gesagt, mehr oder weniger gut als notwendig oder zweckmäßig begründen. Dennoch handelt es sich um große oder kleine Fluchten ins Schattenreich des Autoritären.

---

137 Häufig verstärkt durch unbestimmte Gesetzesbegriffe oder eingebettet in die offene Struktur von Generalklauseln. Dazu Maurer, *Allgemeines Verwaltungsrecht*, 151 ff.
138 Trotz der eleganten Rechtfertigung von Beurteilungsspielräumen durch die »normative Ermächtigungslehre«, siehe Maurer, *Allgemeines Verwaltungsrecht*, 154 ff.

IV. Staatstechnik des autoritären Konstitutionalismus

»Whatever it takes.«[1]

1. Narrative und Experimente

Das Projekt der Moderne offeriert eine Vielfalt von Erzählungen. In ihnen verdichten sich vor allem aus Erfahrungen und Experimenten gewonnene Einsichten, die zu Enttäuschungen oder Hoffnungen Anlass geben. Konstitutionalismus ist eines dieser Narrative. Seine Geschichte erzählt von solchen Erfahrungen – manche bitter, manche erfreulich, alle wertvoll – von erfolgreichen und gescheiterten Versuchen, Autorität zu begründen und Macht einzuhegen. Genauer gesagt findet sich auch in der Bibliothek des Konstitutionalismus – als Theorie und Praxis von Verfassungen, eingebettet in eine Verfassungskultur – mehr als nur *ein* Narrativ in den Regalen. Dessen Abwandlungen berichten von historischen Niederlagen und Siegen, von Täuschungen und Aufklärungen und immer wieder vom Glauben an die Zauberkraft von Verfassungen.[2] Kein Wunder, dass der Kollektivsingular Konstitutionalismus ein weites Spektrum unterschiedlicher Regime samt ihrer Staatstechniken abdeckt.

Die frühen Verfassungen des ausgehenden 18. und beginnenden 19. Jahrhunderts dokumentieren die Kämpfe gegen Feudal- und Kolonialherren, gegen *Ancien Régime* und absolutistische Monarchie. Sie zeigen die Versuche auf, Herrscherprivilegien abzuschaffen oder wenigstens zu begrenzen und die (Steuern zahlenden, männlichen) Mitglieder des Volkes mit gleichen Rechten als *Souverän* zu etablieren. Allerdings legten sie zugleich neue Achsen der Un-

---

1 »Innerhalb unseres Mandats ist die EZB bereit zu tun, was immer nötig ist, um den Euro zu bewahren. Glauben Sie mir, es wird ausreichen.« Präsident der Europäischen Zentralbank, Mario Draghi, 2012 zur Beruhigung der Finanzwelt in der Bankenkrise. Alexander Armbruster, »Whatever it takes«, in: *FAZ* vom 26. 07. 2017, ⟨https://www.faz.net/aktuell/wirtschaft/konjunktur/euro-krise-2012-wie-mario-draghi-die-maerkte-beruhigte-15122755.html⟩ (Zugriff: 25. 02. 2019).
2 Siehe oben Kap. I.5 und Frankenberg, *Comparative Constitutional Studies*, Kap. I.

gleichheit entlang der Grenzen von Eigentum und sozialer Klasse, Zugehörigkeit und Fremdheit.³

Ein kurzer Rückblick. Die Verfassungen Frankreichs von 1791 und 1814 etablierten konstitutionelle Monarchien. Die Verfassung des revolutionären Jahres I (1793) enthielt weitreichende Bestimmungen für die Demokratisierung und die Verteilung des Wohlstandes. Sie wurde nur zwei Jahre später, bevor sie nachhaltig Wirkung entfalten konnte, von einer neuen Verfassung beiseitegedrängt, die dann das Direktorium etablierte. Die Verfassung des Jahres VIII (1799) versorgte Napoleons Staatsstreich mit nachgeschobener Legitimität und sanktionierte eine Militärdiktatur. Nach einer Reihe weiterer konstitutioneller Durchläufe fing die bonapartistische Verfassung der Zweiten Republik (1848) wiederum einen revolutionären Schwung ab. Am Ende folgte 1958 die Verfassung der Fünften Republik. Mit dem Präsidialsystem trug sie de Gaulles Handschrift.⁴

Die Verfassungsentwicklung in anderen Ländern, ausgenommen die USA, verlief in ähnlich unruhigen Bahnen. Im Labor des Konstitutionalismus herrschte während des »langen« 19. Jahrhunderts große Unruhe, man könnte auch sagen: Experimentierfreude – vor allem, wenngleich nicht ausschließlich in Europa und Lateinamerika.⁵ Diese setzten sich im 20. Jahrhundert kaum weniger fieberhaft nach den beiden Weltkriegen sowie im Zeitalter von Entkolonialisierung und postsozialistischer Rekonstruktion fort.⁶ Allenthalben wurden liberale und illiberale, monarchistische und nicht-monarchistische Gerüste gefertigt, um politische Autorität zu stützen, ihr in den Mantel der Legitimität zu helfen und mit dem Instrumentarium der Rechtsstaatlichkeit (*law-rule*) die von Volkssouveränität und Demokratie hervorgetriebene Selbstregie-

---

3 Karl Marx, »Zur Judenfrage«, in: Karl Marx, Friedrich Engels, *Werke*, Berlin: Dietz Verlag, 1976, 347 ff. Siehe dazu Cara Röhner, *Ungleichheit und Verfassung – Vorschlag für eine relationale Rechtsanalyse*, Weilerswist: Velbrück 2019.

4 Eugénie Mérieau, »French Authoritarian Constitutionalism and its Legacy«, in: Alviar, Frankenberg (Hg.), *Authoritarian Constitutionalism*, 185 ff.

5 Dazu Frankenberg, *Comparative Constitutional Studies*, Kap. 5 mit weiteren Nachweisen; Roberto Gargarella, *Latin American Constitutionalism, 1810-1910: Social Rights and the »Engine Room« of the Constitution*, Oxford: Oxford University Press, 2013.

6 Ellen Bos, *Verfassungsgebung und Systemwechsel: Die Institutionalisierung von Demokratie im postsozialistischen Europa*, Wiesbaden: Springer VS, 2004.

rung (*self-rule*) zu disziplinieren.[7] Vergleichende Studien bezeugen die erstaunlich breite Palette und gestalterische Flexibilität des Konstitutionalismus, dessen Biegsamkeit als ideologische Legende für nahezu jegliche Autorität und Legalitätskonstruktion, für sehr unterschiedliche Staatsformen und Staatstechniken. Bei aller Diversität tritt jedoch die Legierung von Autorität und Recht zur Rechtsautorität durchgehend als prägendes Merkmal des Konstitutionalismus hervor, insbesondere dort, wo Charisma[8] und Gewalt nicht ausreichen.

Das *Dispositiv*[9] des autoritären Konstitutionalismus umschließt, ungeachtet der von ihm freigesetzten Variationen, ein Ensemble von Diskursen, Wissensformen und Institutionen, regulatorischen Entscheidungen, politischen Strategien und normativen Positionen. Dieses Dispositiv informiert eine Staatstechnik, die *konstitutionellen Opportunismus* mit einer spezifischen Sicherheitsagenda und imperativen, durchweg die Exekutive privilegierenden, vielfach *informellen* Handlungsformen kombiniert. Deren Erörterung steht hier im Mittelpunkt. [10]

7 Um einen knappen Überblick über die Vielfalt konstitutioneller Experimente zu geben: *Spanien*: 1812 (konstitutionelle Monarchie), 1834 (absolute Monarchie), 1845 (Regentschaft), 1873 (demokratische Republik), 1938 (Franco-Diktatur), 1978 (konstitutionelle Monarchie). *Belgien*: 1831 (konstitutionelle Monarchie). *Chile*: 1833 (autoritäres Präsidialregime) und nach 1891 parlamentarische Oligarchie. *Argentinien*: 1853 (liberal-repräsentative Demokratie). *Kolumbien*: 1811 (beeinflusst durch die US-Verfassung), 1821 (Demokratie, Abschaffung der Sklaverei), 1866 (Republik). *Japan*: 1889 (kaiserliche Meiji-Verfassung), 1947 (parlamentarische Demokratie, symbolisches Kaisertum). *Deutschland*: 1871 (Reichsverfassung), 1919 (Republik). *Südafrika*: 1910 (Regierung der weißen Bevölkerung und Rassismus), 1961 (»weiße« Republik und Afrikaner-Nationalismus, gegründet auf der Idee der Buren als »auserwähltes Volk«), 1983 (Apartheid-Verfassung, politische Repräsentation nach Rassekriterien unter Ausschluss der afrikanischen Bevölkerung) und schließlich 1996 (demokratische Republik, egalitärer Konstitutionalismus).
8 Der Glaube an die außeralltägliche Macht und Führungskraft, vgl. Max Weber, *Wirtschaft und Gesellschaft*, 5. Aufl., Tübingen: Mohr Siebeck, 2002, Kap. III § 10.
9 Zum Begriff des Dispositivs: Michel Foucault, »Security, Territory, Population«, in: ders., *Ethics: Subjectivity and Truth*, New York: The New Press, 2004, 73; ders., *Dispositive der Macht: Über Sexualität, Wissen und Wahrheit*, Berlin: Merve, 2008; und Cornelia Vismann, *Medien der Rechtsprechung*, hg. v. Alexandra Kemmerer und Markus Krajewski, Frankfurt am Main: S. Fischer, 2011, 17 ff.
10 In den folgenden Kapiteln schließt sich die Untersuchung weiterer, für wesentlich erachteter Bausteine des autoritären Konstitutionalismus an: ein Dualismus

Autoritäre Macht, ganz gleich ob instituiert, akquiriert oder usurpiert, gehorcht den Regeln einer staatstechnischen Grammatik, die machiavellistische und hobbesianische Elemente und Agenden miteinander verknüpft. *Staatstechnik* umfasst die Gesamtheit der Praktiken, Normen und Prinzipien, Formen des Wissens und Fähigkeiten, Kalkulationen, Strategien und Taktiken, die staatliche (oder internationale) Akteure und Institutionen bei ihren Operationen in Anschlag bringen.[11] Unter aktuellen Bedingungen und je nach Kontext und politischer Konstellation führen diese Verbindungen in autoritären Regimen zu einem Mix und Remix von Autokratie und Demokratie, von Unterdrückung und Ermächtigung, von Gesetzesherrschaft und Willkür. Je nach Akzent und Exekution lassen sich, wie dargelegt, autoritäre von totalitären Methoden der Staatstechnik trennen. Im Folgenden hebe ich den konstitutionellen Opportunismus, die Neigung zum Informalismus, die Affinität zum Ausnahmezustand, das Regieren mit Sondervollmacht als Kennzeichen autoritärer Staatstechnik hervor, die sich im Medium einer autoritären Hermeneutik des Verdachts, weitgehend unbehelligt von einer neutralisierten Justiz, bewegt.

2. Konstitutioneller Opportunismus

Nach einem Update, das den Unterschied zwischen Machiavelli und (heutigem) Machiavellismus in Rechnung stellt,[12] kann *Der Fürst* (1532) als Manual fungieren, das Autokraten unserer Tage Handreichungen gibt, wie sich ein Staat *top-down* regieren, mit welchen Instrumenten und Listen sich Macht aneignen und absichern lässt.

---

von Macht und Privateigentum, politische Beteiligung als Komplizenschaft und der Kult der Unmittelbarkeit, der sich in der scheinbar unvermittelten Kommunikation zwischen Herrschern und Beherrschten äußert. Komplizenschaft und Unmittelbarkeit sind darauf angelegt, ein Band persönlicher Loyalität zwischen Führern und Geführten zu knüpfen und Vorstellungen von einer (imaginären) nationalen, ethnischen, patriotischen, religiösen oder Stammes-Gemeinschaft zu bedienen. Dazu Kap. VI und VII.

11 Frankenberg, *Staatstechnik*, 12 ff. auch zum Folgenden.
12 Herfried Münkler, *Machiavelli. Die Begründung des politischen Denkens der Neuzeit aus der Krise der Republik Florenz*, Frankfurt am Main: S. Fischer, 1980; Frankenberg, *Staatstechnik*.

Nochmals: Whatever it takes

Überaus aktuell wirkt die »goldene« Opportunitätsregel des Machiavellismus: Tue stets, was die Umstände für die Beschaffung, Erhaltung und den Schutz deiner Aktiva verlangen, und nutze dazu alle dir opportun erscheinenden strategischen Optionen und taktischen Kniffe. Diese Logik wurde vom Präsidenten der Europäischen Zentralbank, Mario Draghi, anlässlich der von ihm anvisierten und ins Werk gesetzten Bekämpfung der Euro-Finanzkrise 2012 adoptiert und auf die prägnante Formel gebracht, zum gebotenen Schutz des Euro werde er tun, »whatever it takes«.[13]

In konstitutioneller Umwelt muss sich machiavellistische Opportunität und müsste sich auch Draghis Formel moderater geben, situativ angepasst und modifiziert werden, selbst von Akteur*innen, die auf Verfassung und verfassungsrechtliche Bindungen an sich keinen gesteigerten Wert legen. Aufs Ganze gesehen hängt die konstitutionelle *compliance* autoritärer Herrscher davon ab, welche Theorie und Praxis des Konstitutionalismus sie zur Absicherung ihres Status und ihrer Herrschaftsinteressen für zweckdienlich erachten. Wenn die gewaltsame Ausschaltung rivalisierender Eliten und Cliquen sich umständehalber verbietet, die Kooptierung oppositioneller Bewegungen nicht durchschlägt, kann der Respekt vor der Verfassung, zumindest die Wertschätzung ihres manipulativen Potentials, an Bedeutung gewinnen.

In nicht wenigen Autokratien sind Verfassungen, insofern wie *Der Fürst*, als ein Leitfaden, eine Art *Vademecum*, durchaus von Nutzen. Sie leisten wertvolle Dienste für die effektive Ausübung von Macht: Nach machiavellistischer Strategie fällt Verfassungen die Aufgabe zu, die hemdsärmelige Prinzipienlosigkeit von Herrschern in den dünnen Mantel der Legalität zu hüllen und ihr einen dezenten Firnis von Berechenbarkeit und Legitimität aufzutragen. Das erklärt, warum autoritäre Regierungschefs bereitwillig der in Verfassungsstaaten eingeübten Tradition folgen und bei ihrer Amtseinführung den Eid auf die Verfassung ablegen, ihr Amtszimmer

---

13 »Within our mandate, the European Central Bank is ready to do whatever it takes to preserve the euro. And believe me, it will be enough.« ECB-President Mario Draghi, »Rede auf der Global Investment Conference«, London, 26.07.2012, ⟨https://www.ecb.europa.eu/press/key/date/2012/html/sp120726.en.html/⟩ (Zugriff: 10.08.2018).

mit der Verfassung dekorieren und diese demonstrativ als Ausweis ihrer konstitutionellen Respektabilität in die Höhe halten (siehe Abbildung 5), um sie bei nächster Gelegenheit zu ignorieren oder zu brechen.[14] Konstitutioneller Opportunismus dient ehedem gekrönten und heute meist ungekrönten Häuptern zudem dazu, ihren Machttitel zu dokumentieren und ihre autoritäre Staatspraxis zu verschleiern.

Abb. 5: Präsident Hugo Chávez mit »seiner« Verfassung.[15]

In das Regelwerk des demonstrativen, konstitutionellen Formalismus stellte sich zum Beispiel Hugo Chávez bei seiner feierlichen Einsetzung in das Amt des Präsidenten Venezuelas und leistete den Eid auf die Verfassung. In einer originellen Adaptation der Selbstkrönung Napoleons setzte er freilich einen autokratischen Kontrapunkt und ermächtigte sich, den Eid nach eigenem Gusto abzuwandeln, um sein Verfassungsprojekt anzukündigen:

Ich schwöre vor Gott, ich schwöre vor dem Vaterland, ich schwöre vor meinem Volk, dass ich auf Grundlage *dieser todgeweihten Verfassung* die

---

14 Den Hinweis auf die Verfassung als »Stütze« bei der Amtseinführung von Charles de Gaulle als Präsident verdanke ich Daniel Schulz, »Verfassungsbilder: Text und Körper in der Ikonographie des Verfassungsstaates«, in: *Leviathan* 46 (2018), 71 ff.

15 Quelle: *Amerika 21* vom 15.03.2013, ⟨https://amerika21.de/analyse/81390/die-ersten-regierungsjahre⟩. Zur Selbstdarstellung von Hugo Chávez mit Verfassung in der Hand: Jorge Gonzalez-Jácome, »Authoritarianism and the Narrative Power of Constitutionalism in Venezuela«, in: Alviar, Frankenberg (Hg.), *Authoritarian Constitutionalism*, 136 ff..

notwendigen demokratischen Transformationen vorantreiben werde, damit die Republik eine Magna Charta erhält, *die der neuen Zeit entspricht.*[16]

Seine »Magna Charta« hat Chávez nicht auf den Pfad konstitutioneller Tugend geführt: Als er sich wegen seiner schweren Krebserkrankung zur Therapie in Kuba aufhielt, konnte er sich nach seiner Wiederwahl im Januar 2013 nicht zur verfassungsrechtlich gebotenen Vereidigung in Caracas einfinden. Um die Stabilität seines Regimes nicht zu gefährden, wurde die Vereidigung »suspendiert« – und stattdessen ließen seine Gefolgsleute kurzerhand die mobilisierte Anhängerschaft öffentlich vereidigen.

Interesse des Herrschers »an sich selbst«

In Russland wie auch in anderen autoritären Regimen konvertieren aktualisierte machiavellistische Staatstechniken unter der fadenscheinigen Glasur des Konstitutionalismus das Interesse des Herrschers »an sich selbst«[17] in Staatsräson, die sich in handfesten politisch-ökonomischen Vergünstigungen für Führer, Eliten oder andere hegemonische Nutzenmaximierer auszahlt. Soweit dabei Übergänge – vom revolutionären Sozialismus zur diktatorischen Kaderherrschaft (Nicaragua), von mobilisierendem Populismus zur Autokratie (Chávez in Venezuela, Perón in Argentinien), von parlamentarischer Demokratie zu präsidialer Diktatur (Erdoğan), von einem prekären Verfassungsstaat zu einer »vertikal gelenkten Demokratur (Putin) – zu besorgen sind,[18] bedürfen diese der Rechtfertigung, das heißt: einer Begründung, die sich öffentlich sehen lassen kann. In parlamentarisch-demokratischen Systemen lassen

---

16 Zitiert nach Christoph Twickel, *Hugo Chavez. Eine Biographie*, Hamburg: Edition Nautilus, 2006 – Hervorhebungen von G.F. Siehe Clifford Krauss, »New President in Venezuela Proposes to Rewrite the Constitution«, in: *The New York Times* vom 04.02.1999, ⟨https://www.nytimes.com/1999/02/04/world/new-president-in-venezuela-proposes-to-rewrite-the-constitution.html/⟩ (Zugriff: 11.08.2018)
17 In Anlehnung an Claus Offe, *Strukturprobleme des kapitalistischen Staates. Aufsätze zur Politischen Soziologie*, Frankfurt am Main: Suhrkamp, 1972 und ders., *Berufsbildungsreform. Eine Fallstudie über Reformpolitik*, Frankfurt am Main: Suhrkamp, 1975.
18 Dazu Michael Zeuske, *Von Bolívar zu Chávez. Die Geschichte Venezuelas*, Zürich: Rotpunktverlag, 2008.

sich Momente machiavellistischer Machtsicherung punktuell mit Hinweisen auf die Erfordernisse des gerechten, weil notwendigen Kampfes gegen Terror und Organisierte Kriminalität[19] bedienen oder neuerdings auch mit dem Hinweis auf Sachzwänge der Praxis, die keine Alternative zulassen.[20] Eingerichtete autoritäre Regime bemühen innere und äußere Feinde, wenn ihnen keine Naturkatastrophen oder sonstige Ausnahmelagen zu Hilfe kommen.

Nicht erst Carl Schmitts *Begriff des Politischen*[21] adelte Feinderklärungen zum Standardwerkzeug opportunistischer Staatstechnik. Erst recht nicht gerieten sie mit ihm in Verruf. Heute grassieren sie (nicht nur) in Europa, wo sich der Islam als bevorzugtes Feindbild anbietet, verstärkt von apokalyptischen Visionen,[22] propagiert vor allem von rechtskonservativ-nationalistischen bis rechtsextremen Autor*innen, Organisationen und Bewegungen. Die Freiheitliche Österreichische Partei (FPÖ) beschwört den Mythos der »Schlacht um Wien« von 1683, in der die osmanischen Belagerer vor den Toren der Stadt am Ende zurückgeschlagen wurden. Ungarns Premier Viktor Orbán verkündet, dass Muslime nicht integrierbar und ein

---

19 Peter Waldmann, *Terrorismus und Bürgerkrieg. Der Staat in Bedrängnis*, München: Gerling Akademie Verlag, 2003; Sebastian Scheerer, *Die Zukunft des Terrorismus. Drei Szenarien*, Lüneburg 2002; B.V. Johnstone, »The War on Terrorism: A Just War?«, in: *Studia Moralia* 40 (2002), 39 ff.

20 Astrid Séville, »*There is no Alternative*« – *Politik zwischen Demokratie und Sachzwang*, Frankfurt am Main/New York: Campus, 2017. Nach der Katastrophe von Fukushima im März 2011 hatte Kanzlerin Angela Merkel einen solchen autoritärmachiavellistischen TINA-Moment: Angesichts der Meinungsumfragen (und des dramatischen Popularitätsverlustes ihrer Partei, die die Nutzung der Atomenergie befürwortete) dekretierte sie – kompetenz- und verfassungswidrig – entgegen der eben noch von ihr befürworteten und mehrheitlich vom Bundestag beschlossenen Verlängerung der Laufzeiten von Atomreaktoren für die ältesten von ihnen ein dreimonatiges Moratorium, es folgte später der Atomausstieg. »AKW in Deutschland«, ⟨https://www.bund.net/atomkraft/akw-in-deutschland/⟩ (Zugriff: 08.08.2018); Joachim Radkau, Lothar Hahn, *Aufstieg und Fall der deutschen Atomwirtschaft*, München: Oekom Verlag, 2013.

21 Carl Schmitt, *Der Begriff des Politischen. Text von 1932 mit einem Vorwort und drei Corollarien*, Berlin: Duncker & Humblot, 1963. Siehe auch Bob Altemeyer, *Enemies of Freedom: Understanding Right-Wing Authoritarianism*, San Francisco CA: Jossey-Bass, 1988. Zur Kritik: Frankenberg, *Staatstechnik*, Kap. 4.

22 Sarrazin, *Feindliche Übernahme*, die Fortsetzung von: ders., *Deutschland schafft sich ab*. In diesem Sinne auch Alice Schwarzer, *Die große Verschleierung – Für Integration, gegen Islamismus*, Köln: Kiepenheuer & Witsch, 2010.

Sicherheitsrisiko seien, da sie unter dem Deckmantel der Flucht Terrorismus ins Land brächten. Die sogenannte »Flüchtlingswelle« hält er folglich für eine Verschwörung – eine Behauptung, die von antisemitischen Konnotation nicht frei ist und den zum Feind erklärten jüdischen Unternehmer George Soros öffentlich für die aktuellen Migrationsbewegungen durch Ungarn haftbar macht.[23] So wird in der Abgrenzung nach außen unter Rückgriff auf Feindbilder ein nationales Selbstbild geschaffen und eine nationale Identität konstruiert. »Der Islam« oder »die Muslime« leisten in westeuropäischen Staaten[24] derzeit, was zu Zeiten des Kalten Krieges im Westen »der Russe«, im Osten »der imperialistische Amerikaner« als Perzeptionsmuster der Realität[25] besorgten.

Verrufserklärungen gegenüber inneren Feinden mobilisieren die Anhängerschaft und signalisieren der Opposition, dass Kompromissvorschläge nicht im Angebot sind. Feinderklärungen zerreißen die Textur einer demokratischen Streitkultur, soweit von ihr überhaupt die Rede sein kann. Deshalb meidet demokratischer Konstitutionalismus, der auch in Kontroversen auf die Egalität der sozialen Beziehungen und politischen Verhältnisse achtet, den Feindbegriff.[26] Dessen Verwendung zeigt den Übergang zur Lagerbildung und politischen Asymmetrie an, beides Kennzeichen autoritärer Regime.[27] Im Zuge der Mutation der Türkei unter der Regierung Erdoğan und seiner AKP-Partei in ein »kompetitives au-

---

23 Dazu Pichl, »The Constitution of False Prophecies: The Illiberal Transformation of Hungary«.

24 Kay Sokolowsky, *Feindbild Muslim*, Berlin: Rotbuch Verlag, 2009.

25 Daniel Frei, *Feindbilder und Abrüstung. Die gegenseitige Einschätzung der UdSSR und der USA*, München: UNIDIR, 1985.

26 Auch das Konzept der »streitbaren Demokratie« des Grundgesetzes (siehe Art. 9 Abs. 2, Art. 21 Abs. 2 und Art. 18 GG) kennt streng genommen nicht den »Feind«. Der »Verfassungsfeind« wurde jedoch rituell in den Jahresberichten des Bundesverfassungsschutzes und ohne Hemmung im politischen Diskurs am Leben gehalten. Das *Rechtslexikon.net* weist zu Recht darauf hin, dass der Verfassungsfeind »kein Begriff der Gesetzessprache [ist], aber in der Diskussion um die Zulassung ›Radikaler‹ (Extremisten) zum öffentlichen Dienst häufig gebraucht [wird]«. »Verfassungsfeind«, in: *Rechtslexikon.net*, ⟨http://www.rechtslexikon.net/d/verfassungsfeind/verfassungsfeind.htm⟩ (Zugriff: 11. 08. 2018)

27 Zur egalitären Rhetorik in demokratischen Konflikten: Günter Frankenberg, »Tocquevilles Frage«, in: ders., *Autorität und Integration. Zur Grammatik von Recht und Verfassung*, Berlin: Suhrkamp, 2003, 136 ff.

toritäres Regime« fand ein solcher Kurswechsel von einem »inklusiven zu einem exklusiven politischen Diskurs« statt:

> Die Mobilisierung der Massen erfolgte, angesichts des für viele ausbleibenden Aufschwungs, nicht mehr durch das Versprechen des sozialen Aufstiegs, sondern durch eine polarisierende Freund-Feind-Rhetorik. Die eigene Anhängerschaft sollte durch die Ausgrenzung von anderen gegen diese mobilisiert werden.[28]

3. Autoritärer Informalismus

Auch nach der theatralischen Amtseinführung verdeckt der rituelle Nachvollzug verfassungsrechtlicher Formen und Verfahren, dass autoritäre Regime zwar im Schatten der Normen operieren, jedoch die informelle Machtausausübung präferieren. Anti-Formalismus lockert unter der Hand die Bindung an Recht und Verfassung, derer sich autoritäre Führerfiguren im Regimealltag allzu gern bedienen, um etwaige Zweifel an ihrem Legitimitätstitel zum Schweigen zu bringen. In auffälligem Kontrast zur formalisierten Machtübernahme nach dem Muster der Inauguration vollzieht sich die entformalisierte Machtausübung gleichsam auf leisen Sohlen im Dunkel des autoritären Konstitutionalismus oder aber legt sich ein völkisches Kostüm an.

Im Schatten von Recht und Verfassung

Die Kostümierung verfängt, und weder Untugend noch Verstöße gegen die Verfassung bedürfen der Maskerade, wenn die Bevölkerung dem Machtmissbrauch ihrer Führer applaudiert und deren Missachtung des Verfassungsrechts nachgerade als unterhaltsames Schauspiel goutiert. Ein deprimierendes Beispiel für populären konstitutionellen Opportunismus dieser Art gab der italienische Ministerpräsident Silvio Berlusconi während seiner Amtszeit ab. Ohne vom Wahlvolk mit erforderlicher Mehrheit zur Rechenschaft

---

28 Gudrun Biffl, Dorothea Stepan (Hg.), *Europa und Demokratien im Wandel – Beiträge zum Globalisierungsforum 2014/15*, Krems: Edition Donau-Universität, 2016, 45.

gezogen zu werden, brachte er wiederholt Gesetze (zur Amnestie) in eigener Sache auf den Weg, zuletzt unmittelbar nach gewonnener Wahl ein Immunitätsgesetz, um sich dem Zugriff der Strafjustiz zu entziehen. Sein Informalismus in Gestalt von politischen Peepshows traf auf breite Zustimmung, weil sich jenes Wahlvolk von einer Regierung im technischen Sinne möglicherweise nichts (mehr) versprach, daher sich mit Entertainment schadlos hielt und an der Demontage der Verfassung und der politischen Institutionen Italiens keinen Anstoß nahm. Im Gegenteil: Nach dem Muster eines Rezidivs verhalf das Publikum Berlusconi zu wiederholten Wahlsiegen. Sein Erfolg und auch seine Selbsteinschätzung litten nicht darunter, dass kritische Beobachter*innen beklagten, er transformiere Italiens fragile parlamentarische Demokratie in ein Sultanat.[29] Da Wissenschaft wie auch Justiz (noch) nicht zum Entertainment-Komplex gehören, waren deren Verlautbarungen nicht nur für ihn ohne Belang.

Soweit der machiavellistische Stil an verfassungsrechtliche Schranken stößt, sind Diktate roher Macht und Zweckmäßigkeit sowie selbst die genügsame »gelegentliche Tugendhaftigkeit« an diese anzupassen oder aber pseudo-konstitutionell zu maskieren. Für eine solche Maskerade wird gern auf die Semantik der Notwendigkeit oder die sachgesetzlichen (Sicherheits-)Erfordernisse in Ausnahmelagen zurückgegriffen. Bei entsprechend gefestigter Machtposition können auch eher praktische Aspekte hinreichen. Letzteres war der Fall, als der chinesische Staatschef Xi Jinping jüngst die verfassungsrechtliche Begrenzung seiner Amtszeit auf insgesamt zehn Jahre (Art. 79 Verfassung der Volksrepublik China) aufheben ließ. In seltener Einmütigkeit stimmten die fast dreitausend Mitglieder des Nationalen Volkskongresses nahezu geschlossen zu. Offizielle, pragmatische Begründung: Es gehe um die Angleichung des Präsidentenamtes an seine beiden anderen unbefristeten Führungspositionen als Generalsekretär der Kommunistischen Partei und Vorsitzender der Zentralen Militärkommission.[30]

---

29 So der renommierte Demokratietheoretiker Giovanni Sartori, *Il Sultanato*, Rom: Laterza, 2009. Dazu auch Alexander Smoltczyk, »Das Delikt des Cavaliere«, in: *Der Spiegel* vom 11.05.2009, ⟨https://www.spiegel.de/spiegel/print/d-65330428.html⟩ (Zugriff: 14.08.2018).

30 Sha Hua, »2958 Ja-Stimmen, 2 Nein-Stimmen – Xi Jinping könnte auf Lebenszeit regieren«, in: *Handelsblatt* vom 11.03.2018, ⟨https://www.handelsblatt.com/

Die Kombination von konstitutionellem Opportunismus mit Vorliebe für Informalismus perfektionierte Wladimir Putin (als ehemals hochrangiger Geheimdienstoffizier besonders erfahren in Sachen des enthemmt Informellen) zu Lasten der ohnehin fragilen Reputation der Verfassung der Russischen Föderation von 1993.[31] Nach Ablauf seiner regulären zweiten Amtszeit 2008 schickte er einen Strohmann und Vertrauten, Dmitri Medwedew, für eine Amtsperiode ins Rennen und ließ sich von diesem zum Ministerpräsidenten ernennen, der selbstverständlich alle Fäden in der Hand hielt. Da Wahlen in Russland ohne Risiko sind, weil aussichtsreiche Kandidaten durch fabrizierte Anklagen, inszenierte Strafverfahren, Verhaftung, Vergiftung oder auf andere Weise ausgeschaltet werden, konnte er sich anschließend problemlos erneut ins Präsidentenamt »wählen« lassen. Alles in Übereinstimmung mit den auf eine bloße Äußerlichkeit heruntergebrachten Formalien der normativ weitgehend entkernten Verfassung. Der treuherzige Kommentar des »Hüters der Verfassung« (Art. 80 Abs. 2):

In der Verfassung ist unmissverständlich festgeschrieben: zwei Amtszeiten in Folge. Ich bin jetzt zum zweiten Mal gewählt. Wie Sie wissen, war ich zuvor bereits zweimal Präsident, musste aber unterbrechen, weil die Verfassung eine dritte Amtszeit in Folge nicht genehmigt. Das ist alles.[32]

Er habe die Verfassung stets eingehalten und werde sie immer einhalten, behauptete Putin, Konstrukteur seiner »Vertikalen der Macht«, einer alle staatlichen Organe umfassenden strikten Befehlskette,[33]

politik/international/china-2958-ja-stimmen-2-nein-stimmen-xi-jinping-koennte-auf-lebenszeit-regieren/21057096.html?ticket=ST-57349-OaplaelCNErPqrkt9hkz-ap1⟩ (Zugriff: 08. 08. 2018).
31 Karen Dawisha, *Putin's Kleptocracy: Who Owns Russia?*, New York: Simon & Schuster, 2014; Anna Politkovskaja, *In Putins Russland*, Köln: DuMont, 2005 auch zum Folgenden.
32 Zitiert nach »Putin als Garant der Verfassung lehnt seine dritte Amtszeit ab«, in: *SputnikNews* vom 25. 05. 2018, ⟨https://de.sputniknews.com/politik/20180525320874458-putin-verfassung-dritte-amtszeit-ablehnung/⟩ (Zugriff: 08. 08. 2018). Siehe zur Begrenzung der Amtszeit: Art. 1 Abs. Verfassung der Russischen Föderation (1993). Siehe auch Christina Hebel, »Ein Sieg wie gemacht«, in: *Spiegel Online* vom 18. 03. 2018, ⟨https://www.spiegel.de/politik/ausland/russland-wahl-wie-sich-wladimir-putin-seinen-sieg-gemacht-hat-a-1198704.html⟩ (Zugriff: 13. 01. 2018).
33 In ihrem Buch *In Putins Russland* chrakterisiert Anna Politkowskaja, die 2006 an Putins Geburtstag ermordete Journalistin, die russische Demokratie unter Putin

als er ankündigte, 2024 sein Präsidentenamt abgeben zu wollen.[34] Auch das ein autoritärer Gestus: raffiniertes Machtmanagement ohne jene dem Machiavellismus zugeschriebenen »gelegentlichen Tugenden«.

Informelle Staatstechnik tritt jedoch weniger im Fernsehen oder bei der Amtsübergabe als vielmehr im Regierungsstil in Erscheinung. Exemplarisch werden daher im Folgenden die Normalisierung und Verstetigung des Ausnahmezustandes[35] »unter der Hand« erörtert, außerdem die Herrschaft per Dekret (*rule by decree*), geheim und regellos operierende Netzwerke sowie der Modus der Bekämpfung als Ausdruck des autoritären Sicherheitsdispositivs.

Informalisierung der Ausnahme

Das Informelle der Praxis, Zwilling des Opportunismus, zeichnet aus, dass die Staatstechnik autoritärer Regime und bisweilen auch deren Verfassungen die grundlegende Unterscheidung von Norm und Ausnahme[36] dadurch untergraben, dass sie ein weites Spektrum außerordentlicher Kompetenzen und Maßnahmen autorisieren und/oder jene Kultur des konstitutionellen Formalismus zersetzen, die dazu beitragen könnte, zwischen Engagement und Zynismus zu navigieren[37] oder den Widerstandsgeist der Zivilgesellschaft und einen verantwortlichen Regierungsstil zu fördern.

Die informelle Seite der Ausnahme-Praxis zeigt sich besonders deutlich und nur auf den ersten Blick paradoxerweise in der rituellen Verlängerung und beliebigen Begründung von Ausnah-

---

als »Konglomerat aus mafiosen Unternehmern, den Rechtsschutzorganen, der Justiz und der Staatsmacht«.

34 Ernesto López, *El primer Perón. El militar antes que el politico*, Buenos Aires: Capital Intelectual, 2009, »Wladimir Putin will maximal zwei Amtszeiten in Folge Präsident sein«, in: *Zeit Online* vom 25.05.2018, ⟨https://www.zeit.de/politik/ausland/2018-05/russland-wladimir-putin-ende-amtszeit/⟩ (Zugriff: 08.08.2018)

35 Siehe dazu auch Kap. III.3.

36 Siehe auch die Überlegungen zum Ausnahmezustand im vorigen Kapitel.

37 In Anlehnung an Martti Koskenniemi, *The Gentle Civilizer of Nations. The Rise and Fall of International Law 1870-1960*, Cambridge UK: Cambridge University Press, 2009, 500; und ders., »Between Commitment and Cynicism: Outline for a Theory of International Law as Practice«, in: *Collection of Essays by Legal Advisers of International Organizations and Practitioners in the Field of International Law*, New York: United Nations, 1999, 495 ff.

mezuständen. Die Wiederholung, begleitet von immer anderen oder immer gleichen Rechtfertigungen, macht die ursprüngliche Verhängung, Befristung und Begründung, die gedacht war als Disziplinierung der Machthaber, jedenfalls als Moment der Selbstkontrolle zu einem Muster ohne Wert. Das illustrieren folgende, hier exemplarisch skizzierte Notstandsregelungen und -praktiken.

Beispiel 1: Der in Frankreich 2015 verhängte Ausnahmezustand wurde sechsmal verlängert und schließlich durch ein neues Anti-Terror-Gesetz abgelöst. Es übernahm einen Teil der Regelungen des vorherigen *état d'urgence* in das Normalrecht, das nunmehr den Ausnahmezustand in das Sicherheitsrecht einfügt und normalisiert.[38] Einmal mehr erweist sich der »Kampf gegen den Terror« als Normalisierungsmaschine, in Frankreich kommt dieser der Autoritarismus des Präsidialsystems entgegen, das es dem Präsidenten gestattet, das Parlament aufzulösen, und ihm das Instrument der gesetzesvertretenden Verordnungen an die Hand gibt.[39]

Beispiel 2: Nach dem gescheiterten Staatsstreich von 2016 wurde in der Türkei der Ausnahmezustand erklärt und sodann auf dem Weg ins Kalifat[40] siebenmal verlängert. Kaum war die Verfassung suspendiert, nahm die Regierung Erdoğan einschneidende Verfassungsänderungen vor, um ein diktatorisches Präsidialsystem und mit diesem die Wende von der zumindest semi-autoritären kemalistischen Republik zum Anti-Säkularismus durchzusetzen. Zuvor waren Hunderte von Journalist*innen und Angehörigen des öffentlichen Dienstes verhaftet sowie in Justiz, öffentlichem Dienst, Polizei und Militär massive »Säuberungen« durchgeführt worden, die vor allem Oppositionelle, Staatsbedienstete, Richter oder Anwälte, aber auch Mitglieder von Polizei und Militär trafen. Insgesamt sollen nach verlässlichen Berichten mindestens 130 000 Personen

---

38 »Frankreich: Scharfes Anti-Terror-Paket ersetzt Ausnahmezustand«. Allgemein dazu Frankenberg, *Staatstechnik*, 36 ff. und ders., »Im Ausnahmezustand«.

39 Siehe Art. 12 und 38 der französischen Verfassung (1958).

40 Boris Kálnoky, »Erdogan will die Türkei zur Leuchte des Islam machen«, in: *Die Welt* vom 06.08.2017, ⟨https://www.welt.de/politik/ausland/article167396003/Erdogan-will-die-Tuerkei-zur-Leuchte-des-Islam-machen.html/⟩ und »Erdoğan will das Kalifat«, in: *Der Spiegel* vom 16.04.2016, ⟨http://www.spiegel.de/spiegel/print/d-144314378.html/⟩ (Zugriff: 10.08.2018).

ihre Arbeit verloren haben. Die letzte jüngste Entlassungswelle, die nochmals nahezu 20 000 Staatsbedienstete traf, wurde zwei Wochen vor Aufhebung des Ausnahmezustandes exekutiert.

Schließlich, nach den von Erdoğan gewonnenen Wahlen, wurde der Ausnahmezustand der Form gehorchend aufgehoben. Freilich: Unter der Hand hatte der Präsident dem von ihm kontrollierbaren Exekutivapparat erhebliche Machtzuwächse verschafft. Anti-Terror-Gesetze lassen ein Regelwerk erahnen, das noch restriktiver als die außerordentlichen Maßnahmen während des Ausnahmezustandes ausfallen könnte.[41]

Beispiel 3: Der jüngsten Geschichte Ägyptens haben sich wie in kaum einem anderen Land die Erfahrungen mit Notstandsgesetzen eingebrannt.[42] Ursprünglich 1958 von Präsident Gamal Abdel Nasser erlassen, um die alten Machteliten zu neutralisieren, wurde das Notstandsgesetz Nr. 162 zunächst bis 1964 angewendet, dann ausgesetzt und erneut 1967 als Begleitmaßnahme des Sechstagekrieges wieder eingeführt. Auch während der Regierungszeit von Nassers Nachfolger Anwar as-Sadat blieb das Notstandsgesetz – nach außen – ein wichtiges Instrument, um dessen Macht zu sichern. Im Mai 1980 wurden die Notstandsgesetze kurzzeitig außer Kraft gesetzt. Nach der Ermordung von Präsident Anwar as-Sadat am 6. Oktober 1981 (durch fundamentalistische Angehörige der ägyptischen Streitkräfte) wurde das Notstandsgesetz von dessen Nachfolger Husni Mubarak, nunmehr zur Beruhigung der explosiven innenpolitischen Lage, in neuem Gewand wieder eingeführt (Gesetz 560/1981). Dieses Notstandsgesetz wurde seitdem mehrmals verlängert. Während seiner Kampagne für die Wiederwahl als Präsident (2005) verabreichte Mubarak den schwachen Trost, er werde es durch ein neues Anti-Terror-Gesetz ersetzen. Stattdessen ließ er das Notstandsgesetz im Mai 2006, im Mai 2008 und zuletzt am 11. Mai 2010 für weitere zwei Jahre bis zum 31. Mai 2012 ver-

---

41 »Ausnahmezustand in der Türkei beendet«, in: *Frankfurter Allgemeine Zeitung* vom 19.07.2018 ⟨http://www.faz.net/aktuell/politik/ausland/ausnahmezustand-in-der-tuerkei-endet-nach-zwei-jahren-15698123.html/⟩ (Zugriff: 06.08.2018)

42 Gudrun Krämer, *Ägypten unter Mubarak: Identität und nationales Interesse*, Baden-Baden, Nomos, 1986; Philipp Schäfer, *Bedrohte Identität und Veränderungen im arabischen Sicherheitsdiskurs*, Wiesbaden: Springer VS, 2015, 127 ff., 173 ff.

längern.[43] Nach Mubaraks Sturz änderte sich die Staatspraxis nur geringfügig: Der regierende Militärrat nahm die Übergriffe vom 9. September 2011 auf die israelische Botschaft in Ägypten zum Anlass, das Notstandsgesetz – entgegen früheren Versprechen – sogar noch auszuweiten. Die offizielle Begründung folgte dem üblichen Muster: Angesichts des Terrors verlange die Bedrohung der nationalen Sicherheit und öffentlichen Ordnung, sämtliche Artikel der Notstandsgesetze uneingeschränkt anzuwenden. Am 4. Juni 2012 kam es nach der kurzzeitigen Aufhebung der Notstandsgesetze zu einer weiteren Wende. Justizminister Adel Abdel Hamid erließ das Dekret Nr. 4991, das ebenjene Maßnahmen und Strafen erneut androhte, von denen anzunehmen war, man habe sie mit der Aufhebung des Notstandsrechts hinter sich gelassen. Freilich: Der Erlass basierte auf dem Gesetz Nr. 25 zur Militärjustiz aus dem Jahr 1966! Das Beispiel demonstriert einen durch und durch normativ entkernten Formalismus – in der Sache eine restlos von Formen und Verfahren entleerte Ausnahmepraxis.

Beispiel 4: In der weithin so genannten größten Demokratie der Welt, Indien, steuerte die Regierung Narendra Damodardas Modi eine weitere Modalität zur Informalisierung der Ausnahme bei.[44] Belehrt durch die schlechten und für das Regime verhängnisvollen Erfahrungen mit dem von Indira Gandhi 1975 förmlich erklärten nationalen Ausnahmezustand, verzichtet die Regierung Modi darauf, die Verfassung in toto zu suspendieren. Stattdessen werden gegen bestimmte oppositionelle und regimekritische Personen und Gruppen notstandsgleiche Maßnahmen ergriffen, wie Verhaftun-

---

43 Ahmet Cavuldak et al. (Hg.), *Demokratie und Islam – Theoretische und empirische Studien*, Wiesbaden: Springer VS, 2014. Siehe auch Christoph Rabe, »Wie Mubarak vom Freund zum Problem wurde«, in: *Handelsblatt* vom 04. 02. 2011, ⟨https://www.handelsblatt.com/politik/international/aegypten-krise-wie-mubarak-vom-freund-zum-problem-wurde-seite-2/3823862-2.html?ticket=ST-651115-raawZroadCYWSOXwbswv-ap1/⟩ (Zugriff: 11. 02. 2019); »Ägypten verlängerte Ausnahmezustand um weitere drei Monate«, in: *Der Standard* vom 02. 01. 2018.

44 Dazu Alf G. Nielsen, »An Authoritarian India Is Beginning to Emerge«, in: *The Wire* vom 31. 08. 2018; und »Modi has drawn many lessons from Indira Gandhi's Emergency – save one«, in: *Scroll.in* vom 08. 04. 2019, ⟨https://scroll.in/article/892576/modi-has-successfully-drawn-several-lessons-from-indira-gandhis-emergency-save-one/⟩ (Zugriff: 14. 04. 2019). Für diese Hinweise danke ich Iram Khan.

gen ohne richterlichen Beschluss und Pressezensur. Als legitimatorische Grundlage fungiert das Narrativ, zwischen den »wahren Indern« und ihren »Feinden«, den öffentlichen Intellektuellen, Moslems, Dalits, Kommunisten oder sonstigen Dissidenten, müsse eine Grenze gezogen werden. Dabei achtet die Regierung sorgsam darauf, zum einen ihre Parteibasis nicht zu tangieren, zum anderen sich der sektoralen Unterstützung in den Regionen Indiens zu versichern. Zuletzt setzte Modi die Verfassungsbestimmung außer Kraft, die Jammu und Kaschmir einen Sonderstatus verbürgte, um mit dieser »wegweisenden« Maßnahme die mehrheitlich muslimische Region stärker in den überwiegend hinduistischen indischen Staat zu integrieren.[45]

Beispiel 5: Die Verfassung der USA eignet sich, möchte man denken, als Beispiel weder für informelle noch exekutiv-autoritäre Staatstechnik, scheint doch die Macht der Exekutive angemessen eingehegt zu sein. Der Kongress hat die Kompetenz, Vorkehrungen zu treffen für Aufbau, Organisation und Bewaffnung einer Miliz, Aufstände zu unterdrücken, Kriege zu erklären und Invasionen abzuwehren.[46] Dass der Präsident Oberbefehlshaber der Streitkräfte und der Miliz ist, für den gewissenhaften Vollzug der Gesetze Sorge zu tragen und die Befugnis hat, »alle während der Senatsferien frei werdenden Beamtenstellen im Wege des Amtsauftrags zu besetzen, der mit dem Ende der nächsten Sitzungsperiode erlischt«, will man ihm gern zugestehen, ohne sogleich an Autoritarismus zu denken. Nach der Ratio dieses gewaltenteiligen Systems liegen auch die Notstandsmaßnahmen in Zeiten der Krise in den Händen des Kongresses: Dieser suspendiert den »writ of habeas corpus«, das Recht eines Inhaftierten auf unverzügliche richterliche Haftprüfung, sollte die öffentliche Sicherheit dies in Fällen von Rebellion oder Invasion erfordern. Der Kongress, nicht der Präsident, kann die Miliz zur Durchsetzung der Gesetze, zur Niederschlagung von Aufständen und Abwehr von Invasionen einberufen.

Die geschriebene US-Verfassung liefert allerdings bei weitem kein zutreffendes, eher ein illusionäres Bild der Kompetenzen in

45 ⟨https://www.spiegel.de/politik/ausland/kaschmir-konflikt-narendra-modi-verteidigt-die-aufhebung-des-sonderstatus-a-1281043.html/⟩ (Zugriff: 21.08.2019).
46 Siehe Art. I Abschnitt 8 und Art. II der Verfassung der Vereinigten Staaten von Amerika.

Ausnahmesituationen. Nach einer Aufstellung des Brennan-Instituts sind dem Präsidenten in den vergangenen zweihundert Jahren seit dem *Insurrection Act* von 1807 zur Bekämpfung von Aufständen etwa 123 ihn ermächtigende Notstandsgesetze zugewachsen,[47] wie insbesondere der *Communications Act* von 1934/1942 zur Kontrolle der Kommunikation, der *International Emergency Economic Powers Act* von 1977, der den Präsidenten autorisiert, in Notstandslagen Transaktionen zu blockieren, Konten einzufrieren und Eigentum zu konfiszieren, sowie der PATRIOT Act von 2001 mit weitreichenden Befugnissen zur Terrorbekämpfung.

Außerdem haben sich amerikanische Präsidenten immer wieder auf »implied emergency powers«, also implizite Notstandskompetenzen, berufen und sahen sich durch diese ermächtigt, beispielsweise im Zweiten Weltkrieg in den USA lebende Angehörige der feindlichen Streitmacht Japan ungeachtet ihrer Staatsbürgerschaft zu internieren,[48] ohne richterlichen Beschluss Abhörmaßnahmen durchzuführen oder im Irak-Krieg und nach 9/11 Folter anzuwenden.[49]

Mit dem *National Emergencies Act* von 1976 unternahm der Kongress den, wie sich bald herausstellte, vergeblichen Versuch, die sich in den vergangenen Jahrzehnten erklärten Notstände förmlich zu beenden und künftige zu befristen. Der Informalismus der Ausnahme war stärker: Nach letzter Zählung sind in den USA jedoch noch immer beachtliche dreißig »states of emergency« in Kraft.[50] Sie dokumentieren keineswegs die auch von liberalen Ver-

---

47 Zuletzt dazu Elizabeth Goitein, »In Case of Emergency«, in: *The Atlantic* 1/2019, ⟨https://www.theatlantic.com/magazine/archive/2019/01/presidential-emergency-powers/576418/?utm_source=newsletter&utm_medium=email&utm_campaign=magazine&utm_content=20181220&silverid-ref=NTA3NDgyODYxMzQySo/⟩ (Zugriff: 21.02.2018).

48 *Korematsu v. United States*, 323 U.S. 214 (1944). Dazu jetzt *Trump v. Hawaii*, No. 17-965, 585 U.S. – (2018), betreffend die *Presidential Proclamation 9645* vom 24.07.2017 (»Protecting the Nation from Foreign Terrorist Entry into the United States«)

49 Philippe Sands, *Torture Team: Uncovering War Crimes in the Land of the Free*, London: Penguin, 2008.

50 Goitein, »In Case of Emergency«. Siehe auch »Special Committee on the Termination of the National Emergency« of the 93rd Congress (1973 to 1975). Mit »empirisch leichter Hand« zeichnete Bruce Ackerman ein optimistischeres Bild: Bruce A. Ackerman, *Before the Next Attack: Preserving Civil Liberties in an Age of*

fassungsrechtlern euphemistisch herbeiargumentierte »emergency constitution«,[51] sondern geben Einblick in die verfassungsabgewandte Welt des informellen Autoritarismus. Hinzuzurechnen ist auch die im vorigen Kapitel vorgestellte Variante des von Präsident Trump erklärten Notstandes an der Südgrenze, der auch nach seinem freimütigen Bekenntnis keiner ist.[52]

Informelle Netzwerke im »tiefen Staat«

Der konstitutionelle Opportunismus und Informalismus autoritärer Regime hat eine prozedurale wie auch eine institutionelle Dimension. In dieser wird jede Art der öffentlichen Kontrolle gegen die informellen Netzwerke und Kanäle patriarchalischer Maskulinität ausgespielt.[53] Inbegriff von solch »ungebundenen«, nicht institutionalisierten Netzwerken – das Gegenteil »delegativer Demokratie«[54] – sind paradoxerweise die im Übrigen auf die Wahrung der *äußeren* Form bedachten Militärjuntas und ihre Geheimbünde, wie das Regime der griechischen Obristen (1974-1983), die argentinische Militärdiktatur (1974-1983), die Militärjunta in Myanmar oder vor allem die Militärregime Afrikas,[55] die auf Wert-

---

Terrorism, New Haven: Yale University Press, 2007, 124: »The National Emergencies Act of 1976 terminated all existing emergencies [...].« Siehe auch die problematischen Pläne und Maßnahmen zur *Continuity of Operations (COOP)*, einer Regierungsinitiative gemäß *U.S. Presidential Policy Directive 40* (PPD-40), die sicherstellen soll, dass die staatlichen Behörden ihre essentiellen Funtionen »under a broad range of circumstances« wahrnehmen können.

51 Wenig überzeugend argumentiert Ackerman (unter dem Eindruck des Massenmordes von 9/11) für eine »emergency constitution« und deren mittelfristige Vorteile: »So the emergency constitution offers a trade-off of sorts – a reduction of due process in the short run, followed by its enhancement over the middle run.« Ackerman, *Before the Next Attack*, 114.

52 Kap. III. 3.

53 Den Zusammenhang von Management, Organisation und Maskulinität analysieren und kritisieren David Collinson, Jeff Hearns, *Men as Managers, Managers as Men. Critical Perspectives on Men, Masculinities and Managements*, London: Sage, 1996. Siehe auch Juan Gabriel Valdés, *Pinochet's Economists. The Chicago School in Chile*, Cambridge: Cambridge University Press, 1995.

54 Guillermo O'Donnell, »Delegative Democracy«, in: *Journal of Democracy* 5 (1994), 55 ff.

55 Rainer Tetzlaff, Cord Jakobeit, *Das nachkoloniale Afrika: Politik – Wirtschaft – Gesellschaft*, Wiesbaden: Springer VS, 2005.

schätzung und internationale Anerkennung weniger Wert legen. Zu den informellen Netzwerken wird man auch ohne parlamentarische oder sonstige Kontrolle »beigezogene« Expertengremien wie die Chicago Boys rechnen können. Diese willigen Helfer des Diktators Pinochet[56] machten Chile und später andere autoritär regierte Länder Lateinamerikas zu Laboren neoliberaler Politikexperimente.[57]

Informalität fungiert als Medium von Governance. Ihr korrespondiert die Netzwerkstruktur als operatives Verbindungssystem der Geheimdienste und nicht parlamentarisch, justiziell oder öffentlich kontrollierter Gremien, also eben nicht: Behörden. Die Akteure des »tiefen Staates«[58] operieren *in arcanum* und »führen« ihre Informationszuträger (vor allem V-Leute und verdeckte Ermittler) weitgehend regellos. Das heißt, sie orientieren sich primär an Gesichtspunkten der Opportunität statt an Verfassung und Recht. Weniger bekannt ist, dass sie grenzüberschreitend und »verfassungsfrei« mit anderen (ausländischen) Geheimdiensten in Geheimdienstringen wie etwa *5 Eyes*[59] oder *PRISM* kooperieren, gemeinsame Überwachungssysteme und Angriffsinfrastrukturen entwickeln und einsetzen sowie regelmäßig Daten austauschen.[60]

---

56 »In der Retrospektive war ihre Bereitschaft, für einen grausamen Diktator zu arbeiten und eine andere ökonomische Herangehensweise zu entwickeln, eine der besten Sachen, die Chile passieren konnte. [...] Chile wurde von einem Paria-Staat, der von einem Diktator kontrolliert wurde, zu einem ökonomischen Vorbild für alle Entwicklungsländer. Chiles Leistungen wurden noch eindrucksvoller, als die Regierung in eine Demokratie transformiert wurde. [...] Ihre Lehrer sind auf ihre reich verdiente Ehre stolz.« Gary Becker, Chicago-Professor und Nobelpreisträger, zit. nach Verónica Montecinos, John Markoff, *Economists in the Americas*, Cheltenham UK: Edward Elgar Publishing, 2009.

57 Valdés, *Pinochet's Economists*.

58 Siehe dazu Kap. III 3. Dazu mit übertrieben verschwörungstheoretischer Komponente auch Jürgen Roth, *Der tiefe Staat: Die Unterwanderung der Demokratie durch Geheimdienste, politische Komplizen und den rechten Mob*, München: Heyne, 2016; anders Eugénie Mérieau, »Thailand's Deep State, Royal Power and the Constitutional Court (1997-2015)«, in: *Journal of Contemporary Asia* 46 (2016), 445ff.

59 James Cox, »Canada and the Five Eyes Intelligence Community«, hg. v. Canadian International Council, December 2012, ⟨https://www.opencanada.org/features/canada-and-the-five-eyes-intelligence-community/⟩ (Zugriff: 13. 01. 2019).

60 Andreas von Bülow, *Die CIA und der 11. September: Internationaler Terror und die Rolle der Geheimdienste*, München: Piper, 2011.

4. Regieren mit Sondervollmacht

Im Gegensatz zum machiavellistischen Verfassungsopportunismus hat ein von der Methode Hobbes' informierter autoritärer Stil, der sich stärker an einer Sicherheitsagenda orientiert, auf den ersten Blick eine jedenfalls rhetorisch weniger laxe Bindung an die Verfassung. Staatschefs heben daher auch die Verfassungsmäßigkeit ihrer Dekrete[61] hervor, bedienen sich des verfassungsrechtlichen Instrumentariums, insbesondere der Verfahren und Handlungsformen, oder aber lassen sich ausdrücklich Sondervollmachten erteilen, die sie überwiegend mit Imperativen öffentlicher Sicherheit rechtfertigen.[62] Die Sicherheitsprogramme autoritärer Regime lassen sich zwanglos an das Hobbes'sche Sicherheitsdispositiv anschließen, das Erfordernisse der (politischen) Stabilität mit der Absicherung der friedlichen sozialen Koexistenz verband und nach heutiger Lesart auch wohlfahrtsstaatliche Politiken einschloss.[63]

Die *Aufgabe* des Souveräns, ob Monarch oder Versammlung, ergibt sich aus dem Zweck, zu dem er mit der souveränen Gewalt betraut wurde, nämlich der Sorge für *die Sicherheit des Volkes*.[64]

Die Leistung eines normalen Staates besteht aber vor allem darin, innerhalb des Staates und seines Territoriums eine vollständige Befriedung herbeizuführen, ›Ruhe, Sicherheit und Ordnung‹ herzustellen und dadurch die normale Situation zu schaffen, welche die Voraussetzung dafür ist, dass Rechtsnormen überhaupt gelten können […].[65]

---

61 In Bezug auf seine umstrittenen, rechtlich zum Teil außerordentlich zweifelhaften *executive orders* (Einwanderungsstopp, Obamacare, Handelsdefizit, Klimapolitik) betonte Donald Trump wiederholt deren Verfassungsmäßigkeit. Zu dem von einigen Bundesgerichten teilweise aufgehobenen oder ausgesetzten *travel ban* für Muslime Adam Liptak, Michael D. Shear, »Supreme Court Upholds Trump's Travel Ban, Delivering Endorsement of Presidential Power«, in: *The New York Times* vom 26.06.2018.
62 Die zweimalige Verlängerung des ursprünglich zur »Behebung der Not von Volk und Reich« erlassenen *Ermächtigungsgesetzes* vom 24.03.1933 bis 1943 ist hierfür ein eindringliches Beispiel.
63 Ausführlicher zur *Methode Hobbes*: Frankenberg, *Staatstechnik*, 23 ff.
64 Hobbes, *Leviathan*, 255 – Hervorh. im Orig.
65 Schmitt, *Begriff des Politischen*, 46.

Dekrete, Sondervollmachten

An die Staatstechnik des politischen Autoritarismus lassen sich sowohl der im *Leviathan* entwickelte imperative Stil und das Sicherheitsdispositiv als auch die dort und in den *Elements of Law* erörterten, zum *salus populi* bzw. *common good* führenden Argumentationsstränge anschließen:

> Mit ›Sicherheit‹ ist hier aber nicht die bloße Erhaltung des Lebens gemeint, sondern auch alle anderen Annehmlichkeiten des Lebens, die sich jedermann durch rechtmäßige Arbeit ohne Gefahr oder Schaden für den Staat erwirbt. [...]
>
> Die Sicherheit des Volkes verlangt ferner von demjenigen oder denjenigen, die die souveräne Gewalt innehaben, dass alle Schichten des Volkes gleichermaßen gerecht behandelt werden.[66]

Das auf heutige Erfordernisse umgestellte Sicherheitsdispositiv des Autoritarismus deckt eine breite Palette unterschiedlicher Formen der präventiven und repressiven Verhaltenssteuerung ab. Die verfügbaren Maßnahmen bringen Disziplinarmacht und Biomacht wie auch fürsorglich-kontrollierende Techniken der Machtausübung zur Geltung.[67] Zeitgemäße Versionen des autoritären Konstitutionalismus arbeiten mit Rechtfertigungen, die regelmäßig vorgeben, die Sicherheit und das Wohl der Gemeinschaft zu fördern. Diese Zielvorgaben werden hoheitlich, *top-down* definiert und dabei häufig in die vagen Begriffe sekundärer Tugenden gekleidet, wie etwa Ordnung und Loyalität. Hilfreich als *passe-partout* sind Kandidaten wie Fortschritt[68], Wohlfahrt, Frieden und immer auch die öffentli-

---

66 Hobbes, *Leviathan*, 255 und 262. Nach Hobbes schließt Gerechtigkeit auch die Besteuerung und die Verteilung von Belohnungen ein. Siehe auch Thomas Hobbes, *The Elements of Law, Natural and Political* [1640], Oxford: Oxford University Press, 2008.

67 Michel Foucault, *Überwachen und Strafen. Die Geburt des Gefängnisses*, Frankfurt am Main: Suhrkamp, 1977; ders., *Die Geburt der Biopolitik. Geschichte der Gouvernementalität II – Vorlesung am Collège de France 1978/1979*, Berlin: Suhrkamp, 2006; kenntnisreich dazu Thomas Lemke, *Eine Kritik der politischen Vernunft. Foucaults Analyse der modernen Gouvernementalität*. Berlin/Hamburg: Argument Verlag, 1997.

68 Brasiliens nationales Motto *Ordem e Progresso* (Ordnung und Fortschritt) erfasst die Ambivalenz der beiden Maximen des von Auguste Comte inspirierten politischen Positivismus, wenn Industrialisierung und technischer Fortschritt kom-

che Sicherheit. Bisweilen haben die Sicherheitsdispositive autoritärer Regime und die Rechtfertigungen von repressiven Maßnahmen einen die greifbare Realität leicht transzendierenden Schwung, etwa wenn Tradition oder Notwendigkeit ins Spiel gebracht werden.

Hier einige Stichproben aus dem Rechtfertigungsarsenal des Autoritarismus: Francos diktatorisches Regime hielten seine Anhänger für begründet, weil es »die gerechte Ordnung der Dinge installierte« und zum »Wohle Spaniens« lediglich aus »patriotischer Pflicht« das tat, was es tun musste.[69] Venezuelas Präsident Maduro legitimierte seine Notverordnungen damit, er wolle »Frieden und Sicherheit des Volkes verteidigen«[70]. Der ungarische Ministerpräsident Viktor Orbán berief sich zur Rechtfertigung seiner repressiven Dekrete der inhumanen Behandlung von Flüchtlingen auf die Verteidigung »europäischer christlicher Werte«.[71] Der türkische Präsident Erdoğan kündigte seinerzeit an, der Ausnahmezustand werde als temporäre Maßnahme verhängt, um »Wohlfahrt und Frieden« zu erreichen.[72] Auch andere außerordentliche Maßnahmen wie Folter werden regelmäßig als *notwendige* Entscheidungen (»Not kennt kein Gebot«) ins Feld geführt.[73]

Autoritäre Regime haben, wie gesehen, von Hause aus eine Affinität zum Ausnahmezustand. Daher kommt Verfassungen in einem Hobbes'schen Milieu in Normallagen, erst recht in Krisen

---

biniert werden mit einer starken Exekutivgewalt, einschließlich des Rückhalts durch das Militär. Eine ideologische Steilvorlage für das Regime Bolsonaro.

69 Nachweis: Em Ell, »40 Jahre nach dem Ende der Franco-Diktatur: »Der Tote packt den Lebenden«, in: *RT Deutsch* 14. 01. 2019, ⟨https://deutsch.rt.com/europa/82353-40-jahre-nach-franco-diktatur-der-tote-packt-den-lebenden-i/⟩ (Zugriff: 13. 01. 2019).

70 »Can Venezuela's Maduro Afford to Hold Elections?«, in: *Stratfor* 20. 03. 2015, ⟨https://worldview.stratfor.com/article/can-venezuelas-maduro-afford-hold-elections/⟩ (Zugriff: 18. 07. 2018).

71 Dazu Maximilian Pichls Analyse der Entwicklung in Ungarn, »The Constitution of False Prophecies: The Illiberal Transformation of Hungary«. Und: Robert Tait, »Hungary's prime minister welcomes US ›anti-LGBT hate group‹«, in: *The Guardian* vom 26. 05. 2017 ⟨https://www.theguardian.com/world/2017/may/26/hungary-lgbt-world-congress-families-viktor-orban/⟩ (Zugriff: 28. 01. 2019).

72 »Erdoğan führt die Türkei in die Diktatur«, in: *Süddeutsche Zeitung* vom 22. 07. 2016, ⟨https://www.sueddeutsche.de/politik/nach-putschversuch-erdogan-fuehrt-die-tuerkei-in-die-diktatur-1.3088681/⟩ (Zugriff: 29. 06. 2019).

73 Ausführlich dazu mit zahlreichen Nachweisen Frankenberg, *Staatstechnik*, Kap. 4 und 5.

die doppelte Aufgabe zu, die Geschäftsführung (Governance) mit Vollmachten und Sondervollmachten auszustatten.[74] Dazu bieten sie Staatstechniken – oder konventionell formuliert: staatliche Handlungsformen und Befugnisse – an, die dem reichen Fundus auf Notstände bezogener Herrschaftsdienste entstammen.

Weltweit geläufig und eingeübt ist das *governing by decree*, technisch: die Herrschaft auf der Grundlage *gesetzesvertretender* Anordnungen im Krisenfall. Als Form der Intervention in den (normalisierten) Ausnahmezustand gibt sie dem Herrscher ein rasch einsetzbares, flexibles, der parlamentarischen Debatte entzogenes, eben exekutivisches Instrument an die Hand. Im 20. Jahrhundert prägten die Notverordnungen der Weimarer Verfassung (WRV) sein Image und Anwendungsrisiko.[75] Der berüchtigte Art. 48 Abs. 2 WRV lieferte zuerst die parlamentarischen Regierungen (Art. 52-59 WRV), dann die Republik und am Ende die Verfassung selbst der Notverordnungsdiktatur durch den Reichspräsidenten aus. Nach den Wahlen von 1933 fand diese im *Ermächtigungsgesetz* ihre fatale Fortsetzung.[76] Der Rückgriff auf das Instrument der Notverordnungen war an das Vorliegen einer »erheblichen Störung oder Gefährdung der öffentlichen Sicherheit und Ordnung« gebunden. Der Artikel arbeitete mit einer auf das Allgemeine Preußische Landrecht zurückgehenden Formulierung und der bereits im Kaiserreich anerkannten polizeirechtlichen Generalklausel. Dem Wortlaut des Art. 48 Abs. 2 WRV fehlte folglich eine tatbestandliche Struktur, die seine Anwendung auf wirkliche Ausnahmesituationen hät-

---

74 Eine weitere Aufgabe, die hier nicht angemessen erörtert werden kann, ist das Enttäuschungsmanagement bei Politik- und Rechtsversagen.

75 In der Dezemberverfassung von 1867 galt § 14 als »Notstandsparagraph«. Er wurde bei Sistierung (›Stillstellung‹) des Parlaments der Habsburgmonarchie mehrmals in Anspruch genommen wurde. Karl Kraus nannte diese Bestimmung das »dem Staate angelegte Verfassungsbruchband«. »Das provisorische Österreich«, in: *Die Fackel* Nr. 6, 1899, 13.

76 Art. 48 Abs. 2 WRV: »Der Reichspräsident kann, wenn im Deutschen Reich die öffentliche Sicherheit und Ordnung erheblich gestört oder gefährdet wird, die zur Wiederherstellung der öffentlichen Sicherheit und Ordnung nötigen Maßnahmen treffen, erforderlichenfalls mit Hilfe der bewaffneten Macht einschreiten. Zu diesem Zwecke darf er vorübergehend die in den Artikeln 114, 115, 117, 118, 123, 124 und 153 festgesetzten Grundrechte ganz oder zum Teil außer Kraft setzen.« – Dazu Ian Kershaw, *Hitler. 1889-1936*. Stuttgart: Deutsche Verlags-Anstalt, 1998; Detlev J. K. Peukert, *Die Weimarer Republik. Krisenjahre der Klassischen Moderne*, Frankfurt am Main: Suhrkamp, 1987.

te begrenzen können. Im Gegenteil gestattete Art. 48 Abs. 2, die Notverordnungskompetenz des Reichspräsidenten bei jeder auch nur vorübergehenden Handlungsunfähigkeit des Gesetzgebers und zunehmend bei ökonomischen Krisen als Allzweckwaffe autoritärer Staatlichkeit zu mobilisieren und damit die als punktuelle Interventionen gedachten außerordentlichen Maßnahmen zu verstetigen. Allein 1931 standen vierunddreißig vom Reichstag verabschiedeten Gesetzen vierundvierzig Notverordnungen gegenüber. Themen und Regelungsanlässe verschoben sich zunehmend von der politischen Gefahrenabwehr unter der Flagge des Republikschutzes zum wirtschaftlichen Krisenmanagement, etwa um die Golddeckung der Privatbanken oder den Staatshaushalt zu sichern.

Das Naziregime legte mit der *Reichstagsbrandverordnung* vom 28.02.1933 die exekutivische Logik des Notverordnungsrechts vollends frei:

Die Artikel 114, 115, 117, 118, 123, 124 und 153 der Verfassung des Deutschen Reichs werden bis auf weiteres außer Kraft gesetzt. Es sind daher Beschränkungen der persönlichen Freiheit, des Rechts der freien Meinungsäußerung, einschließlich der Pressefreiheit, des Vereins- und Versammlungsrechts, Eingriffe in das Brief-, Post-, Telegraphen- und Fernsprechgeheimnis, Anordnungen von Haussuchungen und von Beschlagnahmen sowie Beschränkungen des Eigentums auch außerhalb der sonst hierfür bestimmten gesetzlichen Grenzen zulässig.[77]

Hier tritt die Verwandtschaft von *rule by decree* und dem lange vor der Weimarer Zeit geläufigen Typ *Ermächtigungsgesetz* zutage. Bei Letzterem handelt es sich in der Sache um ein *verfassungsdurchbrechendes* Gesetz. Der Widerspruch zur Verfassung wird vor allem deshalb in Kauf genommen, weil der Gesetzgeber beteiligt und es auf vorläufige Geltung angelegt ist. In der Weimarer Republik war der Reichstag über Maßnahmen, zu denen ein Ermächtigungsgesetz den Verordnungsgeber berechtigte, zu informieren. Allerdings zeigte diese Form der Sondervollmacht den »Durchbruch eines neuen verfassungspolitischen Prinzips von außerordentlicher Tragweite«[78] an, der sich in Kriegs- und Krisenzeiten besonderer Beliebtheit er-

---

77 Verordnung des Reichspräsidenten zum Schutz von Volk und Staat vom 28. Februar 1933 (RGBl. I S. 83).
78 Ernst Rudolf Huber, *Deutsche Verfassungsgeschichte seit 1789*. Band V: *Weltkrieg, Revolution und Reichserneuerung*, Stuttgart: Verlag W. Kohlhammer, 1978, 65 ff.

freut. Die Tragödie der Weimarer Republik und insbesondere die vom Notverordnungsregime begünstigten Verwüstungen eines am Ende entfesselten politischen Autoritarismus haben die Karriere dieser Staatstechnik nicht beeinträchtigt. Vielmehr haben sich Staatschefs in aller Welt zu allen Zeiten dieser Ausprägung der Prärogative in der Grauzone zwischen Normalität und Ausnahme bedient, um sich den für sie lästigen Befragungen in Parlamenten und Rechtfertigungen in der Öffentlichkeit zu entziehen und um exekutive Entscheidungen zu beschleunigen.

Bereits zwischen 1938 und 1942 ließ sich die Regierung Daladier von der französischen Nationalversammlung wiederholt Sondervollmachten zu Interventionen in die Wirtschafts- und Finanzkrise sowie zur »Stärkung der Verteidigungskraft« und zur Kriegsführung erteilen. Diese Dekret-Praxis begünstigte Forderungen nach einer autoritären Neuordnung der III. Republik, der allerdings erst die Verfassung von 1958, nach dem Scheitern der IV. Republik in »Französisch-Indochina«, mit der Installierung des Präsidentialismus einige Schritte entgegenkam.[79] Während der Algerienkrise ließ sich Ministerpräsident Charles de Gaulle 1961 zur Bekämpfung der OAS (*Organisation de l'Armée Secrète*) für einen Zeitraum von zunächst sechs Monaten Sondervollmachten erteilen. Sie gestatteten ihm, in den letzten Jahren des Krieges weitgehend ohne jede parlamentarische Kontrolle zu regieren, zumal sich die Nationalversammlung vertagt hatte und die gesetzgebende Gewalt während dieser Zeit auf die Exekutive übergegangen war.[80]

---

[79] »Artikel 12. Der Präsident der Republik kann nach Beratung mit dem Premierminister und den Präsidenten der Kammern die Nationalversammlung für aufgelöst erklären.« – »Artikel 13. Der Präsident der Republik unterzeichnet die im Ministerrat beschlossenen gesetzesvertretenden Verordnungen und Dekrete.« – »Artikel 16. Wenn die Institutionen der Republik, die Unabhängigkeit der Nation, die Integrität ihres Staatsgebietes oder die Erfüllung ihrer internationalen Verpflichtungen schwer und unmittelbar bedroht sind und wenn gleichzeitig die ordnungsgemäße Ausübung der verfassungsmäßigen öffentlichen Gewalten unterbrochen ist, ergreift der Präsident der Republik nach offizieller Beratung mit dem Premierminister, den Präsidenten der Kammern sowie dem Verfassungsrat die unter diesen Umständen erforderlichen Maßnahmen.« – Ausführlich dazu Wilfried Loth, *Geschichte Frankreichs im 20. Jahrhundert*, Frankfurt am Main: Fischer, 1992, Kap. 7.2. Siehe insbesondere Art. 11, 13 und 16 Verfassung von 1958.

[80] Vgl. Alain Noyer, *La sûreté de l'État (1789-1965)*, Paris: IGDJ, 1966; Heinrich August Winkler, *Geschichte des Westens: Vom Kalten Krieg zum Mauerfall*, 2. Aufl., München: C. H. Beck, 2015.

Szenenwechsel. 2007 stattete das venezolanische Parlament in einer Feierstunde den Präsidenten Hugo Chávez für achtzehn Monate mit Sondervollmachten aus. Sie zielten darauf ab, ihm die Umsetzung seiner »sozialistischen Revolution« zu ermöglichen, das heißt: zu erleichtern. Nach der Beratung im Parlament versammelten sich die Abgeordneten auf dem zentral gelegenen Bolivar-Platz in der Hauptstadt Caracas, um ihm in einem Akt des »Parlamentarismus der Straße« feierlich die Kompetenz einzuräumen, die »Bolivarische Republik« künftig per Dekret zu regieren.[81] Zu Chávez' Version des »Sozialismus des 21. Jahrhunderts« gehörte unter anderem, Verteilungsmaßnahmen zu beschließen, die Unabhängigkeit der Zentralbank abzuschaffen und die Telekommunikations- und Energieindustrie zu verstaatlichen.

Auf Unionsebene ist in den USA das Amt des Präsidenten der Vereinigten Staaten das Oberhaupt der Exekutive (Art. 2 US-Verfassung). Der Präsident verfügt über das Instrument der *executive order*. Diese Möglichkeit, an der Stelle von Gesetzen Maßnahmen zu dekretieren, ist an sich auf die Geschäfte der Regierungsleitung im engeren Sinne zugeschnitten.[82] Wenn der Häufigkeit ihres Gebrauchs, für sich genommen, valide Aussagen über einen hobbesianisch-autoritären Regierungsstil zu entnehmen sind, dann führt F. D. Roosevelt die Autoritarismus-Skala mit 3522 *executive orders*, allerdings verteilt auf mehr als drei Amtszeiten, eindeutig an. Ihm folgen Woodrow Wilson (1803), Calvin Coolidge (1203) und Theodore Roosevelt (1081).[83] Allem Anschein nach ist der derzeitige Präsident, Donald Trump, der das Unterschreiben seiner zahlreichen Executive Orders als autoritäre Pose medial inszeniert,[84] auf einem

---

81 Bei den Abgeordneten handelte es sich wegen des Boykotts der Wahl von 2005 durch die Opposition ausschließlich um Chávez-Anhänger. Dazu Karin Priester, »Hugo Chávez, Führer, Armee, Volk – linker Populismus an der Macht«, in: dies., *Rechter und linker Populismus: Annäherungen an ein Chamäleon*, Frankfurt am Main: Campus, 2012, 119 ff.
82 Gestützt wird diese Befugnis auf Art. 2 US Verfassung (*enforcement authority*) und die aus Kongressgesetzen abgeleitete, explizite oder implizite Befugnis (*delegated legislation*).
83 Dazu Kenneth R. Mayer, *With the Stroke of a Pen: Executive Orders and Presidential Power*, Princeton: Princeton University Press, 2002.
84 Zum Dekret-Präsidenten Trump: Simon Riesche, »Der Dekret-Präsident«, in: *Frankfurt Allgemeine Zeitung* vom 27.01.2017, ⟨http://www.faz.net/aktuell/po

»guten« Weg, wenn ihm dazu die Regierungszeit verbleibt, die eher zurückhaltende Praxis seiner Amtsvorgänger (Obama, Bush, Clinton) bei weitem zu übertreffen.[85]

Bekämpfungsmodus im Sicherheitsrecht

In den vergangenen Jahrzehnten hat sich unter der Flagge des »Krieges gegen den Terror«, bisweilen sekundiert durch den »Kampf gegen das organisierte Verbrechen«,[86] in vielen Staaten ein sicherheitspolitisches und -rechtliches Paradigma herausgebildet, das dem politischen Autoritarismus in die Hände spielt. Ausgelöst durch Attentate und Anschläge, tritt die nüchterne Einschätzung der Bedrohungslage in den Hintergrund. Der »Krieg gegen den Terror« begünstigt einen Aktivitätsmodus, der in Gesetzen oder Maßnahmen zur »Bekämpfung« zu Wort kommt. Im liberalen Kontext bedarf Bekämpfungsrecht[87] einer besonderen Rechtfertigung, in autoritären Regimen kommt es umstandslos operativ zur Geltung. Im Namen der öffentlichen Sicherheit gleichsam militärisch Flagge zu zeigen und die als bedrohlich identifizierten Phänomene zu *bekämpfen*, entspricht dem autoritären Dispositiv. Da Autokraten die Welt ohnehin aus dem Blickwinkel des Ausnahmezustandes sehen, sind sie »von Hause aus« auf militante Interventionen in krisenhafte gesellschaftliche Prozesse eingestellt. Wo ein rechtsstaatliches Sicherheitsrecht den Übergang von Regelung und Gefahrenabwehr zu Bekämpfung und Risikovorsorge verschleiern oder umständlich

---

litik/trumps-praesidentschaft/donald-trump-der-dekret-praesident-14767456.html/⟩ (Zugriff: 21.10.2018)

85 Seit seinem Amtsantritt am 20.01.2017 hat er bis Juli 2018 bereits 82 *executive orders* erlassen.

86 Zur Problematik dieses Konzepts: Peter-Alexis Albrecht, *Kriminologie*, München: C. H. Beck, 2005.

87 Gesetz zur Bekämpfung des internationalen Terrorismus vom 01.01.2002. Vgl. auch die diesem zeitlich vorausgehenden Gesetze: Gesetz zur Bekämpfung des Terrorismus vom 19.12.1986, BGBl. I S. 2566; Gesetz zur Bekämpfung des illegalen Rauschgifthandels und anderer Erscheinungsformen der Organisierten Kriminalität v. 15.07.1999, BGBl. I S. 1302, das Verbrechensbekämpfungsgesetz vom 28.10.1994, BGBl. I S. 3186 und das u. a. § 370a AO novellierende Steuerverkürzungsbekämpfungsgesetz v. 19.12.2001 (BGBl I 2001, 3922). – Dazu Erhard Denninger, »Freiheit durch Sicherheit?«, *Strafverteidiger* (2002), 96 ff. und Günter Frankenberg, »Kritik des Bekämpfungsrechts«, *Kritische Justiz* 38 (2005), 370 ff.

begründen muss, ist das Sicherheitsrecht autoritärer Regime ohnehin auf das Gefahrenvorfeld justiert. Eine weit ausgreifende Überwachung und Kontrolle aller Personen, von denen Gefahren drohen *könnten*, Eingriffe mit großer Streubreite, Vorfeldmaßnahmen und allein durch bloße Verdächtigungen ausgelöste Maßnahmen gehören zur Routine des Autoritarismus. Die Generalisierung des Verdachts gestattet autoritären Regimen, der Bevölkerung insgesamt eine Sicherheitslast aufzubürden und sie präventiv unter Kuratel zu stellen. Unabhängig von konkreten Gefahrenlagen ist jede Person sowohl gefährlich als auch polizeipflichtig.

5. Autoritäre Hermeneutik des Verdachts

Im Unterschied zu handgreiflichen, deutlich erkennbaren Eingriffen in Freiheit und körperliche Integrität wie Verhaftung oder Durchsuchung sind Überwachungsmaßnahmen auf sekundäre Verhaltenssteuerung durch die hoheitliche Erfassung von Bewegungen und Sozialkontakten angelegt. Ihre autoritäre Innentendenz kommt der Staatstechnik von Autokraten naturgemäß entgegen. In seinem Roman »1984« hat George Orwell die Dystopie einer von der Gedankenpolizei beherrschten – seinerzeit noch analogen – Welt als totalitäres Regime beschrieben, in dem alle Bürger*innen auf ihre Treue zum System überwacht werden.[88] In Autokratien ist diese autoritäre Hermeneutik des Verdachts[89] längst integrales Element der Staatstechnik geworden. In radikal-autoritären Bewegungen staffiert sie den Assoziationshorizont mit Formeln wie »staatliche Lügenpropaganda« oder »Lügenpresse« aus.

In der digitalisierten Welt ist das System der Informationseingriffe ausgefächert, verfeinert und durch den Einsatz moderner Technologie und sozialer Medien noch weniger greifbar worden, ohne seinen autoritären Charakter abzulegen. Während die Erhebung von persönlichen Daten durch verdeckte Ermittler eher an Orwell erinnert, bricht nach der Telekommunikationsüberwachung und der Videoüberwachung öffentlicher Anlagen und Plätze nunmehr mit der Ausforschung von Computersystemen und der Kontrolle des

---

88 George Orwell, *1984*, Berlin: Ullstein, 2007.
89 Zur Hermeneutik des Verdachts: Paul Ricœur, *Hermeneutik und Strukturalismus*, München: Kösel, 1969.

Internets und seiner sozialen Medien ein neues Zeitalter an. Die Informationstechnologie hat sich als »government of codes and not of men« sehr effektiv in den Alltag eingeschlichen und sich wie ein Netz zur Erfassung von Informationen über die Gesellschaft ausgebreitet. Zugleich ist die Überwachung normalisiert, in das System polizeilicher und behördlicher Befugnisse integriert worden. Persönliche Daten werden überall, anlasslos erhoben, gespeichert, kaum kontrolliert zwischen den Behörden ausgetauscht, auf Vorrat gehalten und bei Bedarf wieder hervorgeholt. In Führung geht die Risikovorsorge, die sich den Imperativen hyperpräventiver innerer Sicherheit beugt.

Die Normalisierung und das *fine tuning* der Überwachung und Sozialkontrolle haben das Ende ihrer Entwicklung noch nicht erreicht. Mit den sozialen Medien und deren staatlicher Nutzung eröffnen sich Möglichkeiten, die George Orwell noch nicht im Blick haben konnte. China macht sich die autoritäre Hermeneutik des Verdachts zunutze: Die Regierung der Volksrepublik schickt sich an, nicht nur für das Regime problematische Minderheiten (die Uiguren) zu überwachen und in Umerziehungslagern zu internieren[90] und Oppositionelle auszuforschen, sondern »sein Volk« durch Rückgriff auf alle nur verfügbaren Onlinedaten über *alle* Verhaltensweisen in ein umfassendes, diese auswertendes Sozialpunktesystem einzustellen.[91] Der Normalisierungseffekt sekundärer Verhaltenssteuerung wird hier voll ausgeschöpft, zur Förderung einer rundum kontrollierten, staatstragenden Normalexistenz in einem »wohlgeordneten Gemeinwesen«.[92] Zielvorgaben des *Social Scor-*

---

90 »China rechtfertigt ›Umerziehungslager‹ für Uiguren«, in: *Zeit Online* vom 13.11.2018, ⟨https://www.zeit.de/politik/ausland/2018-11/china-xinjiang-uiguren-umerziehungslager-kritik-verteidigung/⟩ (Zugriff: 25.02.2019)

91 Ausführlich dazu Jay Stanley, »China's Nightmarish Citizen Scores Are a Warning For Americans«, in: *American Civil Liberties Union*, 05.10.2015 und »Überwachung in China«, in: *Frankfurter Rundschau* vom 13.08.2018, 2-3 auch zum Folgenden. Zur umfassenden, auf Umerziehung ausgerichteten Sozialkontrolle der Uiguren: »Lückenlose Überwachung«, in: *Frankfurter Allgemeine Zeitung* vom 09.08.2018.

92 Für die Implementation der offiziellen Regularien nach Maßgabe des 18. Parteikongresses der Kommunistischen Partei Chinas ist zuständig: State Council Guiding Opinions concerning Establishing and Perfecting Incentives for Promise-keeping and Joint Punishment Systems for Trust-Breaking, and Accelerating the Construction of Social Sincerity. Die Regularien sind online zugänglich unter: ⟨https://chinacopyrightandmedia.wordpress.com/2016/05/30/state-council-guiding-opinions-concerning-establishing-and-perfecting-incentives-for-promise-

ing sind »trustworthiness« und »sincere conduct«. Sie adressieren sich an Personen, Marktteilnehmer, Unternehmen und immerhin auch die Verwaltung. Für alle chinesischen Bürger*innen, so das teilweise in einer Provinz bereits realisierte Vorhaben, werden Datensammlungen eingerichtet, die deren Zuverlässigkeit und Kreditwürdigkeit abbilden (»easy lending for the trustworthy«, »easy debt issuance for the trustworthy« etc.).

Nach der Logik und den Vorgaben des *Social Scoring* werden Verhaltensweisen positiv oder negativ bewertet. Vertrauensbruch wird strikt sanktioniert. Schwarze Schafe, die von der Normalexistenz durch beispielsweise übermäßiges Computerspielen, ordnungswidriges Verhalten im Straßenverkehr oder häufige Partnerwechsel abweichen, müssen mit Punktabzügen und Einschränkungen ihrer (auch finanziellen) Bewegungsfreiheit rechnen. Für Kredite sind in einer Provinz bereits »Sozialbewertungsabfragen« zu beantragen. Nach derzeitigem Stand kann von Flugbuchungen ausgeschlossen werden, wer sich einer gerichtlichen Entscheidung widersetzt hat. Wer sich dagegen aus staatlicher Sicht »richtig« verhält, für den werden in den Datenbanken Pluspunkte notiert.

Die Benennung der Agentur für die Implementation der Regularien des *Social Scoring* nach Maßgabe des 18. Parteikongresses der Kommunistischen Partei Chinas – State Council Guiding Opinions concerning Establishing and Perfecting Incentives for Promise-keeping and Joint Punishment Systems for Trust-Breaking, and Accelerating the Construction of Social Sincerity – sowie Logik und Struktur des Kontroll- und Sanktionierungssystems wie auch der imperative Stil erinnern an Orwells *1984* und den Tugendterror der Kulturrevolution:

> Stärke die sozialen Einschränkungen für Aktes des Vertrauensbruchs. Lass der Rolle von allen möglichen sozialen Organisationen freien Lauf, um die sozialen Kräfte zur umfassenden Beteiligung an der gemeinschaftlichen Bestrafung von Akten des Vertrauensbruchs zu führen. Etabliere und perfektioniere die Mechanismen der Berichterstattung von Vertrauensbruch, ermutige die Öffentlichkeit, gravierende Akte des Vertrauensbruchs von Unternehmen zu melden, und halte die Information über die berichtende Person geheim.[93]

    keeping-and-joint-punishment-systems-for-trust-breaking-and-accelerating-the-construction-of-social-sincer/) (Zugriff: 15.08.2018).
93 »Strengthen social restrictions and punishment for trust-breaking acts. Fully give

6. Entmachtung der Justiz

»Was ist unser Land, wenn ein Richter einen ›Travel Ban‹ der Heimatschutzbehörde stoppen kann?«[94] Diese Frage des US-amerikanischen Präsidenten Trump bringt das Verhältnis autoritärer Regime zur Justiz auf den Punkt. Soweit diese institutionell, funktionell und politisch unabhängig ist, hat sie es in der Hand, als Gegenmacht zu fungieren, nach Maßgabe der Verfassung und der Gesetze unter Umständen Regierungspolitik zu konterkarieren und autoritäre Impulse zu zügeln. An der Unabhängigkeit der Gerichte, die in Präsidentialsystemen wegen der konkurrierenden Institutionalisierungen des Letztentscheidungsrechts ohnehin gefährdet ist,[95] setzen daher auch Strategien ihrer Disziplinierung und Neutralisierung an. Diese beginnen mit der Besetzung der Gerichte durch die Auswahl systemtreuer, der Abberufung renitenter Richter*innen insbesondere an den obersten Gerichten (oder unauffälliger: ihrer Frühverrentung). Sollten diese Maßnahmen nicht möglich sein oder scheitern, bleibt immer noch das »court packing« – die Ergänzung der »sitting judges« durch zusätzliche, handverlesene Richter*innen. Diese Methode wird mit Franklin D. Roosevelt verbunden, obgleich sein Plan, den U.S. Supreme Court aufzustocken, um den *New Deal* zu retten, im Gesetzgebungsverfahren scheiterte.[96] Aktuelle, wenn man so will: erfolgreiche Beispiele sind die justiziellen Umbauarbeiten des Orbán-Regimes in Ungarn, die konstitutionellen Coups der PiS-Partei in Polen und Präsident Erdoğans in der Türkei.[97]

---

rein to the role of all kinds of social organizations in guiding social forces to broadly participate in the joint punishment for trust-breaking. Establish and perfect trust-breaking reporting mechanisms, encourage the public to report grave trust-breaking acts by enterprises, and maintain the secrecy of information of the reporting person.« (State Council Guiding Opinions)

94 Sascha Lobo, »Trumps gruseligste Tweets«, in: *Spiegel Online* vom 08.02.2017.
95 Duncan Kennedy, »Authoritarian Constitutionalism in Liberal Democracies«, in: Alviar, Frankenberg (Hg.), *Authoritarian Constitutionalism*, 161 ff.
96 Eine konventionelle, materialreiche Beschreibung des Konflikts bietet Edward G. White (*The Constitution and the New Deal Court: The Structure of the Constitutional Revolution*, Cambridge MA: Harvard University Press, 2000) an. Weitere Nachweise bei Kennedy, »Authoritarian Constitutionalism in Liberal Democracies«.
97 Steven A. Cook, »How Erdogan Made Turkey Authoritarian Again«, in: *The Atlantic* vom 21.07.2016.

Venezuela, Polen, Ungarn und andere Systeme liefern reichlich Anschauungsmaterial für die Versuche autoritärer Regime, die Justiz zu neutralisieren und die unter Umständen problematische Kontrolldichte zu »auszudünnen«. In Ungarn setzte die Justizpolitik des Orbán-Regimes 2013 an der Verfassung an. Durch eine entsprechende Verfassungsänderung wurde das Verfassungsgericht entmachtet.[98] Die 4. Novelle ergänzte das erst seit Anfang 2012 geltende neue »Grundgesetz«. Unter anderen sah die Novelle vor, dem Verfassungsgericht das Recht zu nehmen, sich künftig auf seine an Grundrechten orientierte Spruchpraxis aus der Zeit vor Inkrafttreten der neuen Verfassung zu stützen. Darüber hinaus wurde das Prüfungsrecht des Verfassungsgerichts hinsichtlich der vom Parlament beschlossenen Verfassungsänderungen auf verfahrensrechtliche Aspekte beschränkt. Außerdem regelte die Novelle, dass die von Orbán eingesetzte Präsidentin des Nationalen Justizamtes nunmehr die Kompetenz hat, bestimmte Fälle bestimmten Gerichten ihrer Wahl zuzuweisen.[99] Diese Einrichtung von »Sondergerichten« war auch von der EU-Kommission ausdrücklich kritisiert worden. Neuerdings verfiel die Orbán-Regierung auf eine andere Idee: Sie plant, parallel neue (Verwaltungs-)Gerichte einzuführen und damit das Mandat der existierenden Gerichte, zu reduzieren.[100] Die Regierung hat es damit in der Hand, diese neuen Gerichte mit Richter*innen ihrer Wahl zu besetzen. Eine weitere Konfrontation mit der EU nimmt Orbán offensichtlich in Kauf.

Ungarn fand in der EU einen »legitimen« Erben, jedenfalls Nachahmer: Seit mehreren Jahren erheben die Opposition im Lan-

---

98 »EU verärgert über Ungarns Verfassungsänderung«, in: *Handelsblatt* vom 11. 03. 2013, ⟨https://www.handelsblatt.com/politik/international/justiz-entmachtet-eu-veraergert-ueber-ungarns-verfassungsaenderung/7911856.html?ticket=ST-2061585-zVxkGskSLQktzTqYnRcM-ap6/⟩ (Zugriff: 03. 11. 2018).

99 Scheppele, »Autocratic Legalism«, 546 ff.; Miklós Bánkuti, Gábor Halmai, Kim Lane Scheppele, »Hungary's Illiberal Turn: Disabling the Constitution«, in: *Journal of Democracy* 23 (2012), 138 ff., Pichl, »Constitution of False Prophecies: The Illiberal Transformation of Hungary« und »Ungarisches Parlament entmachtet höchstes Gericht«, in: *Die Welt* vom 11. 03. 2013 ⟨https://www.welt.de/politik/ausland/article114341791/Ungarisches-Parlament-entmachtet-hoechstes-Gericht.html/⟩ (Zugriff: 03. 11. 2018).

100 »Hungary Creates New Court System, Cementing Leader's Control of Judiciary«, in: *New York Times* vom 12. 12. 2018, ⟨https://www.nytimes.com/2018/12/12/world/europe/hungary-courts.html/⟩ (Zugriff: 02. 01. 2019).

de und die EU-Kommission Bedenken gegen den Umbau der Justiz durch die rechtskonservative PiS-Regierung in Polen, insbesondere gegen die Unterstellung des Obersten Gerichts unter die Regierung und den Staatspräsidenten und die Zwangspensionierung von 24 der 74 aktiven Richter*innen sowie die Einführung neuer Pensionierungsregeln an normalen Gerichten.[101] Erstmals wurde von der Kommission gegen einen Mitgliedstaat im Dezember 2017 ein Rechtsstaatsverfahren nach Artikel 7 des EU-Vertrages wegen möglicher Gefährdung von EU-Grundwerten (Art. 2 EU-Vertrag), hier: der Rechtsstaatlichkeit, gegen Polen eingeleitet.[102] Dieses ist zwar einschneidender als ein normales Vertragsverletzungsverfahren, das letztlich vom Europäischen Gerichtshof zu entscheiden ist, weil es im äußersten Fall zum Entzug von Stimmrechten führen kann. Allerdings richtet der EU-Vertrag hohe Hürden auf: Abgesehen von prozeduralen Bestimmungen (Anhörung Polens, Zustimmung des Europäischen Parlaments) wären eine Mehrheit von vier Fünfteln im Europäischen Rat (Art. 7 Abs. 1) oder dessen einstimmige Entscheidung (Art. 7 Abs. 2) erforderlich. Angesichts der politischen Konstellationen in und zwischen den Mitgliedstaaten dürften solche Mehrheiten illusorisch sein.

Die Stellschrauben des Justizsystems zu manipulieren, ist ein weltweit verbreitetes und von autoritären Regimen gern angewendetes Instrument der Machtsicherung. So folgte die auf seine Muslimbruderschaft gestützte Regierung des ägyptischen Präsidenten Mursi dem Beispiel der Fidesz-Partei in Ungarn und setzte das Pensionsalter der Richter*innen herab, um die Richterschaft mit ihren Gefolgsleuten zu besetzen.[103] In Venezuela richtete Hugo Chávez,

101 Anna Sledzinska-Simon, »The Polish Revolution: 2015-2017«, in: *ICONnect* vom 25.07.2017, ⟨http://perma.cc/T2ZC-XVJK/⟩ (Zugriff: 03.11.2018). »PiS-Partei übernimmt die volle Kontrolle über die Justiz«, in: *Süddeutsche Zeitung* vom 04.07.2018, ⟨https://www.sueddeutsche.de/politik/polen-pis-partei-ueber nimmt-die-volle-kontrolle-ueber-polens-justiz-1.4038579/⟩ (Zugriff: 03.11.2018).
102 »EU-Kommission leitet Verfahren gegen Polen wegen Richter-Pensionierung ein«, in: *Handelsblatt* vom 02.07.2018, ⟨https://www.handelsblatt.com/politik/international/moegliche-vertragsverletzung-eu-kommission-leitet-verfahren-gegen-polen-wegen-richter-pensionierung-ein/22758530.html?ticket=ST-3627399-WzdUXCHnI7cwSqvKlcbh-ap4/⟩ (Zugriff: 03.11.2018).
103 Dazu David Risley, »Former President Morsi's Attacks on the Judiciary, and Judicial Backlash«, in: *Egypt Justice* vom 10.06.2015, ⟨http://perma.cc/75FP-BF3G/⟩ (Zugriff: 03.11.2018).

nach Änderung der Wahlordnung,[104] einen mit seinen Sympathisanten bestückten Verfassungskonvent ein, der postwendend eine ihm genehme Verfassung beschloss.[105] Sein Nachfolger Maduro »neutralisierte« 2015 den Wahlsieg der Opposition, indem er anstelle des gewählten Parlaments eine verfassungsgebende Versammlung zur Beglaubigung seiner Politik einsetzte.[106] Nach dem Wahlsieg der ihn stützenden revolutionären Plattform folgte Rafael Correa, kaum im Amt als Präsident von Ecuador, dem Beispiel von Hugo Chávez und berief eine verfassungsgebende Versammlung ein, um sich eine Verfassung mehr nach seinem Gusto schneidern zu lassen. In der Türkei ließ Präsident Erdoğan per Gesetz die Zahl der Mitglieder im Kassationshof von 516 auf 310, im Staatsrat von 176 auf 116 reduzieren. Der Hohe Rat der Richter und Staatsanwälte (HSYK), fest in Regierungshand, ist seitdem für die Neuwahl dieser Richter zuständig. Nach dem Putschversuch von 2016 arrondierte Erdoğan seine Machtstellung durch die politische »Säuberung« des Justizapparats und den Umbau der Verfassung.

Diese Schlaglichter aus der Staats- und Justizpraxis bedeuten freilich nicht, dass politischer Autoritarismus stets und überall darauf aus ist, die Justiz zu entmachten. Lässt man sich nicht zu sehr vom elektoralen Modell leiten und stellt mögliche Fragmentierungen des Machtapparats und der jeweiligen Eliten in Rechnung, dann kann die Justiz als Disziplinierungsagentur im Autoritarismus in den Blick treten. Denn nicht immer und per se sind Gerichte Horte des (anti-autoritären) Widerstands. Im Kontext einer vom Autoritarismus geprägten politischen Kultur ist eher nicht zu erwarten, dass sie an den Machtanmaßungen der Exekutive Anstoß nehmen. Beispielhaft dafür steht die Rechtsprechung im »Dritten Reich«.[107] In sehr unterschiedlichem Kontext und anders motiviert,

---

104 David Landau, »Constitution-Making Gone Wrong«, in: *Alabama Law Review* 64 (2013), 923 ff.

105 Javier Corrales, »Autocratic Legalism in Venezuela«, in: *Journal of Democracy* 26 (2015), 37 ff.

106 Tobias Käufer, »Venezuelas Opposition erhält Preis – und zerlegt sich selbst«, in: *Die Welt* vom 26.10.2017, ⟨https://www.welt.de/politik/ausland/article17700 85841/Venezuelas-Opposition-erhaelt-Preis-und-zerlegt-sich-selbst.html/⟩ (Zugriff: 03.11.2018)

107 Ingo Müller, *Furchtbare Juristen*, München: Kindler, 1987; Hans-Christian Jasch, Wolf Kaiser, *Der Holocaust vor deutschen Gerichten*, Bonn: Reclam Verlag, 2018; Otto Kirchheimer, »Die Rechtsordnung des Nationalsozialismus«, in:

operiert das Verfassungsgericht in Thailands *Deep State*, um seine hegemoniale Position zu bewahren.[108] Bei der Justiz in der Türkei musste das Regime Erdoğan mit Einschüchterungen, »Säuberungen« und Gesetzesänderungen nachhelfen.[109] In Pakistan bringen das Bundes-Schari'agericht und im Einzelfall gegebenenfalls religiöse Extremisten justizielle Abweichler auf Kurs.[110]

Folglich können Gerichte durchaus als Instrumente sozialer Kontrolle und verlängerte Arme des Regimes fungieren.[111] Das heißt, sie können dazu beitragen, die Agenda des Regimes im Rahmen des Rechts darzustellen, die Opposition auszuschalten und dem Führungspersonal den Mantel der durch Legalität vermittelten Legitimität anzulegen – durch Entscheidungen im Sinne des Regimes, durch Nicht-Entscheiden oder die jahrelange Verschleppung von Verfahren.[112]

---

ders., *Funktionen des Staats und der Verfassung. 10 Analysen*, Frankfurt am Main: Suhrkamp, 1972, 115 ff.

[108] Eugénie Mérieau, »Thailand's Deep State, Royal Power and the Constitutional Court (1997-2015)«, 445 ff.

[109] Zur Willfährigkeit der ehemals widerspenstigen türkischen Justiz: Ciğdem Akyol, »Eine Justiz nach Erdoğans Vorstellungen«, in: *Zeit Online* vom 17.07.2016.

[110] Zum jüngsten Blasphemie-Urteil: Hasnain Kazim, »Frei, aber nicht außer Gefahr«, in: *Spiegel Online* vom 31.10.2018, ⟨http://www.spiegel.de/panorama/justiz/pakistan-zum-tode-verurteilte-asia-bibi-freigesprochen-a-1236063.html/⟩ (Zugriff: 03.11.2018)

[111] Ausführlich dazu Tom Ginsburg, Tamir Moustafa (Hg.), *Rule by Law. The Politics of Courts in Authoritarian Regimes*, Cambridge UK: Cambridge University Press, 2008.

[112] Nicht selten ziehen sich in der Türkei Verfahren gegen inhaftierte, pro-kurdische Aktivisten über mehrere Jahre hin, weil die zuständigen Gerichte nicht entscheiden, folglich auch kein Rekurs zum Europäischen Gerichtshof Menschenrechte möglich ist. Ausführlich dazu und zur Situation nach dem Putsch in der Türkei: die Beiträge im Sonderheft *Aus Politik und Zeitgeschichte* 9-10 (2017).

V. Autoritäre Macht als Privateigentum

> »[E]in inzwischen Rente beziehender Freiberufler, der in seiner Karriere viel Erfolg hatte und während seiner Lebenszeit Vermögen für einen geordneten Ruhestand gebildet hatte.«[1]

Autoritäre Machthaber neigen dazu, Amt und Stellung als ihr Privateigentum zu betrachten und nach der Art von Eigentümern über ihre Macht zu disponieren. Dass politische Macht aus öffentlichem Recht auf Zeit anvertraut und zu verantworten sein könnte, diese Vorstellung ist Autokraten eher fremd. Diese These wird im Folgenden in drei Hinsichten erörtert: Erstens zeichnet sich autoritärer Konstitutionalismus durch einen »intimen« Dualismus von Macht und Eigentum aus.[2] Dieser verschafft sich Geltung in einem symbolischen Dispositiv, das die Besetzung des Ortes der Macht und das Verschließen aller Zugänge umfasst. Daraus leiten Autokraten, zweitens, soweit die Umstände dies erlauben, ihr Recht ab, über die Dauer ihrer Amtszeit und ihre Nachfolge selbst zu entscheiden. Drittens begnügen sie sich, bei entsprechender Disposition, nicht allein mit dem psychologischen Gewinn, den ihnen die Unterdrückung anderer abwirft. Vielmehr eignen sie sich, wiederum wie Eigentümer, die im Staat verfügbaren, an sich öffentlichen Güter zur privatnützigen Verwendung an. Sie praktizieren Autokratie mit stets offener Hand, die schamlos auf alles, was in Staat, Wirtschaft und Gesellschaft Vermögenswert hat, als Beute zugreift.

1. Das symbolische Dispositiv der Autokratie

Autokratie unterbindet die Imagination von politischer Macht als einem symbolisch leeren Ort, der immer wieder periodisch besetzt

---

1 Stellungnahme der Riggs Bank (USA) zu dem Konteninhaber Augusto Pinochet, zit. nach Markus Meinzer, *Steueroase Deutschland*, München: C. H. Beck, 2016.
2 Instruktiv dazu dazu die Marx'sche Klassen- und Eigentumsanalyse des Bonapartismus: Karl Marx, »Der achtzehnte Brumaire des Louis Bonaparte«, in: Karl Marx, Friedrich Engels, *Ausgewählte Schriften in zwei Bänden* I, Berlin: Dietz, 1970, 226. / bes. 242.

werden kann. Oder aber sie zerstört diese Vorstellung, wo demokratische Erfahrung sie freigesetzt haben sollte. Stattdessen bewegt sich der Autokrat im angenehm kühlen Schatten der Monarchie.[3] Als Wiedergänger des absolutistischen Königs zehrt er parasitär von dessen symbolischen Ressourcen. Napoleons demonstrative Selbstkrönung nach seiner »Wahl« zum Kaiser, die auch im 19. und 20. Jahrhundert jeweils zwei Nachahmer fand, eröffnete den Reigen.[4]

Autokraten treten ohne rechtlichen Titel das Erbe des *Ancien Régime*[5] an und schließen das Entscheidungszentrum. Sie behalten sich das Eigentum an der Macht vor und besetzen den Ort der Macht aus eigenem, wenngleich durchweg manipuliertem oder usurpiertem Recht. Je nach Lage der Dinge übertragen sie dieses Eigentumsrecht nach erb- oder wahlmonarchischer Praxis, um auf diese Weise den gewünschten Übergang ihres politischen Erbes und die Kontinuität des Autoritären zu sichern.

Aneignung und Ausübung der Macht rechtfertigen sie mit Fiktionen der symbolischen Einheit von Führung und Volk. Die Volksgemeinschaft und der Führer als Träger des Geistes der »Gemeinschaft der rassisch und politisch Zusammengehörigen«[6] treten als Vulgärversionen der Lehre von den zwei – oder drei – Körpern des Königs[7] auf. Neben dem unvermeidbar natürlichen und sterblichen

---

[3] Zur Schatten-Metapher: Philipp Manow, *Im Schatten des Königs. Die politische Anatomie demokratischer Repräsentation*, Frankfurt am Main: Suhrkamp, 2008.

[4] Papst Pius VII. war nur gestattet, ihm die Krone zu reichen. Nach zwei konfessionell motivierten Selbstkrönungen der preußischen Könige Friedrich I. und Wilhelm I. setzte sich Reza Pahlavi 1967 die Krone des Schahs von Persien auf. Zehn Jahre später krönte sich der Präsident der Zentralafrikanischen Republik, Jean-Bedel Bokassa, zum Kaiser.

[5] Rolf Reichardt, »Ancien Régime«, in: Friedrich Jaeger (Hg.), *Enzyklopädie der Neuzeit*, Onlineversion 2014, ⟨doi:10.1163/2352-0248_edn_a0152000⟩ (Zugriff: 13.01.2019).

[6] Werner Konitzer, David Palme (Hg.), *»Arbeit«, »Volk«, »Gemeinschaft«: Ethik und Ethiken im Nationalsozialismus*, Frankfurt am Main: Campus, 2016; Peter Schyga, *Über die Volksgemeinschaft der Deutschen. Begriff und historische Wirklichkeit jenseits historiografischer Gegenwartsmoden*, Baden-Baden: Nomos, 2015.

[7] Dazu die faszinierende, wenngleich umstrittene Studie von Ernst Kantorowicz, *Die zwei Körper des Königs. Eine Studie zur politischen Theologie des Mittelalters*, Stuttgart: Klett-Cotta, 1992; vgl. Eric L. Santer, *Was vom König übrigblieb. Die zwei Körper des Volkes*, Wien: Turia & Kant, 2015; vgl. Wolfgang Ernst, Cornelia Vismann, (Hg.), *Geschichtskörper. Zur Aktualität von Ernst H. Kantorowicz*, Mün-

Körper der Führerperson findet sich der politische Körper ein, der den Vorzug hat, in seiner öffentlichen Funktion unfehlbar und nicht sterblich, weil symbolisch zu sein. Dieser zweite Körper, in heutigen Autokratien weniger mystisch als im Mittelalter, nimmt für sich in Anspruch, als *body politic* das Volk, die Gemeinschaft zu verkörpern. Im Ergebnis ein »sterblicher Gott« gerade wie Thomas Hobbes' *Leviathan*.[8] Die symbolische Repräsentation des Volkes ist später im Kontext des Kults der Unmittelbarkeit ausführlich zu erörtern (Kap. VII.). Nach dem Bruch mit der auf republikanische Demokratien zugeschnittenen Repräsentation lässt der Autokrat im *Leviathan* das Bild des von ihm repräsentierten Volkskörpers wiederkehren.[9]

Autoritäre Regime riegeln den Zugang zum politischen Entscheidungszentrum ab und stellen die öffentliche Sphäre unter hoheitliche Kuratel. Im Anschluss an Claude Leforts Theorie der Demokratie ließe sich sagen, dass autoritäre Führer einerseits durchaus handgreiflich von den Positionen Besitz ergreifen, deren Inhaber dann befugt sind, verbindliche Entscheidungen zu treffen. Andererseits annektieren sie zugleich den symbolisch leeren Ort der Macht. Und zwar auf Dauer und nicht nur temporär. Folglich lassen sie in aller Regel weder das unkontrollierte Risiko des Machtverlusts zu (durch Wahlen oder Abstimmungen mit *offenem* Ausgang), noch gestatten sie auch nur eine für die Symbolik der (repressiven) Einheit von Partei/Führer/Staat und Gesellschaft sensibilisierte Analyse, die den autoritären oder totalitären Charakter einer Herrschaftsordnung entziffern und delegitimieren könnte. Nach besten Kräften wird Kritik unterdrückt, pönalisiert und verfolgt, um der Affirmation der Macht allen nötigen Raum zu geben. Zur Affirmation gehört, dass die vom Autokraten in Anspruch genommene Prärogative, allein zu herrschen und als konkrete Person die symbolische Einheit der Gesellschaft zu verkörpern, nicht bestritten oder etwa ideologiekritisch unterminiert wird.

chen: Wilhelm Fink Verlag, 1998; kritisch: Kristin Marek, *Die Körper des Königs. Effigies, Bildpolitik und Heiligkeit*, Paderborn: Fink Verlag, 2009.
8 Hobbes, *Leviathan*, bes. 14. Kap.
9 Zur symbolischen Repräsentation des Herrschers (König, demokratischer Regierungschef): Paula Diehl, »Die repräsentative Funktion des Körpers in der Demokratie«, in: André Brodocz et al. (Hg.), *Die Verfassung des Politischen – Festschrift für Hans Vorländer*, Wiesbaden: Springer VS, 2014, 113 ff.; Ulrich Haltern, *Obamas politischer Körper*, Berlin: Berlin University Press, 2009.

Freilich kann ein solcher Coup, der Herrschaftstitel und -praxis sowie ihre symbolische Repräsentation auf das Niveau absolutistischer Fürsten (oder eben Privateigentümer) zurücksetzt, in einer weitgehend durchsäkularisierten (Um-)Welt nur gelingen, wenn der Führer oder die Cliquen und Clans jedes partikulare, allzu weltliche Interesse verbergen, die eigentumsähnliche Machtstellung über deren bloße Faktizität hinaus entweder verschleiern oder rechtfertigen können und/oder in der Lage sind, alle Konkurrenten um die Macht auszuschalten und die demokratische Frage, wie ausgeführt,[10] zu suspendieren. Weiterhin vorausgesetzt: die Verfassung macht dem autoritären Herrscher keinen Strich durch die Rechnung.

Verschleierung könnte eine Modalität von Baschar al-Assads »Verfassungsreform« 2012 gewesen sein. Von seiner handverlesenen Verfassungsversammlung ließ er den Passus streichen, wonach seine Baath-Partei die zentrale Rolle in der Regierung des Landes spielen sollte. Tatsächlich lag die Macht zuvor ohnehin eher in den Händen des Assad-Clans, weniger bei der Partei. Diese Geste geheuchelter Demut verbarg, dass sich der Autokrat einen erheblichen Machtzuwachs bescherte: Als Staatspräsident steht er nach wie vor an der Spitze der Exekutive (Art. 83). Er ernennt den Ministerpräsidenten und die Minister (Art. 97). Zugleich kann er auf die Legislative zugreifen und das Parlament auflösen (Art. 111). Damit nicht genug, kontrolliert er auch die Judikative, indem er die Mitglieder des Verfassungsgerichts ernennt.[11]

Nach der Demontage der absolutistischen Regierungsform durch demokratische Revolutionen und nach der Befreiung vom Neo-Absolutismus totalitärer Regime ist die Transformation politischer Macht von einem Titel öffentlichen Rechts in Privateigentum des Machthabers[12] kein leichtes Unterfangen. (Der hemdsärme-

---

10 Siehe Kap. II. 2. und 3. Dazu Ulrich Rödel, Günter Frankenberg, Helmut Dubiel, *Die demokratische Frage*, Frankfurt am Main: Suhrkamp, 1989, bes. Kap. III.
11 Abdel Mottaleb El Husseini, »Assads Reformlüge. Syriens neue Verfassung« in: *Spiegel Online* vom 24. 02. 2012, ⟨https://www.spiegel.de/politik/ausland/syriens-neue-verfassung-assads-reformluege-a-817131.html⟩ (Zugriff: 25. 12. 2018).
12 Zum Begriff des Eigentums als Ensemble von Verfügungsrechten: Andreas Eckl, Bernd Ludwig (Hg.), *Was ist Eigentum? Philosophische Positionen von Platon bis Habermas*, München: C. H. Beck, 2005; Jeremy Waldron »Property and Ownership«, in: *Stanford Encyclopedia of Philosophy*, 2016, ⟨https://plato.stanford.edu/entries/property/⟩ (Zugriff: 22. 11. 2018).

lige Rentier-Kapitalist-Präsident Trump dürfte davon ein Lied zu singen wissen.) Es muss autoritären Regimen und Regenten darum gehen, das symbolische Dispositiv der Demokratie zu neutralisieren sowie die explizite Selbst-Instituierung der Zivilgesellschaft durch die »Gebung« einer republikanisch-demokratischen Verfassung zu verhindern. Erst dann kann die autoritäre Usurpation des Staates als einer Art rechtliche Sachgesamtheit und deren Zuordnung zu einer Führungsperson, einem Führungskader, Familienclan oder einer Partei gelingen und erst dann lassen sich die Entscheidungskompetenzen eines politischen Machthabers, freilich ohne gesetzliche Einschränkung ihrer Dispositionsfreiheit, an die guts- oder fabrikherrliche Verfügungsgewalt angleichen.

Wie die Sphäre des Öffentlichen und des Politischen autoritär sequestriert wird, wie die Beteiligungsmöglichkeiten so kanalisiert werden, dass eine Gesellschaft in einem einigermaßen anspruchsvollen Sinne *nicht* Macht über sich selbst ausübt, und wie die politische Entmündigung durch die Konstruktion von Komplizenschaft und die Propagierung einer (illusionären) Gemeinschaft kaschiert wird, wird sogleich und im nächsten Kapitel erörtert. Zunächst geht es darum zu zeigen, dass und wie sich bei Erwerb, Sicherung und Ausübung von autoritärer Macht eine öffentlich-rechtliche von einer privatrechtlichen Konzeption unterscheidet (2.), wie sich, auch hierauf bezogen, autoritäre Regime im Unterschied zu republikanischen Demokratien als Machtinhaber darstellen (3.), wie die autoritäre Vorstellung und Praxis von politischer Macht als Privateigentum das symbolische Dispositiv des Autoritarismus konstituiert (4.) und durchaus handgreiflich nach unterschiedlichen Beuteschemata ins Werk gesetzt wird (5.).

2. Autoritäre Macht als Eigentumstitel

Ob der Sonnenkönig Ludwig XIV. zwischen sich und dem Staat zu unterscheiden wusste, ist nicht zweifelsfrei überliefert. Er sagte, so will es die Legende, er sei der Staat. Der Ausspruch »L'État, c'est moi« brächte in der Tat die absolutistische Bündelung staatlicher Machtbefugnisse an der Spitze und ihre Konzentration in einer Hand auf eine schlüssige Formel. Durch einen kaum merklichen, semantisch-grammatikalischen Eingriff könnte hieraus »L'État, c'est à moi« – und damit der ebenfalls Ludwig XIV. zugeschriebene Anspruch werden, der Staat gehöre ihm.[13] Unter der Hand hätte sich die königliche Macht aus öffentlich-monarchischem Recht in einen quasi-privatrechtlichen Titel verwandelt. Seine absolute Macht hatte Ludwig XIV. durch den Ausbau des Beamtenapparats und der Armee abgesichert. Für deren Finanzierung und die finanzielle Ausstattung des opulenten, repräsentativen Herrschaftsaufwandes bedurfte es einer staatlich dirigierten, merkantilistischen Wirtschafts- und Handelspolitik.[14] Auch die Ausschaltung der Opposition des Adels und der *Fronde parlementaire*, die hoheitliche Konfessionspolitik[15] und der königliche Regierungsstil entsprachen ohne weiteres dem Gebaren eines Großgrundbesitzers.[16]

Nach der seit langem eingeübten Verweltlichung der Grundlagen politischer Herrschaft im Gefolge revolutionärer Umwälzungen, philosophischer Ideen und konstitutioneller Umbrüche könnten sich heutige Staatsoberhäupter jene Unbefangenheit Ludwigs XIV., unterstellt, der Bericht hierüber sei wahr, schwerlich leisten, offen als Eigentümer des Staates aus privatem Recht aufzutreten. Ausgenommen wohl Herrscher, die den Status von Sultanen oder Autokraten ähnlicher Couleur erlangt haben, deren Regierungsstil und Machtkonzentration den ohnehin niedrigen Erwartungen der Bevölkerung entspricht.[17] In einigermaßen konsolidierten De-

---

13 Auf dem Totenbett soll er sich differenzierter zum Absolutismus geäußert haben: »Je m'en vais, mais l'État demeurera toujours.« Zu übersetzen mit »Ich gehe fort, aber der Staat wird immer bleiben.«
14 Peter Burke, *Ludwig XIV. Die Inszenierung des Sonnenkönigs*, Berlin: Wagenbach, 2001.
15 Durch Re-Katholisierung Frankreichs und Widerruf der religiösen und bürgerlichen Rechte der Hugenotten (1685).
16 So wird überliefert, dass Ludwig XIV. nach seiner Inthronisierung keinen Leitenden Minister mehr einsetzte, sondern die Regierungsgeschäfte in eigener Regie führte.
17 Seine Majestät der Sultan und Yang Di-Pertuan von Brunei Darussalam bekleidet alle einigermaßen nennenswerten Ämter, insbesondere fungiert er als Oberbefehlshaber, Premierminister, Vorsitzender des Privy Council (Staatsrat), ist Inhaber des Budgetrechts und erklärt den Ausnahmezustand. Siehe die Verfassung des Sultanats von Brunei Darussalam (1959/2006). Dieser Machtkonzentration in einer Hand steht das Königreich Saudi Arabien in nichts nach. Der Wahhabitische König aus der Saud Dynastie ist in allen herkömmlich getrennten Gewalten zu Hause, siehe Art. 44 ff., 50, 55-58, 60 f., 63 ff. und 70 des Grundgesetzes von Saudi Arabien (1992/1993). Dazu Guido Steinberg »Muhammad Bin Salman al Saud

mokratien mit Parteienkonkurrenz verbietet der Respekt vor dem nächsten Wahlgang und der drohenden »Enteignung« durch den mit solchem Herrschaftsgebaren nicht einverstandenen Wahl-Souverän, allzu freimütig vom Staat als privatem Hausgut zu reden.

In autoritär geführten Systemen zieht sich die Idee einer befristet übertragenen, zu verantwortenden Macht folglich in die Kulissen zurück. Sie wird durch machiavellistische Konzeptionen verdrängt, bisweilen populistisch an-demokratisiert und in aller Regel verfassungsrechtlich bemäntelt. Venezuelas Präsident Hugo Chávez setzte eine Verfassungsänderung durch, wonach die Befristung seiner Amtszeit aufgehoben wurde. Seitdem kann ein Präsident der Bolivarischen Republik beliebig oft wiedergewählt werden. Die schwindsüchtige, auf Täuschung angelegte verfassungsrechtliche Vorkehrung gegen die Usurpation politischer Macht läuft in Venezuela seitdem endgültig ins Leere.[18] Nach zwei erstaunlich verfassungskonformen Machtwechseln jeweils am Ende der vorgesehenen zehnjährigen Amtszeit optierte China 2018 – man ist versucht hinzuzufügen: ohne Not – wie in früheren Zeiten für das Modell des diktatorischen Zentralismus. Nach seiner Karriere in der Kommunistischen Partei stieg Xi Jinping 2016 zur »zentralen Führungsperson« auf und vereinigte bald in seiner Person, wie sein Amtskollege Kim Jong-un in Nordkorea, die wichtigsten Staatsämter als Generalsekretär der Partei, Staatspräsident und Vorsitzender der Zentralen Militärkommission. Um die gebündelte Macht von einem öffentlich-rechtlichen in einen quasi-privatrechtlichen Titel zu transformieren, bedurfte es nur noch der Aufhebung der zeitlichen Begrenzung seiner – ohnehin bereits auf zehn Jahre angelegten – Amtsperiode. Das geschah 2018 in aller Form, um Xi endgültig gegen Kritik und Wandel zu immunisieren (siehe Abbildung 6). Mit nahezu einmütigem Votum des überwiegend von der KP Chinas beschickten Nationalen Volkskongresses und vor allem dessen Ständigen Ausschusses wurde eine entsprechende Änderung der Verfassung beschlossen. Damit wurde das »kollektive Führungsmodell« zu Grabe getragen, das bis dahin auf der Verschmelzung

an der Macht«, in: *SWP-Aktuell* 2018/A 71, Dezember 2018, ⟨https://www.swp-berlin.org/publikation/kronprinz-bin-salman-und-die-saudische-aussenpolitik/⟩ (Zugriff: 29. 12. 2018).

18 Siehe Art. 230 Verfassung der Republik Venezuela (1999/2009) sowie Art. 138: »An usurped authority is of no effect, and its acts are null and void.«

von Partei und Staat beruhte.[19] Über sein politisches Hausgut kann der chinesische Staats- und Parteichef nunmehr auf Lebenszeit verfügen, vorausgesetzt die Partei, *in praxi* der Ständige Ausschuss, nimmt keine überraschende Enteignung vor oder konkurrierende Eliten machen ihm keinen Strich durch die Rechnung.

Abb. 6: Chinas Staatschef Xi Jinping im Kreise
seiner Parteikader in der Halle des Volkes am 27.10.2017.[20]

Wie Xi Jinping schlugen auch zahlreiche andere Machthaber, darunter der frühere haitische Diktator François Duvalier (der notorische »Papa Doc«) sowie *de facto* auch Ugandas Präsident Yoweri Museveni (30 Jahre im Amt und zur Wiederwahl bereit) und vor kurzem Burundis Präsident Pierre Nkurunziza den Weg zu einer verfassungsrechtlichen Entfristung ihrer Amtszeit ein. Nkurunziza entschied, das Limit von zwei Amtszeiten gelte für ihn nicht, und ließ sich in einer weiteren »Wahl« erneut als Staatsoberhaupt einsetzen.[21] Ein besonderer Fall scheint Algeriens Präsident Bouteflika

19 Siehe Art. 79 der revidierten Verfassung der Volksrepublik China und »Unbegrenzte Amtszeit für Xi Jinping«, in: *Die Zeit* vom 11.03.2018, ⟨https://www.zeit.de/politik/ausland/2018-03/nationaler-volkskongress-xi-jinping-china-un begrenzte-amtszeit/⟩ (Zugriff: 22.11.2018); sowie Benedikt Voigt, »Xi Jinping wird Chinas neuer Kaiser« in: *Der Tagesspiegel* vom 28.02.2018, ⟨https://www.tagesspiegel.de/politik/praesident-auf-lebenszeit-xi-jinping-wird-chinas-neuer-kaiser/21006338.html/⟩ (Zugriff: 23.11.2018).
20 Quelle: *Allinfo.space*, ⟨http://allinfo.space/2017/10/27/xi-jinping-wird-die-zwei te-5-jahrige-amtszeit-als-chinas-kommunistische-partei-fuhrer/⟩.
21 Christoph Titz, »Ich bleib noch ein, zwei Jahrzehnte. Afrikas ewige Präsidenten«, in: *Spiegel Online* vom 19.01.2016, ⟨https://www.spiegel.de/politik/ausland/

gewesen zu sein. Nach vier Amtszeiten schickte er sich im Frühjahr 2019 an oder wurde von den ihn stützenden Kadern vorgeschoben, seine fünfte Amtszeit zu absolvieren, obwohl er seit 2012 keine öffentliche Rede gehalten hatte und höchst ungewiss erschien, ob er gesundheitlich zur Amtsführung in der Lage wäre. Die Mehrheit der Bevölkerung schickte ihn nach intensiven Protesten in Rente. Seitdem geraten andere Mitglieder seiner Regierung in den Fokus der Justiz.[22] Alle Genannten liquidierten konstitutionell oder an der Verfassung vorbei das Verständnis, politische Macht sei eine treuhänderisch für eine bestimmte Amtsperiode gewährte Position und Befugnis.[23] Aljaksandr Lukaschenka, der vermeintlich »letzte Diktator Europas«, konnte 2015 von der Verfassung unbehelligt, nach wieder einmal fragwürdigen Wahlen, seine fünfte Amtszeit als Präsident von Weißrussland antreten. Paul Kagame, der sich um die Befriedung Ruandas nach dem Genozid zunächst große Verdienste erworben hatte, sorgte für eine überwältigende Zustimmung bei seiner Wahl zum Präsidenten (deutlich über 90 %), ließ nur Verbündete als Gegenkandidaten zu, »erlebte«, dass Politiker der Opposition und Journalistinnen ermordet wurden, und ließ 2015 mit überwältigender Mehrheit (98,4 %) die Begrenzung seiner Amtszeit aufheben.[24] In Usbekistan blieb der Sieger der ersten Präsidentschaftswahlen von 1991, Islom Karimov, trotz der verfassungsrechtlichen Begrenzung seiner Amtszeit auf maximal 10 Jahre[25] bis zu seinem Tode 2016 im Amt, wäre es nach ihm gegangen, hätte er es vermutlich auch postmoral noch weitergeführt. Er hatte sich die Amtszeit wiederholt durch Referenden verlängern lassen.

Wenn zur Entfristung wie in aller Regel die Bündelung der Machtbefugnisse hinzutritt, die euphemistisch als »demokratischer Zentralismus«[26] firmiert oder hingenommen wird als Präsi-

---

afrika-und-seine-praesidenten-die-langzeitherrscher-a-1072098.html⟩ (Zugriff: 26.02.2019)

22 »Algerien: Ex-Ministerpräsident Sellal festgenommen«, in: *Spiegel Online* vom 13.06.2019, ⟨https://www.spiegel.de/politik/ausland/algerien-ex-ministerpraesident-abdelmalek-sellal-festgenommen-a-1272300.html⟩ (Zugriff: 30.06.2019)

23 Auf die Genannten wird weiter unten zurückzukommen sein.

24 Peter Beaumont, »Paul Kagame: A tarnished African hero« in: The Guardian vom 18.07.2010, ⟨https://www.theguardian.com/theobserver/2010/jul/18/paul-kagame-rwanda-profile/⟩ (Zugriff: 20.01.2019)

25 Verfassung von Usbekistan von 1992/2011, Art. 90.

26 Verfassung von Vietnam 1992/2013, Art. 8.

dentialismus,[27] kann das Instrumentarium der exekutivischen, am Ausnahmezustand orientierten Staatstechnik ungehemmt in Führung gehen (siehe oben Kap. IV). Die üblichen verfassungsrechtlichen Sicherungen gegen Usurpation oder Hypertrophie der Exekutive brennen durch, wenn sie nicht längst ausgeschraubt wurden.

Dennoch wäre absolutistischer Machtprotz oder gar die offene Behauptung, *Eigentümer* der Macht und nicht nur *Amtsträger* zu sein, in Hinsicht auf konkurrierende Eliten, zum Protest bereite Oppositionelle und die Verfassung strategisch unklug. Verbaler Freimut oder Entgleisungen sind daher die Ausnahme. Von Mussolini bleibt überliefert, er habe das italienische Parlament nachgerade wie ein Hauseigentümer bedroht, er könne das Parlamentsgebäude jederzeit »zu einem Biwak für meine Schwarzhemden (*squadre*)« machen.[28] Ähnlich gutsherrlich kommentierte Donald Trump die Entscheidung eines Richters, der das präsidiale Einreiseverbot für Muslime aufgehoben hatte.[29] Robert Mugabe soll gedroht haben, er werde niemals einem Politiker der Opposition weichen. Wenn nicht dem Altersstarrsinn geschuldet, könnte sich hier ein autoritäres Eigentumsverständnis von Macht zu Wort gemeldet haben. Deutlicher erkennbar tritt ein solches in dem Mantra der rechtspopulistisch-nationalradikalen (zum Glück noch oppositionellen) Partei Alternative für Deutschland hervor: »Wir holen uns unser Land zurück«.[30]

Mit der Vorstellung vom Staats- oder Regierungschef als Macht-*Eigentümer* – und nicht als Diener oder Beauftragter des Volkes – tritt Volkssouveränität als Matrix sowohl für die Inszenierung als auch für die Ausübung der Befugnis zur Hervorbringung und Si-

---

27 H. Kwasi Prempeh, »Progress and Retreat in Africa: Presidents Untamed«, *Journal of Democracy* 19 (2008), 109 ff.

28 Zitiert nach Giuseppe Finaldi, *Mussolini and Italian Fascism*, Harlow UK: Routledge, 2008, 141.

29 »The opinion of this so-called judge, which essentially takes law-enforcement away from our country, is ridiculous and will be overturned!« – Donald Trumps Tweet vom 04.02.2017, ⟨https://twitter.com/realDonaldTrump/status/827867311054974976/⟩ (Zugriff: 08.08.2018)

30 So die Co-Vorsitzenden der Bundestagsfraktion der AfD, Alexander Gauland und Alice Weidel, sowie andere leitende Funktionäre: Tweet Alice Weidels vom 23.07.2018, ⟨https://twitter.com/Alice_Weidel/status/1021379600734212096/photo/1⟩ (Zugriff: 25.07.2019) ⟨https://mobit.org/neue-broschuere-wir-holen-uns-unser-land-zurueck/⟩ (Zugriff: 12.12.2018)

cherung einer Ordnung beiseite. Sie weicht der Logik des Privateigentums als Inbegriff aller dem Inhaber zu Gebote stehenden Verfügungsbefugnisse, insbesondere des Rechts, andere vom Gebrauch oder der Nutzung der übereigneten Sache (Staat, Regime, Amt) oder des übereigneten Rechts auszuschließen. Bei autoritärer Macht wäre es das Recht, eine Ordnung nach dem Gusto des Machthabers und Führers hervorzubringen, den politischen Wettbewerb stillzulegen und Protagonisten alternativer Ordnungsvorstellungen auszuschalten. Je nach Design und politischer Konstellation kommen Verfassungen dem Eigentumsverständnis autoritärer Machthaber, wie die nachfolgenden Beispielsfälle illustrieren, auf unterschiedlichen Wegen entgegen, soweit sie nicht ohnehin außer Kraft gesetzt oder bis zur Unkenntlichkeit manipuliert werden. Solche Wege sind außer der Konzentration von Ämtern und Befugnissen[31] sowie der Entfristung der politischen Macht stets die Abschottung der Machthaber gegen Verantwortlichkeit und Kontrolle im Verfassungstext. In der Praxis tritt regelmäßig die Neutralisierung der Justiz hinzu.

Diktatorischer Zentralismus

Die Verfassung der Volksrepublik Nordkorea gibt den Rahmen einer auf der »politisch-ideologischen Einheit des Volkes« (Art. 10 Verfassung der DVRK) basierenden »volksdemokratischen Diktatur« (Art. 12) vor und trifft gegen die Häufung oberster Regierungsämter in einer Hand keinerlei Vorkehrungen. Wie seine Vorväter kann Kim Jong-un unbeschwert von Verfassungs wegen als »oberster Führer der Partei, des Staates und der Armee« die Posten des Ersten Sekretärs der Partei, des Oberkommandierenden der Streitkräfte und, nach Wahl durch die Oberste Volksversammlung, das einflussreiche Amt des Ersten Vorsitzenden des Nationalen Verteidigungskomitees der DVRK bekleiden (Art. 100). Er folgt den verfassungsrechtlich-politischen Spuren seines Großvaters Kim Il-sung, der es posthum zum »ewigen Präsidenten« der Volksrepublik brachte. Dessen Sohn Kim Jong-il wurde im April 2012 zum »Ewigen Generalsekretär«

---

31 Zur Konzentration von Machtbefugnissen in einer Hand als Signum einer Diktatur siehe auch die »Staatspraxis« des paranoiden albanischen Diktators, Enver Hoxha, der die Ämter des Premier-, Außen- und Verteidigungsministers innehatte sowie Oberkommandierender der Streitkräfte und Generalsekretär der KP war.

sowie zum »Ewigen Vorsitzenden des Nationalen Verteidigungskomitees der DVRK« ernannt.[32] Der Tod seines Vaters machte Kim Jong-un zum »großartigen Nachfolger und Führer von Partei, Armee und Volk«. Nach seinem Ableben darf wohl auch Kim Jong-un mit etwas Ewigem rechnen.

Im Modell des diktatorischen Zentralismus führt die Investitur, sei es durch dynastische Nachfolge, Wahl oder Akklamation, zum gebündelten Eigentum an der obersten Macht, deren Inhaber fortan aus dem Kreis der konstituierten Gewalten hervorgehoben wird und kraft Machtfülle als *konstituierende* Gewalt fungiert. Im Lichte seiner Souveränität sind Rechenschaftspflichten gegenüber der Obersten Volksversammlung Nordkoreas und die Begrenzung der Amtszeit auf fünf Jahre (Art. 102) für Kim Jong-un nicht einmal theoretisch von Belang. Die eigentumsgleichen, von Verantwortung entbundenen Machtbefugnisse des »obersten Führers« degradieren die (nur) vom Text der Verfassung mit Bedeutung ausgestattete »oberste Volksversammlung« zu einem Ensemble von Nebendarstellern ohne staatliche Kompetenzen von Belang.

Vertikal gelenkter Autoritarismus

Nach der Wahl zum Präsidenten fand Wladimir Putin 2000 eine außerordentlich fragmentierte Topographie der Macht vor, die ihm freilich von seiner Geheimdiensttätigkeit und seiner Amtszeit als Ministerpräsident nicht unvertraut war. Politische Gruppen, Parteikader, regionale und finanziell-ökonomische Akteure konkurrierten in Russland um Einfluss auf das (Personal im) Entscheidungszentrum. Separatistische Bestrebungen schürten Bürgerkriege. Stahlbarone, Öl- und Gasmagnaten und Banker mit Beziehungen zum Staatsapparat bildeten die neue Oligarchie. Unter den gegebenen Bedingungen von begrenztem gesellschaftlichen Pluralismus und kontrollierter politischer Konkurrenz schien es so, als versuche Putin, mit einer Politik der Äquidistanz alle Gruppen zunächst auf Abstand zu halten. Zugleich mobilisierte er die Unterstützung durch die Bevölkerung als exogene, von ihm allerdings stets kontrollierte Machtressource. Von 2000 bis 2018 absolvierte

---

32 Rüdiger Frank, *Nordkorea*, München: Deutsche Verlags-Anstalt, 2014.

er vier Amtsperioden, unterbrochen von einem Interim erneut als Ministerpräsident (2008-2012) »unter« dem von ihm ausgewählten Präsidenten Dmitrij Medwedjew, der sich als Freund Putins und Aufsichtsratsvorsitzender des Gazprom-Konzerns bestens für diese Rolle qualifiziert hatte.

Durch dieses Interim nach der zweiten Amtsperiode genügte Putin der Form nach Art. 81 Abs. 3 der Russischen Verfassung von 1993. In der Sache war es jedoch Verfassungsbruch, weil er die politische Macht nie auch nur einen Moment aus der Hand gab. Bezeichnend sein Kommentar:

Im Grundgesetz ist unmissverständlich festgeschrieben: zwei Amtszeiten in Folge. Ich bin jetzt zum zweiten Mal gewählt. Wie Sie wissen, war ich zuvor bereits zweimal Präsident, musste aber unterbrechen, weil die Verfassung eine dritte Amtszeit in Folge nicht genehmigt. Das ist alles.[33]

Nach dem ersten und letztlich gescheiterten Versuch während der Präsidentschaft von Boris Jelzin, Verfassungsrecht und Verfassungswirklichkeit im postsowjetischen Russland zusammenzuführen, traten diese in den folgenden Amtsperioden der Ära Putin weit auseinander. Putins von der Tätigkeit im Inlandsgeheimdienst imprägnierter Machiavellismus der arkanen Machtsicherung durch umfassende Kontrolle und die Konstruktion einer »Vertikalen der Macht« infiltriert seitdem die Strukturen einer, höflich formuliert, »gelenkten Demokratie«.[34] Diese zeichnet sich dadurch aus, dass politische Entscheidungsprozesse in informelle oligarchische Kreise ausgelagert und sowohl die horizontale als auch die vertikale Gewaltenteilung geschleift wurden, um andere Akteure daran zu hindern, Veto-Positionen aufzubauen. Flankierend wurden die privaten Medien verstaatlicht und die staatlichen unter strenge

---

33 »Putin als Garant der Verfassung lehnt dritte Amtszeit ab.« in: *Sputnik Deutschland* vom 25.05.2018, ⟨https://de.sputniknews.com/politik/20180525320874458-putin-verfassung-dritte-amtszeit-ablehnung/⟩ (Zugriff: 22.11.2918). Gemeint ist die russische Verfassung von 1993.

34 Margareta Mommsen, Angelika Nußberger, *Das System Putin. Gelenkte Demokratie und politische Justiz in Rußland*, München: C. H. Beck, 2007, 32 ff.; Margareta Mommsen, »Rußlands gelenkte Demokratie. Das Tandem Putin – Medwedjew«, in: *Stimmen der Zeit* 5 (2009). Eine »gelenkte Demokratie« zur Einhegung des gesellschaftlichen Pluralismus war 1956 bereits von Präsident Sukarno in Indonesien ausgerufen worden. Dazu: »Indonesien: Heiliger Krieg«, in: *Der Spiegel* 28 (1971).

Kuratel gestellt sowie oppositionelle Kandidaten bei den Wahlen ausgeschaltet, verhaftet oder auf andere Weise um alle Wahlchancen gebracht. Vergleichbar der Prädisposition des Kapitals für Privatheit und informelle Entscheidungsverfahren,[35] schützt Putins »gelenkte Demokratie« mit der Achse der auf ihn zulaufenden »Vertikalen der Macht« den präsidialen Macht-Eigentümer vor dem prüfenden Blick der Öffentlichkeit.[36] Zu den an die Führung von Wirtschaftsunternehmen erinnernden Merkmalen von Putins Herrschaftsapparat gehören in erster Linie die gesetzesfrei operierende Präsidialadministration sowie neu geschaffene konsultative Institutionen, wie der beratende »Staatsrat« und die »Gesellschaftskammer«. An autoritäre Entscheidungsstrukturen in Unternehmen und besonders im Weltfußballverband FIFA erinnert ebenfalls die Straffung der Vertikale, der die ehedem starke Stellung des Föderationsrats und schließlich auch die direkte Volkswahl der Gouverneure zum Opfer fielen. Im Ergebnis ist es Putin gelungen, den postsowjetischen »Doppelstaat« in Richtung eines diktatorischen Maßnahmenstaates zu transformieren.

Obwohl von anderem Design als der Autoritarismus in Nordkorea oder China und obwohl anders verfasst, kennzeichnet die Eigentumskonzeption der Macht, die dem System Putin zugrunde liegt, dass sich der Präsident, obgleich an sich eine der konstituierten Gewalten, durch seine auf die Prärogative gestützte Staatspraxis (wie Hyper-Präsidenten anderswo) zum *pouvoir constituant* entwickelt hat: Putin entscheidet souverän über die Auslegung und Änderung der Verfassung, die Vergabe von Ämtern, den Abbau und Umbau von Institutionen und auch über die (Kriterien der) Fairness von Wahlen. Es mehren sich Anzeichen dafür, dass er »Anregungen« wie etwa der des Präsidenten des Verfassungsgerichts nähertritt, die verfassungsrechtliche Begrenzung seiner Amtszeit aufzuheben.

Eine vertikal gesteuerte Machtkonzentration kennzeichnet auch Regierungssystem und -praxis des kambodschanischen Premierministers Hun Sen, der der *Cambodian People's Party* angehört. Ob-

---

35 Zur Informalität als Merkmal autoritärer Staatstechnik siehe Kap. IV. 3.
36 Lew Gudkow, »Staat ohne Gesellschaft. Zur autoritären Herrschaftstechnologie in Rußland«, in: *Osteuropa* 58 (2008), 3 ff. Statistisches Material zur Machtbasis Putins: »Russland vor der Wahl: Darum ist Putin so mächtig«, in: *Süddeutsche Zeitung* vom 15.03.2018, ⟨https://www.sueddeutsche.de/politik/putin-praesident-russland-macht-in-zahlen-1.3898926/⟩ (Zugriff: 22.11.2018)

wohl in der Bevölkerung wegen seiner wenig aufgehellten Vergangenheit im Khmer-Regime und seines autoritären Regierungsstils äußerst unbeliebt und trotz fehlenden Charismas ist er seit rekordverdächtigen 33 Jahren in dem südostasiatischen Staat mit seinen 16 Millionen Einwohnern vor allem deshalb Regierungschef, weil er es stets verstanden hat, die Opposition zu kontrollieren und potentielle Mitbewerber um sein Amt rechtzeitig mit Strafverfolgung zu überziehen oder ins Exil zu verjagen, die Medien gleichzuschalten und sich mit einer persönlichen Armee zu umgeben, die einen Umsturz nahezu ausschließt.[37] Zudem kann sich Hun Sen auf die Unterstützung der von ihm begünstigten Wirtschaftsführer verlassen. Wie Putin hat auch Hun Sen von sich aus den Verzicht auf seine politische Eigentumsmacht für 2024 in Aussicht gestellt.[38]

Präsidialsultanat

Abb. 7: Präsidialsultan Erdoğan thront.[39]

---

37 Harish C. Mehta, Julie B. Mehta, *Hun Sen: Strongman of Cambodia*, Singapore: Graham Brash Pte Ltd., 1999; »Premier wird an der Macht bleiben: Hun Sen lässt Kambodscha keine Wahl«, in: *Der Tagesspiegel* vom 29.07.2018, ⟨https://www.tagesspiegel.de/politik/premier-wird-an-der-macht-bleiben-hun-sen-laesst-kambodscha-keine-wahl/22858332.html/⟩ (Zugriff: 09.12.2018).
38 »Putin will maximal zwei Amtszeiten in Folge Präsident sein«, in: *Zeit Online* vom 25.05.2018, ⟨https://www.zeit.de/politik/ausland/2018-05/russland-wladimir-putin-ende-amtszeit/⟩ (Zugriff: 09.12.2018)
39 Quelle: *Hamburger Morgenpost* vom 17.11.2016, Foto: hfr.

Indem die türkische Bevölkerung – nicht zuletzt unter dem Eindruck des gescheiterten Putschversuchs von 2016, des mehrmals verlängerten Ausnahmezustandes und der flächendeckenden, repressiven Maßnahmen des Erdoğan-Regimes – mit knapper Mehrheit für ein Präsidialsystem votierte, bescherte sie dem zunächst als Ministerpräsident, dann seit 2014 als Präsident amtierenden Recep Tayyip Erdoğan einen erheblichen Machtzuwachs. Im Luxuspalast, der zum ansehnlichen Preis von nahezu einer halben Milliarde Euro[40] erbaut wurde und dem aufwendigen Regierungsstil Ludwigs XIV. in nichts nachsteht, kann Erdoğan nun, wenn das seine Absicht war, aus dem Schatten des türkischen Staatsgründers Atatürk heraustreten. Im Palast des Sultans dieser Tage (Abbildung 7) durften im Juli 2018 einige tausend geladene Gäste seine Inauguration bestaunen und als Komplizen die unter der Hand durch Systemwechsel bewerkstelligte Verlängerung seiner Amtsperiode (Art. 116 Abs. 3 Verfassung der Türkei)[41] zur Kenntnis nehmen. Kritiker*innen sprachen von der »Inthronisierung eines sultangleichen Herrschers, der den Oberbefehl über die türkische Armee hat, alleiniger Regierungschef ist und mit der Mehrheit eines Bündnisses seiner AKP und der ultranationalistischen MHP im Parlament den Großteil der Verfassungsrichter bestimmen kann«.[42] Trotz Wirtschaftskrise und der auf 460 Milliarden Dollar geschätzten Auslandsschulden erweiterte Erdoğan seine Hausmacht. Er tauschte den gesamten Vorstand des türkischen Staatsfonds aus und ernannte sich zum Vorsitzenden. Per Dekret ermächtigte er sich zudem, den Präsidenten der Notenbank und dessen Vizepräsidenten zu ernennen.

Im nun hyperpräsidentiellen System der Türkei, das den Präsidenten nach der letzten Verfassungsrevision fortan mit beachtlichen Kompetenzen ausstattete (siehe Art. 104 türkische Verfassung), muss Erdoğan Wahlen kaum fürchten. Solange er vermittels seiner

---

40 »Umstrittener Prunkbau: Erdogan-Palast kostet noch mehr als gedacht«, in: *Spiegel Online* vom 04.11.2014, ⟨https://www.spiegel.de/politik/ausland/erdogan-praesidentenpalast-kostet-deutlich-mehr-als-gedacht-a-1001054.html⟩ (Zugriff: 09.12.2018).
41 »Where the renewal of the elections is decided by the Grand National Assembly of Turkey during the second term of the President of the Republic, he/she may run for the presidency once more.« So die neue Fassung von Art. 116 Abs. 3.
42 »Erdogans neue Amtszeit: Macht, Macht, Macht«, in: *tagesschau.de* vom 09.07.2018, ⟨https://www.tagesschau.de/ausland/erdogan-amtseinfuehrung-101.html⟩ (Zugriff: 22.11.2018).

inzwischen normalisierten Ausnahmebefugnisse Oppositionelle auf Verdacht inhaftieren und die gleichgeschaltete Presse einschüchtern und zensieren kann, lässt sich das politische Risiko von Wahlniederlage und Amtsverlust kalkulieren, also die Gefahr einer politischen »Enteignung« minimieren, es sei denn die Bevölkerung stellt die »Eigentumsfrage« anders und besinnt sich ihrer Souveränität wie zuletzt bei den zunächst von Erdoğan annullierten, dann sogar deutlich höher verlorenen Kommunalwahlen in Istanbul.[43]

Privatisierung der Macht

Auf einem Nebenschauplatz, wie es scheint, ereignete sich nicht nur in der Vergangenheit eine von den hier skizzierten Modellen zu unterscheidende Form des Erwerbs und der Sicherung von Macht: Dort wird sie tatsächlich privatisiert und auf privatwirtschaftlich handelnde Unternehmen transferiert. Diesen kommt ein Verständnis von Macht als Privateigentum naturgemäß entgegen. Privatisierung bedeutet, dass politische Entscheidungsbefugnisse auf Unternehmen übertragen werden, die offen oder verdeckt als Repräsentanten und Geschäftsführer der staatlichen Exekutive auftreten. Kolonien waren das bevorzugte Exerzierfeld für den Einsatz dieser Art von privatisierten, staatlich-hoheitlichen Befugnissen. Als »beliehene Unternehmer« und (verdeckte) Repräsentanten der Staatsmacht haben sich vor allem die British East India Company verstärkt seit der Mitte des siebzehnten Jahrhunderts auf dem indischen Subkontinent und in Südostasien sowie deutlich später die United Fruit Company in der Karibik einen (unrühmlichen) Namen gemacht.[44] Diese zwei Unternehmen sowie als aktuelles Beispiel McKinsey werden exemplarisch und sehr summarisch für die unterschiedlichen Strategien der Privatisierung politischer Macht vorgestellt.

Company-State. Die East India Company erweist sich nach

---

43 Can Dündar, »Die letzten Tage des Sultanats«, in: *Zeit Online* vom 26.06.2019, ⟨https://www.zeit.de/2019/27/tuerkei-buergermeisterwahl-istanbul-recep-tayyip-erdogan/⟩ (Zugriff: 30.06.2019).

44 Ausführlich mit neuer historischer Akzentsetzung: Philipp J. Stern, *The Company-State: Corporate Sovereignty and the Early Modern Foundations of the British Empire in India*, Oxford UK: Oxford University Press, 2011; Peter Chapman, *Bananas: How the United Fruit Company Shaped the World*, Edinburgh UK: Canongate Books, 2007.

neueren Forschungen, die neben dem Handel und den Leistungen für das Empire die *Company* als politische Formation in den Blick nehmen, keineswegs als jene »strange absurdity«, die Adam Smith einst vor Augen hatte. Vielmehr handelte es sich um eine moderne, regierungsähnliche Institution – einen *Company-State*, der gestützt auf seine Finanzkraft, seine Administration und die eigene Armee, *hoheitliche* Befugnisse und Eigentumsrechte wahrnahm.[45] Neben ihren Geschäften, die zeitweise die Hälfte des Welthandels ausmachten, annektierte die Honourable East India Company bedeutende Territorien, kontrollierte die Bevölkerung, forcierte die ausbeuterische Landwirtschaft, baute die Infrastruktur aus, zog Steuern ein und vieles mehr. Durch gesellschaftsrechtliche Trägerschaft und übertragene oder jedenfalls wahrgenommene staatliche Kompetenzen steigerte der von der East India Company verkörperte *Company-State* die Vorstellung von politischer Macht als Privateigentum zu *private property as political power*.

Verdeckte Vertretung. Die United Fruit Company (seit 1985 Chiquita Brands International), ein US-amerikanisches Unternehmen, errichtete seit 1899 in bestimmten Regionen der Karibik und Lateinamerikas ein Monopol[46] im Handel mit Bananen und anderen tropischen Früchten. In dieser Region operierte sie wegen ihres bedeutenden Großgrundbesitzes, ihrer beherrschenden Stellung auf dem Markt und ihrer Kontrolle über die regionalen Transportnetzwerke (Schiene und Schifffahrt) als staatenähnlicher Akteur. Im Unterschied zur British East India Company trat die United Fruit Co. der Form nach nicht im Namen oder Auftrag eines Staates (der Vereinigten Staaten) auf. Vielmehr handelte sie stets zwar in Wahrnehmung der eigenen ökonomischen Interessen, also auf eigene Rechnung, gleichwohl vor allem in kritischen Situationen mit verdeckter Unterstützung der US-Regierung oder der CIA.

Das Unternehmen unterschied sich also *in der Sache*, etwa bei

---

45 Stern, *The Company-State*, 24: »As proprietors, colonial governors and councils were in this sense like manorial lords, who could alienate land, administer justice, extract fines, and control populations within the bounds of their estates.« Dazu auch Nicholas Dirks, *The Scandal of Empire: India and the creation of Imperial Britain*, Cambridge, MA: Harvard University Press, 2006.

46 Andere Wettbewerber in der Region waren insbesondere die Standard Fruit Co. (heute Dole Fruit Co.) und die Cuyamel Fruit Co. Dazu: Chapman, *Bananas: How the United Fruit Company Shaped the World*.

der Aushandlung von Steuerprivilegien oder von Konzessionen der betroffenen Regierungen, wenig von einer staatlichen Auslandsvertretung. Beispielhaft für die verdeckte Ausübung politischer Macht steht auch der erfolgreiche, mit Unterstützung von CIA und US-Armee durchgeführte Sturz der Regierung Arbenz in Guatemala. An diesem Coup war die United Fruit Co. höchst interessiert, um die Enteignungsentscheidungen und Arbeitsschutzgesetze dieser Regierung rückgängig zu machen.[47] Als »politisches« Unternehmen unterstützte die United Fruit Co. vorzugsweise autoritäre Regime, bestach korrupte Regierungen (daher die Bezeichnung »Bananenrepubliken«[48] für Länder wie Costa Rica, Honduras, Panama und Guatemala) und ließ von paramilitärischen Einheiten Streiks und Proteste der Arbeiter gegen die Arbeitsbedingungen auf den Plantagen niederschlagen.[49] Als Wirtschaftsunternehmen stand die Gesellschaft wegen der Entwicklung von ökonomischen Enklaven, der Strategie der »shifting plantation agriculture«, der Verdrängung kleinerer Obst- und Bananenplantagen und ihrer Lohnpolitik lange Zeit in der Kritik.[50] Insgesamt illustrieren die Praktiken von United Fruit, zumindest die der Vergangenheit, wie sich Privateigentum in autoritärem Kontext durch Einflussnahme und Rückgriff auf Regierungshilfe in staatliche Macht vermittelt.

McKinsey-Governance. Die private Repräsentation und Ausübung von autoritärer Macht erfolgt heutzutage weniger durch beliehene Unternehmen bzw. Company-States oder verdeckte Vertreter (auch Chiquita Brands International ist seit Jahren um Verbesserung ihres Rufs bemüht), sondern vorwiegend im nur scheinbar offenen und transparenten Medium der Herrschaftsberatung.

---

47 Werner Marti, »Putsch gegen Jacobo Arbenz in Guatemala«, in: *Neue Zürcher Zeitung* v. 25.06.2016, ⟨https://www.nzz.ch/international/putsch-gegen-jacobo-arbenz-in-guatemala-1.18330142⟩ (Zugriff: 12.12.2018).

48 Geprägt wurde die abwertende Bezeichnung von O. Henry, *Cabbages and Kings*, New York: Doubleday, Page & Company, 1904, 132, 296.

49 Eindringlich dazu die Schilderungen von Gabriel García Márquez, *Cien años de soledad*. Buenos Aires: Sudamericana, 1970 (dt.: *Hundert Jahre Einsamkeit*, Frankfurt am Main: S. Fischer, 2004).

50 »Ecuador: Widespread Labor Abuse on Banana Plantations«, Bericht der Organisation *Human Rights Watch* (2002), abgerufen unter: ⟨https://www.hrw.org/news/2002/04/24/ecuador-widespread-labor-abuse-banana-plantations⟩; Stephen Schlesinger, Stephen Kinzer, *Bananen-Krieg – CIA-Putsch in Guatemala*, Hamburg: Ernst Kabel Verlag, 1984.

McKinsey ist einer der *global player* und *leader*, aber keineswegs eine in ihrer Beratungspraxis, insbesondere der Auswahl von autoritären Regimen als Beratungspartnern, singuläre Firma im *Consulting Business*.[51] Zu ihren Klienten zählen unter anderem China, Saudi-Arabien, Russland und Malaysia.

Consulting-Firmen haben keine Berührungsängste gegenüber notorisch korrupten oder autokratischen Systemen. In einer Zeit, in der demokratische Werte und Strukturen besonders aggressiv angegriffen werden, verhelfen Beraterfirmen ihren autoritären Klienten bedenkenlos zu Ansehen und Glaubwürdigkeit. Politischer Agnostizismus ist, wenn man ihren Rechtfertigungen glaubt, die primäre Tugend der Berater-Firmen: »Wie viele große Unternehmen, einschließlich unserer Wettbewerber, versuchen wir durch eine sich ändernde geopolitische Umwelt zu steuern«, ohne »politische Aktivitäten« zu unterstützen oder uns auf solche einzulassen.[52] Eine weitere ihrer Rechtfertigungen der Kooperation mit zwielichtigen Regimen klingt nach dem langen Marsch der 68er-Generation durch die Institutionen oder auch der Brandt/Bahr'schen Strategie des Wandels durch Annäherung: »Change is best achieved from the inside.«

Schließlich nehmen private Regierungsberatungsfirmen für sich in Anspruch, die notwendige Ressource »Expertise«[53] bereitzustellen (gewiss für nicht wenig Geld). Unstreitig sind Regierungen auf Expertise angewiesen. Dennoch wird es zum Problem, wenn private Akteure am originären Geschäft des Staates verdeckt beteiligt werden. Unabweisbar ist die Gefahr, dass Partikularinteressen mehr als ohnehin erforderlich die staatliche Normproduktion infiltrieren[54] und autoritäre Regime ohne öffentliche Kontrolle stützen.

---

51 Walt Bogdanich, Michael Forsythe, »How Mckinsey has helped raise the stature of authoritarian governments«, in: *The New York Times* vom 15.12.2018, ⟨https://www.nytimes.com/2018/12/15/world/asia/mckinsey-china-russia.html/⟩ (Zugriff: 13.01.2019).

52 Zit. nach Boggdanich, Forsythe, »How Mckinsey has helped raise the stature of authoritarian governments«.

53 Siehe dazu die gründliche Studie von David Kennedy, *A World of Struggle – How Power, Law, and Expertise Shape Global Political Economy*, Princeton: Princeton University Press, 2016.

54 Antje Sirleschtov, »Externe Regierungsberater: Teurer Rat von außen«, in: *Zeit Online* vom 13.08.2009, ⟨https://www.zeit.de/online/2009/33/externe-berater/⟩ (Zugriff: 13.01.2019).

3. Pastiche des dynastischen Prinzips

»Der König hat nicht die Kompetenz, seinen Nachfolger zur Herrschaft zu berufen.« So bestimmt es apodiktisch die Verfassung Kambodschas für seine Wahlmonarchie.[55] Keine sonderlich überraschende Regelung, möchte man meinen, zumindest in einem Land, das neben der erratischen Politik eines verehrten ehemaligen Königs (Sihanouk) die mörderische Khmer-Diktatur von Pol Pot zu verkraften hatte und im vergangenen Jahrhundert beständig zwischen Totalitarismus und Demokratie hin- und hergeschleudert wurde.[56]

Mehr als ungewöhnlich wäre diese Bestimmung freilich in einer konstitutionellen *Erbmonarchie*, in der es üblich ist, dass eine der Variationen des dynastischen Prinzips für eine *eigentumsaffine*, politische Erbfolge sorgt (die sich auf die Dignität des öffentlichen Rechts stützt). Das zeigt etwa das nachfolgende norwegische Beispiel. Das nüchtern-demokratische Norwegen wird hier nicht ohne Ironie in einem Atemzug mit autoritären Regimen genannt:

> Die Thronfolge ist linear, so daß nur ein in gesetzlicher Ehe geborenes Kind der Königin oder des Königs oder eines selbst Nachfolgeberechtigten die Nachfolge antreten kann, und dergestalt, daß die nähere Linie der entfernteren und der Ältere in der Linie dem Jüngeren vorangehen.

Nur bei »Nachfolgestörungen« hat der Throninhaber in Norwegen ein Vorschlagsrecht, die Entscheidung obliegt allerdings auch dann, wie nicht selten andernorts, dem Parlament (Storting):

> Lebt weder eine nachfolgeberechtigte Prinzessin noch ein nachfolgeberechtigter Prinz, so kann der König dem Storting seinen Nachfolger vorschlagen, wobei das Storting das Recht hat, die Wahl zu treffen, wenn dem Vorschlag des Königs nicht zugestimmt wird.[57]

---

55 »The King shall have no power to appoint his successor to reign« (Art. 10 Verfassung des Königreichs Kambodscha, 2008). Der König wird vom Kronrat auf Lebenszeit gewählt (Art. 7 und 13).

56 Anschaulich John Tully, *A Short History of Cambodia. From Empire to Survival*, London: Allen & Unwin, 2005.

57 §§ 6 und 7 der Verfassung des Königreichs Norwegen von 1814. – In Thailand regelte König Rama VI. 1924 detailliert die politische Erbfolge mit dem *Place Law of Succession* B. E. 2467 (1924), das seitdem als Verfassungspraxis eingeübt und anerkannt ist (Art. 20 der Verfassung). Nicholas Grossman, Dominic Faulder (Hg.), *King Bhumibol Adulyadej: A Life's Work: Thailand's Monarchy in Perspective*, Singapur/Bangkok: Editions Didier Millet, 2011, 325 ff.

Die Verfassungen anderer konstitutioneller Monarchien,[58] auch parlamentarischer[59] und absoluter Monarchien[60] sowie von Sultanaten[61] folgen im Wesentlichen dieser Praxis der erblichen oder gewählten Thronfolge nach dynastischem Muster – mit Abweichungen hinsichtlich Primogenitur, dem (matrilinearen) Erbfolgerecht von Töchtern und Frauen sowie der Beteiligung anderer Institutionen, wie etwa einem Royal Council oder Parlament. Ein Sonderfall ist die Föderation Malaysia, de facto noch immer ein Einparteienstaat, in dem der König (Yang di-Pertuan Agong) alle fünf Jahre nach dem Rotationsprinzip aus dem Kreis der Herrscher der neun Sultanate ausgewählt wird.[62]

Die kambodschanische Verfassungsnorm verrät allerdings, dass dem König in diesem autoritär-demokratischen Hybridregime – ein Doppelstaat im Fraenkel'schen Sinne[63] – heute nur mehr die randständige Rolle verbleibt, sich an der Asche einer einst strahlenden Tradition zu wärmen und nostalgisch der Verehrung seiner Vorgänger nachzuspüren, während das Entscheidungszentrum von einem Dauerregierungschef besetzt ist. Freilich gibt die Verfassung

---

58 Siehe die Thronfolgeregelungen im schwedischen Thronfolgegesetz von 1810 und Sec. 57 Verfassung Spaniens (1978); Art. 43 Verfassung des Königreichs Marokko (2011).

59 Art. 32 Verfassung des Königreichs Tonga (1875).

60 Art. 5 Grundgesetz von Saudi Arabien (1992): »The dynasty right shall be confined to the sons of the Founder, King Abdul Aziz bin Abdul Rahman Al Saud (Ibn Saud), and the sons of sons. The most eligible among them shall be invited, through the process of ›bai'ah‹, to rule in accordance with the Book of God and the Prophet's Sunnah. [...] The King names the Crown Prince and may relieve him of his duties by Royal Order.« Die saudi-arabische Verfassung wird als Grundgesetz bezeichnet, obwohl es sich im technischen Sinne um eine Verfassung handelt, weil der Koran als Verfassung gilt (Art. 1 Basic Law).

61 Art. 5 und 6 der Verfassung des Sultanats Oman (1996): »The system of governance is Sultani, hereditary in the male descendants of Sayyid Turki bin Said bin Sultan, provided that whomever is to be chosen from amongst them as successor shall be a Muslim, mature, rational and the legitimate son of Omani Muslim parents. – The Royal Family Council shall, within three days of the throne falling vacant, determine the successor to the throne.«

62 Art. 32 III Verfassung der Föderation Malaysia von 1957/2007. Dazu Thomas Knirsch, Patrick Katzenstein, »Pressefreiheit, neue Medien und politische Kommunikation in Malaysia«, Konrad-Adenauer-Stiftung (Hg.), 2010, ⟨https://www.kas.de/web/auslandsinformationen/artikel/detail/-/content/pressefreiheit-neue-medien-und-politische-kommunikation-in-malaysia/⟩ (Zugriff: 04.02.2019).

63 Fraenkel, *Der Doppelstaat*.

auch Letzterem trotz seiner de facto unangefochtenen Position als Macht-*Inhaber* nicht das Recht, seine Befugnisse zu vererben. Wenn die Zeit kommt, wird sich der langjährige Regierungschef Hun Sen in der Herrschaftselite des Landes mit seinen Vorstellungen durchsetzen müssen.

Autoritäre Regenten übernehmen, soweit die Umstände dies gestatten, das dynastische Prinzip von Erbmonarchien und die dort geläufige Praxis der Selbstautorisierung hinsichtlich der Bestimmung ihrer Nachfolger. In aller Regel laufen dynastisches Prinzip und Thronfolgepraxis in Nicht-Monarchien an der jeweiligen Verfassung vorbei, soweit Institutionen und Verfahren hierfür nicht vorgesehen sind. Den Machttransfer durch »Vererbung« – sprich: Thronfolge – stützen Autokraten daher auf eine Pastiche der dynastischen Idee. Ohne eine Spur von Ironie imitieren sie die Thronfolge in Monarchien und das diese legitimierende dynastische Prinzip. Damit setzen sie die in Nicht-Monarchien durchaus mögliche, den periodischen Wechsel verbürgende Elitenrotation außer Kraft. Partei-, Clan- oder personaler Autoritarismus öffnet das Tor also nicht nur zu nicht enden wollenden Amtszeiten, sondern auch für die Kontinuität des Autoritarismus, gesichert durch »politische Erben«[64] eines Herrschers – Familienmitglieder, Freunde oder andere Vertrauenspersonen.[65]

Die Kim-Dynastie in North-Korea, der Assad-Clan in Syrien und die Dynastie der Saud in Saudi-Arabien verkörpern – die erste in stalinistischer Tradition, die beiden anderen als deren orientalisches Echo – drei Hardcore-Versionen dynastischer Machtkontinuität und -kontrolle. Sie schließen die gezielte Ermordung potentieller Rivalen und Kritiker ein und betreiben, wenn nötig, mit äußerster Brutalität Machterhalt als Eigentumssicherung.[66] Eine im Vergleich dazu moderate Variante kann in Venezuela studiert

---

64 So wurde Ramiz Alia, der Nachfolger des albanischen Diktators Enver Hoxha, bezeichnet, als er 1991 die Führung der Partei und des Staates übernahm.

65 Siehe dazu die scharfsinnige Analyse der postsowjetischen Staaten Zentralasiens von Scott Newton, *The Constitutional Systems of the Independent Central Asian States*, 125 ff.

66 Bradley K. Martin, *Under the loving care of the fatherly leader. North Korea and the Kim dynasty*, New York: Thomas Dunne Books, 2004. Zum Assad-Regime: Robin Yassin-Kassab, Leila Al-Shami, *Burning Country. Syrians in Revolution and War*, London: Pluto Press, 2016

werden, wo Hugo Chávez 2013 seinen loyalen Gefolgsmann, Nicolás Maduro, zum Nachfolger salbte und dieser inzwischen, wie in Lateinamerika nicht unüblich (siehe Perón, Kirchner und Ortega), seine Frau als Mitglied der Verfassungsgebenden Versammlung für höhere Ämter oder gar seine Nachfolge in Stellung gebracht hat.[67] Auch in Nicaragua baut der ehemalige Revolutionär Daniel Ortega, inzwischen als Autokrat wiedergeboren, seine Frau Rosario Murillo über die Vizepräsidentschaft zur potentiellen Nachfolgerin auf. Beide, Maduro und Ortega, müssen ihre Hausmacht derzeit allerdings gegen massive anti-dynastische Proteste verteidigen.[68] In beiden Ländern ist ungewiss, ob und wie lange der Despotismus überleben wird.

Zu den *usual suspects*, sprich: Vertrauenspersonen, denen in autoritären Regimen die »Thronfolge« angetragen wird oder die diese reklamieren, gehören nicht selten Mitglieder der medizinischen Profession, wenn sie nahe genug am Zentrum der Macht platziert (Leibarzt) oder im Regime gut vernetzt sind.[69] In Haiti trat der Arzt (»Papa Doc«) und ehemalige Gesundheitsminister François Duvalier sein Amt als Präsident 1957 an, überlebte einen Putsch, ließ eine Reihe von politischen Gegnern ermorden, gewann dann die Wahl 1961 mit dem amtlichen Endergebnis von 1,32 Millionen Stimmen bei nicht einer einzigen Gegenstimme, ließ sich nach einer Verfassungsänderung 1964 zum Präsidenten auf Lebenszeit ernennen und sorgte durch eine weitere Verfassungsänderung dafür, dass sein Sohn, der Playboy (»Baby Doc«), der zeit seines Lebens ein

---

67 »Maduro will Sondervollmachten vom Parlament«, in: *Süddeutsche Zeitung* vom 09.10.2013, ⟨https://www.sueddeutsche.de/politik/venezuela-maduro-will-sondervollmachten-vom-parlament-1.1790571/⟩ (Zugriff: 10.12.2018).

68 In Nicaragua ließ Ortega die Proteste blutig niederschlagen. Mehr als 300 Tote beglaubigen den Gestaltwechsel des Regimes hin zum politischen Autoritarismus. Burkhard Birke, »Nach Protesten gegen Ortega: Friedhofsruhe in Nicaragua«, in: *Deutschlandfunk* v. 15.10.2018, ⟨https://www.deutschlandfunk.de/nach-protesten-gegen-ortega-friedhofsruhe-in-nicaragua.1773.de.html?dram:article_id=431421/⟩ (Zugriff: 14.01.2019) und Klaus Ehringfeld, »Blutige Proteste in Nicaragua: Revolte gegen das Machthaber-Ehepaar«, in: *Spiegel Online* vom 22.04.2018, ⟨https://www.spiegel.de/politik/ausland/nicaragua-aufstand-gegen-das-maechtige-praesidentenpaar-a-1204184.html⟩ (Zugriff: 10.12.2018).

69 So fügt es sich in die Tradition, dass Präsident Trump soeben seinen früheren Leibarzt zum Leitenden Medizinischen Berater und Assistenten des Präsidenten ernannt hat.

beachtliches Desinteresse für Politik und Land gezeigt hatte, 1971 sein politisches Erbe antreten konnte.[70]

Radovan Karadžić war ursprünglich Arzt, bevor er nach dem Auseinanderbrechen Jugoslawiens in seiner Heimat Bosnien und Herzegowina eine relativ steile parteipolitische Karriere machte. 1992 wurde er als Vorsitzender der Serbischen Demokratischen Partei und einer der Wortführer der anti-muslimischen Bewegung zum Präsidenten der mehrheitlich von bosnischen Serben bewohnten Republik Srpska gewählt. Keine Erbfolge also. Am 24. März 2016 sprach ihn das UN-Kriegsverbrechertribunal wegen Kriegsverbrechen bei der Belagerung Sarajevos, Verbrechen gegen die Menschlichkeit in Teilen Bosniens und des Völkermords in Srebrenica mit 8000 Toten schuldig und verurteilte ihn zu insgesamt 40 Jahren Haft.

In Turkmenistan schritt der Zahnarzt des Diktators Saparmurat Nyyazow an das Staatsruder, als sein Patient 2006 verstarb. Gurbanguly Berdymuhamedow hatte sich bereits als Gesundheitsminister und Vizepräsident ins Zentrum der Macht vorgearbeitet. Er erwies sich seit seinem Amtsantritt als (merk)würdiger Erbe: Er rückte in der Kategorie der 23 übelsten Diktatoren der Welt, die das renommierte US-Magazin *Foreign Policy* 2010 aufgelistet hatte, auf Platz 5 vor. Der *World Report* 2017 von Human Rights Watch führt Turkmenistan als eines der repressivsten und hermetisch abgeriegeltsten Länder auf.[71] *Reporter ohne Grenzen* platziert das Regime in puncto Pressefreiheit ziemlich ans Ende der Liste von 180 Ländern, gerade noch vor Eritrea und Nordkorea. Hinter Berdymuhamedows Fassade der Bonhomie eines gutgelaunten Landpfarrers verbirgt sich ein Regime, das alle Kriterien eines totalitären[72] Polizeistaats erfüllt. Mit der Aufhebung der verfassungsrechtlichen Schranke einer Wiederwahl nach zwei Amtszeiten (Art. 68, 70) realisierte der Diktator 2016 seinen eigentumsrechtlichen Titel auf die Präsidentschaft. Dass das konstitutionelle Verbot des Transfers der Macht ihn daran

---

70 Die *New York Times* nannte dies den größten Wahlbetrug in der Geschichte Lateinamerikas. Man darf korrigieren: wohl weltweit. Zur Familiengeschichte siehe Elizabeth Abbott, *Haiti: The Duvaliers and Their Legacy*, New York: McGraw-Hill, 1988.

71 Human Rights Watch, *World Report 2017*, ⟨https://www.hrw.org/world-report/2017/country-chapters/turkmenistan/⟩ (Zugriff: 15.01.2019).

72 Siehe dazu Kap. II

hindern wird, dereinst die Amtsnachfolger*in zu bestimmen, muss nicht ernsthaft befürchtet werden.[73]

Die Globalgeschichte des Autoritarismus bezeugt ein weites Spektrum von Hybridversionen königlicher Häuser. Selbst die USA können nicht gänzlich hiervon ausgenommen werden. Obwohl das Familienregime Trumps, was seine Ausmaße angeht, aus dem Rahmen fällt, finden sich in den Vereinigten Staaten mit den postrevolutionären »regierenden Häusern« der Adams, Roosevelts, Kennedys, Bushs und Clintons dynastisch aufgestellte Familienclans.[74] Anders als die Tudors oder Bourbonen können sie sich auf den reibungslosen, intrafamilialen Transfer der Macht nicht verlassen, weil Wahlen die Amtszeiten begrenzen. Indien bietet die autoritärdemokratische Dynastie Nehru-Gandhi an.[75] Vergleichbar hat die Aquino-Oligarchie seit einigen Jahrzehnten autokratisch die Politik der Philippinen dominiert und Ämter transferiert.[76] Die Staatsoberhäupter der zentralasiatischen postsowjetischen Autokratien haben ihre Macht ähnlich auffällig und kontinuierlich an die jeweils ausgewählten politischen Erben übertragen, es sei denn der Tod kam diesem Wahlakt zuvor.

Wie einst in der Sowjetunion fungiert auch in China (mit Einschränkungen auch in Vietnam) die kommunistische Partei als ursprünglich berechtigte Eigentümerin der Macht. Nach dem rechtlichen Zuschnitt eines Heimfalls tritt die Partei bei jedem Wechsel des Amtsinhabers zunächst als dessen Erbin ein und besetzt auch symbolisch den Ort der Macht, um diese dann wieder auf die neue Führungsperson zu transferieren. Auf diese Weise wird durch die

---

73 Art. 76 Abs. 2 der Verfassung von Turkmenistan wird ebenso leerlaufen wie jetzt schon das an alle Gruppen, Organisationen und Individuen gerichtete, strafbewehrte Verbot, sich die staatliche Macht »anzumaßen« (Art. 3).

74 Siehe dazu die Berichte von Peter Winkler, »Ein Duell der Dynastien in Amerika?«, in: *Neue Zürcher Zeitung* vom 10.04.2014, ⟨https://www.nzz.ch/ein-duell-der-dynastien-in-amerika-1.18281035/⟩ und Stefan Koch, »Die Macht bleibt in der Familie«, in: *Hannoversche Allgemeine Zeitung* vom 15.11.2016, ⟨http://www.haz.de/Sonntag/Top-Thema/Die-Macht-bleibt-in-der-Familie-Amerikas-Politik-Dynastien/⟩ (Zugriff: 12.12.2018).

75 Tariq Ali, *Die Nehrus und die Gandhis. Eine indische Dynastie*, München: Heyne, 2006.

76 Rainer Wernig, »Im Schatten der Mutter«, in: *Der Freitag* vom 06.07.2010, ⟨https://www.freitag.de/autoren/der-freitag/im-schatten-der-mutter/⟩ (Zugriff: 11.12.2018)

Partei, wie andernorts durch Clan oder Dynastie, bruchlose Kontinuität verbürgt und ein schreckliches, weil den Autoritarismus gefährdendes Interregnum oder Machtvakuum verhindert. Wo Dynastien oder Quasi-Dynastien herrschen, ist der Ort der Macht weder de facto noch de jure noch symbolisch jemals leer.[77]

4. Kleptokratie

Autoritarismus zahlt sich aus. Freilich nur für dessen Protagonisten. Und er geht regelmäßig auf Rechnung der Gesellschaft, die im Zweifel für die Bereicherung, den aufwendigen Lebens- und Regierungsstil sowie die »odiösen Schulden«[78] des Regimes mit ihren Steuern und Abgaben einstehen muss. Das Verständnis politischer Macht als einer Art Privateigentum tritt in der schamlosen und gierigen Aneignung von Gütern, die der Gesellschaft zustehen, besonders deutlich und widerlich zutage, ohne dass sich die Verfassungen dem fortgesetzten Raub ernsthaft widersetzten.

Bei Max Weber liest sich das weniger krude. Dort

suchen [...] [d]er Kriegsheld und seine Gefolgschaft [...] Beute, der plebiszitäre Herrscher oder charismatische Parteiführer materielle Mittel ihrer Macht, der erstere außerdem: materiellen Glanz seiner Herrschaft zur Festigung seines Herrenprestiges. Was sie alle verschmähen – solange der genuin charismatische Typus besteht –, ist: die traditionale oder rationale *Alltags*wirtschaft, die Erzielung von regulären ›Einnahmen durch eine darauf gerichtete kontinuierliche wirtschaftliche Tätigkeit‹.[79]

Diese Charakterisierung trifft auf den Typus des Kleptokraten nicht

---

77 Dazu, unter Bezug auf das Dispositiv der Demokratie: Claude Lefort, *Essais sur le politique*, Paris: Seuil, 1986; Rödel et al., *Die demokratische Frage*, Kap. III. und IV.; Paula Diehl, *Das Symbolische, das Imaginäre und die Demokratie. Eine Theorie politischer Repräsentation*, Baden-Baden: Nomos Verlag, 2015.
78 Zur umstrittenen Unterscheidung von Regime- und Staatsschulden: Günter Frankenberg, Rolf Knieper, »Rechtsprobleme der Überschuldung von Ländern der Dritten Welt«, in: *Recht der internationalen Wirtschaft* 29 (1983), 356 ff.; Friedrich Benjamin Schneider, *Odious Debts. Status quo und Regelungsmodell unter besonderer Berücksichtigung internationaler Menschenrechte*, Berlin: Duncker & Humblot, 2015.
79 Max Weber, *Wirtschaft und Gesellschaft*, Tübingen: Mohr Siebeck, 1980, § 10.

zu. Zum eigenen Nutzen kommerzialisiert er Amt und Charisma, Herrschaftswissen und Macht.

Hobbes' Recht auf alles?

Kleptokratie wird als Herrschaftsform etikettiert. Maßgeblich für die Bezeichnung ist, dass kleptomane Führer, Clans oder Cliquen eine nahezu unbegrenzte, rechtlich nicht oder kaum eingeschränkte Verfügungsgewalt über Besitztümer und Wertgegenstände in ihrem Machtbereich haben. In einer Kleptokratie werden Staat und Gesellschaft auf eine Beute des Machthabers heruntergebracht.[80] In aller Regel geht dies zu Lasten einer einigermaßen verlässlichen rechtsstaatlichen Ordnung. Kleptokratien lassen sich eher mit operativen Netzwerken organisierter Kriminalität vergleichen, die sich auf Vermögens-, Eigentums- und Amtsdelikte wie Diebstahl, Raub, Unterschlagung, Bestechung oder Betrug spezialisiert haben.

Bei einigem guten Willen könnte man versuchen, in der Herrschaft der Räuber, Betrüger und Durchstecher ein Quäntchen Philosophie zu entdecken. An Hobbes' »Recht auf alles« wäre zu denken.[81] Im Naturzustand, nimmt der englische Philosoph Hobbes an, ist die »Mechanik« des Menschen angetrieben von Verlangen, Furcht und Vernunft. Keines dieser drei Elemente bzw. keiner der Triebe bringt den Menschen dazu, so Hobbes weiter, die Gesellschaft anderer wegen etwas anderem als des eigenen Vorteils zu suchen. Da diese Triebstruktur der Menschen im Naturzustand darauf angelegt ist, sie unweigerlich in den Krieg aller gegen alle zu treiben, folgt Hobbes daraus in einer, wenn man seine Annahme des psychologischen Egoismus akzeptiert, realistischen, »naturgesetzlichen« Betrachtung das grundlegende Recht eines jeden, sich gegen seine Feinde zu schützen und sich dazu *alles* anzueignen, was diesem Schutze dienen könnte. Jede Person hat folglich ein »Recht auf alles«, um sich »alle Hilfsmittel und Vorteile des Krieges

---

80 Peter Körner, *Zaïre. Verschuldungskrise und IWF-Intervention in einer afrikanischen Kleptokratie*, Hamburg: Deutsches Institut für Afrika-Forschung, 1988; Horst Wolfgang Boger, »Bürger & Staat: Nomokratie Demokratie Bürokratie KLEPTOKRATIE«, in: *HUMONDE. Zeitschrift für eine humane Welt und Wirtschaft* 2 (2004).

81 Zum Recht auf alles: Hobbes, *Leviathan* [1651], 14. Kap., dem auch die nachfolgenden Zitate entnommen sind.

[zu] verschaffen«. Das schließt, führt er fort, Friedensbemühungen nicht aus, sei jedoch »durch den obersten Grundsatz des natürlichen Rechts« legitimiert, sich »mit allen zur Verfügung stehenden Mitteln zu verteidigen«. Darauf folgt im *Leviathan* die etwas überraschende, kontraktualistische Wende, jede Person möge »freiwillig, wenn andere [eigentlich: alle anderen – G.F.] ebenfalls dazu bereit sind, auf [ihr] Recht auf alles zu verzichten« – »um des Friedens und der Selbsterhaltung willen«.[82]

Dieses naturgesetzliche *Recht auf alles* ist freilich mit der üblen Gewohnheit autoritärer Führer, Clans und Kader, sich im Amt zu bereichern, und dem diese antreibenden Privileg nicht einmal ansatzweise zu vergleichen, selbst wenn man die Grundstruktur – bei Hobbes eher horizontal und reziprok, im modernen Autoritarismus: vertikal und imperativ – außer Acht lässt. Allenfalls Hobbes' Idee des psychologischen Egoismus, wiederum reserviert für Machthaber, wäre anschlussfähig. Oder auch die Metapher eines (allerdings asymmetrischen) Naturzustandes. Denn erst ein solch roher Machtzustand versetzt Kleptokraten in die Lage, auf alles zuzugreifen und sich alles anzueignen, dessen sie habhaft werden können. Dieses *herrschaftliche* »Recht auf alles« verlangt nach dem »Naturgesetz« des Raub-Autoritarismus den Untertanen ab, nicht nur Raubzüge und Luxusaufwendungen des Regimes hinzunehmen, sondern am Ende auch noch die Regimeschulden zu begleichen.

5. Aus der Finanzbuchhaltung des Autoritarismus

Im Unterschied zu Ludwig XIV. geben die Autokraten unserer Tage die »Enteignung von oben« in aller Regel, von Ausnahmen abgesehen, nicht allzu auffällig zu erkennen, sondern entwickeln unterschiedliche Strategien, um die Quellen und Höhe ihrer Einkünfte »im Amt« zu kaschieren und nach außen hin stets Wohltäterschaft und Altruismus demonstrieren zu können. Besonders originell ging der rumänische Diktator Nicolae Ceaușescu vor, der auf sein Gehalt verzichtete und es »dem Weltproletariat widmete«. Sein persönlicher Besitz – mehr als 9000 Objekte, darunter Pelze, Gemälde und andere Kunstobjekte – nach dem Tod belief sich nach

---

82 Hobbes, *Leviathan*, 100.

der Bewertung der rumänischen Staatsprotokoll-Verwaltung auf etwa eine Million Euro. Weitere 400 Millionen US-Dollar werden auf Privatkonten im Ausland vermutet.[83]

Besonders effektiv ist, den an Informationen über Einkünfte und Vermögen von Führungspersonen Interessierten, also der Bevölkerung, den Medien und auch den Finanzbehörden, jeglichen Einblick in die Vermögensverhältnisse zu verwehren. Ähnlich populär ist, ein bescheidenes Gehalt zur Schau zu stellen und, damit kombiniert, die wirklich anfallenden und ins Gewicht fallenden (inoffiziellen) Einkünfte zu verschleiern. Bei entsprechender Familien-, Clan- oder Komplizenstruktur, dazu später mehr, drängt sich als weitere Option die Möglichkeit auf, den Zufluss von durch Drohung, Bestechung, Raub, Mord oder auf andere Weise illegal oder dubios erworbenen Reichtümern dadurch zu verdecken, dass sie auf Verwandte, Freunde oder Mittelspersonen übertragen oder von diesen eingezogen und verbucht werden. Schließlich haben es Autokraten angesichts ihrer Machtbefugnisse in der Hand, sich selbst oder Mitgliedern ihrer Familie, ihres Clans oder sonstigen Personen ihres Vertrauens Sondervollmachten für die Kontrolle (oder: eben Nicht-Kontrolle) der staatlichen Finanzen zu übertragen und sich finanzielle Immunität zu verschaffen.

Diese Strategien werden im Folgenden an einigen Beispielen illustriert, die typisch sind für die eigennützige und überaus einträgliche Ausbeutung politischer Macht in autoritären Systemen. An diesen Beispielen, deren Auswahl vom Zugang zu Informationen über die Bereicherungspraktiken abhing, lassen sich erstaunliche Wahlverwandtschaften zwischen im Übrigen durchaus unterschiedlichen Regimen aufzeigen. Die Verschleierungstechniken haben zwangsläufig zur Folge, dass präzise Angaben häufig nicht vorliegen. Seit der Enthüllung der »Panama Papers«[84] ist weithin

---

83 Boris Kalnoky, »Ceauşescus Reichtum hatte einen Namen: Raffgier«, in: *Die Welt* vom 16.02.1996, ⟨https://www.welt.de/print-welt/article652883/Ceauses-cus-Reichtum-hatte-einen-Namen-Raffgier.html⟩ und »Ceauşescus erben und sterben«, in: *Neue Zürcher Zeitung* vom 10.12.2006, ⟨https://www.nzz.ch/articleEQFGZ-1.81982⟩ (Zugriff: 13.03.2019).

84 Bastian Obermayer, Frederik Obermaier, *Panama Papers – Die Geschichte einer weltweiten Enthüllung*, Köln: Kiepenheuer & Witsch, 2016; Bastian Obermayer, Frederik Obermaier et al., »Das sind die Panama Papers«, in: *Süddeutsche Zeitung*, vom 04.04.2016, ⟨https://panamapapers.sueddeutsche.de/articles/56ff9a28a1bb8d3c3495ae13/⟩ (Zugriff: 13.03.2019).

bekannt, was von den offiziellen Gehaltsangaben und Vermögensverzeichnissen autoritärer Führer zu halten ist – nichts. Folglich spricht einiges dafür, sich auf Schätzungen zu verlassen und Fehler dadurch zu minimieren, dass wie im Folgenden möglichst konservative Berechnungen zugrunde gelegt werden.

Informationsverweigerung

Die Variante der *demonstrativen* Verschleierung, in der Informationen dem Licht der Öffentlichkeit entzogen oder hinter verschlossenen Türen aufbewahrt werden, ist nicht ohne Risiko, wenn die Adressat*innen – das Volk, die Anhängerschaft, die eigene Partei – Illegalitätsprotz nicht goutieren oder den Bruch von Konventionen, etwa die verweigerte Publikation von Steuererklärungen im US-amerikanischen Wahlkampf, nicht honorieren. Es ist aufschlussreich, dass Donald Trump, ohne bisher seine Anhängerschaft zu verprellen, sich weigern konnte, vor der Wahl seine Steuererklärung offenzulegen. Er versprach, dies nach der Wahl zu tun, und zog dieses Versprechen schließlich ungestraft zurück. Eigentümlicherweise wurde der Presse 2017 allerdings die wenig aktuelle Steuererklärung Trumps aus dem Jahre 2005 zugespielt. In dieser hatte er allgemein Einkünfte in Höhe von 150 Millionen US-Dollar angegeben, diese allerdings gegen Verluste in Höhe von ca. 100 Millionen US-Dollar aufgerechnet.[85] Am Ende blieb eine Steuerschuld von 38 Millionen US-Dollar, die im Wesentlichen auf der »alternative minimum tax« beruhte. Diese wiederum wurde im gleichen Jahr im Zuge von Trumps Steuerreform abgeschafft. Trumps Vermögen wird auf mehr als 3 Milliarden US-Dollar geschätzt.[86] Wie viel davon vor

---

85 Die Angaben zeigen lediglich allgemein, dass 67 Millionen aus Immobilieneinkünften stammen, 42 Millionen aus gewerblicher Tätigkeit und 32 Millionen aus Kapitaleinkünften. Dazu kommen 9 Millionen Zinseinnahmen und eine Million Gehalt. Zitiert nach: Daniel Bakir »Donald Trumps Steuererklärung offenbart ein perfides Detail«, in: *Stern* vom 15.03.2017, 〈 https://www.stern.de/wirtschaft/news/donald-trumps-steuerklaerung-offenbart-ein-perfides-detail-7369562.html〉 (Zugriff: 14.12.2018).

86 2005 verklagte Trump den Autor des Buches *TrumpNation – The Art of Being Donald*, Timothy O'Brien, und den Verlag Warner Books wegen übler Nachrede, die in der in diesem Buch aufgestellten Behauptung bestehe, Trump sei kein Milliardär. Trump verlor in zwei Instanzen. Dazu Peter S. Goodman, »Trump Suit Claiming Defamation Is Dismissed«, in: *The New York Times* vom 15.07.2009.

oder während seiner Amtszeit erworben wurde, lässt sich mangels Einsicht in seine Steuerakten und Vermögensverhältnisse nicht mit Sicherheit feststellen. Nach einem Bericht der *New York Times* stammt ein Teil seines Vermögens (über 400 Millionen US-Dollar) aus Transfers seines Vaters, mutmaßlich Früchte der Umgehung von Schenkungs- und Erbschaftsteuer.[87]

Der laxe, höchst eigennützige Umgang eines Machthabers mit Publizität und Transparenz in Vermögensangelegenheiten ist nicht ohne historische Vorbilder, die ihre Einnahmen und ihr Vermögen allerdings nicht demonstrativ verweigerten, sondern schlicht verschleierten. Es könnte den amerikanischen Präsidenten interessieren, dass der von 1925 bis 1932 beim Finanzamt München-Ost als »Schriftsteller« geführte Adolf Hitler 1934 auf sein Betreiben zunächst von einer Steuerschuld in Höhe von etwa 400 000 Reichsmark befreit wurde.[88] Der Reichskanzler, der sich seit eh und je rhetorisch gern auf »Gemeinwohl geht vor Eigennutz« berief,[89]

---

[87] »Trumps Vermögen soll aus Steuertricks seines Vaters stammen«, in: *Süddeutsche Zeitung* vom 03.10.2018, ⟨https://www.sueddeutsche.de/politik/medienberichttrumps-vermoegen-soll-aus-steuertricks-seines-vaters-stammen-1.4154187/⟩ (Zugriff: 13.01.2019). Donald Trump hat bestritten, dass er und sein Vater jemals Vermögenswerte bei Steuerbehörden unter Wert deklariert hätten. Als Quelle nannte die New York Times Finanzdokumente, darunter vertrauliche Steuererklärungen von Fred Trump und dessen Unternehmen. Dass es mit seiner Steuerehrlichkeit nicht weit her ist und dass seine erratischen Angaben zu seinem Vermögen ein Muster ohne Wert sind, steht außer Frage. Dazu Klaus Brinkbäumer, »Wie Trump sich reich rechnet«, in: *Spiegel Online* vom 13.03.2018, ⟨https://www.spiegel.de/politik/ausland/donald-trump-wie-reich-ist-der-us-praesident-wirklich-a-1196978.html⟩ (Zugriff: 13.01.2019). Instruktiv Trumps »Steuergestaltung«: Winand von Petersdorff-Campen: »Steuergestaltung mit den Trumps«, in: *faz.net* vom 04.10.2018, ⟨https://www.faz.net/aktuell/wirtschaft/steuergestaltung-in-donald-trumps-familie-15821377.html/⟩ (Zugriff: 13.01.2019).

[88] Inflationsbereinigt entspräche das heute der Kaufkraft von ca. 1.6 Millionen Euro. Vgl. Sven Felix Kellerhoff, ›*Mein Kampf*‹. *Die Karriere eines deutschen Buches*, Stuttgart: Klett-Cotta, 2016; Sven Felix Kellerhoff, »›Mein Kampf‹ brachte Hitler Millionen. Steuerfrei«, in: *Die Welt* von 25.09.2015, ⟨https://www.welt.de/geschichte/zweiter-weltkrieg/article146837543/Mein-Kampf-brachte-Hitler-Millionen-Steuerfrei.html/⟩; Nikolaus Dominik, »Adolf Hitler: Wie der ›Führer‹ seine Steuerschuld los wurde«, in: *Stern* vom 17.12.2004, ⟨https://www.stern.de/politik/geschichte/adolf-hitler-wie-der--fuehrer--seine-steuerschuld-los-wurde-3544418.html⟩ (Zugriff: 14.12.2018).

[89] Im Hofbräuhaus hatte Adolf Hitler am 24.02.1920 das 25-Punkte-Programm der NSDAP vorgestellt. In diesem Programm war von den (gleichen) Rechten

gab 1935 zum letzten Mal eine Steuererklärung ab und stimmte danach seiner Steuerbefreiung als Reichskanzler und Schriftsteller ausdrücklich zu.[90] Dem zuständigen Präsidenten des Münchner Finanzamtes wurden für die Anordnung, die Steuerschuld Hitlers niederzuschlagen, bis Kriegsende insgeheim monatlich steuerfrei 2000 Reichsmark zu seinem Beamtengehalt gezahlt. Die Tantiemen von weit über 1 Million Reichsmark für sein Buch *Mein Kampf* blieben also in der Zeit nach 1933 sein Geheimnis und unversteuert.[91]

Ob Nordkoreas Diktator Kim Jong-un ein Gehalt bezieht und welche Höhe es haben könnte, ist nicht in Erfahrung zu bringen. Auch über sein Vermögen liegen nur Schätzungen vor, die sich relativ übereinstimmend auf einen Wert von umgerechnet etwa 4,2 Milliarden Euro[92] belaufen.[93] Kein Geheimnis und aufschlussreich ist freilich Kim Jong-uns aufwendiger Lebensstil. In einem der ärmsten Länder der Welt nennt er unter anderem zahlreiche Paläste und Villen, Privatjets, Yachten, über 100 Luxuskarossen und einen Ski-Resort sein eigen und unterhält Bankkonten in aller Welt. Als Quellen seiner Einkünfte werden internationale illegale Geschäfte (Schmuggel, Drogen, Falschgeld) und Erträge aus Firmen genannt.

José Eduardo dos Santos, ehemaliger Revolutionsheld, regiert Angola seit 37 Jahren. Nach den zur Verfügung stehenden Informationen hat dos Santos während seiner Regierungszeit im Verbund mit seiner Machtclique nach besten Kräften das Land ausgeraubt. Er gilt als mehrfacher Milliardär, ebenso seine Tochter und sein Sohn. Nach Recherchen der *Financial Times* verschwanden zwi-

---

und Pflichten der Staatsbürger die Rede. Die Pflicht, »geistig oder körperlich zu schaffen«, sollte »zum Nutzen aller erfolgen«. Die Losung »Gemeinnutz geht vor Eigennutz« findet sich in Programmpunkt 24. Zitiert nach: ⟨http://www.documentarchiv.de/wr/1920/nsdap-programm.html/⟩ (Zugriff: 14.01.2019).

90 »Hitler: Von Steuern befreit«, in: *Der Spiegel* 15 (1970).
91 Nach einer Dokumentation des britischen Senders *Channel 5* – »The Hunt for Hitler's Millions«, Regie: Virginia Quinn (2014) – soll es Belege geben, dass Hitler Werte von damals rund 1,1 Milliarden Reichsmark ins Ausland verbracht hat, das wären nach heutiger Rechnung ca. 4,5 Milliarden Euro.
92 Auch im Folgenden werden Beträge in fremder Währung in Euro oder US-Dollar umgerechnet.
93 Quellen: Rüdiger Frank, *Nordkorea: Innenansichten eines totalen Staates*, München: Deutsche Verlagsanstalt, 2014; »Das Vermögen von Nordkoreas Diktator Kim Jong-un«, in: *Vermögensmagazin* vom 03.01.2019, ⟨https://www.vermoegen-magazin.de/kim-jo.ng-un-vermoegen/⟩ (Zugriff: 14.12.2018).

schen 2007 und 2010 mehr als 32 Milliarden US-Dollar aus dem Staatshaushalt.[94] Aufgrund seiner engen Verbindung zum staatlichen Ölkonzern Sonangol gilt dos Santos als Nutznießer der Ölförderung in Angola. Deutlich weniger Vermögen, zum Leben sollte es reichen, wird Teodoro Obiang Nquema Mbasogo zugerechnet. Er ist seit 37 Jahren Präsident von Äquatorialguinea. Schätzungen seines Vermögens belaufen sich auf etwa 600 Millionen Euro[95] und weisen ihn als drittreichsten Regierungschef Afrikas aus.

Demonstrative Desinformation

Die Kombination der demonstrativen Deklaration von bescheidenen Einkünften mit verschleiertem, dem Blick der Öffentlichkeit entzogenem Vermögen ist außerordentlich populär. Nguyễn Xuân Phúc, der Ministerpräsident von Vietnam, erhält offiziell ein Gehalt von umgerechnet 7735 Euro pro Jahr. Das ist, obwohl immer noch etwa das Vierfache des Durchschnittsgehalts in diesem Land, verdächtig wenig.[96] Seine tatsächlichen Einkünfte scheint er mit Erfolg getarnt zu haben.

Wie auch bei anderen Staatschefs, die dieser Methode folgen, sind die offiziell angegebenen 1600 US-Dollar monatlichen Gehalts von Chinas Staatsoberhaupt Xi Jinping märchenhaft niedrig.[97] Sie sollen die chinesischen Beamten Bescheidenheit lehren. Es entspräche nur dem doppelten Durchschnittseinkommen von Berufstätigen, die in der Hauptstadt Beijing leben. Es dürfte schwerlich hinreichen, das Studium seiner Tochter an der Harvard University

---

94 Christoph Titz, »Afrikas Raubkönige«, in: *Spiegel Online* vom 22. 02. 2016, ⟨https://www.spiegel.de/politik/ausland/afrika-die-reichsten-herrscher-des-kontinents-a-1077688.html⟩ (Zugriff: 03. 02. 2019).

95 Volker Seitz, »Die 8 reichsten Herrscher Afrikas (und ihr Kontostand)«, in: *Ortner online* vom 25. 08. 2016, ⟨https://www.ortneronline.at/die-8-reichsten-despoten-afrikas-und-ihr-kontostand/⟩ (Zugriff: 05. 02. 2019).

96 Frank Stocker, »Welche Regierungschefs die höchsten Einkommen haben«, in: *Die Welt* vom 18. 08. 2017, ⟨https://www.welt.de/finanzen/article167802449/Welche-Regierungschefs-die-hoechsten-Einkommen-haben.html⟩ (Zugriff: 15. 12. 2018).

97 Hendrik Ankenbrand, »Chinas Beamte sollen mehr verdienen und weniger korrupt sein«, in: *faz.net* vom 19. 01. 2015, ⟨https://www.faz.net/aktuell/wirtschaft/agenda/chinas-beamte-sollen-mehr-verdienen-und-weniger-korrupt-sein-13378235.html⟩ (Zugriff: 26. 07. 2019).

zu finanzieren, viel weniger noch, die zusätzlichen Aufwendungen für Wohnung, Ernährung und Bekleidung zu bestreiten (bei der Frau des Präsidenten wäre Mode aus dem gehobenen Preissegment in Rechnung zu stellen). Die zu vermutenden anderen Einkünfte von Xi Jinping (und seinen Verwandten) ließen sich nicht gänzlich verbergen. Im Juni 2012 brachte *Bloomberg* in Erfahrung, dass wohl von mehreren hundert Millionen US-Dollar auszugehen ist. Darunter etwa Anwesen in Hongkong von zweistelligem Millionenwert. Nach aktuellen Recherchen der *tagesschau* und der *Süddeutschen Zeitung* betreiben zahlreiche Mitglieder der politischen Elite Chinas Offshore-Firmen.[98] 2015 reduzierte Kenias Präsident Uhuru Kenyatta medienwirksam sein Präsidentengehalt von monatlich 14 000 auf 11 000 US-Dollar. Auf diesen »Notgroschen« muss er allerdings nicht zurückgreifen. Seine Familie hält Anteile am größten Molkereikonzern Ostafrikas, einer Hotelkette und einer Bank. Einzurechnen in sein Vermögen sind außerdem das nicht unbeträchtliche Erbe, der 1963 illegal angeeignete Grundbesitz – nach Schätzungen zwischen mehr als einer Million und 2 Milliarden Quadratmetern.[99]

Vermögensstreuung

Der Amtskollege Hun Sen in Kambodscha steht mit einem ebenfalls überaus bescheidenen Jahresgehalt von etwa 25 000 Euro auf der Liste.[100] Über sein Vermögen fehlen, wie in autoritären Kreisen gute Übung, belastbare offizielle Angaben. Freilich: In seiner 33-jährigen Amtszeit hat er das System der Verschleierung von Einkünften durch Vermögensstreuung perfektioniert. Er selbst, die Mitglieder seiner Familie und deren Strohmänner und -frauen haben

---

98 Christoph Giesen, Jan Lukas Strozyk, »Heikle Deals von Chinas Machtelite«, in: *tagesschau*.de vom 21.01.2014, ⟨https://web.archive.org/web/20140122054532/http://www.tagesschau.de/ausland/china2112.html/⟩ (Zugriff: 30.06.2019).

99 *Unsere Kirche* vom 10.08.2017 – ⟨https://unserekirche.de/kurznachrichten/reich-und-maechtig-kenias-praesident-kenyatta-vor-zweiter-amtszeit-10-08-2017/⟩ (Zugriff: 06.07.2017).

100 Mathias Peer, »Gefährliche Geschäfte mit Kambodschas Herrscher«, in: *Handelsblatt* vom 07.07.2016, ⟨https://www.handelsblatt.com/unternehmen/handel-konsumgueter/adidas-gefaehrliche-geschaefte-mit-kambodschas-herrscher/13844880.html?ticket=ST-1419446-snOMxqXoTJBYLPxY31bP-ap5/⟩ (Zugriff: 30.06.2019).

nahezu die gesamte Wirtschaft Kambodschas (man: bedenke: eines der ärmsten aller südostasiatischen Länder) in privatnützige Regie genommen. Allein dem Firmenregister des Landes ist zu entnehmen, dass »mindestens 27 Kinder, Geschwister oder andere nahe Verwandte des Regierungschefs 114 Firmen aus 17 wirtschaftlichen Sektoren Kambodschas kontrollieren und teilweise oder zur Gänze besitzen. Schon das Stammkapital dieser Firmen belaufe sich auf mehr als 200 Mio. $.«[101]

Der türkische Präsident Erdoğan wird amtlich mit einem auf den ersten Blick deutlich realistischeren Jahresgehalt von knapp 100 000 Euro ausgewiesen, was seinem frömmelnden Image noch entspräche. Im türkischen Amtsblatt wurde 2018 (erstmals) auch das Vermögen des Präsidenten mit 1,18 Millionen Euro liquider Mittel registriert.[102] Zusätzlich ist er, wie weithin bekannt, Eigentümer von (nicht im Amtsblatt eingetragenen) Grundstücken im Wert von ca. 850 000 Euro. Nicht berücksichtigt sind ferner Erdoğans von Insidern auf 150 Millionen Euro geschätzte Vermögenswerte, insbesondere aus Firmenanteilen,[103] Vorstandstantiemen verstaatlichter Unternehmen und Zuwendungen, die seiner Familie in Form von Aktien (Sohn Ahmet), Grundstücken (Sohn Necmettin), Vorstandsbezügen der Türgev-Stiftung (Tochter Esra) und Gehältern als Minister (Schwiegersohn Berat Albayrak) und Beraterin des Vaters (Tochter Sümeyye) zugeflossen sind. Von seinem gigantischen, kostspieligen Palast, der dem Erbauer eine beachtliche Prunksucht attestiert, ist an anderer Stelle noch die Rede.[104]

101 Jürgen Kremb, »Kleptomanen in einem der ärmsten Länder der Welt«, in: *NZZ* vom 11.06.2017, ⟨https://www.nzz.ch/wirtschaft/wirtschaftspolitik/kambodschas-gierige-elite-die-kleptomanen-von-phnom-penh-ld.105044⟩ (Zugriff: 14.12.2018).

102 »Türkei: Amtsblatt veröffentlicht Erdogans Vermögen«, in: *Deutsche Wirtschaftsnachrichten* vom 06.07.2018, ⟨https://deutsche-wirtschafts-nachrichten.de/2018/07/06/tuerkei-amtsblatt-veroeffentlicht-erdogans-vermoegen/⟩ und »Recep Tayyip Erdogan – Vermögen und Gehalt«, in: *Vermögenmagazin* vom 14.04.2019, ⟨https://www.vermoegenmagazin.de/recep-tayyip-erdogan-vermoegen-und-gehalt/⟩ (Zugriff: 26.07.2019).

103 »›Vater der Türken‹: Wie Erdogan zu seinem gigantischen Vermögen kam«, in: *Focus online* vom 21.07.2016, ⟨https://www.focus.de/finanzen/news/palaeste-unternehmen-firmen-vater-der-tuerken-wie-erdogan-zu-seinem-gigantischen-vermoegen-kam_id_5750986.html/⟩ (Zugriff: 15.12.2018).

104 »Umstrittener Prunkbau: Erdogan-Palast kostet noch mehr als gedacht«, in: *Spiegel Online* vom 04.11.2014, ⟨https://www.spiegel.de/politik/ausland/erdo

Ähnlich wie Erdoğan bedienen auch andere Autokraten ihre Familie, so die Aquinos auf den Philippinen, der dos Santos-Clan in Angola oder Ungarns Staatschef Orbán.[105] Donald Trump beschäftigt Tochter und Schwiegersohn, angeblich ohne Gehalt, als Top-Berater. Nebenbei streichen sie gar nicht so zufällige *windfall profits* in Höhe von über 80 Millionen US-Dollar ein, die rund 200 externe Firmen abwerfen.[106] Ihre »ehrenamtliche« Tätigkeit wird durch die Anbahnung von Geschäften, den Erwerb von Liegenschaften, die Sicherung und Einwerbung von Investitionen und vielem mehr – alles aus Anlass der Beratertätigkeit im Regierungsauftrag – fürstlich vergütet.

Wladimir Putin hat laut Steuererklärung, die er in jedem Jahr abgibt, für 2015 ein Gehalt von etwa 118 000 Euro erhalten. 2017 wurde es laut offizieller Erklärung der russischen Regierung auf 18,73 Millionen Rubel (umgerechnet 283 787 Euro zum durchschnittlichen Euro-Rubel-Kurs für 2017 von 66 Euro) erhöht.[107] In der Wahlliste ist eine Wohnung von 77 qm nebst Garage von 18 qm eingetragen. Ferner ist von einem Datschengrundstück und drei PKWs aus russischer Fertigung die Rede. Es wäre freilich ein grober Fehler, diesen Angaben zu trauen und für ihn zu Spenden aufzurufen. Nach relativ gesicherten Untersuchungen darf er sich Eigentümer nennen von: einer stattlichen Reihe von Villen und Palästen, vier Yachten, über 40 Flugzeugen, mehreren hundert Autos der Luxusklasse und Beteiligungen an mehreren Konzernen (Gazprom, Surgutneftjets u. a.).

gan-praesidentenpalast-kostet-deutlich-mehr-als-gedacht-a-1001054.html⟩ (Zugriff: 09. 12. 2018). Siehe dazu Kap. VII.

105 Nach Presseberichten verwendet er zum Beispiel Gelder der EU, um Projekte der eigenen Familie voranzubringen: Keno Verseck, »Die wundersame Geldvermehrung der Orbán-Familie«, in: *Spiegel Online* vom 15. 02. 2018, ⟨https://www.spiegel.de/politik/ausland/ungarn-eu-millionen-die-wundersame-geldvermehrung-der-orban-familie-a-1193352.html⟩ (Zugriff: 02. 01. 2019).

106 Marc Pitzke, »Interessenkonflikte des Trump-Clans: Herrschaft der Kleptokraten«, in: *Spiegel Online* vom 16. 06. 2018, ⟨https://www.spiegel.de/wirtschaft/soziales/donald-trump-und-seine-interessenkonflikte-herrschaft-der-kleptokraten-a-1213319.html⟩ (Zugriff: 13. 01. 2019).

107 Julia Rotenberger, »Das Gehalt von Kreml-Chef Wladimir Putin hat sich 2017 verdoppelt«, in: *Handelsblatt* vom 13. 04. 2018, ⟨https://www.handelsblatt.com/politik/deutschland/russlands-praesident-das-gehalt-von-kreml-chef-wladimir-putin-hat-sich-2017-verdoppelt/21174790.html?ticket=ST-756962-Y9paNhfcpdrSewJlQcUO-ap1/⟩ (Zugriff: 15. 01. 2019). Vgl. zu Putins Vermögensverhältnissen und Steuererklärungen Florian Horcicka, *Das schmutzige Geld der Diktatoren*, Wien: Knemayr & Scheriau, 2015.

Schätzungen seines Vermögens schwanken wegen dessen Unübersichtlichkeit zwischen 40 und 200 Milliarden Euro.[108] Selbst wenn man die konservativste Kalkulation zugrunde legt, bleibt die Frage, wie diese Vermögensgüter, die seine frühere Tätigkeit im Geheimdienst schwerlich abgeworfen hatte, beschafft wurden, warum sie gegenüber den Finanzbehörden nicht deklariert werden, also hierfür keine Steuern anfielen und anfallen. In seinen offiziellen Vermögensauskünften unerwähnt bleibt überdies die lange verschwiegene Tochter. Nach Recherchen der Nachrichtenagentur Reuters von 2015 belaufen sich deren zum großen Teil auch Putin zuzurechnende Vermögensverflechtungen auf ungefähr 2 Milliarden US-Dollar.

Der seinerzeitige italienische Regierungschef Silvio Berlusconi verdiente anno 2008 nach eigenen Angaben in der vom Parlament veröffentlichten Steuererklärung über 23 Millionen Euro und dürfte damit in der EU mit Abstand der Bestverdiener gewesen sein.[109] Sein Vermögen, als dessen (bekannte) Quellen vor allem der Medienkonzern Mediaset und die Holding Fininvest sprudeln, wird auf 6,3 bis 7,8 Milliarden US-Dollar geschätzt. Die genaue Herkunft seines umfangreichen Vermögens, das er zu einem großen Teil vor Antritt des Amtes als Ministerpräsident erwarb, während seiner Regierungszeit aber erheblich vermehrte, lässt sich nur hinsichtlich der einigermaßen untrüben Quellen klären. Herkunft und Umfang des überwiegenden Anteils seines Reichtums, der seiner Regierung das Prädikat Sultanat eintrug, sind bis heute weithin ungeklärt.[110] Bei der Vermögensanalyse ist zu berücksichtigen, dass Berlusconi wegen Steuerhinterziehung und Bilanzfälschung verurteilt wurde.

---

108 Karen Dawiska, *Putin's Kleptocracy. Who Owns Russia*, New York: Simon & Schuster 2015; Christoph Rottwilm, »Der Reichtum des Wladimir Putin«, in: *Manager-Magazin* vom 19.03.2018, ⟨https://www.manager-magazin.de/finanzen/artikel/200-milliarden-dollar-vermoegen-wie-reich-ist-putin-wirklich-a-1018696.html⟩ (Zugriff: 15.12.2018).

109 »23 Millionen Euro Jahresgehalt für Berlusconi«, in: *Stern.de* vom 15.03.2010, ⟨https://www.stern.de/panorama/steuererklaerung-23-millionen-euro-jahresgehalt-fuer-berlusconi-3571052.html⟩ und »Das sind die reichsten Italiener«, in: *finews.ch* vom 28.01.2013, ⟨https://www.finews.ch/themen/high-end/10739-italien-reich/⟩ (Zugriff: 15.12.2018).

110 Stefano Benni, Andrea Camilleri, Umberto Eco, *Berlusconis Italien – Italien gegen Berlusconi*, Berlin: Verlag Klaus Wagenbach, 2002; Paul Ginsborg, *Silvio Berlusconi: Television, Power and Patrimony*, London: Verso Books, 2005; Giovanni Sartori, *Il sultanato*, Rom: Laterza, 2009.

Vergleichsweise bescheiden nahm sich dagegen der Wohlstand von Augusto Pinochet aus. Der chilenische Diktator besaß, abgesehen von mehreren falschen ausländischen Pässen, Konten in der Schweiz und bei der Riggs Bank in Washington. Allein in den Vereinigten Staaten belief sich sein liquides Vermögen und das seiner Familie, verteilt auf 128 Konten, auf Guthaben in Höhe von 50 bis 100 Millionen US-Dollar.[111] Allerdings lassen sich die häufig illegalen Zuflüsse (aus Bestechung, Geldwäsche) kaum nachverfolgen, weil Banken und Mittelspersonen an der Aufdeckung durchweg nicht nur kein Interesse haben, sondern sich an der Verschleierung sogar aktiv beteiligen. Exemplarisch dafür steht Stellungnahme der Riggs Bank, die dem Inhaber eines ihrer Konten (Augusto Pinochet) zum Schutz seiner Anonymität und zur Verteidigung gegen den Vorwurf, sie sei einem Geldwäscheverdacht nicht nachgegangen, folgendes Kundenprofil verlieh: »… ein inzwischen Rente beziehender Freiberufler, der in seiner Karriere viel Erfolg hatte und während seiner Lebenszeit Vermögen für einen geordneten Ruhestand gebildet hatte«.[112]

Ein geradezu natürliches Verständnis von Macht als Eigentum haben herkömmlich und heute noch die gekrönten Häupter, die sich nicht wirklich mit Anstrengung unter das Joch des Konstitutionalismus beugen müssen. Dem »König der Armen«, Mohammed VI. von Marokko, werden Vermögenswerte in Höhe von 1,5 bis 2,5 Milliarden Euro attestiert, etwa 6 % des Bruttoinlandsprodukts seines Landes.[113] Nach *Forbes* ist er von der Spitze der vermögenden Royals, die sich die Ressourcen des Landes aneignen, jedoch weit entfernt. Die wird mit 30 Milliarden vom König von Thailand besetzt, gefolgt vom Sultan von Brunei (20 Milliarden US-Dollar). Die englische Königin tritt in diesem Kreis mit eher dürftigen 450 Millionen US-Dollar auf.[114]

---

111 Ausführlich Markus Meinzer, *Steueroase Deutschland: Warum bei uns so viele Reiche keine Steuern zahlen*, 2. Aufl., München: C. H. Beck, 2016.

112 Zit. nach Meinzer, *Steueroase Deutschland*.

113 Cathérine Graciel, Eric Laurent, *Le Roi Prédateur*, Paris: Seuil, 2012. Siehe auch Daniel Gratzla, »Die reichsten Royals der Welt«, in: *Focus online* vom 22.08.2008, ⟨https://www.focus.de/finanzen/news/tid-11574/vermoegen-koenig-mohammed-vi-aid_326770.html/⟩ (Zugriff: 02.01.2019).

114 »The world's richest royals«, in: *Forbes* vom 29.11.2011, ⟨https://www.forbes.com/sites/investopedia/2011/04/29/the-worlds-richest-royals/#5b5e3455739f/⟩ (Zugriff: 03.01.2019).

Immunisierung

Nach dieser Strategie werden Vermögenverhältnisse dadurch abgedunkelt, dass Ämter, die an der Aufhellung ein Interesse haben könnten, mit Vertrauenspersonen besetzt, institutionell abgeschirmt oder korrumpiert werden, um dem Autokraten finanzielle Immunität zu sichern. Hitler erkaufte sich das Schweigen des Leiters des Finanzamtes München-Ost, der seine Steuerschuld niederschlug, mit einer monatlichen Rente von 2000 Reichsmark. Die originelle Auffassung des bereits erwähnten Leiters des Finanzamtes, Ludwig Mirre, aufgrund seiner verfassungsrechtlichen Stellung sei Hitler von der der Steuer befreit, ersparte dem Führer außerdem Abgaben für seinen Grundbesitz auf dem Obersalzberg im Wert von ca. 7,2 Millionen Reichsmark.[115]

Durch Personalpolitik verschaffte sich der türkische Präsident Erdoğan Kontrolle über das Finanzsystem. Er ersetzte den renommierten, international anerkannten ehemaligen Finanzminister Şimşek durch seinen kaum qualifizierten Schwiegersohn, Berat Albayrak, und setzte sich selbst als Währungshüter ein.[116] Wieweit das seinem privaten Finanzgebaren entgegenkommt, ist unklar. Ähnlich ging Nicolás Maduro vor und installierte den Neffen seiner Frau, Carlos Malpica Flores, als Schatzmeister der Republik Venezuela. Dessen hätte es kaum bedurft, da die Führungsclique um Maduro bereits vor Jahren mafiaähnliche Strukturen der »Selbstversorgung« aufgebaut hatte, die für ihre stetige Bereicherung primär durch Drogenhandel und Schwarzmarktgeschäfte sorgen.[117] Im Korruptionsindex von *Transparency International* wurde Venezuela 2013 auf

---

115 Nikolaus Dominik, »Adolf Hitler: Wie der ›Führer‹ seine Steuerschuld los wurde«, in: *Stern* vom 17.12.2004, ⟨https://www.stern.de/politik/geschichte/adolf-hitler-wie-der--fuehrer--seine-steuerschuld-los-wurde-3544418.html⟩ (Zugriff: 14.12.2018).

116 Philipp Mattheis, »Schwiegersohn statt Kompetenz«, in: *Wirtschaftswoche* vom 10.07.2018, ⟨https://www.wiwo.de/politik/ausland/tuerkei-schwiegersohn-statt-kompetenz/22786100.html/⟩ (Zugriff: 14.01.2019).

117 Marian Blasberg, Jens Glüsing, »Venezuela: Wie sich Präsident Maduro einen Gangsterstaat schuf«, in: *Spiegel Online* vom 16.05.2018, ⟨https://www.spiegel.de/spiegel/venezuela-der-gangsterstaat-von-nicolas-maduro-a-1207606.html⟩ (Zugriff: 15.02.2019).

Platz 160 von 177 begutachteten Ländern geführt. Tendenz fallend: 2017 landete es auf Platz 168 von 180.[118]

Ob diese oder eine ähnliche Strategie auch von Lee Hsien Loong, dem Premier im »Doppelstaat« Singapur, verfolgt wird, lässt sich nicht zweifelsfrei feststellen. Für ihn ist nach einer mehr als 30-prozentigen Kürzung ein immer noch stattliches Jahresgehalt in Höhe von umgerechnet 1 375 853 Euro ausgewiesen.[119] Bevor man diesen Vorgang als Ausdruck von Firmenklarheit lobt, ist daran zu erinnern, dass jeder Einwohner Singapurs pro Jahr umgerechnet 244 Euro für dieses Gehalt aufbringen muss.[120] Zu bedenken ist ferner, dass seine Ehefrau an der Spitze eines der weltweit größten Vermögensverwalter steht, des Staatsfonds *Temasek*, der ein Vermögen von über 150 Milliarden Euro verwaltet.

6. Zur Verfassung autoritärer Eigentumsmacht

Verfassungen warten auch in Autokratien mit einer Reihe von Vorkehrungen auf, die der autoritären Macht-als-Eigentum-Konzeption wenn nicht gänzlich das Wasser abgraben, so doch zumindest Schranken auferlegen könnten, würden sie denn beachtet. Von Bestimmungen gegen die Usurpation der Macht war bereits die Rede. Desgleichen von Begrenzungen der Amtszeit und Ansätzen zur Trennung und Kontrolle der staatlichen Gewalten und insbesondere der Machtbefugnisse der Exekutivspitze. Missachtungen und Änderungen dieser Regelungen können Verfassungen schwerlich angelastet werden.[121] Vor allem dann nicht, wenn ein Autokrat

---

118 Transparency International, *Korruptionswahrnehmungsindex 2018*, ⟨https://www.transparency.de/cpi/cpi-2018/⟩ (Zugriff: 15. 02. 2019).

119 »Singapur kürzt die Millionengehälter seiner Politiker«, in: *Süddeutsche Zeitung* vom 04. 01. 2012, ⟨https://www.sueddeutsche.de/politik/spitzenverdiener-singapur-kuerzt-die-millionengehaelter-seiner-politiker-1.1250801/⟩ (Zugriff: 15. 12. 2018).

120 Während das Gehalt der Kanzlerin Angela Merkel jede Bürger*in mit 0,27 Cent jährlich belastet. Dazu: Frank Stocker, »Welche Regierungschefs die höchsten Einkommen haben«, in *Die Welt* vom 18. 08. 2017, ⟨https://www.welt.de/finanzen/article167802449/Welche-Regierungschefs-die-hoechsten-Einkommen-haben.html/⟩ (Zugriff: 15. 12. 2018).

121 Daher ist auch Zurückhaltung geboten, den Aufstieg des nationalsozialistischen

höchstselbst als »Hüter der Verfassung« eingesetzt, also der sprichwörtliche Bock zum Gärtner gemacht[122] und/oder die machtkritische Funktion der Verfassungsgerichtsbarkeit durch Kooptation der Richter*innen, die Manipulation der Besetzung von Gerichtshöfen oder die Kastration des richterlichen Prüfungsrechts[123] außer Kraft gesetzt wird. Hier sind eher politische Konstellationen und Interessenlagen, Mentalitäten und Charaktereigenschaften, Bestechung und je nach den Umständen auch eine nicht ausgeprägte oder gänzlich fehlende Verfassungskultur haftbar zu machen.

Weltweit dürfte sich keine Verfassung finden lassen, die ein Recht des Herrschers auf alles sanktionierte und zur Kleptokratie ermächtigte oder für Raubzüge von hoher Hand eine Amnestie vorsähe. Gegenüber dem Missbrauch des Exekutivamtes zur persönlichen Bereicherung sind Verfassungen freilich machtlos. Dass dem Führungspersonal untersagt ist, neben der Amtsführung eine »kommerzielle«, »lukrative« oder sonst irgendwie »profitable« Tätigkeit wahrzunehmen[124] oder ihre Macht zum persönlichen Vorteil auszuüben,[125] dass es zur tugendhaften und verfassungsmäßigen Amtsführung verpflichtet ist und diese Pflicht auf seinen Eid nehmen muss, dass ihm bei Amtspflichtverletzungen strafrechtliche Verfolgung und Impeachment drohen – das alles hat die Ausbreitung des Beute-Autoritarismus nicht wesentlich behindert. In der Kleptokratie stößt der autoritäre Konstitutionalismus an seine Grenzen. Gegenüber der Gier der Autokraten ist er mit seinem strategischen Latein am Ende.

Regimes umstandslos auf die Schwäche der Weimarer Verfassung zurückzuführen.

122 Zum Beispiel: die Präsidenten von Usbekistan (Verfassung von 1992/2011, Art. 93 Nr. 1), Mali (Verfassung von 1992, Art. 29 II); Russland (Verfassung von 1993/2014, Art. 80); Türkei (Verfassung von 2017, Art. 104); Verfassung von Äquatorialguinea von 2012, Art. 33; Verfassung von Zimbabwe, Art. 90, oder auch der König von Marokko (Verfassung von 2011, Art. 42).

123 Exemplarisch dazu oben die Ausführungen zu den Verfassungsgerichten in Ungarn, Polen, Venezuela. Siehe Dieter Grimm, »Grenzen der Mehrheitsherrschaft«, in: *Frankfurter Allgemeine Zeitung* vom 14.01.2016, ⟨https://www.faz.net/aktuell/feuilleton/debatten/dieter-grimm-ueber-das-verfassungsgericht-in-polen-13995517.html/⟩ (Zugriff: 05.02.2019).

124 So beispielsweise die Verfassung von Usbekistan, Art. 91, und die Verfassung von Gambia 2004, Art. 68 Nr. 4; Verfassung von Gabun 2011, Art. 14.

125 Etwa die Verfassung von Ruanda von 2015, Art. 63 Nr. 6 und 102 Nr. 6.

VI. Partizipation als Komplizenschaft

> »Wir müssen die Grenzen dicht machen und dann die grausamen Bilder aushalten. Wir können uns nicht von Kinderaugen erpressen lassen.«[1]

> »Jeder Bürger der UdSSR hat das Recht, den staatlichen Organen und gesellschaftlichen Organisationen Vorschläge für die Verbesserung ihrer Tätigkeit zu unterbreiten und Mängel in der Arbeit zu kritisieren.«[2]

Neben der autoritären Staatstechnik und einem Verständnis von Macht als Privateigentum zeichnet sich autoritärer Konstitutionalismus ferner durch ein ambivalentes Verhältnis von Macht und Partizipation sowie die Tendenz zur nicht mediatisierten Kommunikation zwischen Herrschern und Beherrschten aus. Die Ambivalenz von Partizipation und Macht soll hier mit dem Konzept der Komplizenschaft erfasst werden. Im nachfolgenden Kapitel werde ich diese mit dem von autoritären Regimen, besonders solchen populistischer Ausprägung, gepflegten Kult der Unmittelbarkeit verknüpfen. Partizipation und Unmittelbarkeit, so die These, sind darauf angelegt, ein Band persönlicher Loyalität zwischen Führern und Geführten zu knüpfen und Vorstellungen von einer imaginären nationalen, ethnischen, patriotischen oder religiösen Gemeinschaft zu bedienen.

1. Ambivalenz von Autoritarismus und Partizipation

Repression statt Partizipation?

Nach landläufiger Auffassung legen autoritäre Regime auf politische Partizipation, verstanden als die aktive Teilnahme der Bürgerschaft an den gemeinsamen Geschäften der Gesellschaft, keinen

---

1 AfD-Vize und MdB Alexander Gauland zur Flüchtlingspolitik, zit. nach »»Wir können uns nicht von Kinderaugen erpressen lassen««, in: *Zeit Online* vom 24. 02. 2016, ⟨https://www.zeit.de/politik/deutschland/2016-02/alexander-gauland-afd-fluechtlingskrise-fluechtlingspolitik-grenzen/⟩ (Zugriff: 16. 02. 2019).
2 Verfassung der UdSSR 1977, Art. 49.

gesteigerten Wert. Politischer Autoritarismus wäre demnach in aller Regel weniger darauf angelegt, die Bürgerschaft zu mobilisieren, als vielmehr sie zu entmutigen, sich öffentlich zu äußern oder zu versammeln oder mit eigenen Kandidat*innen bei Wahlen anzutreten. Autoritäre Regime versuchen nach dieser These auf jede nur erdenkliche Weise, regimekritische Äußerungen zu zensieren und oppositionelle Bewegungen daran zu hindern, ihre Vorstellungen vom Leben in Gesellschaft und vom Gemeinwohl zur Geltung zu bringen und dabei nach Kant die Freiheit zu aktivieren, von der »Vernunft in allen Stücken öffentlich Gebrauch zu machen«.[3]

Zugelassen ist grundsätzlich nur erbauliche, die Herrschaft nicht ernsthaft in Frage stellende Beteiligung. Und um solche Erbaulichkeit zu sichern, wird politische Teilnahme in autoritären Regimen stets mit Bedacht orchestriert, von oben gesteuert, dosiert und überwacht, um sie gegebenenfalls unter Einsatz der Sicherheitskräfte mit Zwang zurück auf einen regimeverträglichen Kurs zu bringen oder sie gleich dort zu halten.

Für diese Einschätzung des Stellenwerts und der Praxis von politischer Teilnahme aus der Sicht autoritärer Führer, Kader oder Parteien gibt es weltweit erdrückende Evidenzen. Sie werden registriert von internationalen Organisationen wie der Human Rights Commission der UN und von NGOs wie Freedom House, Amnesty International, Human Rights Watch, Reporter ohne Grenzen sowie von Medien skandalisiert, die sich der deprimierenden Aufgabe stellen, den Befehlsgebern von Repression und der Verfolgung von Dissidenten, Pressezensur und Wahlmanipulation als (ebenso unerwünschte wie) unermüdliche Buchhalter und Beobachter entgegenzutreten.[4]

Längst hat sich herumgesprochen, dass auch auf Wahlen als Ausweis von Demokratie wenig Verlass ist:

Illiberale Demokratien können auf der Grundlage eines umfassenden Wahlrechts einigermaßen freie und faire nationale Wahlen haben, den-

---

3 Immanuel Kant, »Beantwortung der Frage: Was ist Aufklärung?« [1783], zitiert nach I. Kant, *Werke*, Sechster Band, herausgegeben von Wilhelm Weischedel, Frankfurt am Main: Insel Verlag, 1964, 53/55.
4 Beispielhaft der Jahresbericht 2017/18 von Amnesty International, ⟨https://www.amnesty.de/der-amnesty-international-report-201718/⟩ sowie die neueste Rangliste der *Reporter ohne Grenzen*, ⟨https://www.reporter-ohne-grenzen.de/rangliste/2018⟩ (Zugriff: 16. 08. 2018).

noch arbeiten sie nicht der Tyrannei der Mehrheit mit effektivem Schutz für ethnische und religiöse Minderheiten oder unterschiedliche Typen von Dissidenten entgegen.[5]

[E]xperten betonen, dass Wahlen allein, ohne die gesamte demokratische Palette einer unabhängigen Justiz, freie Presse und vitale politische Parteien, in Wirklichkeit illiberale Demokratien konstituieren, die immer noch ihre Nachbarn bedrohen und ihre Regionen destabilisieren. [6]

Hier nur einige Schlaglichter aus der weithin bekannten, autoritären Praxis: Im Spätsommer und Herbst 1988 wurden in den Gefängnissen Irans täglich Massenhinrichtungen von politischen Gefangenen vollstreckt. Nach Schätzungen fielen diesem staatlich organisierten Massenmord bis zu 30 000 Menschen zum Opfer. Das Gefängnismassaker des Jahres 1988 gilt als einer der grausamen Höhepunkte der Verfolgung von Oppositionellen und Andersdenkenden in Iran.[7] Ehemalige Politiker, Journalisten, gewaltlose politische Oppositionelle werden in zahlreichen Ländern, etwa in Eritrea, ohne Anklageerhebung inhaftiert. In unterirdischen Zellen oder in Schiffscontainern werden sie dort gefangen gehalten ohne ausreichende Nahrung, sauberes Trinkwasser oder ausreichende sanitäre Einrichtungen. Die Angehörigen bleiben über das Schicksal der Inhaftierten im Ungewissen. Es kann keine Rede davon sein, dass sie von Anwälten rechtlich unterstützt und vertreten werden.[8] Verteidiger der Menschenrechte und Aktivisten der politischen Opposition werden in Kambodscha seit Jahren verfolgt. Seit den nationalen Wahlen 2013 instrumentalisieren Regierung und die herrschende

---

5 David P. Forsythe, *Human Rights in International Relations*, Cambridge, UK: Cambridge University Press, 2012, 231: »Illiberal democracies may have reasonably free and fair national elections based on broad suffrage, but they do not counteract the tyranny of the majority with effective protections for ethnic and religious minorities or various types of dissenters.«
6 Thomas H. Henriksen, *American Power after the Berlin Wall*, Basingstoke, UK: Palgrave MacMillan, 2007.
7 »Iran: Unrelenting Repression«, Bericht von Human Rights Watch vom 17. 01. 2019, ⟨https://www.hrw.org/news/2019/01/17/iran-unrelenting-repression/⟩ (Zugriff: 08. 07. 2019); und »Kampagne bei der UNO: Menschenrechte verteidigen! Hinrichtungen stoppen!«, Aufruf des Vereins Freunde in Not e.V., der iranischen Oppositionellen nahesteht, ⟨http://www.freundeinnot.org/fin/menschenrechte-im-iran-verteidigen/⟩ (Zugriff: 16. 08. 2018).
8 Amnesty International, *Jahresbericht 2016 Eritrea*, 07. 03. 2016.

Cambodian People's Party das Strafrechtssystem, um gezielt Aktivisten der Opposition einzuschüchtern, zu diskriminieren und ihre Freiheitsräume einzuschnüren. Die Kambodschanische Partei zur Rettung der Nation (CNRP) wurde 2012 als demokratische Oppositionspartei gegründet. Von Beginn an wurde ihre Tätigkeit vom kambodschanischen Regime unterdrückt. Im September 2017 wurde ihr Vorsitzender Kem Sokha verhaftet. Zwei Monate später wurde die Partei verboten.[9]

Nicht nur in China und der Türkei, die sich derzeit besonderer medialer Aufmerksamkeit erfreuen, leben kritische Journalisten gefährlich. Und nicht nur in Ländern des globalen Südens. Unter den fünf Ländern, deren Pressefreiheit sich nach Berichten der »Reporter ohne Grenzen« am stärksten verschlechtert hat, befinden sich vier europäische. Diese Organisation sieht in der Verquickung von Politik, Wirtschaft und Medien ein Hauptproblem. Die ungarische Regierung unter Viktor Orbán wird wegen ihrer Repressalien gegenüber kritischen Medien besonders kritisiert, außerdem die gegenwärtigen Regierungen in Polen, in der Slowakei und in Tschechien.[10]

Ambivalenz von Partizipation in autoritären Regimen

Dass politischer Autoritarismus jegliche politische Beteiligung wie der Teufel das Weihwasser fürchtet, wird freilich mit beachtlichen Argumenten bestritten. In ihrem einflussreichen Aufsatz »What Do We Know About Democratization After Twenty Years?« deutet Barbara Geddes das ambivalente Verhältnis von Autoritarismus und Partizipation an: »Autoritäre Regierungen brauchen einige Unterstützung und ziemlich viel Duldung, um an der Macht zu bleiben.«[11] Gino Germani, selbst Überlebender des aggressiven

---

9 Amnesty International, *Report 2017/18. Zur weltweiten Lage der Menschenrechte*, 23.05.2018, ⟨https://www.amnesty.de/jahresbericht/2018/kambodscha/⟩ (Zugriff: 06.07.2019).

10 »Die Pressefreiheit in Europa ist in Bedrängnis«, in: *Süddeutsche Zeitung* vom 25.04.2018, ⟨https://www.sueddeutsche.de/medien/reporter-ohne-grenzen-die-pressefreiheit-in-europa-ist-in-bedraengnis-1.3957025/⟩ (Zugriff: 06.07.2019).

11 Barbara Geddes, »What Do We Know About Democratization After Twenty Years?«, *Annual Review of Political Science* 2 (1999) 115-144, hier: 138. – Diese These wird exemplarisch durch Ereignisse während der letzten Wahl in Russland illustriert: Die Präsidentschaftswahl verschaffte dem Amtsinhaber W. Putin, wie

nationalistischen Populismus und Faschismus in Argentinien und Italien, arbeitet diese Ambivalenz noch stärker heraus und betont nunmehr auch die üblicherweise verdrängte, politische Teilnahme begünstigende Valenz des Autoritarismus:

> In seiner reinen Form reduziert der moderne Autoritarismus die Individuen nicht zu passiven Subjekten; in gewissem Sinne will er, dass sie Bürger sind. Sein Ziel ist nicht Entpolitisierung (obwohl das vorkommen kann), sondern Politisierung nach Maßgabe einer bestimmten Ideologie. Die Bürger […] müssen eine Wahl treffen und eine bestimmte Überzeugung erlangen, aber deren Inhalt muss der offiziellen Ideologie entsprechen. Es gibt eine Wahl, die jedoch offen manipuliert wird. Die externen Kontrollen, Repression und Terror, sind ebenfalls erforderlich, wenn der totalitäre Staat jedoch erfolgreich ist, werden sie überwiegend auf einen reduzierten Teil der Bevölkerung angewendet, hauptsächlich die Intellektuellen.[12]

Dass für Gino Germani die ideologische Manipulation jedenfalls in totalitären Systemen Dreh- und Angelpunkt ist, liest Norman Spaulding[13] als Bestätigung der privilegierten Position (liberaler) Demokratie, in der sich Macht von einer »wirklich ›freien‹ Wahl«

---

nach den Umfrageergebnissen erwartet, die gewünschte Legitimität. Nach Ausschaltung von oppositionellen Kandidat*innen im Vorfeld wurde auf mehreren Ebenen daran gearbeitet, dass die Wahl nichts am Machtgefüge ändern würde: In vielen Wahllokalen gab es Lebensmittel oder auch Unterwäsche zu vergünstigten Preisen zu kaufen. Mit Musik und Tanzeinlagen vor und in den Wahllokalen wurde aus dem politischen Akt ein geselliges Ereignis. Die regierungsnahen und staatlichen Medien hatten die Wähler darauf eingeschworen, mit ihrer Stimme für Putin die Stabilität und damit die Zukunft des Landes zu sichern. Wahlbeobachter*innen wurde behindert oder bedroht. Siehe »Präsidentschaftswahl in Russland: Opposition und NGOs melden Hunderte Unregelmäßigkeiten«, in: *Der Tagesspiegel* vom 18.03.2018, ⟨https://www.tagesspiegel.de/politik/praesidentschaftswahl-in-russland-opposition-und-ngos-melden-hunderte-unregelmaessigkeiten/21084470.html/⟩ (Zugriff: 08.07.2019); und Bundeszentrale für politische Bildung (Hg.), *Präsidentschaftswahlen in Russland 2018*, in: *Russland-Analysen* 351 (2018), ⟨https://www.bpb.de/internationales/europa/russland/analysen/266893/praesidentschaftswahlen-in-russland-2018-23-03-2018/⟩ (Zugriff: 08.07.2019).

12 Gino Germani, *Authoritarianism, Fascism, and National Populism*, New Brunswick: Transaction Books, 1978, 6 ff. auch zum Folgenden. Den Hinweis auf Gino Germani verdanke ich Norman Spaulding. Auch viele der nachfolgenden Überlegungen sind unseren Diskussionen geschuldet.

13 Norman Spaulding, »States of Authoritarianism in Liberal Democratic Regimes«, in: Alviar, Frankenberg, *Authoritarian Constitutionalism*, 265 ff.

ableite. Auf diese Weise bewahre Germani den normativ gewichtigen Kontrast zwischen Demokratie und Autoritarismus, der sich auch in weniger differenzierten Theorien finde. Im Unterschied zu anderen Autoren gehe Germani in der Tat davon aus, dass in Massendemokratien kein Souverän kraft des Monopols legitimer Gewaltsamkeit über die volle Kontrolle der Bevölkerung verfüge und ihr daher *contre cœur* Wahlmöglichkeiten (*choice*) und Partizipation (*voice*) gewähren müsse.

Seiner Konzeption von Partizipation im Autoritarismus unterlegt Germani eine starke Säkularisierungsthese: Nach der Auflösung traditioneller religiöser, lokaler und status-basierter Einschränkungen des Wissens, der Technologie und der Wirtschaft werden demzufolge Verhaltensweisen in modernen Gesellschaften vorwiegend im normativen Rahmen von »elective action« oder individueller Wahl reguliert und nicht wie in vormodernen Gesellschaften eher präskriptiv durch Befehl und Verbot. Mit der Ausbreitung der Säkularisierung, die überkommene Glaubenssysteme erodiert und dazu beiträgt, individuelle Freiheit einzuüben, verschärft sich nach Gino Germani das Problem, eine Gesellschaft zu integrieren. Soziale Ordnung aufrechtzuerhalten und Konsens herzustellen, sei in Massengesellschaften mit gewaltförmiger Repression auf Dauer nicht zu bewerkstelligen. Daher bedürften auch autoritäre Regime Formen »aktiver politischer Beteiligung [...], selbst wenn diese in gewissem Ausmaß bloß formal oder symbolisch« bleiben.[14] Die These bekräftigt exemplarisch die Präambel der Verfassung des Königreichs Marokko (2011), die immerhin im ersten Satz postuliert:

Getreu seiner unabänderlichen Entscheidung, einen demokratischen Staat des Rechts zu errichten, verfolgt das Königreich Marokko energisch den Prozess der Konsolidierung und Verstärkung der Institutionen eines modernen Staates, basierend auf den Grundsätzen der Partizipation, des Pluralismus und der *good governance*.

Die einleitend skizzierte Gegenposition zu Germani und Spaulding sieht Passivität der Bevölkerung und deren Flucht aus der Öffentlichkeit – zivile Desertion[15] – als notwendige Bedingung der Stabilität autoritärer Systeme. Zumal der Totalitarismus als Lebenselixier

---

14 Germani, *Authoritarianism, Fascism, and National Populism*, 10.
15 Den Begriff entnehme ich dem Essay von Marcel Gauchet, »Pacification démocratique, désertion civique«, in: *Le débat* 60 (1990), 87 ff.

die Erzeugung von Furcht und Schrecken brauche und daher auf Massenveranstaltungen und manipulierte Wahlen als Stabilitätsgarantie eher verzichten könne als auf jenen Terror, der die von Germani zu Recht betonte Duldung auf Seiten der Bevölkerung gewährleistet.

Germanis These trifft wohl auf nicht-totalitäre Autoritarismen – wie etwa das Königreich Marokko, die Türkei unter Erdoğan, Viktor Orbáns Ungarn – zu. Doch wäre auch hier geboten, diese jeweils in den historischen, sozialen und kulturellen Kontext und die dort zur Geltung kommende politische Konfiguration »einzulesen«, um Partizipationsphänomene angemessen zu verstehen. So könnten die Teilnahme an Wahlen und die Wahl weithin (rechts-)populistisch genannter Parteien, wie sie derzeit in Europa zu beobachten ist,[16] der Verdrossenheit über die Politik der Eliten oder der Krise der demokratischen Repräsentation geschuldet und nicht genuin autoritäre Phänomene sein. Ebenso ist nicht auszuschließen, dass die Teilnehmer*innen an nationalen Konsultationen, etwa in Ungarn, diese als demokratischen Vorgang missverstehen, anstatt sie als Regierungspropaganda zu durchschauen, und sowohl den autoritären Subtext als auch dessen Implikationen –, nämlich die an die Bevölkerung gerichtete, verdeckte Aufforderung zur Selbst-Entmachtung – übersehen.[17]

Dem ambivalenten Verhältnis von Partizipation und Autoritarismus werde ich mich in zwei Schritten nähern: *Erstens* gehe ich davon aus, dass die viel diskutierte Krise der Repräsentation, häufig thematisiert als Krise der Demokratie, »Postdemokratie«, und »Postpolitik«,[18] sowie das Versagen der Eliten für die Attraktivität

---

16 Ernst Hillebrand (Hg.), *Rechtspopulismus in Europa. Gefahr für die Demokratie?*, Bonn: Dietz, 2015; Ruth Wodak, Majid Khosravinik, Brigitte Mral, *Right-Wing Populism in Europe – Politics and Discourse*, London: Bloomsbury, 2013.

17 Zu den nationalen Konsultationen und Referenden: Theresa Gessler, »The 2016 Referendum in Hungary«, in: *East European Quarterly* 45 (2017), 85 ff., ⟨https://politicalscience.ceu.edu/sites/politicalscience.ceu.hu/files/attachment/basicpage/1096/theresagessler_0.pdf⟩ (Zugriff: 16.01.2019); Piroska Bakos, »Ein Fragebogen als neue Anti-Soros-Kampagne«, in: *mdr* vom 6. August 2017; Eszter Nova, »»Nationale Konsultationen« in Ungarn. Bürgerbefragung als Propagandamittel der orbán-Regierung«, in: Website der Friedrich-Naumann-Stiftung vom 27.11.2017, ⟨https://www.freiheit.org/nationale-konsultationen-ungarn/⟩ (Zugriff: 18.08.2018).

18 Colin Crouch, *Postdemokratie*, Frankfurt am Main: Suhrkamp, 2008.

autoritärer Bewegungen und Institutionen nicht ausschließlich, aber doch zu einem erheblichen Teil haftbar gemacht werden können. In einem *zweiten* Schritt versuche ich zwischen den oben diskutierten kontroversen Positionen mit dem Vorschlag zu vermitteln, dass Partizipation in autoritären Regimen, sowohl in ihren elektiven als auch in ihren nicht-elektiven Formen, darauf zugeschnitten ist, ein Verhältnis der Komplizenschaft zwischen Regierenden und Regierten herzustellen, das Visionen einer imaginären Gemeinschaftlichkeit bedient. Dabei nehme ich an, dass die Chancen politischer Beteiligung in allen Regimen ungleich verteilt sind.[19]

Abb. 8: Politische Komplizen demonstrieren Begeisterung bei Ankündigung des Kriegsausbruchs.[20]

---

19 Allgemein Ulrich Beck, *Die Erfindung des Politischen*, Frankfurt am Main: Suhrkamp, 1993; und insbesondere zur Ungleichverteilung politischer Partizipation: Russell J. Dalton, Hans-Dieter Klingemann, *Citizens and Political Behaviour*, in: dies. (Hg.): *The Oxford Handbook of Political Behaviour*, Oxford: Oxford University Press, 2007; Dirk Jörke, »Bürgerbeteiligung in der Postdemokratie« in: *Aus Politik und Zeitgeschichte* 1-2 (2011); mit eindrucksvollen empirischen Belegen Petra Böhnke, »Ungleiche Verteilung politischer und zivilgesellschaftlicher Partizipation«, in: *Aus Politik und Zeitgeschichte* 1-2 (2011), 18 ff.; und Dieter Rucht, Mundo Yang, »Wer demonstriert gegen Hartz IV?«, in: *Forschungsjournal Neue Soziale Bewegungen* 17 (2004), 21 ff.
20 Quelle: © Foto: Scherl/Süddeutsche Zeitung.

2. Zur Psychologie kollektiven Protests

Innerhalb und außerhalb Europas wird eine Renaissance des politischen Autoritarismus registriert.[21] Autoritäre Bewegungen machen, wie die Beispiele der österreichischen, ungarischen, polnischen, dänischen und neuerdings auch italienischen Regierung zeigen, keineswegs vor den Kabinettsräumen und Regierungsämtern halt. Die Alternative für Deutschland, die Dänische Volkspartei, der als Rassemblement National umbezeichnete Front National in Frankreich, die Lega (früher: Lega Nord) in Italien, Vlaams Belang in Belgien und geistesverwandte Parteien wie die Schwedendemokraten halten sich keineswegs nur im außerparlamentarischen Raum auf.[22] Gleichwohl bleiben sie vorerst auch Phänomene kollektiven außerparlamentarischen Protests.[23] Die Akteure bringen Gefühlslagen wie Empörung, Zorn, Enttäuschung, Verärgerung und Unsicherheit in der Regel in Bezug auf sozial erfahrene Missstände und Ereignisse zur Sprache, also *kollektive* Emotionen. In Bezug auf Gefühlslage und Mobilisierung kann es eine Schnittmenge mit linkspopulistischen Bewegungen geben, wie etwa den Descamisados[24] des Peronismus, die Ende der 40er Jahre dagegen protestierten, dass ihnen das letzte Hemd genommen werde, oder den *Indignados*,[25] die sich 2011/12 in Spanien über die Austeritätspolitik empörten.

---

21 Siehe außer der in der Einleitung zitierten Literatur auch Holger Albrecht, Rolf Frankenberg (Hg.), *Autoritarismus Reloaded – Neuere Ansätze und Erkenntnisse der Autokratieforschung*, Baden-Baden: Nomos, 2010 mit weiteren Nachweisen; sowie Larry Diamond, Marc Plattner (Hg.), *Democracy in Decline?*, Baltimore: Johns Hopkins University Press, 2015.

22 Dazu die Beiträge in Ernst Hillebrand (Hg.), *Rechtspopulismus in Europa. Gefahr für die Demokratie?*, Bonn: Dietz Verlag, 2015.

23 Vgl. hierzu und zum Folgenden Stefan Stürmer/Bernd Simon, »Pathways to Collective Protest: Calculation, Identification or Emotion? A Critical Analysis of the Role of Anger in Social Movement Participation«, in: *Journal of Social Issues* 65 (2009), 681ff.

24 Die »Hemdlosen« war die Selbstbezeichnung von Argentinier*innen, die so arm waren, dass ihnen sogar das »letzte Hemd« genommen wurde. Auch die Frau des Präsidenten Juán Perón, Evita Perón, kooptierte den Begriff und nannte sich die »erste Hemdlose des Landes«, zitiert nach »Südamerikas Veto«, in: *Der Spiegel*, 43 (1947).

25 Gemeinsam mit *¡Democracia Real Ya!* (»Echte Demokratie Jetzt!«) waren sie die »Bewegungsgrundlage« der im Frühjahr 2014 gegründeten linkspopulistischen Partei *Podemos* (»Wir können«).

Ausgelöst werden diese Gefühlslagen regelmäßig durch soziale Erfahrungen des Ausschlusses von politischer Verantwortung, Empörung über unverantwortliche Eliten und bürgerferne Regierungen, Kontrollverluste, ausgelöst durch Phänomene der Globalisierung[26] oder die gefühlte Benachteiligung von Gruppen und Individuen. Empörung heißt nicht, dass die Teilnahme an Protesten spontan und nicht von Interessen gesteuert ist. Im Gegenteil gehen typischerweise Abwägungen und systematische Planungsschritte voraus, was die gemeinschaftlichen Protestformen als überwiegend kollektiv-rationales impulsives Verhalten kennzeichnet.[27]

Dennoch besteht derzeit die Gefahr, dass das Aufbegehren gegen die Kräfte der Ordnung individualistisch reduziert, als irrational gebrandmarkt und auf das Niveau von Ordnungsstörungen heruntergebracht wird, was wiederum autoritären Kräften in die Hände spielt. Protestbeschreibungen dieser Art haben eine lange Vorgeschichte. Dass sie auf bestimmte Spielarten des Aufruhrs zutreffen, wird niemand bestreiten wollen. Erst mit der Verallgemeinerung – auffällig oft unter dem Eindruck erlebter oder beobachteter kollektiver Revolten[28] oder Revolutionen – gerät das Bild schief. Einfluss auf diese Deutungen hatte der von seinen Erfahrungen der Februarrevolution von 1848 und der Pariser Kommune 1871 geprägte Gustave Le Bon, Autor der *Psychologie der Massen*.[29] Unbesehen wird man diese von Vorurteilen geprägten Überlegungen zu Gefühlslage und Verhalten von Massen heute schwerlich ohne weiteres übernehmen und auf Protestbewegungen mit radikal-auto-

---

26 Die Kontrollverluste in der entsicherten Moderne sind empirisch gut belegt, siehe Heitmeyer, *Autoritäre Versuchungen*, mit zahlreichen Nachweisen.
27 Stefan Stürmer, »Soziale Repräsentation von Bürgerprotesten: ›Der Wutbürger‹ – soziale Realität, Feuilleton-Chimäre oder politischer Kampfbegriff?«, in: *Zeitschrift für politische Psychologie* 1 (2011), 9 ff. / 12. Zur Kritik der rhetorischen Figur des »Wutbürgers«: Günter Frankenberg, »Annäherungen an den Wutbürger«, in: *Kritische Justiz* 45 (2013), 396 ff.
28 Der Begriff der Revolte bezeichnet meist das Sich-Auflehnen eines überschaubaren, weil zahlenmäßig begrenzten Kollektivs, einer Gruppe von Personen, in einem eher lokalen oder regionalen Rahmen. Im Unterschied zur Revolution werden Revolten, wie etwa Sklaven-, Bauern-, Armeen- oder Arbeiterrevolten, synonym zu Aufstand verwendet, weil ihnen das Moment der Planung und der ausgearbeiteten ideologischen Konzeption abgeht.
29 Gustave Le Bon, *Psychologie der Massen* [1895], 2. Aufl. Leipzig: S. Hirzel, 1912.

ritärer, nationalistischer Agenda übertragen wollen.[30] Dennoch ist instruktiv, wie Le Bon zum einen zahlreiche Gemeinsamkeiten des kollektiven Verhaltens »mit alleinstehenden Individuen« notiert, etwa »Impulsivität«, »Reizbarkeit«, »Übertreibung der Gefühle« oder »Herrschsucht«. Zum anderen schreibt er den an Massenaktionen Beteiligten eine »beträchtliche Senkung der Voraussetzungen [des] Verstandes« zu und nimmt an, dass die rationale Steuerung des Verhaltens durch »überschäumende Emotionen« – »wie beim Wilden [!] und beim Kind« – ausgeschaltet wird. Und weiter: »Abwesenheit des Urteilsvermögens« begünstigt kollektives Aufbegehren: »Je weniger die Masse vernünftiger Überlegung fähig ist, umso mehr ist sie zur Tat geneigt.«[31]

Die in der *Psychologie der Massen* leitende Annahme, dass irrationale Emotionen Menschen zu Protesten auf die Straße treiben, findet sich auch in aktuellen sozialpsychologischen Studien und Kommentaren, die der Frage nachgehen, warum Individuen und Protestbewegungen der autoritären, häufig als rechtspopulistisch[32] bezeichneten Versuchung nicht widerstehen. Unter Verweis auf die Untersuchungen des Frankfurter Instituts für Sozialforschung wird die Wiederkehr des autoritätshörigen Menschen beschworen, des Anhängers eines starken Staates und »Verächters von Demokratie und Weltoffenheit, der in einer komplizierten Welt nach einfachen Antworten« sucht.[33]

Andere Autoren führen die Flucht in »Rechtspopulismus«,[34]

---

30 Kritische Perspektiven: Sigmund Freud, *Massenpsychologie und Ich-Analyse. Die Zukunft einer Illusion*, Frankfurt am Main: Fischer, 1993; und Serge Moscovici, *Das Zeitalter der Massen*, Frankfurt am Main: Fischer, 1986. Zur »Logik« von Wut ist der Erfahrungsbericht von Renato Rosaldo aufschlussreich, »Introduction: Grief and the Headhunter's Rage«, in: ders., *Culture and Truth*, Boston: Beacon Press, 1989, 1 ff.

31 Le Bon, *Psychologie der Massen*, Kap. II 2. Das rassistische Vorurteil liegt hier auf der Hand.

32 Zur Problematik dieser Etikettierung ausführlich oben Kap. II.7.

33 z. B. Harald Werner, »Psychologie des Rechtspopulismus« in: *alles was links ist*, ⟨https://www.harald-werner-online.de/index.php?id=257/⟩ (Zugriff: 19.08. 2018).

34 Aus der umfangreichen Literatur zum Populismus: Margaret Canovan, *Populism*, London: Junction Books, 1981; Karin Priester, *Populismus: Historische und aktuelle Erscheinungsformen*, Frankfurt am Main/New York: Campus, 2007; Frank Decker, *Der neue Rechtspopulismus*, Opladen: Springer VS, 2004; Jan-Werner Müller,

Fremdenfeindlichkeit und Nationalismus auf die unbewältigten Herausforderungen bei der Integration von Flüchtlingen, die Bedrohung durch Terroranschläge, die durch globale Krisen ausgelöste Verunsicherung zurück. Autoritärer, radikaler Nationalismus bzw. Rechtspopulismus wäre demnach ein pathologisches Syndrom, das vor allem Gefühle des Kontrollverlustes mit kultureller Entfremdung, Anti-Globalismus und Anti-Elitismus[35] verbindet und zu einer wachsenden Polarisierung der Gesellschaft führt, in der die beiden einander gegenüberliegenden Lager sich schließlich nichts mehr zu sagen haben (»Wir sind das Volk. Wer seid ihr?« – fragte Erdoğan 2014).

3. Krise der Repräsentation, Blüte des Autoritarismus

Volkssouveränität und Mehrheitsherrschaft

Aktuelle Protestbewegungen am rechten Rand (und in der Mitte) der Gesellschaften des autoritären Kapitalismus lassen sich in der Tat von sozialen und ökonomischen Problemen informieren.[36] In ihrer Anhängerschaft sind vermehrt Einstellungen nachzuweisen, die dem Profil des »autoritären Charakters« entsprechen.[37] Die

Was ist Populismus? Ein Essay, Berlin: Suhrkamp, 2016. Auf der Basis einer empirischen Untersuchung: Hans Vorländer/Maik Herold/Steven Schäller, *Wer geht zu PEGIDA und warum?*, in: *Schriften zur Verfassungs- und Demokratieforschung 1* (2015). Siehe zum Rechtspopulismus ausführlich Kap. II.7.

35 Zu den Dichotomien Volk/Elite, wir/die: Vorländer, »The good, the bad, and the ugly«, in: *Totalitarismus und Demokratie* 8 (2011), 187 ff., ⟨https://www.ssoar.info/ssoar/handle/document/32621⟩ (Zugriff: 19.08.2018) und Heitmeyer, *Autoritäre Versuchungen*, 248. Zum Begriff der Eliten: Heinz Bude, »Elite, Elitenkonstellation und Elitenwandel«, in: Karl-Siegbert Rehberg (Hg.), *Soziale Ungleichheit, kulturelle Unterschiede: Verhandlungen des 32. Kongresses der Deutschen Gesellschaft für Soziologie in München*, Frankfurt am Main: Campus, 2006.

36 Christoph Butterwegge, »Globalisierung, Neoliberalismus und Rechtsextremismus«, in: Peter Bahtke, Susanne Spindler (Hg.), *Neoliberalismus und Rechtsextremismus in Europa. Zusammenhänge – Widersprüche – Gegenstrategien*, Berlin: Karl Dietz-Verlag, 2006, 15 ff.; Philip Manow, *Die politische Ökonomie des Populismus*, Berlin: Suhrkamp, 2018; Heitmeyer, *Autoritäre Versuchungen* und Koppetsch, *Gesellschaft des Zorns.*

37 Selana Tzschiesche, »Zur Aktualität des autoritären Charakters am Beispiel der

beharrliche Präsenz rechtsextremer Organisationen lässt sich allerdings auch darauf zurückführen, dass sich deren Autoritarismus, zu dem auch die autoritäre Deutung der Verfassung gehört, mit der Berufung auf Volk (»Wir sind das Volk«) und Volkssouveränität demokratisch maskieren lässt. Das attestieren etwa die Koalition des verquer volkstümlichen Movimento Cinque Stelle mit der chauvinistischen Lega in Italien, der autoritär-nationalistische Front National in Frankreich, die Alternative für Deutschland und die rechtsextreme Jobbik-Partei »für ein besseres Ungarn«.

Entwicklungen im und des autoritären Kapitalismus[38] erleichtern die Maskierung als legitime Volksbewegung, wie zuletzt die Einschätzung der Gilets jaunes in Frankreich zeigt. »Populismus« gleich welcher Spielart beruft sich in nahezu allen aktuellen Erscheinungsformen[39] – sowohl als Bewegung als auch in der Regierung – auf den Willen des »wahren Volkes« und dessen Souveränität. Rechtspopulistische, genauer: autoritär-nationalistische Proteste unterscheiden sich daher nicht selten erheblich von Bewegungen, die sich auf *ihre eigenen Interessen* berufen und diese demonstrativ zur Geltung bringen wollen, wie die People's Party in den USA (1891-1908), deren Agenda dem Populismus wohl den Namen lieh, Los Descamisados im peronistischen Argentinien, Podemos in Spanien und zuletzt das Mouvement des Gilets jaunes (Gelbwesten), eine der größten Protestbewegungen der Fünften Republik in Frankreich.[40]

AfD«, in: Audioportal Freier Radios vom 11.02.2018, ⟨https://www.freie-radios.net/87447⟩ (Zugriff: 18.01.2019); Jan Weyand, »Zur Aktualität der Theorie des autoritären Charakters«, in: jour fixe initiative berlin (Hg.), *Theorie des Faschismus – Kritik der Gesellschaft*, Münster: Unrast, 2000.

38 Heitmeyer, *Autoritäre Versuchungen*, 118 ff.

39 Ausführlich dazu und zum Folgenden Hans Vorländer, »The good, the bad, and the ugly: über das Verhältnis von Populismus und Demokratie – eine Skizze«, Vorländer et al., *Wer geht zu PEGIDA und warum?*; und auch der Essay »Demokratie und Populismus« von Andreas Voßkuhle, in: *Frankfurter Allgemeine Zeitung* vom 23.11.2017, 6. Siehe auch Karin Priester, »Definitionen und Typologie des Populismus«, *Soziale Welt* 62 (2011), 185 ff.; Cas Mudde, »The Populist Zeitgeist«, in: *Government and Opposition* 39 (2004), 541 ff. und Helmut Dubiel, »Das Gespenst des Populismus«, in: ders., *Populismus und Aufklärung*, Frankfurt am Main: Suhrkamp, 1986, 33 ff. Siehe oben Kap. II. 7.

40 Dazu: Pacho O'Donnell, *Juan Manuel de Rosas, el maldito de la historia official*, Bue-

Die Leitdifferenzen, die populistische Rhetorik strukturieren (»wir«/»sie«, »unten«/»oben«, »innen«/»außen«)[41] sind länderübergreifend Kristallisationskerne eines theoretisch meist dürftigen, aber dennoch einflussreichen Rasters für die Deutung der Welt, also für eine wie auch immer fadenscheinige Ideologie. Diese Leitdifferenzen »befeuern« zugleich mit Homogenitätsbehauptungen kollektive Entitäten und Identitäten. Damit sitzen sie einem »kollektivistischen Missverständnis der Demokratie« auf und verkennen, dass das Volk – anders als in Einheits- oder Gottesstaaten – »in einer Demokratie im Plural aufzutreten« pflegt.[42] Die Identitäten bilden mit je unterschiedlicher nationalistischer Legierung wiederum die Basis des Alleinvertretungsanspruchs[43] und des damit verknüpften Mobilisierungsprogramms populistischer Bewegungen. Mobilisiert wird gegen alle, die sich in den Weg stellen – »Lügenpresse«, Fremde (Ausländer, Flüchtlinge), Abgeordnete anderer Parteien. Damit fungiert die geltend gemachte Homogenität als Instrument der Exklusion, »der Separierung des Anderen und der Differenz von ›denen‹ und ›uns‹«.[44] Schließlich »etabliert der Populismus in allen seinen – totalitären, autoritären, demokratischen – Erscheinungsformen eine Mobilisierungsstruktur von charismatischer Leitfigur und Anhän-

---

nos Aires: Grupo Editorial Norma, 2009, 39; »Südamerikas Veto«, in: *Der Spiegel* 43 (1947); Luis Giménez San Miguel, »Pablo Iglesias presenta Podemos como ›un método participativo abierto a toda la ciudadanía‹«, in: *publico.es* vom 17.01.2014, ⟨https://www.publico.es/politica/pablo-iglesias-presenta-metodo-participativo.html⟩ (Zugriff 29.07.2019); » Social: Les Gilets jaunes et la démocratie directe«, in: *La Voix du Nord* vom 01.12.2018, ⟨http://www.lavoixdunord.fr/498711/article/2018-12-01/les-gilets-jaunes-et-la-democraie-direct/⟩ (Zugriff: 30.06.2019).

41 Mobilisierungsslogans der Peronisten waren u. a. »Alpargatas sí – libros no!« (Schuhe der Gauchos ja – Bücher (der Elite) nein!). Sie bezeichneten sich, wie erwähnt, im Sinne von »wir hier unten« als »Los Descamisados« (die Hemdlosen). Zum Peronismus: Joseph Page, *Peron. A Biography*, New York: Random House, 1983.
42 Jürgen Habermas, »Wie demokratisch ist die Europäische Union?«, in: *Blätter für deutsche und internationale Politik* 8 (2011), 37 ff., 41.
43 Der per definitionem eine Wahlniederlage nicht zulässt. Viktor Orbán reagierte auf die Wahlniederlage 2002 mit der Äußerung, die Heimat könne nicht in der Opposition sein. Nach seiner Wahlniederlage 2015 negierte der Verlierer, Präsident Maduro, die Mehrheitsentscheidung und setzte stattdessen in Venezuela ein »Volksparlament« seiner Wahl ein. Dazu Voßkuhle, »Demokratie und Populismus«.
44 Vorländer, »The good, the bad, and the ugly«.

gerschaft, von – zugespitzt formuliert – Führer und Gefolgschaft«:[45] »Ich sage, was ihr denkt.«[46]

Quer durch nahezu alle Varianten von Bewegungen, die weithin als populistisch bezeichnet werden, ziehen sich in Hinsicht auf den Aspekt der Partizipation und der Repräsentation zwei Merkmale, die diese von anderen Protestbewegungen deutlich unterscheiden: der Appell an das Volk[47] und die Behauptung, das wahre/eigentliche Volk zu repräsentieren. Bisweilen gelingt es den Protagonist*innen, wie dem frühen Peronismus, eine apathische oder ausgeschlossene Bevölkerung zu mobilisieren. Sie erheben in der Folge einen Legitimitätsanspruch, der das Paradox demokratischer Ideologie evoziert – die Spannungslage zwischen Volkssouveränität und Mehrheitsherrschaft.[48] Indem dieses Paradox (wenn auch nicht als solches) thematisiert wird, fordern Populisten die eingerichtete und ausgeübte Demokratie heraus. Allerdings wird das Paradox – oder wenn man so will: das Spannungsverhältnis – nicht (auf)gelöst, sondern regelmäßig bewegungspolitisch vereinseitigt: Die Berufung auf das »wahre Volk« (»Wir sind das Volk!«) spielen vermeintlich demokratische, tatsächlich autoritär-xenophobe, nationalistische Bewegungen und Organisationen wie etwa PEGIDA oder die Partei Alternative für Deutschland, in Frankreich der Rassemblement National, und in Italien die Lega gegen Parlamentarismus, Eliten, Minderheiten und Europa aus.[49]

45 Ebd. Beispiele: Juan Perón, Getúlio Vargas, Hugo Chávez, Jacob Zuma, Evo Morales, Recep Tayyip Erdoğan, Viktor Orbán, Silvio Berlusconi und Donald Trump als Amtsträger sowie Marine Le Pen, Pim Fortuyn, Beppe Grillo als Führerfiguren einer Bewegung bzw. einer als sich Bewegung gerierenden Partei.
46 So Jörg Haider, Rechtsnationalist und ehemaliger Vorsitzender der FPÖ. Freilich sind die charismatischen Leitfiguren und Volkstribune des nationalistischen Rechtspopulismus in der Bundesrepublik Deutschland derzeit von eher dürftiger Gestalt.
47 Oder beanspruchen, das wahre Volk zu repräsentieren – so die These von Müller, *Was ist Populismus?*.
48 Margaret Canovan, »*Taking Politics to the People: Populism and the Ideology of Democracy*«, in: Yves Mény, Yves Surel (Hg.), *Democracies and the Populist Challenge*, Barsingstoke, UK: Palgrave, 2002, 25 ff.
49 Dazu und zum problematischen Verhalten der Eliten: Michael Hartmann, *Die Abgehobenen – Wie die Eliten die Demokratie gefährden*, Frankfurt am Main: Campus, 2018; siehe auch ders., »Vor allem der richtige Stallgeruch zählt«, *Zeit Online* vom 23.02.2013, ⟨https://www.zeit.de/studium/uni-leben/2013-02/eliten-forscher-hartmann-stipendium-exzellenzinitiative/⟩ (Zugriff: 30.06.2019); Ders., »Die

Zu diskutieren sind im Folgenden also Phänomene, die auf eine Krise der parlamentarischen Demokratie und der politischen Klasse, die »Parallelgesellschaft« der »Abgehobenen« (Eliten), auf Fehlentwicklungen des parlamentarisch-repräsentativen Systems hindeuten und die anzeigen, warum sich rechtspopulistische, genauer: extrem nationalistische Bewegungen – mit einigem Erfolg – der autoritären Versuchung hingeben.[50]

4. Krisendiagnosen

Postdemokratie, Postpolitik

Pessimistische Auguren deuten die Proteste an den Rändern und in der Mitte der Gesellschaft – gegen Fremde, die nicht »zum Volk« bzw. nicht hierher gehören, und gegen Eliten, die von den Interessen der Bevölkerung keinen Begriff haben und denen der Sinn für Verantwortung abgeht – als Symptome des Verfalls. Ihre Diagnose: Es handelt sich um Schwächesymptome der Parteiendemokratie, der die Bindungskräfte abhandengekommen sind, um Politikversagen in der Postdemokratie,[51] um eine Krise des Krisenmanagements in Europa.[52] Bei Unterschieden im Einzelnen stützen sich die Postdemokratie- oder Postpolitik-Analysen[53] auf folgende Indikatoren und Entwicklungen:

> Eliten haben sich immer mehr von der bevölkerung entfernt«, in: *SZ online* vom 13.08.2018, ⟨https://www.sueddeutsche.de/kultur/politik-und-teilhabe-die-eliten-haben-sich-immer-mehr-von-der-bevoelkerung-entfernt-1.4089256/⟩ (Zugriff: 18.11.2018); Wilhelm Heitmeyer, »Die Eliten sind Teil des Problems«, in *Kölner Stadt-Anzeiger* vom 04.06.2012, ⟨https://www.ksta.de/wilhelm-heitmeyer--die-eliten-sind-teil-des-problems--10111342/⟩ (Zugriff: 18.11.2018). Siehe auch die Beiträge in dem Sonderheft »Eliten in Deutschland«, in: *Aus Politik und Zeitgeschichte* 10 (2004).

50 Heitmeyer, *Autoritäre Versuchungen*, legt dazu das empirische Material vor.
51 Unter Bezug auf die Präsidentschaft Donald Trumps: Steven Levitsky, Daniel Ziblatt, *Wie Demokratien sterben: Und was wir dagegen tun können*, München: DAV, 2018.
52 Claus Offe, *Europa in der Falle*, Berlin: Suhrkamp, 2016.
53 Eingeläutet wurde der postdemokratische Diskurs wohl von Jacques Rancière, »Demokratie und Postdemokratie«, in: Alain Badiou et al. (Hg.), *Politik der Wahrheit*, Wien: Turia + Kant, 1977, 94ff., vertieft in späteren Arbeiten. Analytisch weiterentwickelt wurde der Begriff von Crouch, *Postdemokratie*. Als Wahl-

Erstens: Veränderungen im *politischen Verhalten* – wie abnehmende Wahlbeteiligung, sinkende Milieubindung intermediärer Organisationen, Abschmelzen der Mitgliederbasis von Parteien etc. – werden interpretiert als Indizien für die politische Gemütslage einer frustrierten, desillusionierten, politikverdrossenen Bürgerschaft, die sich auf »zivile Desertion«[54] verlege, den öffentlichen Raum – zum »bowling alone«[55] – verlasse. Diese Diagnose verträgt sich allerdings schlecht mit dem *revival* des Rechtspopulismus, besser: Nationalismus und Chauvinismus, der in zahlreichen europäischen Staaten und in den USA die vermeintlichen Deserteure auf die Straße gebracht und zu erheblichen Mobilisierungsschüben geführt hat.[56] Selbst wenn man darin eine Gefahr für die Demokratie,

verwandte wären vor allem zu nennen: Sheldon Wohlin, *Democracy Incorporated: Managed Democracy and the Specter of Inverted Totalitarianism*, Princeton NJ: Princeton University Press, 2017; Frank Furedi, *The Politics of Fear*, New York/London: Continuum, 2005, kritisiert die Sprachlosigkeit der Politik(er) und die Infantilisierung der Öffentlichkeit im Zuge der Internalisierung einer Politik der Furcht. Eine ausführliche Darstellung und weitere Nachweise finden sich bei Ingolfur Blühdorn, *Simulative Demokratie*, Berlin: Suhrkamp, 2013, 114 ff. Vgl. auch die Beiträge von Giorgio Agamben et al., *Demokratie? Eine Debatte*, Berlin: Suhrkamp, 2012.

54 Marcel Gauchet, »Pacification démocratique, desertion civique«. Siehe auch Mark Arenhövel, *Globales Regieren: Neubeschreibungen der Demokratie in der Weltgesellschaft*, Frankfurt am Main/New York: Campus, 2003.

55 Robert D. Putnam, *Bowling Alone. The Collapse and Revival of American Community*, New York: Simon & Schuster, 2000. Claus Offe, »Moderne ›Barbarei‹: Der Naturzustand im Kleinformat«, in: Max Miller, Hans-Georg Soeffner (Hg.), *Modernität und Barbarei. Soziologische Zeitdiagnose am Ende des 20. Jahrhunderts*, Frankfurt am Main: Campus, 1996, 258 ff.

56 Dierk Borstel, »Die rechte Mobilisierung – eine Gefahr für die Demokratie?«, in: *Gesellschaft – Wirtschaft – Politik* (2016), 163 ff.; Hans Vorländer/Maik Herold/Steven Schaller, *PEGIDA. Entwicklung, Zusammensetzung und Deutung einer Empörungsbewegung*, Wiesbaden: Springer VS, 2016; Peter Rath-Sangkhakorn/Werner Seppmann, *Aufstand der Massen? Rechtspopulistische Mobilisierung und linke Gegenstrategien*, Bergkamen: pad-Verlag, 2017. Zur Mobilisierung in den USA: Na Tahisi Coates, »The First White President«, in: *The Atlantic Monthly* 10 (2017); Christian Lammert, »Rechtspopulismus in den USA und in Europa im Vergleich«, in: *bpb.de* vom 07. 03. 2017, ⟨http://www.bpb.de/politik/extremismus/rechtsextremismus/243794/thesen-zu-amerikanischen-rechtspopulismus/⟩ (Zugriff: 20. 08. 2018); Heike Buchter »Der Aufstieg der Rechtspopulisten in den USA«, in *bpb.de* vom 09. 01. 2017 ⟨http://www.bpb.de/politik/extremismus/rechtspopulismus/240062/der-aufstieg-der-rechtspopulisten-in-den-usa/⟩ (Zugriff: 19. 08. 2018).

wohl: für die in die Krise geratene etablierte Demokratie, erkennen wollte, kann die Konfrontationsbereitschaft schwerlich zur Beglaubigung eines postdemokratischen Zeitalters herangezogen werden.

Zweitens: Veränderte *systemische Bedingungen* von Politik begünstigen Phänomene (jedenfalls Thesen) der Postdemokratie. Globalisierungsprozesse begrenzen den *nationalen* Zugriff auf grenzüberschreitende Problemlagen und steigern deren Komplexität; Beispiele hierfür sind: Klimawandel und Umweltverschmutzung, »organisierte Kriminalität« und Terror sowie Migration. Die Beschleunigung und Ausdehnung des Kapitalismus führt zu räumlichen und sozialen »Landnahmen« sowie als Reaktion darauf zu »Kontrollverlusten«.[57] Sie treten in technischen Abläufen, sozialem Wandel und individuellem Lebenstempo hervor.

Diese Problemlagen ebnen zum einen der Verlagerung politischer Entscheidungen in supra- bzw. internationale Institutionen den Weg. Zum anderen spielen sie dem Autoritarismus der Expertise[58] demokratisch kaum kontrollierter Gremien in die Hände und führen – nicht nur nach den Theorien der Postdemokratie – zu einem Rückbau demokratischer Standards und zur Entleerung und Entwertung repräsentativ-parlamentarischer Entscheidungsverfahren. Demnach liegt es nahe, von einer Krise der Repräsentation zu sprechen, die autoritäre Versuchungen fördert.

Drittens: Nach dem Zusammenbruch des Staatssozialismus haben sich die ideologischen Konflikte in das neoliberale Projekt hinein und in sein Umfeld verschoben und werden unter dem Gesichtspunkt »Ökonomisierung des Politischen«[59] diskutiert. Darunter wird nicht einhellig verstanden, dass die Leitideen des Neoliberalismus[60] in der politischen Sphäre an Bedeutung gewinnen. Vor

---

57 Heitmeyer, *Autoritäre Versuchungen*, 119 ff.; David Harvey, *The Limits to Capital*, London: Verso, 2006; Klaus Dörre, Anja Happ, Ingo Matuschek, *Das Gesellschaftsbild der LohnarbeiterInnen*, Hamburg: VSA Verlag, 2013, 29 ff. (zu kapitalistischen Landnahmen).

58 Dazu David Kennedy, *A World of Struggle – How Power, Law, and Expertise Shape Global Political Economy*, Princeton, NJ: Princeton University Press, 2016.

59 Zur Kritik: Wendy Brown, *Die schleichende Revolution: Wie der Neoliberalismus die Demokratie zerstört*, Berlin: Suhrkamp, 2015.

60 Zum schillernden Begriff des Neoliberalismus als »essentially contested concept«: Ursprünglich bezeichnete er eine heterogene ökonomietheoretische Strömung, die die ordoliberale Freiburger Schule, die Chicagoer Schule (seit Milton Friedman) und die von Friedrich August von Hayek gegründete Theorierichtung umfasst.

allem: Der *homo oeconomicus*, der Nutzenmaximierer, tritt an die Stelle der Aktivbürger*in. Für Demokratie – genauer: parlamentarische Mitbestimmung – wird verlangt, dass sie »marktkonform« sei.[61] Die Ökonomisierung des Politischen erweist sich als ein realpolitischer und zugleich diskursiver Vorgang,[62] der sich rhetorisch und instrumentell im Arsenal des autoritären Konstitutionalismus bedient,[63] um die Deregulierung und Privatisierung der Ökonomie, die Liberalisierung des Handels und der Industrie, den Schutz ausländischer Investitionen und fiskalische Sparprogramme, vor allem den Schutz »systemrelevanter« Finanzinstitute, zu rechtfertigen. Kein »Ende der Geschichte«[64] also, wohl aber im Kraftfeld der Demokratie ein Trend hin zur Vorherrschaft von Eliten der Ökonomie, Staatstechnikern und Experten.[65] Dadurch begünstigt, ist eine fortschreitende ökonomische »Kolonisierung« von Politik[66] zu verzeichnen, ablesbar am Pegelstand

> Eindeutige Abgrenzungen gestalten sich schwierig, je nach Art der Verwendung des Begriffs – polemisch, konzeptuell, entwicklungspolitisch, ideologisch oder paradigmatisch. Dazu Pierre Bourdieu, »*L'essence du néolibéralisme*«, in: *Le Monde Diplomatique*, März 1998; Colin Crouch, *Das befremdliche Überleben des Neoliberalismus*, Berlin: Suhrkamp, 2011; Byung-Chul Han, *Psychopolitik: Neoliberalismus und die neuen Machttechniken*, Frankfurt am Main: S. Fischer Verlag, 2014.

61 Jasper von Altenbockum, »Marktkonforme Demokratie? Oder demokratiekonformer Markt?«, in: *faz.net* vom 15.04.2012, ⟨https://www.faz.net/aktuell/politik/harte-bretter/marktkonforme-demokratie-oder-demokratiekonformer-markt-11712359.html/⟩ (Zugriff: 08.07.2019).

62 Gregor Wiedemann et al., »Postdemokratie und Neoliberalismus«, in: *Zeitschrift für Politische Theorie* 4 (2013), 80 ff.

63 Dazu Ian Bruff, »The Rise of Authoritarian Neoliberalism«, *Rethinking Marxism: A Journal of Economics, Culture & Society* 26 (2016), 115 ff.; Helena Alviar, »Neoliberalism as a Form of Authoritarian Constitutionalism«, in: Alviar, Frankenberg (Hg.), *Authoritarian Constitutionalism*, 37 ff. Michael A. Wilkinson bezeichnet dies als »Authoritarian Liberalism as Authoritarian Constitutionalism«, in: Alviar, Frankenberg (Hg.), *Authoritarian Constitutionalism*, 317 ff.

64 Francis Fukuyama, *Das Ende der Geschichte. Wo stehen wir?*, München: Kindler, 1992.

65 Dazu Günter Frankenberg, *Staatstechnik. Perspektiven auf Rechtsstaat und Ausnahmezustand*, Berlin: Suhrkamp, 2010, bes. Kap. 1; Kennedy, *A World of Struggle*; Jacques Ellul, *La technique ou l'enjeu du siècle*, Paris: Armand Collin, 1954.

66 Chantal Mouffe, »Postdemokratie«, in: *Aus Politik und Zeitgeschichte* 1-2 (2011), 3. Colin Crouch geht davon aus, dass der Staat »eher einem marktbeherrschenden Großunternehmen gleich gemacht wird«, Crouch, *Postdemokratie*, 109; Claus Offe erörtert, unter Bezug auf Crouch, differenzierter die »postdemokratische«

des Einflusses ökonomischer Terminologie, Sachgesetzlichkeit, Expertise und der Effizienzkalküle als Orientierungsmarken von Politik.[67]

Viertens: Schließlich kann sich die Postdemokratie-These auch durch den Wandel der Staatstechnik, vor allem durch die bereits erörterten Überwachungspraktiken valutieren lassen. In dem Maße, in dem die Informationstechnologie die Führung übernimmt, tritt das republikanische Versprechen *öffentlicher* demokratischer Herrschaft und von Menschenrechten hinter die von (privaten Providern belieferten) staatlichen, nicht nur geheimdienstlichen Datensammlungen wie etwa Prism zurück.[68]

Die von Theorien der Postdemokratie und Thesen des Schwindens oder der Entleerung von Demokratie[69] gezeichneten, düsteren bis apokalyptischen Bilder haben beachtliche Kritik provoziert.[70]

Überlagerung politischer durch wirtschaftliche Kategorien«, in: *Frankfurter Allgemeine Zeitung* vom 22.09.2008, 37.

67 Nachweise zur Ökonomisierung von Politik bei Crouch, *Postdemokratie* und Blühdorn, *Simulative Demokratie*. Siehe auch die erwähnten Aufsätze von Alviar und Wilkinson in Alviar, Frankenberg (Hg.), *Authoritarian Constitutionalism*. Auf die Entscheidungsverfahren des *new public management* konzentriert sich Alessandro Pelizzari, *Die Ökonomisierung des Politischen*, Konstanz: UVK, 2001. Gary Schaal et al. (Hg.), *Die Ökonomisierung der Politik in Deutschland*, Wiesbaden: Springer VS, 2014.

68 Dazu materialreich Yvonne Hofstetter, *Das Ende der Demokratie*, München: Bertelsmann Verlag, 2016; demokratietheoretisch ergiebig: Evgeny Morozov, *Smarte neue Welt. Digitale Technik und die Freiheit des Menschen*, München: Blessing, 2013; Christian Rudder, *Inside Big Data – Unsere Daten zeigen, wer wir wirklich sind*, München: Hanser Verlag, 2016; Klaus Mainzer, *Die Berechnung der Welt: Von der Weltformel zu Big Data*, München: C. H. Beck, 2014.

69 Heitmeyer, *Autoritäre Versuchungen*, 177 ff.; Horst Dreier, »Vom Schwinden der Demokratie«, in: Friedrich Wilhelm Graf, Heinrich Meier (Hg.), *Die Zukunft der Demokratie*, München: Beck, 2018, 29 ff.

70 Zur Kritik der Thesen der Postdemokratie und zu optimistischeren Einschätzungen: Claudia Ritzi, *Die Postdemokratisierung politischer Öffentlichkeit*, Wiesbaden: Springer VS, 2014; Blühdorn, *Simulative Demokratie*; Eike Hennig, »Totgesagte leben lange. Zum Aussagewert postdemokratischer Theorien«, in: *vorgänge* 190 (2010), 26 ff./34; Claus Offe, »Wie der Markt die Politik vergiftet«, in: *Frankfurter Allgemeine Zeitung* vom 22.09.2008, 37 (zu Colin Crouch, *Postdemokratie*); Gary Schaal, »Postdemokratie. Tatsächlich?«, in: *Magazin erwachsenenbildung.at* 11 (2010), 1 ff.; Emanuel Richter, »Das Analysemuster der ›Postdemokratie‹. Konzeptionelle Probleme und strategische Funktionen«, in: *Forschungsjournal Neue Soziale Bewegungen* 19 (4/2006), 4 ff./23-27.

Vor allem von normativen Theorien der deliberativen Demokratie[71] werden sie zurückgewiesen. Diese Kontroverse kann hier nicht ausgebreitet werden.[72] Trotz begrifflicher Unschärfe und Mängeln der empirischen Begründung verdienen es die »postdemokratischen« Diagnosen angesichts des Zulaufs, den autoritäre Bewegungen und Parteien verzeichnen, ernst genommen zu werden. Ob Verfallsgeschichte der Demokratie generell oder nur eine Krise der eingerichteten und ausgeübten demokratischen Repräsentation und des Parteienstaats, um ernstzunehmende Phänomene und nicht nur um leicht korrigierbare Haltungsschäden handelt es sich beim Aufschwung dieses politischen Autoritarismus allemal.

Krise der Regierungsform

Wenn es sich um eine Krise der Demokratie handelt, bleibt zu klären, worin sie besteht und was zu tun ist.[73] Für eine Klärung

---

[71] Zum Optimismus normativer Demokratietheorien: Jürgen Habermas, »Drei normative Modelle der Demokratie: Zum Begriff der deliberativen Demokratie«, in: Herfried Münkler (Hg.), *Die Chancen der Freiheit: Grundprobleme der Demokratie*, München/Zürich: Piper, 1992; Jürgen Habermas, *Faktizität und Geltung: Beiträge zur Diskurstheorie des Rechts und des Rechtsstaats*, Frankfurt am Main: Suhrkamp, 1992; Bettina Lösch, »Deliberative Politik: Moderne Konzeptionen von Öffentlichkeit, Demokratie und politischer Partizipation«, in: *Publizistik* 50 (2005), 372 ff.; Robert E. Goodin, *Innovating Democracy. Democratic Theory and Practice after the Deliberative Turn*, Oxford: Oxford University Press, 2008.

[72] Dazu ausführlich Frankenberg, »Wutbürger«, mit zahlreichen Nachweisen.

[73] Dazu ein Überblick bei Tom Ginsburg, Alberto Simpser (Hg.), *Constitutions in Authoritarian Regimes*, Cambridge, UK: Cambridge University Press, 2013; Alviar, Frankenberg (Hg.), *Authoritarian Constitutionalism*; André Bank, »Die Renaissance des Autoritarismus. Erkenntnisse und Grenzen neuerer Beiträge der Comparative Politics und Nahostforschung«, in: *Hamburg Review of Social Sciences* 4 (2009), 10 ff.; Die Beiträge in der *Foreign Affairs*-Ausgabe »Is Democracy Dying? A global report«, in: *Foreign Affairs* 97 (3/2018); Yasha Mounk, *The People vs. Democracy. Why Our Freedom is in Danger and How to Save It*, Cambridge MA: The Belknap Press, 2018. Weder apokalyptisch noch neu, aber nach wie vor aktuell: Juan Linz, Alfred Stepan, *Problems of Democratic Transition and Consolidation. Southern Europe, South America, and Post-Communist Europe*, Baltimore: Johns Hopkins University Press, 1996.

hilfreich erweist sich die Unterscheidung von Demokratie als Regierungsform (*governance*) und als Lebensform (*way of life*).

Sowohl an den Rändern der Gesellschaft wie auch in der Mitte scheinen Probleme der demokratischen *Regierungsform* eine Mobilmachung des Rechtspopulismus für »wahre Demokratie« und des autoritären Nationalismus (gegen »Europa«) zu begünstigen. Die abschmelzenden Milieus einstiger Volksparteien bringen in einer Reihe europäischer Staaten das Entstehen oder Anwachsen radikalnationalistischer, durchweg xenophober Strömungen und Parteien hervor wie etwa PEGIDA, AfD, Front/Rassemblement National, Cinque Stelle, Lega, Vlaamse Belang, Dansk Folkeparti, Freiheitliche Partei Österreichs. Diese besetzen nicht nur frei flottierende Randzonen, den *lunatic fringe*, sondern dringen in das Zentrum der Gesellschaft vor, von wo aus sie Kabinette und Regierungsämter beschicken. Sie signalisieren eine beachtliche Politikverdrossenheit und Nachfrage auch nach einem autoritären Regierungsstil. Die Eliten in Politik, Medien und namentlich in der Wirtschaft bewegen sich in einer abgehobenen, luxurierenden Parallelgesellschaft, entziehen sich der Verantwortung für Fehlentscheidungen (Dieselgate, Bankenkrise) und tragen wenig dazu bei, Fehler des demokratischen Systems zu korrigieren. Im Gegenteil generieren solche Verhaltensweisen dichotomische Gesellschaftsbilder, jedenfalls machen sie für solche empfänglich (Volk/Elite; wir hier unten/die da oben).

Die Divergenz von demokratischer *Idee* und *Regierungsform* leistet der Herausbildung eines autoritären Konstitutionalismus Vorschub: Der Bologna-Prozess, Klimakonferenzen, G8/10/20-Treffen, vor allem die europäische Politik der Krisenintervention (Rettungsschirme, Beteiligung des IWF, Austeritätspolitik)[74] etc. führen dem staunenden Publikum seit langem vor Augen, dass und in welchem Ausmaß sich die Gewichte von parlamentarischer Diskussion und Entscheidung hin zu *Führung* und *Beratung* (durch demokratisch

---

74 Zur weitgehend exekutiv durchgesetzten Rettung des Finanzsektors und zu den »Rettungsmaßnahmen«: Lukas Oberndorfer, »Der Fiskalpakt – Umgehung der ›europäischen Verfassung‹ und Durchbrechung demokratischer Verfahren?«, in: *Juridikum* 2 (2012); Günter Frankenberg, »Die europäische Union der Staatstechniker und Experten«, in: Michael Bäuerle et al. (Hg.), *Demokratie-Perspektiven. Festschrift für Brun-Otto Bryde zum 70. Geburtstag*, Tübingen: Mohr Siebeck, 2013, 141 ff. Dazu auch die Entscheidung des Bundesverfassungsgerichts – BVerfG vom 19.06.2012 – 2 BvE 4/11.

weder hinreichend legitimierte noch adäquat kontrollierte Experten und Gremien)[75] verschoben haben. [76]

Krise der demokratischen Lebensform

Die als kritisch *erlebte* demokratische Regierungsform findet ihr Echo in den Defiziten einer *gelebten* Demokratie als *Lebensform*. Letztere verweist darauf, dass sich Demokratie nicht nur in einem Ensemble von Verfahren für die Auswahl des Regierungspersonals (Wahlen) und von Institutionen für die Produktion von allgemeinverbindlichen Entscheidungen (Gesetzgebung) erschöpft. Ihr Doppelsinn zeigt sich in einer vitalen politischen Praxis. Diese mag Abraham Lincoln bei seiner Gettysburg-Rede 1863 im Sinn gehabt haben, als er vom »government of the people, by the people, and for the people«[77] sprach.

Verfassungen tun sich mit dieser Praxis schwer. Üblicherweise bescheiden sie sich mit der Feststellung, von wem und in welcher *Form* die Staatsgewalt ausgeübt wird: Vom Volk geht sie aus und geht dann hin zu den staatlichen Gewalten.[78] Details zur Regierungsform, zum Staat in seiner rechtlichen Form und zur Kompetenzordnung regeln Verfassungen im organisatorischen Teil. Nur wenige von ihnen nähern sich der Vorstellung, Demokratie könnte auch als Lebensform Bedeutung haben. John Dewey verbindet die klassische Organisationscharta *par excellence*, die US Bundesverfassung, mit der Idee einer Lebensform – allerdings aus dem

75 Heinrich Oberreuter, Uwe Kranenpohl und Martin Sebaldt (Hg.), *Der Deutsche Bundestag im Wandel: Ergebnisse neuerer Parlamentarismusforschung*, Wiesbaden: Springer VS, 2001; Sebastian Huhnholz, Mark T. Fliegauf, »Parlamentarische Führung«, in: *Aus Politik und Zeitgeschichte* 4 (2011), ⟨http://www.bpb.de/apuz/33527/parlamentarische-fuehrung?p=all/⟩ (Zugriff: 30.06.2019). Weder parlamentarische Führung noch Sternstunden erwartet Niklas Luhmann, *Legitimation durch Verfahren*, Frankfurt am Main: Suhrkamp, 1983.

76 Zwar schließt repräsentativ-parlamentarische Demokratie weder Führung noch Beratung aus, doch verspricht der demokratische Konstitutionalismus deren diskursive Vermittlung, parlamentarische Rückkopplung und rechtliche Kontrolle, um Autoritarismus nicht ins Kraut schießen zu lassen. Exemplarisch: die Regelung des Gesetzgebungsverfahrens im Grundgesetz (Art. 76 ff.) und der Geschäftsordnung des Bundestages (§§ 75 ff. GOBT).

77 Gabor Boritt, *The Gettysburg Gospel: The Lincoln Speech That Nobody Knows*, New York: Simon & Schuster, 2008, Appendix B S. 290.

78 Siehe zum Beispiel Art. 20 Abs. 2 GG und Art. 39 ff. GG

Blickwinkel von Pädagogik und Ethik: »Das klare Bewusstsein eines gemeinschaftlichen Lebens, mit allem, was sich damit verbindet, konstituiert die Idee der Demokratie.«[79]

Wenn überhaupt, kommt die demokratische Lebensform eher im Geist oder den Wertclustern einer Verfassung zum Ausdruck.[80] Ungewöhnlich also das arg kontrafaktische (siehe oben) Bekenntnis der ägyptischen Verfassung von 2014: »Wir glauben an Demokratie als einen Weg, eine Zukunft und Lebensform.«[81] Lebensform sprengt das Paradigma des liberalen Konstitutionalismus. Sie betont mit der aktivbürgerlichen Komponente von Politik zugleich das Engagement der Einzelnen oder auch von Gruppen für die gemeinsamen Geschäfte der Gesellschaft, wie Marx dies nannte. Demokratie gewinnt hier an Bedeutung als eine »Form des Zusammenlebens, der gemeinsamen und miteinander geteilten Erfahrungen«[82]. Zu diesen Erfahrungen gehören auch die gemeinsame Bewältigung von Herausforderungen und das Austragen von Kontroversen, in denen durch das Aushalten von Gegensätzlichkeit soziales Kapital generiert wird.[83] Wenn man die Vorstellung einer demokratischen Lebensform nicht auf ein pädagogisches Projekt[84] herunterbringt,

---

79 John Dewey, *Die Öffentlichkeit und ihre Probleme*, Bodenheim: Philo, 1996, 123.
80 Exemplarisch die Verfassung von Bolivien (2009): »The State adopts and promotes the following as ethical, moral principles of the plural society: ama qhilla, ama llulla, ama suwa (do not be lazy, do not be a liar or a thief), suma qamaña (live well), ñandereko (live harmoniously), teko kavi (good life), ivi maraei (land without evil) and qhapaj ñan (noble path or life).«
81 Aus der Präambel der Verfassung Ägyptens von 2014.
82 John Dewey, *Demokratie und Erziehung. Eine Einleitung in die philosophische Pädagogik*, Weinheim/Basel: Beltz, 1993, 121.
83 Zum Begriff des sozialen Kapitals: Pierre Bourdieu, »Ökonomisches Kapital – Kulturelles Kapital – Soziales Kapital«, in: Reinhard Kreckel (Hg.), *Soziale Ungleichheiten*, Göttingen: Vandenhoeck & Ruprecht, 1983, 183 ff., und Robert D. Putnam (Hg.), *Gesellschaft und Gemeinsinn. Sozialkapital im internationalen Vergleich*, Gütersloh: Verlag Bertelsmann-Stiftung, 2001; Albert Hirschman, »Wieviel Gemeinsinn braucht die liberale Gesellschaft?«, *Leviathan* 22 (1994), 293 ff.; und Günter Frankenberg, »Tocquevilles Frage«, in ders., *Autorität und Integration: Zur Grammatik von Recht und Verfassung*, Frankfurt am Main: Suhrkamp, 2003, 136 ff.
84 Was die pädagogische Bedeutung nicht ausschließt: Wolfgang Beutel, Peter Fauser (Hg.), *Erfahrene Demokratie. Wie Politik praktisch gelernt werden kann. Pädagogische Analysen. Berichte und Anstöße aus dem Förderprogramm Demokratisch handeln*, Opladen: Westdeutscher Verlag, 2001.

treten deren Dimensionen in *Partizipation* und *Streit* einerseits (agonale Dimension) und im *ästhetisch-expressiven* Sinn von Demokratie als »Theater der Leidenschaften« andererseits hervor.

Für den kritischen Zustand beider Aspekte der demokratischen Lebensform – des *Agonalen* und des *Theatralen*[85] – sprechen ebenjene Differenzerfahrungen auf Seiten der von ihren Repräsentant*innen entfremdeten Repräsentierten und zugleich die Rhetorik derjenigen, die in nationalistischen, elitenkritischen Strömungen mitschwimmen, weil ihnen die *Erfahrung* von beiden Aspekten der demokratischen Lebensform abgeht.

Der *agonale* Aspekt bezieht sich auf das demokratische Versprechen, Streit öffentlich, im Wettbewerb und nach für alle gleichen Regeln auszutragen. Um zu verhindern, dass soziale Konflikte »verwildern«,[86] soll die agonale Demokratie öffentliche Arenen und Foren, aber auch Institutionen und Verfahren bereithalten, in denen die Kontroversen der Betroffenen als politische, unmittelbar oder vermittelt durch gewählte Vertreter*innen, ausgetragen werden können. Parlamentarisch-repräsentative Systeme bedienen sich der Vertretung, um Themen und Kontroversen zu »ver-rücken«: zeitlich aufzuschieben, örtlich zu verlagern, kompetenten Gremien zu überantworten und dadurch zu disziplinieren, allerdings auch zu zu normalisieren und zu entfremden.[87] Kollektive Konflikte werden von der Straße, vom Arbeitsplatz, aus der Familie oder Schule in die Vertretungskörperschaften verlagert, dort erörtert und schließlich verbindlich entschieden. Nicht problemlos verhandelbare Einzelfälle arbeitet das justizielle System ab. Diese Strategie – Demokratie als *remote control* – hat ihren Preis. Er ist auszuzahlen, wenn die Vertretenen in den Debatten der Vertretungskörperschaften (Parlamente, Senate, Gemeinderäte etc.) ihre Sorgen und Nöte, Interes-

---

85 Die Aspekte des Agonalen und Theatralen entnehme ich Hannah Arendts politischer Philosophie (dazu: Seyla Benhabib, »Feminist Theory and Hannah Arendt's Concept of the Public Space«, in: *History of the Human Sciences* 6 (1993), 97 ff.; und Cornelia Vismanns Studie *Medien der Rechtsprechung*, Frankfurt am Main: Fischer, 2011.

86 Zur Verwilderung von Konflikten: Axel Honneth, »Verwilderungen. Kampf um Anerkennung im frühen 21. Jahrhundert«, in: *Aus Politik und Zeitgeschichte* 1-2 (2011), 37 ff.; und Offe, »Moderne ›Barbarei‹«.

87 Ausführlich zur Normalisierung von Konflikten: Günter Frankenberg, *Comparative Law as Critique*, Cheltenham, UK: E. Elgar, 2016, Kap. 6.

sen und Projekte nicht mehr erkennen. Das ist immer dann der Fall, wenn es dort nicht um etwas von Belang, um Wesentliches[88] geht, weil zumindest dem Anschein nach nur Routineangelegenheiten abgearbeitet werden. Kontroversen von allgemeinem Belang wären derzeit Migration, Klimawandel und die Folgen der Globalisierung und (nicht nur aktuell) Fragen der Umverteilung.

Der Befund ist ernüchternd. Es finden sich kaum belastbare empirische Hinweise, dass Parlamente besonderes Vertrauen genießen oder ihnen *leadership*-Fähigkeiten bei der Lösung aktueller gesellschaftlicher Probleme zugesprochen würden. Das mag auch an der Praxis liegen, zentrale Fragen aus dem institutionalisierten politischen Prozess auszulagern in die Hinterzimmer der Parlamente und Ministerien; sie in Ausschüssen, Beiräten und Sachverständigenkommissionen von Stäben der Lobby-Organisationen oder aber in transnational beschickten Gremien kleinarbeiten zu lassen. Alles andere als agonal ist überdies eine politische Rhetorik, die behauptet, ihre Lösungen seien alternativlos, wie etwa die Bankenrettung während der Euro-Krise.[89]

Mithin nimmt es nicht wunder, dass bürgerschaftliche Demokratieinitiativen (»Democracia Real Ya!« oder »Podemos« in Spanien) entstehen, dass vor allem jedoch radikal-nationalistische Bewegungen mit dem Versprechen einer »Alternative« zum System und einfacher Lösungen Zulauf finden.[90] *Halbierte Demokratie*[91] trifft den Befund, dass die Überzeugung, Wahlen seien für die Einflussnahme auf die Politik von Belang, abnimmt, dass sich an den Ablagerungen des Parteienspektrums geradezu Aufbruchsstimmung breitmacht und autoritäre Strömungen (AfD, PEGIDA, Identitäre,

---

88 Hier wäre zu verweisen auf Wesentlichkeitslehre und Parlamentsvorbehalt als demokratische Komponenten der Rechtfertigung von Grundrechtseinschränkungen und Beeinträchtigungen öffentlicher Interessen; vgl. nur *BVerfGE* 47, 46/79 (Sexualkundeunterricht); 68, 1/87 ff. (Atomwaffenstationierung).

89 Zugeschrieben wird Margaret Thatcher die Losung »There is no alternative!«. Bundeskanzlerin Merkel adoptierte sie in der Euro-Krise. Dazu Robert Leicht, »Ohne Alternative keine Politik«, in: *Potsdamer Neueste Nachrichten* vom 27.10.2008, ⟨www.pnn.de/meinung/72206/⟩ (Zugriff: 27.08.2018).

90 Paul Nolte, »Von der repräsentativen zur multiplen Demokratie«, in: *Aus Politik und Zeitgeschichte* 1-2 (2011), 11.

91 Aus anderer Perspektive dazu Andreas Fisahn, *Hinter verschlossenen Türen: halbierte Demokratie?*, Hamburg: VSA-Verlag, 2017.

Reichsbürger[92]) sich aufmachen, als falsche Propheten hemmungslos die Doktrin der aggressiven Intoleranz[93] zu predigen.

Expressiv-ästhetische Demokratie

Der *theatrale* Aspekt verweist auch auf die demokratische Lebensform als »Theater der Leidenschaften«[94]. Hier entfaltet sich der *ästhetisch-expressive Sinn* von Demokratie in einer »Dramaturgie des Visuellen«.[95] Deren Skript reduziert die Komplexität des Politischen, um Mobilisierungseffekte zu erzielen. Nach der »Logik des Darstellbaren« werden die oben erwähnten Themen und Probleme in anschaulicher Weise zur Sprache gebracht, auf der politischen Bühne inszeniert und in den Wahrnehmungshorizont des politischen Publikums eingestellt.[96] Zugleich werden Kontroversen sichtbar gemacht.[97] Allerdings leidet das Sprachliche Not, wenn der politischen Klasse zwar nicht die Worte, aber die Ideen ausgehen und sie nicht in der Lage ist, die Anliegen der Bevölkerung in die Sprache der Politik zu übersetzen.[98]

Dass Demokratie, vom Sprachlichen abgesehen, im »Theater der Leidenschaften« nach Inszenierung verlangt, wird mit der These bestritten, die »peinliche Schwäche« der Demokratie, auf eine »bündige ästhetische Repräsentation« verzichten zu müssen, sei hinzunehmen.[99] Diese These ist nicht besonders stichhaltig angesichts der vielfältigen Beispiele für produktive demokratische Einbildungskraft: der Symbolisierungen von Gesellschaft als Einheit und Insze-

---

92 Andreas Speit (Hg.), *Reichsbürger. Die unterschätzte Gefahr*, Berlin: Ch. Links Verlag, 2017.
93 Leo Löwenthal, *Falsche Propheten*, Frankfurt am Main: Suhrkamp, 1990, 118.
94 Jacques Bénigne Bossuet, *Politique tirée des propres paroles de l'Écriture Sainte*, zit. nach Albert Hirschmann, *Leidenschaften und Interessen*, Berlin: 1980, 53.
95 Ausführlich dazu Hans Vorländer, »Demokratie und Ästhetik. Zur Rehabilitierung eines problematischen Zusammenhangs«, in: ders. (Hg.), *Zur Ästhetik der Demokratie. Die Formen der politischen Selbstdarstellung*, Stuttgart: DVA, 2003, 26.
96 Vorländer, »Demokratie und Ästhetik«, 475.
97 In diesem Sinne auch Rainer Hank, »Basta, ihr Briten!,« in: *Frankfurter Allgemeine Sonntagszeitung* vom 27.01.2019.
98 So verstehe ich auch Furedis »politics is lost for words«, siehe Furedi, *Politics of Fear*, 5; Vismann, *Medien der Rechtsprechung*, 72 ff.
99 Ähnlich Walter Grasskamp, *Die unästhetische Demokratie. Kunst in der Marktgesellschaft*, München: C. H. Beck, 1992, 7 und 9.

nierungen präsidialer Inaugurationen, der Schauspiele an »Runden Tischen« und Darstellungen von Einheit durch die Choreographie parlamentarischer Sitzordnungen oder »demokratischer« Architektur, wie etwa der Kuppel des Reichstages.[100] Demokratie findet nicht nur im Medium von Diskussion und Deliberation, sondern ebenso als Vorführung und Darstellung auf der politischen Bühne statt. Die Frage ist, ob diese Inszenierungen von Politik geeignet sind, die »Leidenschaften der Straße« zu wecken und den Emotionen eine (demokratisch angemessene) Rolle zu geben.[101]

Aufklärung und Liberalismus legten die Betonung seit eh und je auf Gefühlskontrolle. Ihr Abstand zu den Leidenschaften der Straße dürfte sowohl den rationalistischen Prämissen des sich im Medium des Rechts bewegenden Aufklärungsprojekts als auch den historischen Erfahrungen mit dem im Depot des Irrationalen zugreifenden politischen Autoritarismus geschuldet sein. Dementsprechend verlegt sich liberal-demokratischer Konstitutionalismus auf die Sublimierung von Gefühlen in der Gewährleistung politischer Kommunikation auf dem »Marktplatz der Ideen«, in der Verbürgung des Parteienwettbewerbs, im Wahlakt und vor allem in der Etablierung einer rechtlichen Herrschaftsform der Distanz, die beansprucht, Abstand zu halten zu den Vorurteilen und Emotionen des Alltags.

Diese politische Praxis und Verhaltenslehre der *coolness*,[102] kombiniert mit liberalen Vorstellungen privaten, rationalen – marktaffinen – Glücksstrebens in der Politik, hat immer schon Schwierigkeiten gehabt, die motivationalen Ressourcen der Bürgerschaft

---

100 Frankenberg, *Staatstechnik*, 54 ff.; Clifford Geertz, »Centers, Kings, and Charisma: Reflections on the Symbolics of Power«, in: Sean Wilentz (Hg.), *Rites of Power. Symbolism, Ritual, and Politics since the Middle Ages*, Philadelphia PA: University of Pennsylvania, 1985, 29; Philip Manow, *Im Schatten des Königs. Die politische Anatomie demokratischer Repräsentation*, Frankfurt am Main: Suhrkamp, 2008.

101 Zur Rolle von Emotionen in der Politik: Albert O. Hirschman, *Leidenschaften und Interessen*, Frankfurt am Main: Suhrkamp, 1987; Felix Heidenreich, Gary S. Schaal (Hg.), *Politische Theorie und Emotionen*, Baden-Baden, Nomos, 2012; Gary S. Schaal, Felix Heidenreich, »Politik der Gefühle. Zur Rolle von Emotionen in der Demokratie«, in: *Aus Politik und Zeitgeschichte* 32-33 (2013), (Gegenüberstellung von liberaler Emotionsaversion und republikanischer Emotionsaffinität).

102 Angeregt von Helmut Lethens Studie: *Verhaltenslehren der Kälte – Lebensversuche zwischen den Kriegen*, Frankfurt am Main: Suhrkamp, 1994.

zu erschließen. Durch Hinzunahme der in republikanischen Diskursen[103] bedeutsameren patriotischen Gefühle und Tugenden wird dieses Problem nicht gelöst, weil Demokratie auch hier nicht wirklich zum Theater der Leidenschaften gerät. Emotionen werden nicht freigesetzt, sondern im Abklingbecken der Tugenden gereinigt und heruntergekühlt auf die Temperatur eines staatsverträglichen Patriotismus. Freilich: Soweit es gelingt, die Bürgerschaft dafür zu gewinnen, sich als Verfassungspatrioten[104] mit den Grundwerten, Institutionen und Verfahren der republikanischen Verfassung zu identifizieren, kann das demokratische Passionsspiel – zumal in gesellschaftlichen Ruhelagen – geschlossen bleiben.

Allerdings überlassen Republik, Demokratie und Rechtsstaat sowie der nüchterne liberale Konstitutionalismus *in der Krise* ihren autoritären Verächtern ein Feld, auf dem politisch brisante Fragen und emotional aufgeladene Themen erörtert und ideologische Schlachten geschlagen werden. Was aus Leidenschaft für Demokratie geschehen könnte, wird verdrängt durch Vorurteile (gegen Fremde), die sich unter dem Deckmantel bürgerlicher Besorgnis zu Wort melden, durch gefährliche Ressentiments, die gesellschaftliche Probleme auf Hassparolen herunterbringen. Euro-Krise, Flüchtlinge, Dieselskandal, prekäre Arbeitsverhältnisse, Klimawandel – stets geht die Empörung in Führung. Sie verbindet sich, wenn eben möglich, mit dem Hass auf »die da oben« oder eben auf andere.[105] Statt leidenschaftlich die demokratische Auseinandersetzung zu suchen, besetzt der freistehende, von rechtsstaatlicher Demokratie als Regierungs- und Lebensform entfremdete Hass alle Themen: soziale Desintegration (Ausgrenzung), politische Entfremdung (Politikverdrossenheit), ökonomische Kontrollverluste (Globali-

---

103 Schaal, Heidenreich, »Politik der Gefühle«; Vgl. John G. A. Pocock, *Die andere Bürgergesellschaft. Zur Dialektik von Tugend und Korruption*, Frankfurt am Main/New York: Campus, 1993; Ulrich Rödel et al., *Die demokratische Frage*, Frankfurt am Main: Suhrkamp, 1989; Günter Frankenberg, *Die Verfassung der Republik*, Frankfurt am Main: Suhrkamp, 1997, bes. 208 ff.
104 Jürgen Habermas, »Staatsbürgerschaft und nationale Identität«, in: ders., *Faktizität und Geltung*, Frankfurt am Main: Suhrkamp, 1992; Jan-Werner Müller, *Verfassungspatriotismus*, Berlin: Suhrkamp, 2010.
105 Theodor W. Adorno spricht anschaulich von »Hassverkäufern«: »Die Freudsche Theorie und die Struktur faschistischer Propaganda«, in: *Psyche. Zeitschrift für die Psychoanalyse* 24 (1970), 486 ff. Siehe auch Levitsky, Ziblatt, *Wie Demokratien sterben*.

sierung), kapitalistische Landnahmen. Gerechtfertigt wird er mit Hilfe dichotomischer Weltbilder, geschürt mit apokalyptischen Visionen vom Untergang der Nation. Abgeschöpft wird der Hass von autoritären Demagogen, Bewegungen und Parteien, die ihre Anhängerschaft zur Gefahrenabwehr aufrufen, zur Verteidigung des Wir gegen »die Fremden«:

Wir müssen die Grenzen dicht machen und dann die grausamen Bilder aushalten. Wir können uns nicht von Kinderaugen erpressen lassen.[106]

Es wird immer offensichtlicher, dass die Radikalen Demokraten eine Partei der offenen Grenzen und des Verbrechens sind. Mit der humanitären Krise an der Grenze im Süden wollen sie nichts zu tun haben. #2020![107]

Der Syrer, der zu uns kommt, der hat noch sein Syrien. Der Afghane, der zu uns kommt, der hat noch sein Afghanistan. Und der Senegalese, der zu uns kommt, der hat noch seinen Senegal. Wenn wir unser Deutschland verloren haben, haben wir keine Heimat mehr![108]

Sollte diese Einigung (von CDU/CSU zu Transitzentren) zur deutschen Regierungsposition werden, sehen wir uns dazu veranlasst, Handlungen zu setzen, um Nachteile für Österreich und seine Bevölkerung abzuwenden.[109]

---

106 AfD-Vize und MdB Alexander Gauland zur Flüchtlingspolitik, »Wir können uns nicht von Kinderaugen erpressen lassen«, in: *Zeit Online* vom 24. 02. 2016, ⟨https://www.zeit.de/politik/deutschland/2016-02/alexander-gauland-afd-fluechtlingskrise-fluechtlingspolitik-grenzen⟩ (Zugriff 30. 07. 2019).

107 »It is becoming more and more obvious that the Radical Democrats are a Party of open borders and crime. They want nothing to do with the major Humanitarian Crisis on our Southern Border. #2020! (@realDonaldTrump 18. 01. 2019)« Tweet Donald Trumps vom 18. 01. 2019, ⟨https://twitter.com/realdonaldtrump/status/1085519375224983552⟩ (Zugriff: 30. 07. 19).

108 Björn Höcke (AfD), zit. nach »Björn Höcke und die AfD: Ein Nazivergleich«, in: *Der Tagesspiegel* vom 26. 11. 2015, ⟨https://www.tagesspiegel.de/politik/bjoern-hoecke-und-die-afd-ein-nazivergleich/12645220.html⟩ (Zugriff: 30. 07. 19).

109 Der österreichische Bundeskanzler Kurz, zitiert in: Hannelore Crolly, »Den deutschen Asylkompromiss nutzt Kurz längst für sich«, in: *welt.de* vom 03. 07. 2018, ⟨https://www.welt.de/politik/ausland/article178711136/Oesterreich-Den-deutschen-Asylkompromiss-nutzt-Kurz-laengst-fuer-sich.html/⟩ (Zugriff: 08. 07. 2019).

5. Autoritärer Konstitutionalismus und Formen der Partizipation

Während repräsentative Demokratie im Modus der Fernbedienung operiert, das sich selbst regierende Volk abwesend, jedenfalls auf Abstand gehalten wird, werfen autoritäre Regime ein Netz direkter Kontrollen aus, etablieren ein Frühwarnsystem, das Stimmungen und Proteste möglichst frühzeitig registrieren und gegebenenfalls »abschöpfen« sowie oppositionelle Bewegungen und Parteien kooptieren oder aber repressiv ausschalten soll. Zu diesen Kontrollen gehören eigentümliche, den Autoritarismus nicht gefährdende Formen der Partizipation.

Eingaben, Konsultationen, Wahlen

In der Geschichte des autoritären Konstitutionalismus haben Beschwerden, Eingaben und, in neuem Gewande, Petitionen eine lange, weit in die Vormoderne reichende Tradition. Eingaben als an keine Form gebundene Beschwerden an den chinesischen Kaiser wurden vom Volk »untertänigst«, durch Behörden »respektvoll« vorgelegt.[110] Im Unterschied dazu adressierten sich die letztlich an den französischen König gerichteten *Cahiers de Doléances*,[111] in denen die Bevölkerung ihre Beschwerden aufzeichnete, zunächst an die Abgeordneten als verbindliche Handlungsaufträge.[112] Sie hatten für den Monarchen den unschätzbaren Vorzug, Stimmungen und Probleme im Lande frühzeitig registrieren zu können.

Eingaben fügen sich nahtlos in die hierarchische Regierungs- und Verwaltungsstruktur ein, anders als etwa ein förmliches Wi-

---

110 Kuo-chi Lee, »Bemerkungen zum Ch'ing-Dokumentenstil: Eingaben an den Kaiser (tsou)«, in: *Oriens Extremus* 17 (1970), 125 ff.

111 Die Praxis reicht bis in das 14. Jahrhundert zurück, siehe Philippe Grateau, *Les Cahiers de doléances: une relecture culturelle*, Rennes: Presses Universitaires, 2001.

112 Mit dem Aufruf des französischen Königs am 24. Januar 1789 zur Wahl der Abgeordneten für die Generalstände forderte er seine Untertanen gleichzeitig auf, diesen Abgeordneten Anweisungen zu geben, welche Aufgaben sie lösen sollten, um die sozialen und ökonomischen Probleme zu bewältigen. Die Abgeordneten hatten also eine Art imperatives Mandat. Theoretisch gab es also für jeden Wahlkreis ein Beschwerdeheft. Etwa 60 000 von ihnen blieben erhalten. Ihre Bedeutung für die Französische Revolution ist umstritten. Ausführlich: Hans-Ulrich Thamer, *Die Französische Revolution*, München: C. H. Beck, 2004.

derspruchs- oder Verwaltungsgerichtsverfahren beschwören sie keinen Gegensatz von Staats- und Bürgerinteresse herauf. Da sie mithin die »Interessenübereinstimmung«,[113] das Basisprinzip einer sozialistischen Gesellschaft, nicht in Frage stellen, waren Eingaben, trotz ihrer imperialen Vergangenheit, auch in sozialistischen Staaten als Signalquelle außerordentlich beliebt,[114] wenngleich durchweg eingeschränkt auf ein konstruktives Beschwerderecht[115] zur »Festigung der revolutionären Gesetzlichkeit« oder zum Aufbau des Sozialismus:[116]

Jeder Bürger der UdSSR hat das Recht, den staatlichen Organen und gesellschaftlichen Organisationen Vorschläge für die Verbesserung ihrer Tätigkeit zu unterbreiten und Mängel in der Arbeit zu kritisieren. (Art. 49 Verfassung der UdSSR 1977)

Jeder Bürger kann sich mit Eingaben (Vorschlägen, Hinweisen, Anliegen oder Beschwerden) an die Volksvertretungen, ihre Abgeordneten oder die staatlichen und wirtschaftlichen Organe wenden. Dieses Recht steht auch den gesellschaftlichen Organisationen und den Gemeinschaften der Bürger zu. Ihnen darf aus der Wahrnehmung dieses Rechts kein Nachteil entstehen. (Art. 103 Abs. 1 DDR-Verfassung von 1974)

Es zeigt den Sinn für unfreiwillige Komik autoritärer Regime, dass in der DDR am Ende auch Anträge auf Bestellung eines Heiratsaufgebots als Eingaben registriert wurden, um Standesämter gegenüber

---

113 Hans Steußloff u. a., *Dialektischer und historischer Materialismus: Lehrbuch für das marxistisch-leninistische Grundlagenstudium*, 16. Aufl., Genf: Helvetica Chimica Acta, 1989.
114 Exemplarisch: »1.The citizen has the right to participate in the administration of the State and management of society, and to participate in the discussion and recommendation to the state organs on the issues of the community, the region, and the country. 2. The State shall create conditions for the citizen to participate in the administration of the State and management of society; the receipt and response to citizen's opinion and recommendation shall be public and transparent.« (Art. 28 Verfassung von Vietnam 2013); vgl. Art. 63 der Verfassung von Kuba (2002).
115 So bereits Art. 45 Grundgesetz der Russischen Sozialistischen Föderativen Sowjetrepublik (RSFSR) von 1918.
116 Zum Eingabewesen in der DDR: Wolfgang Bernet, »Eingabe als Ersatz für Rechte gegen die Verwaltung in der DDR«, in: *Kritische Justiz* (1990), 153 ff.; und Felix Mühlberg, *Bürger, Bitten, Behörden: Geschichte der Eingabe in der DDR*, Berlin: Dietz Verlag, 2004, 71 f.; siehe auch Art. 41 der Verfassung der Volksrepublik China (1982).

anderen Behörden bei der Messung ihrer Bürgernähe qua Eingaben nicht zu benachteiligen.

Die besondere Qualität der Eingabe als formloser Rechtsbehelf in autoritären Regimen aller Art tritt in ihren Strukturmerkmalen zutage: Ihre Nichtförmlichkeit und Ablagerung im Dunkel der Selbstkontrolle vermittelt sich zwanglos dem konstitutionellen Opportunismus. Ihre Informalität entzieht sie dem Licht der Öffentlichkeit und einer kontrollierenden Justiz. Ihre Individualisierung gestattet, Protest und Unzufriedenheit fallweise kleinzuarbeiten und mögliche Solidarisierungseffekte zu unterbinden. Mangels verfahrensrechtlicher Ausgestaltung kommt sie, wie im nächsten Kapitel gezeigt wird, dem Kult der Unmittelbarkeit entgegen.

Soweit autoritäre Regime aus freien Stücken, aus erzwungener Rücksicht auf die Verfassung oder aus konstitutionellem Opportunismus, wie oben erörtert, einem (semi-)repräsentativen Pfad folgen, bedienen sie sich nationaler Konsultationen, Referenden oder auch orchestrierter Wahlen als verdeckt ironischer, bisweilen zynischer Imitation repräsentativ-demokratischer Verfahren. Einerseits fungieren diese als Warnmechanismen, die darauf angelegt sind, etwaige Herde oppositionellen Denkens aufzuspüren und zu löschen, andererseits zugleich als Ventile, um Konfliktdruck abzubauen und die Gesellschaft zu befrieden.

Die nicht ungefährliche, paradoxe Sehnsucht von Despoten, angetrieben von ihrem Narzissmus, nicht nur Stimmungen der Bevölkerung manipulativ zu erfassen, sondern bisweilen die unverfälschte Stimme des Volkes zu hören und deshalb auf die *top-down*-Kontrolle von Partizipation und ihrer Resultate zu verzichten, sich also auf Referenden oder kompetitive Wahlen einzulassen, kann selbst einen autoritären Führer zu Fall bringen und den autoritären Konstitutionalismus in eine unvorhergesehene Richtung führen. Der Klassiker einer solchen Fehlkalkulation war die Einberufung der Generalstände in Frankreich im Oktober 1789. Denn diese markierte den Anfang vom Ende der französischen Monarchie. König Ludwig XVI., der bis dahin wie seine Vorgänger im Amt absolutistisch und ohne Konsultation der Generalstände regiert hatte, berief die Vertreter von Klerus, Adel und Bürgertum ein, um sich angesichts eines drohenden Staatsbankrotts von diesen – gleichsam als Komplizen – neue Steuern bewilligen zu lassen. Die von ihm nur formal gewollte Beteiligung am politischen Entscheidungsprozess schlug letztlich um, als sich der dritte Stand mit dem Ballhausschwur als Nationalversammlung konstituierte.[117] Faktisch wurde damit der vorkonstitutionelle Absolutismus alter Art in Frankreich zu Grabe getragen. 1791 folgte die verfassungsrechtliche Konsequenz: Der König musste sich widerwillig in die Rahmung der konstitutionellen Monarchie einfügen.

Zwei Jahrhunderte später machte Chiles Staatschef Auguste Pinochet die unter Diktatoren seltene Erfahrung, dass es in der Tat riskant ist, sich auf das demokratische Basisrisiko, nämlich verlieren zu können, einzulassen. Entsprechend der Verfassung von 1980 wurde im Oktober 1988 eine Volksabstimmung darüber durchgeführt, ob es zulässig sei, Pinochet als einzigen Kandidaten erneut zu den Präsidentenwahlen von 1989 zuzulassen. 56 Prozent der Abstimmenden votierten »nein«, also gegen eine Verlängerung seiner Amtszeit. Daher kam es ein Jahr später zu einigermaßen freien Wahlen. Das zur Machtbestätigung und Legitimation inszenierte Referendum von 1988 nahm mithin einen ganz anderen als den von den Führungskadern, zumal vom Diktator selbst, erwarteten Ausgang. Es beendete sechzehn Jahre brutaler Diktatur und zwang den Machthaber, sich in Enklaven des Autoritarismus zurückzuziehen: Nach Maßgabe der von ihm selbst auf seine Interessen zugeschnittenen Verfassung von 1980 blieb Pinochet Oberbefehlshaber des Heeres und Senator auf Lebenszeit und konnte sich immerhin unter den verfassungsrechtlichen Schutzmantel der Immunität flüchten.[118]

Einstimmung und entsublimierte Ekstase

Üblich sind derartige demokratische Betriebsunfälle in Autokratien keineswegs. Partizipation zielt im autoritären Konstitutionalismus,

---

117 Es handelte sich hier um eine singuläre Veranstaltung, die zuvor das letzte Mal 1614 in ähnlicher Form stattgefunden hatte. Ludwig XVI. hatte sich den Verzicht seiner Vorgänger, die Generalstände einzuberufen, aus Gründen der Opportunität (Legitimation der Steuererhöhungen) nicht zur Lehre gereichen lassen. Dazu François Furet, Denis Richet, *Die französische Revolution*. Frankfurt am Main: S. Fischer, 1981, bes. 68f.

118 Instituto Nacional Democrata para Asuntos Internacionales, *La Transición Chilena Hacia la Democratica*, Washington DC, 1989; Matías D. Tagle (Hg.), *Diálogos de Justicia y Democracia. N°1: El Plebiscito del 5 de octubre de 1988*. Santiago de Chile: Corporación Justicia y Democracia, 1995. Sehr sehenswert zum Referendum in Chile ist der Film des Regisseurs Pablo Larraín, *No*, Chile, 2012.

soweit im Verfassungsrahmen möglich, auf Akklamation und Einstimmung der Gefolgschaft auf den Führer/Herrscher ab, nicht auf tatsächliche Abstimmung oder Wahl mit offenem Ausgang. Folglich haben selbst Wahlen, soweit der Parteien- oder Kandidatenwettbewerb unter Kuratel gestellt oder ganz ausgeschlossen werden kann, den Charakter von Referenden oder nationalen Konsultationen mit jeweils prädisponiertem Ausgang. Autoritäre Regime verlegen sich eher darauf, Stimmungen zu produzieren – einzustimmen – und zu registrieren als Stimmen auszuzählen. Es geht um Performance und Zustimmung, nicht um riskante Veranstaltungen elektiven Handelns. Folglich ist es weder fair noch im strengen Sinne verfassungsmäßig, wohl aber logisch, dass sich die ungarische Regierung ihre Wahlkampfwerbung und Anti-Soros-Kampagne aus dem staatlichen Haushalt finanzieren ließ.[119]

Auf Einstimmung des Volkes verstehen sich *per definitionem* vor allem sich volksnah gebende (meist: autoritär-nationalistische) Regierungen und Bewegungen. Sie fördern Partizipation als Mobilmachung und Mobilisierung der Bevölkerung für ihre Agenda.[120] Die Berufung auf das Volk und seinen (mutmaßlichen) Willen fördert ein Mobilisierungsverhältnis zwischen charismatischer Leitfigur und Anhängerschaft, zwischen »Führer« und Gefolgschaft.[121]

Der frühe Peronismus in Argentinien wie auch der frühe Chavismus in Venezuela zeigen mit ihrer potentiell demokratischen Valenz zugleich die Ambivalenz von Partizipation in populistisch bezeichneten Regimen auf, die zunächst mobilisieren und die Programmatik umfassender und nachhaltiger politischer Beteiligung nebst sozialer Agenda verbreiten, im weiteren Verlauf ihrer Entwicklung jedoch eine Kehrtwendung machen.[122] Sobald sich Partizipation

---

119 Das Verdikt der OSZE-Beobachter*innen, die Wahlkampfrhetorik sei »einschüchternd und fremdenfeindlich«, die Finanzierung des Wahlkampfs voreingenommen und undurchsichtig gewesen, ließ die Regierung kalt (»intimidating and xenophobic rhetoric, media bias and opaque campaign financing«), zit. nach »Hungary election: OSCE monitors deliver damning verdict«, in: *The Guardian* vom 09.04.2018, ⟨https://www.theguardian.com/world/2018/apr/09/hungary-election-osce-monitors-deliver-damning-verdict/⟩ (Zugriff: 19.01.2019).

120 Darauf ist weiter unten zurückzukommen.

121 So auch Vorländer, »The good, the bad, and the ugly«, 187 ff. Siehe auch Vorländer et al., *Wer geht zu PEGIDA und warum?*.

122 Raanan Rein, »From Juan Perón to Hugo Chávez and Back: Populism Reconsidered«, in: Mario Sznajder et al. (Hg.), *Shifting Frontiers of Citizenship: The*

als Illusion zu erkennen gibt, wird zwangsläufig auch der Zustand »entsublimierter Ekstase«[123] zurückgefahren. Mobilisierende, Partizipation fördernde Regime und Bewegungen sind daher sorgfältig in ihrem Verlauf zu beobachten. Zu fragen ist, ob und wann sie von Mobilisierung und Emanzipation umschalten auf die Errichtung einer Grenze zwischen denen, die handeln, und denen die zusehen und applaudieren, ob und wann ein demokratischer Aufbruch zur »Abschaffung der Demokratie durch Massenunterstützung gegen das demokratische Prinzip«[124] mutiert.

Nach allen Erfahrungen lässt sich der Bewegungscharakter mit Eintritt in eine Regierung, deren Übernahme und insbesondere deren Konsolidierung zum Regime schwerlich konservieren. Eine anfangs noch demokratisch-partizipative Strategie schlägt in blanken Autoritarismus um, wenn sich die Aktivierungsenergien erschöpfen, politische Rücksichtnahmen auf Koalitionspartner oder Handelspartner Pragmatismus gebieten oder die mobilisierten Kräfte aus dem Ruder laufen und das Regime gefährden. In Argentinien unter Juan Perón wurde das Ende der Ekstase und Mobilisierung durch dessen autoritären Führungsstil bereits während der ersten Präsidentschaft (1946-1958) in die Wege geleitet, vertiefte sich später durch eine politische Programmatik, die politische Rechte, auch die Freiheiten politischer Teilnahme, gegen soziale Rechte ausspielte. Die demokratischen Restbestände wurden schließlich von der Militärjunta (1976-1983) mit brutaler Gewalt liquidiert und mit dem Verbot der peronistischen Partei (*Partido Justicialista*), der Verfolgung ihrer Funktionäre und dem Verbot der peronistischen Gewerkschaften und Basisorganisationen für lange Zeit besiegelt.

Eine durchaus nicht gleiche, aber doch vergleichbare Entwicklung von einem im Ansatz demokratischen zu einem dann zunehmend autoritären Stil – der tendenzielle Fall der Partizipationsrate bei einem gleichzeitigen Anstieg der hoheitlichen Kontrolle von Bürgerbeteiligung und Entmachtung der Justiz, insbesondere des Verfassungsgerichts – erlebte Venezuela während der Ära des Präsi-

---

Latin American Experience, Boston 2012, 289 ff.; Federico Finchelstein, »Populismus als Postfaschismus«, in: *Aus Politik und Zeitgeschichte* 42-43 (2017), ⟨http://www.bpb.de/apuz/257672/populismus-als-postfaschismus?p=all/⟩ (Zugriff: 03.03.2019)

123 Adorno, »Die Freudsche Theorie und die Struktur faschistischer Propaganda«.
124 Ebd., 486.

denten Hugo Chávez bei dessen Kampf gegen »konterrevolutionäre Oligarchien«, womit die anti-chavistische Mehrheit im Parlament gemeint war. Sein kaum an Partizipation interessierter Nachfolger Nicholás Maduro ging von Anfang an andere, allenfalls selektiv auf Beteiligung ausgerichtete Wege.[125] Die Demobilisierung der venezolanischen Bevölkerung hatte, wenn jüngsten Berichten der UN Menschenrechtskommission zu glauben ist, einen hohen Preis. Dem Regime Maduro werden etwa 7000 »extra-justizielle Ermordungen« in den letzten 18 Monaten zugeschrieben.[126] Auch in Nicaragua steuert der ehemalige Revolutionsheld und heutige Despot, Präsident Daniel Ortega, das Land gegen die Mehrheit der Bevölkerung in einen erneuten Bürgerkrieg und lässt Demonstrationen blutig niederschlagen. Nach über 300 Toten und mehr als 2000 Verletzten fühlt er sich nunmehr als Sieger.[127] Bei allen zu beachtenden Unterschieden zur Entwicklung von Peronismus und Chavismus zeigt sich auch hier in der Sphäre der politischen Teilnahme ein Übergang von Abstimmung zu (einer zunehmend scheiternden) Einstimmung der Bevölkerung auf die politische Führungsfigur und ihre Agenda.[128]

Von einem ganz anderen Ausgangspunkt, nämlich einer weder revolutionären noch partizipationsfördernden, sondern schlicht liberal-konservativen Regierung, näherte sich Viktor Orbáns Regime dem Verständnis und der Praxis von politischer Beteiligung als Einstimmung der Bevölkerung auf die ihr vorgegebene nationalistische, xenophobe Agenda. Orbán, Mitbegründer und Vorsitzender der Partei *Fidesz* (Ungarischer Bürgerbund) sowie ursprünglich

125 Sandra Weiss, »Der Spagat des Populisten Chavez«, in: *Frankfurter Allgemeine Zeitung* vom 20.02.2002, ⟨http://www.faz.net/aktuell/wirtschaft/venezuela-der-spagat-des-populisten-chavez-149246.html/⟩ (Zugriff: 29.06. 2019).

126 »U.N. report reveals ›shockingly high‹ number of extrajudicial killings in Venezuela«, in: *National Public Radio* vom 05.07.2019, ⟨https://www.npr.org/2019/07/05/739051958/u-n-report-reveals-shockingly-high-number-of-extrajudicial-killings-in-venezuela/⟩ (Zugriff: 10.07.2019).

127 Zum Widerstand gegen Ortega: Klaus Ehringfeld, »Nicaragua ist längst nicht besiegt«, in: *Spiegel Online* vom 30.07.2018, ⟨https://www.spiegel.de/politik/ausland/nicaragua-widerstand-gegen-praesident-daniel-ortega-a-1220769.html⟩ (Zugriff: 19.01. 2019).

128 Zu den dramatischen Popularitätsverlusten Ortegas in nur einem Jahr: »Ortega will den Widerstand mit Feuer und Schwert brechen«, Interview mit Sergio Ramírez, in: *Spiegel Online* vom 25.07.2018, ⟨https://www.spiegel.de/politik/ausland/nicaragua-proteste-gegen-staatschef-daniel-ortega-dauern-an-a-1219899.html⟩ (Zugriff: 03.09. 2018).

auch Vizepräsident der Liberalen Internationale, erlangte erst durch seinen Wahlsieg 2010 und die Wiederwahl 2014 die Machtposition, seine rechtskonservative, tief ins rechtsextreme Lager ausgreifende anti-europäische Programmatik durchzusetzen. Diese gipfelte schließlich in Feststellungen wie etwa: Ungarn stehe »unter Belagerung« (der Flüchtlinge) und Migration sei das »Trojanische Pferd des Terrorismus«.[129] Vom parlamentarisch gewählten, anfangs eher unauffälligen Ministerpräsidenten mutierte Orbán so zum autoritären Radikalnationalisten, der zwar Wahlen nur um den Preis des offenen Verfassungsbruchs hätte vermeiden können, deren Risiken aber durch die rigorose Kontrolle der Medien,[130] politische Einschüchterung Oppositioneller und nationale Konsultationen auf der Basis von Suggestivfragen minimierte.

6. Partizipation als Komplizenschaft

In autoritären Regimen ist Partizipation darauf angelegt, Legitimation zu beschaffen und Komplizen für das Regime zu gewinnen. Diese These vermittelt zwischen den konträren Positionen, politische Beteiligung der Bevölkerung sei entweder bedeutungslos, nicht systemrelevant oder gefährlich und werde daher entmutigt oder unterdrückt, oder aber sie sei doch von positiver Bedeutung, ja autoritäre Regime seien sogar auf Teilnahme der Bevölkerung angewiesen. Komplizenschaft wird hier ausschließlich bezogen auf Formen politischer Teilnahme, schließt also andere Faktoren der Stabilisierung autoritärer Regime wie etwa Repression, Patronage[131] oder distributive Maßnahmen nicht aus.

---

129 Jan Puhl, »Wie Viktor Orbán die Sehnsucht nach einem Großungarn bedient«, in: *Der Spiegel* vom 10.07.2019, ⟨https://www.spiegel.de/plus/wie-viktor-orban-die-sehnsucht-nach-einem-grossungarn-bedient-a-e71a8de7-9f1f-41d6-b7f4-8515507096fb⟩ (Zugriff: 10.07.2019).

130 Insbesondere durch ein von der EU-Kommission zunächst abgelehntes, nach Revision akzeptiertes Mediengesetz. Zu den Protesten gegen Orbáns Medienpolitik: »Zehntausende Ungarn protestieren gegen Orbáns Medienpolitik«, in: *Süddeutsche Zeitung* vom 22.04.2018, ⟨https://www.sueddeutsche.de/politik/budapest-zehntausende-ungarn-protestieren-gegen-orbans-medienpolitik-1.3954446/⟩ (Zugriff: 08.07.2019). Siehe Kapl VII.2.

131 Dazu Dan Slater, *Ordering Power: Contentious Politics and Authoritarian Leviathans in Southeast Asia*, New York: Cambridge University Press, 2010.

Bedingungen politischer Komplizenschaft

Abb. 9: Adolf Hitler fährt zur Maifeier 1937 ins Olympiastadion ein.¹³²

Politische Komplizenschaft meint weder eine strategische Allianz oder aktive – ideologische oder finanzielle – Unterstützung eines autoritären Regimes durch Großunternehmen und Banken¹³³ oder Kirchen¹³⁴ noch das bewusste und gewollte Zusammenwirken von Mittätern¹³⁵ bei der gemeinschaftlichen Ausführung einer Straf-

132 Quelle: © Bundesarchiv, Bild 183-C06292 / Foto: Schwahn, Ernst.
133 Beispielsweise die Mitwirkung von Großunternehmen und Bankiers am Aufstieg Hitlers. Materialreich dazu Karsten Heinz Schönbach, *Die deutschen Konzerne und der Nationalsozialismus 1926-1943*, Berlin: trafo-Verlag, 2015.
134 Zur Unterstützung des Franco-Regimes durch die katholische Kirche (exemplarisch Kardinal Gomá: »Wir befinden uns in völliger Übereinstimmung mit der nationalen Regierung, die niemals einen Schritt ohne meinen Rat unternimmt, den sie immer befolgt«): Walther L. Bernecker, *Spaniens Geschichte seit dem Bürgerkrieg*. 4. Aufl. München: C. H. Beck, 2010; Helen Graham, *Der Spanische Bürgerkrieg*. Stuttgart: Reclam, 2008.
135 Dazu seit Jahren eine der führenden Autoritäten: Claus Roxin, *Täterschaft und Tatherrschaft*, München: C. H. Beck, 2015.

tat.[136] Politische Komplizen werden eingebunden und verstrickt in die Programmatik und Praktiken eines autoritären Regimes. Sie sollen dessen öffentliche Unterstützung bezeugen (siehe Abbildung 9). In der Akklamation und Teilnahme an Inszenierungen wie Aufmärschen und Umzügen verbinden sich demonstrativer Enthusiasmus und Feigheit. Der eingeübte Komplize verdrängt die Scham über die Schändlichkeit der dem autoritären Regime zuzurechnenden Taten wie die Inhaftierung von Oppositionellen, die Verfolgung und Vertreibung von Minderheiten, die Zensur oder einen Angriffskrieg. Der stille Komplize fungiert als Claqueur, Überwacher, Denunziant.

Als Propagandaminister Goebbels sein Publikum im Berliner Sportpalast fragte, ob es den »totalen Krieg« wolle, mag er alles Mögliche im Sinn gehabt haben, nicht aber, die Anwesenden oder gar die das Nazi-Regime unterstützende Bevölkerung insgesamt an der Kriegsplanung zu beteiligen. Wenn der türkische Präsident Erdoğan, der nordkoreanische Staatschef Kim Jong-un oder andere autoritäre Führer ihre Gefolgschaft zur Teilnahme an Massenaufmärschen, Paraden und anderen Großveranstaltungen aufrufen oder verpflichten, ist ihr Plan nicht, mit dem anwesenden Volk bei solchen Anlässen die Leitlinien der Politik zu erörtern und dieses mitbestimmen zu lassen. Ähnliches gilt für Viktor Orbán. Er und seine Regierung veranstalten nationale Konsultationen nicht zu dem Zweck, die ungarische Bevölkerung an der politischen Beschlussfassung in einem gehaltvollen Sinn zu beteiligen. Es geht in all diesen Konstellationen allein darum, *politische Komplizen* ohne Gestaltungsbefugnisse zu gewinnen. Politischer Autoritarismus bedarf der Legitimation und des Konformismus.[137] Quer durch nahezu alle autoritären Regime haben deren Führungspersonen, Cliquen, Clans und Kader daher ein erkennbares Interesse daran, vom Volk getragen, akklamiert oder wenigstens ohne allzu lautes

---

136 Zur Umwidmung kollektiver Aufstände in kriminelle Militanz: Gayatri Spivak, *Can the Subaltern Speak? Postkolonialität und subalterne Artikulation*, Wien/Berlin: Turia & Kant, 2008, 121; Komplizenschaft als kollektive kreative Praxis: Gesa Ziemer, *Komplizenschaft – Neue Perspektiven auf Kollektivität*, Bielefeld: transcript Verlag, 2013.

137 Siehe dazu das Projekt »Critical Junctures and the Survival of Dictatorship«. In dem am Wissenschaftszentrum Berlin angesiedelten Forschungsprojekt arbeiten Wolfgang Merkel, Christoph Stefes, Alexander Schmotz, Dag Tanneberg und Johannes Gerschewski.

Murren ertragen zu werden. Auf Akklamation, jedenfalls Duldung beruht die Beziehung zwischen Volk und Führung, genauer: die Beteiligung des Volkes an der Regierung.

Überdies kommt Konformismus in aller Regel kostengünstiger als Repression. Daher ist es klug und legitimationsschonend, das Volk als ideellen Gesamtkomplizen in die Regierungsarbeit einzubeziehen, um es zu verstricken und in der Stunde der Not für diese gegebenenfalls moralisch haften zu lassen.[138] Der Vorteil dieser nach Konstellation und Kontext variierenden Strategie liegt auf der Hand: Trotz der asymmetrischen Beziehung zwischen Bevölkerung und Führungspersonal kann der »eingebundenen« Bevölkerung der Weg zu neutralem Handeln und Distanzierungen der vom Regime praktizierten Politiken verlegt, jedenfalls erschwert werden. Einmal als politische Komplizen in die Regierungsarbeit verstrickt, wenngleich nicht wirklich beteiligt[139], fällt es diesen nicht leicht, nachträglich Unkenntnis oder Widerstand zu reklamieren.[140]

Die Konstruktion von politischer Komplizenschaft findet, anders als bei organisierter Kriminalität, im Lichte der (unvernünftigen) Öffentlichkeit statt. Notwendige Bedingung ihrer Entstehung ist Präsenz statt Vertretung. Die Beziehung gelingt nur, wenn Führer und Geführte im öffentlichen Raum anwesend sind: *unmittelbar* bei Massenveranstaltungen (wie Paraden, »Reichsparteitagen« oder Nationalkongressen) oder durch ein Relais verbunden, wenn sich die Führung in den (Staats-)Medien vor einem Volkskongress an die Gefolgschaft adressiert oder diese zu Referenden (auch Wahlen als Referenden[141]) und (arrangierten) Konsultationen aufruft. Auf-

---

138 Diese These kann sich nicht auf Evidenz oder Plausibilität verlassen, sondern bedarf der sorgfältigen empirischen Valutierung. Siehe auch David Art, »What Do We Know About Authoritarianism After Ten Years?«, in: *Comparative Politics* (2012), 351ff.

139 Die hier entwickelte Konzeption politischer Komplizenschaft erinnert an Niklas Luhmann, *Legitimation durch Verfahren*, Berlin: Suhrkamp, 1983, ohne dessen systemtheoretische Konzeption zu teilen.

140 Umstritten, aber aufschlussreich: Daniel J. Goldhagen, *Hitlers willige Vollstrecker. Ganz gewöhnliche Deutsche und der Holocaust*, München: Goldmann, 2000.

141 Das heißt, Inklusivität, fairer Wettbewerb und Effektivität sind *nicht* gewährleistet. Dazu Wolfgang Merkel et al., *Defekte Demokratie*, Opladen: Leske & Budrich, 2003, 77. Dass hegemoniale Parteien oder Regime mit Erfolg Wahlen »kaufen« können, zeigt Beatriz Magaloni, *Voting for Autocracy. Hegemonic Party Survival and its Demise in Mexico*, New York: Cambridge University Press, 2006.

schlussreich ist hier der Begriff »Volks*empfänger*«. Beispielhaft hierfür steht auch der Nationale Volkskongress der Volksrepublik China, dessen nahezu 3000 Mitglieder, als Vertreter des (Partei-)Volkes atypische Komplizen, einmal jährlich in Peking zusammentreten (Art. 61 Verfassung von 1982), um die Entscheidungen der Staatsführung abzusegnen. Immerhin in der Großen Halle des Volkes.

Komplizenschaft setzt ferner eine politische Agenda, einen Handlungsplan voraus, über den die zu gewinnenden Komplizen, wie vage auch immer, informiert sind. Hier genügen allgemeine, leicht fassliche Losungen, wie beispielsweise totaler Krieg, Bekämpfung der hohen Zinsen, der Armut oder des US-Dollar oder auch das Anstreben der Wiedervereinigung[142]. Besonders beliebt und effektiv sind Angstkampagnen und die Dämonisierung der Feinde, wie organisierter Krimineller, Verräter, Renegaten und Terroristen, sowie nahezu überall die Eliten, spezieller das Finanzkapital, oder auch Aufrufe zur Bewahrung eines »christlichen Europas« vor dem Zustrom von »muslimischen Invasoren«:[143]

Jede illiberale Regierung sieht sich als vom Volke berufener Verteidiger der von inneren [und äußeren – G. F.] Feinden bedrohten Nation. Wegen des Ernstfalls erhält sie autoritäre Sonderrechte: Sie darf sich über die Verfassung erheben [›Über dem Recht steht das Wohl des Volkes‹, beteuerte man im polnischen Parlament], darf die drei Gewalten auf den gemeinsamen Feind einschwören und darf Andersdenkende, Illoyale und Nichtdazugehörende politisch disqualifizieren. Sie lenkt die Demokratie mit der Vollmacht, mit der ein Vormund sein Mündel lenkt.[144]

Nochmals: politische Komplizenschaft verlangt weder umfassende Mitwisserschaft noch bewusste und gewollte aktive Mittäterschaft. Im Kontext des autoritären Konstitutionalismus zeichnet sich eine komplizenhafte Verbindung dadurch aus, dass Führer oder Führungskader die kollektive Agenda bereitstellen, während die Gefolgschaft durch Präsenz und Akklamation ihre Loyalität einbringt und an den konstitutionellen Ritualen (Inauguration, Aufmärsche, Versammlungen, Wahlen) teilnimmt oder auch an quasikonstituti-

---

142 Siehe Präambel der Verfassung der Volksrepublik China 1982.
143 Zur Rhetorik von Viktor Orbán: Stephan Ozsváth, *Puszta-Populismus. Viktor Orbán – ein europäischer Störfall?*, Ulm: danube books, 2017.
144 Andreas Zielcke, »Der Volksstaat im Rechtsstaat«, in: *Süddeutsche Zeitung* vom 17.08.2018, 11.

onellen Events wie der feierlichen »Vereidigung« der Anhänger des wegen Krankheit abwesenden Präsidenten (Chávez).[145] Komplizenschaft wird bekräftigt durch symbolische Handlungen, wie etwa das alltägliche Entbieten des »Hitler-Grußes«,[146] mit denen das Volk vereinzelt oder im Kollektiv als Legitimationshelfer auftritt.

Demonstrative Loyalität und legitimierende Akklamation haben außer der Komplizenschaft eine nicht intendierte Nebenfolge: Sie begründen durch Unterstützung und Duldung die kollektive moralische Verantwortung der Komplizen für die Makroverbrechen[147] des Regimes oder auch für dessen anrüchige Schulden.[148] In diese Verantwortung treten sie ein durch konkludentes öffentliches Handeln oder, wenn man so will, durch konkludente Passivität.

---

145 »Chavez-Jubelfeier statt Vereidigung«, in: *Spiegel Online* vom 09.01.2013, ⟨https://www.spiegel.de/politik/ausland/krebskranker-hugo-chavez-hitziger-streit-um-verschobene-vereidigung-a-876629.html⟩ (Zugriff: 08.07.2019).
146 Hierauf bin ich aufmerksam geworden durch die fesselnde Studie von Tilman Allert, *Der Deutsche Gruß – Geschichte einer unheilvollen Geste*, Frankfurt am Main: Fischer, 2016.
147 Zum Begriff: Herbert Jäger, Makrokriminalität: *Studien zur Kriminologie kollektiver Gewalt*, Frankfurt am Main: Suhrkamp, 1989.
148 Schwerlich die rechtliche Haftung für die sogenannten Regimeschulden. Zum Begriff und zur Problematik: Robert Howse, *The Concept of Odious Debt in Public International Law*, Genf: UNCTAD, 2007; Sarah Ludington et al., »Applied Legal History: Demystifying the Doctrine of Odious Debts«, in: *Theoretical Inquiries in Law* 11 (2010), 247 ff., 253, und Frankenberg, Knieper, »Rechtsprobleme der Überschuldung von Ländern der Dritten Welt«.

VII. Autoritäre Verfassung – Kult der Unmittelbarkeit

> »Das Volk weiß schon, worum es geht!«[1]
>
> »Der Präsident […] kann direkt auf die Willensbekundung des Volkes zurückgreifen. Er kann sich direkt an die Nation wenden.«[2]

Autoritäre Führer und Regime schleifen, soweit möglich, die rechtsstaatliche Herrschaftsform der Distanz, um die agonale Dimension von Demokratie zu kontrollieren und die theatrale Dimension nach ihrem Drehbuch zu bespielen. Sie verfolgen damit den Plan, jedenfalls die Politik, ihr Charisma und ihre Propaganda *unmittelbar* zur Geltung zu bringen. Ihr Markenzeichen ist der direkte Kontakt zu und die *unvermittelte Kommunikation* mit Anhängerschaft und Bevölkerung. Dieser Plan geht freilich nur dann auf, wenn das Führungspersonal öffentlich in Erscheinung tritt,[3] wenn die Formen und Verfahren nicht vom Regime kontrollierter und in diesem Sinne *vermittelter* Kommunikation ausgeschaltet und deren Träger und Institutionen, vor allem Medien und Parteien, Parlamente und Gerichte, neutralisiert werden können. Erst dann ist für den Machthaber/Führer die Bühne bereitet, die ihm hörige Gefolgschaft (»hörig« im doppelt treffenden Sinn) dazu zu verführen, auf ihr Recht zu verzichten, über ihre politische Existenz selbst zu bestimmen. Gelingt dies, so kann sich die Gesamtheit vermeintlich direkter Kommunikationen zum Kult der Unmittelbarkeit aufspreizen, der sich wie ein giftiger Nebel in Wort, Schrift und Bild über der in tiefer Krise gelähmten repräsentativen Demokratie[4] ausbreitet.

Mit der Verdichtung und Verstetigung der inszenierten Unmittelbarkeit wird der Bürgerschaft im Theater des Autoritären

---

1 » El pueblo ya sabe de que se trata!« Juan Perón, *Discursos*, hg. v. Instituto Perón, *Recopilación de discursos del coronel Perón*, Buenos Aires, ⟨http://www.jdperon.gov.ar/1945/10/discursos/⟩ (Zugriff: 31.01.2019).

2 Verfassung von Algerien 1989/2016, Art. 8 IV und 84.

3 Ein Gegenbeispiel ist Algeriens Präsident Bouteflika, der sich anschickte oder vorgeschickt wurde, im Alter von 82 Jahren seine fünfte Amtszeit anzutreten, jedoch seit 2012 keine öffentliche Rede mehr gehalten hatte. Das Projekt scheiterte. Dazu unten mehr.

4 Ausführlich dazu Kap. VI.3-5.

das Skript des Streits aus der Hand genommen. Ihr dem System zugeneigter Teil wird auf ein akklamierendes Publikum heruntergebracht. Personen und Gruppen finden sich am Ende, in Komplizenschaft[5] vereint, als (Steuern und Abgaben) zahlende, aber nichts entscheidende Mitglieder einer imaginären, entmachteten, ihre Ängste wechselseitig verstärkenden Gemeinschaft wieder. Deren Führer kann dann in die Stellung des ausschließlich bestimmenden obersten Kommunikators und Kultobjekts einrücken.[6]

Welche Rolle spielen die Verfassungen autoritärer Regime bei dieser Transformation? Fungieren sie als Skript, das benutzt oder aber auch missbraucht wird? Werden sie am Ende in den Dienst eines (Führer-)Kults der Unmittelbarkeit gestellt, der das bürgerliche Publikum anhält und anleitet, in den magischen Kreis der theatralischen Handlung einzutreten und mitzuspielen beim nationalistischen Projekt, was immer dieses auch sein mag – eine nationale Erhebung, die patriotische Verteidigung des Landes, die Abwehr gegen Fremde oder, damit zusammenhängend, eine landesspezifische Variation des »America first« wie etwa »India first«, das törichte »Österreich zuerst«[7] oder »Die Heimat zuerst«?[8]

1. Rechtsstaatliche Demokratie als Herrschaftsform der Distanz

Politischer Autoritarismus prägt besonders sichtbar die Regierungsform und Staatspraxis. In dieser Dimension von Demokratie hat

---

5 Ausführlich dazu oben VI.7.
6 Vgl. hierzu auch Jacques Rancière, *Der emanzipierte Zuschauer*, Wien: Passagen 2009, 11 ff. Zur religiösen Bedeutung der Immediatisierung: Volker Leppin, *Transformation: Studien zu den Wandlungsprozessen in Theologie und Frömmigkeit zwischen Spätmittelalter und Reformation*, Tübingen: Mohr Siebeck, 2015.
7 Leitmotiv eines Volksbegehrens, das 1992 von der Freiheitlichen Partei Österreichs unter der Führung von Jörg Haider initiiert wurde – zur Rechtfertigung ihres Übergangs von einer liberalen zur rechtsnationalen Partei. Es erzielte 416 531 Ja-Stimmen. Eines der Ziele war, Österreich als Nicht-Einwanderungsland zu definieren.
8 Von der Orbán-Partei plakatierter Wahlslogan, den Orbán im Wahlkampf stets um den Satz ergänzte: »Man will uns unser Land stehlen.« Ulrich Krökel, »Ungarn zuerst«, in: *Berliner Morgenpost* vom 06.04.2018, ⟨https://www.morgenpost.de/politik/article213935049/Ungarn-zuerst.html/⟩ (Zugriff: 19.01.2019).

autoritatives Handeln und Entscheiden stets eine Pluralität von divergierenden, ja konträren Interessen und Forderungen, Lebensentwürfen und politischen Plänen zu bewältigen. Es wurde gezeigt, dass autoritäre Regime sich zur Erledigung dieser Aufgabe bestimmter Staatstechniken (oder auch: bestimmter Instrumente der politischen Technologie) bedienen, bei denen häufig exekutivisch-informelles Handeln und konstitutioneller Opportunismus in Führung gehen. Behindert wird ein unbeschwerter politischer Autoritarismus, zumal wenn er sich demokratisch maskieren muss, durch die der demokratischen Regierungsform komplementäre Rechtsstaatlichkeit.

Denn neben die Demokratie tritt, mit ihr intern verbunden, die Rechtsstaatlichkeit zur Sicherung der »Herrschaftsform der Distanz«.[9] In einer rechtsstaatlichen *governance* erhält hoheitliche Gewalt ihrem Anspruch nach die Konturen der Gesetzmäßigkeit. Rechtssicherheit und Gesetzmäßigkeit der Verwaltung machen Herrschaft, erstens, berechenbar, weil in aller Regel auf eine gesetzliche Befugnis rückführbar, zweitens transparent, weil an rechtsförmige Verfahren gekoppelt, und man kann sie, drittens, zur Verantwortung ziehen, weil insbesondere gerichtlich kontrollieren. So sollte es jedenfalls sein. Auf das Prinzip der Legalität verpflichtet, soll Exekutive nicht wie ehedem der Fürst durch persönliche Order oder willkürliche Einzelakte, sondern gesetz- und verhältnismäßig mit ruhiger Hand, wie es heißt, in das gesellschaftliche Leben eingreifen. Soweit diese Praxis sich festigt, kommt in der Freiheit von Angst vor hoheitlicher Willkür die psychologische Dimension des Rechtsstaates zur Entfaltung. Vermittelnde Instanzen, wie Vertretungskörperschaften und Gerichtsbarkeit, stellen, unabhängig von ihrer Effektivität im Einzelfall, *institutionelle Distanz* her zwischen Bürgerschaft und einem Staat als idealer Gesamtrepräsentanz des kollektiven Regelgewissens und Machtinstanz zur Durchsetzung dieser Regeln.[10]

An diesen Schranken der Machtausübung muss folglich die autokratische Transformation eines (einigermaßen) demokratischen

---

9 Günter Frankenberg, *Staatstechnik – Perspektiven auf Rechtsstaat und Ausnahmezustand*, Frankfurt am Main: Suhrkamp, 2010, Kap. IV mit weiteren Nachweisen.
10 Ausführlich dazu Günter Frankenberg, »Angst im Rechtsstaat«, in: *Kritische Justiz* 10 (1977), 353 ff., und ders., »Nochmals: Angst im Rechtsstaat«, in: *WestEnd. Neue Zeitschrift für Sozialforschung* 2 (2005), 55 ff.

Systems ansetzen, will sich Autoritarismus gegen Demokratie durchsetzen. Das kann, wie in den vorangegangenen Kapiteln erörtert wurde, in grundsätzlich zwei Schritten geschehen – durch die Umwidmung der Macht in Privateigentum (Kap. V.) und die Konstruktion von politischer Beteiligung als Komplizenschaft (Kap. VI. 5. und 6.). Diese beiden werden häufig durch einen dritten, nunmehr zu untersuchenden Schritt ergänzt, den Kult der Unmittelbarkeit, der darauf angelegt ist, die kommunikative und institutionelle Distanz zwischen Führung und Geführten zu überbrücken. Durchgreifender als die komplizenmäßige Kooptierung der Bürgerschaft, macht sich dieser Kult die Krise der Repräsentation zunutze und widmet sowohl die demokratische Regierungsform als auch die demokratische Lebensform für Zwecke des Autoritarismus um. Der Kult der Unmittelbarkeit beruht mithin auf einer Doppelstrategie: zum einem auf der Ausschaltung vermittelnder Institutionen und Organisationen auf der Ebene der *erlebten* Demokratie, zum anderen auf einem Phantasma *gelebter* Demokratie durch kommunikative Durchgriffe der Regierung auf das »Volk« und imaginäre Gemeinschaft von Führern und Geführten.

2. Inauguration des Kults der Unmittelbarkeit

An dieser Distanz setzten alle nach dem Muster der Unmittelbarkeit operierenden Spielarten des politischen Autoritarismus an, unter ihnen auffällig viele Populismen und faschistische Regime, und versuchen, sie im – mehr oder minder exekutivisch angelegten – kommunikativen Zugriff auf das »Volk« oder die »Gemeinschaft« zu überbrücken. Der Distanzverlust tritt in der hinter- oder vordergründigen Allgegenwart des Regimes und der immediatisierten Kommunikation zwischen Herrschern und Beherrschten zutage.[11]

Autokraten haben den politischen Präsentismus und die Strategie der Immediatisierung nicht exklusiv, verfügen aber häufig über den gebotenen Narzissmus, diesen aufdringlichen Stil des aufgenötigten Gesprächs zu genießen, und durchweg über die Rücksichtslosigkeit und Macht ihren Ich-Kult durchzusetzen.[12] Bedenkenlos

---

11 Letzteres gilt nicht für alle Formen des politischen Autoritarismus, sondern nur für solche, die einen Kult der Unmittelbarkeit installieren.
12 Dazu Hans-Jürgen Wirth, *Narzissmus und Macht*, 4. Aufl., Stuttgart: Thieme

nutzen sie die symbolische Zurückhaltung der konstitutionellen Demokratie aus und verabschieden ungeniert den spröden Stil rechtsstaatlich-demokratischer Staatstechnik. In der Gesamtheit der zum Kult gesteigerten Äußerungen präsentiert sich der Führer oder die Führung als Objekt der Idealisierung und Verehrung und mobilisiert – und bedient – zugleich die Gemeinschaftssehnsüchte der Gefolgschaft. Im nationalen Gespräch zwischen Führern und Geführten, mag es auch noch so monologisch und asymmetrisch sein, wird jener soziale Zusammenhalt gestiftet, der im Phantasma einer Volksgemeinschaft zur Geltung kommt.

Die Strategie der Immediatisierung wird getragen von der Imagination einer unvermittelten Verbindung, einem »direkten Draht«, zwischen Führung und Gefolgschaft, Regierung und Regierten. Sie kann nur anschlagen, wenn sich eine solche *Vorstellung* herstellen, zum Kult[13] verdichten und damit verstetigen lässt, mag diese auch noch so illusionär sein. Soweit es gelingt, die Imagination einer solchen Verbindung zu erzeugen, vermag sie auf Seiten der Bürgerschaft die *Versuchung* des Autoritären auszulösen.[14] Deren Gefährlichkeit wird mit Konzepten wie Charisma und Demagogie nur unzureichend beschrieben, weil diese das Phantasma einer quasi-intimen, auf Ausschließlichkeit und Ausschließung angelegten Beziehung nicht erfassen, die politischer Autoritarismus durch die Idealisierung des Autokraten mit unauffälliger Gewalt einfordert.

Neutralisierung der Medien

Um den riskanten Freilauf einer ungehinderten öffentlichen Kommunikation über kontroverse Lebensentwürfe, Interessen und Forderungen aufzuhalten oder unter Kontrolle zu bringen, kommen für autoritäre Regime zwei vorgreifliche taktische Ansatzpunkte in Betracht: *gesellschaftsseitig* die nach Möglichkeit weitgehende Zerstörung oder Entmachtung intermediärer Organisationen und Instanzen, insbesondere konkurrierender Parteien, Vereinigungen und

---

2011; Jason Stanley, *How Propaganda Works*, Princeton: Princeton University Press, 2017.
13 Hubert Mohr, »Kult«, in: Karlheinz Barck et al. (Hg.), *Ästhetische Grundbegriffe* Bd. 3, Stuttgart/Weimar: Metzler, 2010, 498 ff.
14 Eingehend dazu mit empirischen Nachweisen Wilhelm Heitmeyer, *Autoritäre Versuchungen*, Berlin: Suhrkamp, 2018.

Medien, sowie *staatsseitig* die Ausschaltung oder Umgehung der zwischen Exekutive und Bevölkerung vermittelnden Institutionen und Verfahren. Beide Varianten der Immediatisierung gehen in aller Regel zu Lasten der Verfassungen, die üblicherweise solche institutionellen, prozeduralen und funktionellen Vermittlungen gerade installieren und Foren der »intermediären« Kommunikation öffnen. Print- und Bildmedien führen in der Bezeichnung ihre Funktion mit, unter anderem zwischen Bevölkerung und Regierung zu vermitteln. Ergänzt und verdrängt werden sie seit geraumer Zeit durch Internet und soziale Medien. Autoritäre Führungsfiguren, die sich im direkten »Gespräch« an »ihre« Bevölkerung wenden, haben regelmäßig an jeglicher Art der Verknüpfung im Medium einer nicht staatlich regulierten Öffentlichkeit kein gesteigertes Interesse, da sie Kontrollverlust bedeuten kann und den (bösen) Schein von Intimität zerstört.

Die sozialen Medien, vor allem Facebook, Instagram und Twitter, sind demgegenüber besonders geeignet, durch »digitale Demagogie«[15] die Illusion spontaner Intimität und Dringlichkeit in der Öffentlichkeit des Cyberspace zu erzeugen. Sie umgehen die überkommenen Vermittlungsinstanzen und -ebenen und erstrecken das politische Theater ohne Umschweife nicht nur auf die Wohnzimmer, wie einst der Volksempfänger, sondern infiltrieren die Hirne unserer ständigen Begleiter von Apple, Samsung etc.

Zur Illustration der Immediatisierung[16] hier nur einige Auszüge aus Donald Trumps Twitter-Serie zu den Wahlen im November 2018:

Just landed – will see everyone in Southport, Indiana shortly!

Heading to Montana and Florida today! Everyone is excited about the Job Numbers – 250 000 new jobs in October. Also, wages rising. Wow!

Scott Perry of Pennsylvania is fantastic. He is strong on the Border, Crime, the Military, our Vets and the Second Amendment. Scott has my Total Endorsement!

[5959 Antworten, 14 445 Retweets, 58 809 Likes]

15 Christian Fuchs, *Digitale Demagogie: Autoritärer Kapitalismus in Zeiten von Trump und Twitter*, Hamburg: VSA Verlag, 2018.
16 Zum Kult der Unmittelbarkeit am Beispiel der Regierung oder genauer: der Performance von Donald Trump: Jeffrey Librett, »Sovereignty and the Cult of Immediacy«, in: *Konturen* 9 (2017), 1.

In der Regel hindern Verfassungen die Regierungen, vor allem mit den Konnexgarantien politischer Kommunikation, am willkürlichen Erlass einer Art *Loi le Chapelier*,[17] also eines Gesetzes, das nach dem französischen Vorbild von 1791 jegliche Vermittlungstätigkeit von Medien und intermediären Organisationen, die zwischen Individuum und Nation/Staat treten könnten, untersagt und als Verabredung zum Aufstand oder Hochverrat unter Strafe stellt. Nicht wenige Verfassungen des politischen Autoritarismus versprechen allerdings nicht Meinungs-, Presse- und Informationsfreiheit schlechthin. Vielmehr geben sie den Freiheiten einen Zweck bei, etwa den Zielen der sozialistischen Gesellschaft zu dienen, oder verbinden sie mit einer Pflicht oder begrenzen sie durch ein öffentliches Interesse,[18] »nationale Prinzipien« oder die Staatsreligion[19]. Gelegentlich schließen sie bestimmte Themen und Praktiken vorab vom grundrechtlichen Schutz aus.[20] Solche Einschränkungen der Freiheit, öffentlich zu kommunizieren und zu demonstrieren, erleichtert Autokratien, sich verfassungsrechtlich zu maskieren. Das zeigen die folgenden Beispiele:

---

17 Das von Le Chapelier eingebrachte Gesetz verbot Meistern, Gesellen und Arbeitern, sich in Bünden (Koalitionen) zu organisieren. Es bekräftigte die Aufhebung der Zünfte. Petitionen, die im Namen eines Berufsstandes verfasst, und Versammlungen, die zum Festsetzen von Löhnen geführt wurden, galten als rechtswidrig. Gesetzeswidrig waren demgemäß auch Verabredungen zum Ausstand. Streikende Arbeiter wurden strafrechtlich verfolgt. Zur *Loi le Chapelier*: Jean Jaurès, »La Loi Chapelier«, in: ders., *Histoire socialiste de la Révolution française*, Bd. II, Paris: Éditions de la Librairie de l'Humanité, 1927, 260 ff.
18 »No one shall exercise these rights to infringe upon the honor of others, or to affect the good customs of society, public order and national security.« Art. 41 Verfassung von Kambodscha (2008). Vgl. Verfassung von Afghanistan 2004, Art. 24.
19 Ausführlich die Verfassung des Königreichs Bahrein 2017: »provided that the fundamental beliefs of Islamic doctrine are not infringed, the unity of the people is not prejudiced, and discord or sectarianism is not aroused« (Art. 23). Zu nationalen Prinzipien: Art. 50 Verfassung von Algerien 2016.
20 »Any form of religious fundamentalism [intégrisme] and intolerance is prohibited.« Verfassung der Zentralafrikanischen Republik (2016), Art. 10; »Propaganda of or agitation for the forcible change of the constitutional system, violation of the integrity of the Republic, undermining of state security, and advocating war, social, racial, national, religious, class and clannish superiority as well as the cult of cruelty and violence shall not be allowed.« Verfassung von Kasachstan 2017, Art. 20 (3).

In *Übereinstimmung mit den Interessen des Volkes* und zur *Festigung und Entwicklung der sozialistischen Ordnung* wird den Bürgern der UdSSR die Redefreiheit, die Pressefreiheit, Versammlungs- und Kundgebungsfreiheit, die Freiheit der Durchführung von Straßenumzügen und Demonstrationen garantiert.[21]

Die Meinungsfreiheit in Publikation und Presse wird gewährleistet, es sei denn, die *Grundlagen des Islams* und die Rechte der Öffentlichkeit werden beeinträchtigt.[22]

Auf diese Weise öffnen Verfassungen autoritären Regimen das Tor zum umfangreichen Repertoire von Repression und Einschüchterung und senken die Schwelle für Maßnahmen, wie etwa Medien zu zensieren oder zu verbieten, das Internet »abzuschalten«, zu überwachen oder, wie im Iran, in Nordkorea (»Kwangmyong«) oder in China temporär »zum Intranet zu machen«.[23] Jedenfalls lassen sich Medien- und Internetkontrolle und Zensur im Interesse der jeweiligen Regierung leichter und vor allem unauffälliger durchsetzen.

Wollen Regime nicht allzu offensichtlich die Verfassung brechen, müssen sie entweder Einschränkungen dieser Art nutzen[24] oder aber andere Wege gehen. Andere Wege wären zum Beispiel, die Medien und auch das Internet durch wiederholte Kontrollen auszuschalten, deren Betreiber einzuschüchtern oder aber sie gleich zu verstaatlichen, damit Informations- und Kommunikationstechnologie oder auch das Internet, je nach Lage der Dinge, als Instrument der Repression oder Reform, jedenfalls der Herrschaftsstabilisierung

---

21 Verfassung der UdSSR von 1977, Art. 50 – Hervorhebung nicht im Original.
22 Verfassung der Islamischen Republik Irans 1979, Art. 24 – Hervorhebung nicht im Original.
23 Hauke Gierwo, Christian Mihr, »Autoritäre Regime setzen auf Überwachungssoftware ›Made in Europe‹«, in: irights.media (Hg.), *Das Netz 2012 – Jahresrückblick Netzpolitik*, ⟨http://irights.info/artikel/autoritare-regime-setzen-auf-uberwachungssoftware-made-in-europe/9881/⟩ (Zugriff: 21.09.2018); Johannes Kuhn, »Wie Iran das Netz zum Intranet machen möchte«, in: *Süddeutsche Zeitung* vom 03.04.2012, ⟨https://www.sueddeutsche.de/digital/zensurplaene-wie-iran-das-netz-zum-intranet-machen-moechte-1.1325376⟩ (Zugriff 31.07.2019). Siehe dazu die Jahresbilanzen von *Reporter ohne Grenzen*, etwa die von 2018: ⟨https://www.reporter-ohne-grenzen.de/jahresbilanz/2018/⟩ (Zugriff 31.07.2019).
24 Die Verfassung der Föderativen Volksrepublik Jugoslawien von 1946 gab den Vorrang der Gemeinschaft deutlich zu erkennen, indem sie die »Lebensinteressen des Volkes« (Art. 15) über die individuellen Interessen stellte und im Übrigen die »Verteidigung des Vaterlandes« zur obersten Pflicht machte (Art. 34).

fungieren kann.²⁵ Wo für repressive Mediengesetze und Zensur die Verfassungslage hinderlich ist oder die notwendigen politischen Mehrheiten fehlen, können Autokraten, die umständehalber auf konstitutionelle Maskerade nicht verzichten wollen oder dürfen, immer noch versuchen, die Arbeit der Medien durch Diffamierung (»Lügenpresse«) oder Verhöhnung (»fake news«) zu unterminieren. Anschauungsmaterial für die schrittweise Gleichschaltung der Medien liefert die Medienpolitik der Orbán-Regierung in Ungarn. Unbeeindruckt von der Kritik aus anderen Mitgliedstaaten der Europäischen Union, von Seiten der Kommission in Brüssel und von Protesten im eigenen Land, setzte das Regime 2010 mit seiner Zweidrittelmehrheit ein Mediengesetz durch, mit dem unter anderem die Nationale Medien- und Nachrichtenbehörde (NMHH) zur Überwachung der Medien installiert wurde.²⁶ In den folgenden Jahren kontrollierte die Regierung einen Großteil der Medien und des Anzeigenmarktes, verfügte die Entlassung regierungskritischer Journalist*innen und die Schließung von Zeitungen, sanktionierte oppositionelle Medien mit Abmahnungen und Bußgeldern und zensierte Presseerzeugnisse und Sendungen. Deshalb sprach sich das Europäische Parlament jüngst mehrheitlich dafür aus, gegen Ungarn ein Rechtsstaatsverfahren nach Maßgabe von Art. 7 des

---

25 Dazu Anthony Mughan, Richard Gunther, »The Media in Democratic and Nondemocratic Regimes: A Multilevel Perspective«, in: dies. (Hg.), *Democracy and the Media. A Comparative Perspective*, Cambridge: Cambridge University Press, 2000, 1 ff.; Espen G. Rod, Nils B. Weidmann, »Empowering activists or autocrats? The Internet in authoritarian regimes«, in: *Journal of Peace Research* 52 (2015), 338 ff.; Sebastian Stier, »Democracy, Autocracy and the News: the Impact of Regime Type on Media Freedom«, in: *Democratization* 22 (2015), 1 ff.; Ronald Deibert et al. (Hg.), *Access Denied. The Practice and Policy of Global Internet Filtering*, Cambridge MA: MIT Press, 2008; Ronald Deibert et al. (Hg.), *Access Controlled. The Shaping of Power, Rights in Cyberspace*, Cambridge MA: MIT Press, 2010.

26 Formal gestützt auf Art. IX (6) der Verfassung. Zur Pressezensur und Einschränkung der Medienfreiheit in Ungarn, insbesondere zum Mediengesetz von 2010: Charles Ritterband, »Scharfes Mediengesetz in Ungarn«, in: *Neue Züricher Zeitung* vom 21.12.2010, ⟨https://www.nzz.ch/scharfes_mediengesetz_fuer_ungarn-1.8789269⟩ (Zugriff: 30.06.2019); und Keno Verseck, Klaus Hecking, »Eingeschränkte Meinungsfreiheit: Was wurde eigentlich aus Ungarns Mediengesetz?«, in: *Spiegel Online* vom 18.10.2014, ⟨https://www.spiegel.de/politik/ausland/ungarn-was-aus-dem-mediengesetz-von-victor-orban-wurde-a-996340.html⟩ (Zugriff: 30.06.2019).

EU-Vertrages wegen Verstoßes gegen demokratische und rechtsstaatliche Prinzipien einzuleiten. Es ist nunmehr Sache des Rates der EU, auf der ersten Stufe des Verfahrens die bloße *Gefahr* einer schwerwiegenden Verletzung der Grundwerte nach Art. 2 EU-Vertrag festzustellen. Ungeachtet dieser Entscheidung entstand Ende 2018 in Ungarn ein »regierungsnaher Medien-Riese« in Form einer Stiftung, die nun zahlreiche Nachrichtensender, Internetportale und Lokalzeitungen unter einem Dach vereinigt. Die Führung der Stiftung liegt in den Händen eines orbántreuen Zeitungsverlegers.[27] Der Strategie Orbáns vergleichbar ist der Umgang der polnischen Regierungspartei PiS (»Recht und Gerechtigkeit«) mit den Medien.[28] Seit 2015 legt es die nationalistische, rechtskonservative Parteiführung darauf an, eine christlich-katholische polnische Identität zu kreieren und durchzusetzen, die angeblich korrupten postkommunistischen Eliten abzulösen und den Institutionen des Staates wieder mehr Legitimität zu verschaffen.[29] Ein neues Mediengesetz als Herzstück dieser Medienpolitik steht im Dienst dieser »politischen Mission« und der Agenda, die Medien zu »repolonisieren« und zu rekatholisieren. Ein nationaler Medienrat besetzt die Managementpositionen und Aufsichtsräte des öffentlich-rechtlichen Fernsehens und Rundfunks sowie der polnischen Presseagentur. Auch wenn PiS in Polen, wie Orbán in Ungarn, die Errichtung einer illiberalen Demokratie vor Augen hat, dürfte dieser Plan angesichts des Medienpluralismus schwerer zu realisieren sein.

Der italienische Ministerpräsident Silvio Berlusconi favorisierte wiederum eine andere Methode des Ich-Kults und Version der Immediatisierung. Er richtete mit seinen privaten Fernsehsendern (Mediaset) ein komplexes Beziehungsnetzwerk zwischen Medien und Politik ein, das er für seine politischen Zwecke und Machtinter-

---

27 »In Ungarn entsteht ein regierungsnaher Medien-Riese«, in: *Süddeutsche Zeitung* vom 29.11.2018, ⟨https://www.sueddeutsche.de/medien/orban-ungarn-stiftung-pressefreiheit-1.4231984/⟩ (Zugriff: 02.01.2019).

28 Olaf Sundermeyer, »Zwischen Markt und Macht. Deutsche Medienkonzerne in Polen«, in: *Osteuropa* 56 (2006), 261 ff.

29 Zum Einfluss der polnischen Regierung auf die Medien: Michael Kuś, Geert Luteijn, »Der Einfluss der polnischen Regierung auf die Medien«, in: Website des *European Journalism Observatory* vom 18.07.2017, ⟨https://de.ejo-online.eu/pressefreiheit/der-einfluss-der-polnischen-regierung-auf-die-medien/⟩ (Zugriff: 17.09.2018).

essen nach Belieben instrumentalisierte.[30] Er stellte seine Medienunternehmen offen in den Dienst seines populistischen Sultanats.[31] Dabei machte sich der Medienmogul eine 14-jährige Phase gesetzlicher Nichtregulierung zunutze, um sein Medienimperium durch geschickte unternehmerische und werbestrategische Maßnahmen auf- und auszubauen und schließlich mit einem seinen Interessen entgegenkommenden Mediengesetz zu arrondieren. Dank seines Monopols (im privaten Sendebereich) konnten seine Sender mit einer Kombination von guter Laune und Antikommunismus sehr effektiv für ihn Propagandafunktionen übernehmen. Als Mediator und Kommunikator versammelte Berlusconi sein Publikum am »virtuellen Lagerfeuer«,[32] desensibilisierte es in der Endlosschleife monotoner Fernsehshows und inszenierte auf diese Weise – mit Profit – seine allgegenwärtige Präsenz und Politik rund um die Uhr als Entertainment.[33]

Abweichend von der vorherrschenden, einseitigen Repressionsperspektive auf die Volksrepublik China, haben die Medien und das Internet dort eine beachtliche und ambivalente Rolle bei der Stabilisierung des Regimes gespielt.[34] Eine Studie kommt zu dem Ergebnis, dass 400 Millionen Internet User in China mehr Spaß haben, sich freier fühlen und weniger ängstlich gegenüber ihrer Regierung sind als noch vor zehn Jahren, obwohl die Regierung nach wie vor Verhaftungen vor allem wegen »Gefährdung der Staatssicherheit« vornimmt und die Bevölkerung so intensiv überwacht Online-Gespräche zensiert und manipuliert, dass sich im Internet keine nennenswerte Oppositionsbewegung hat entwickeln kön-

---

30 Karl Hoffmann: »Der ewige Berlusconi«, in *Deutschlandfunk* vom 04.04.2015, ⟨https://www.deutschlandfunk.de/politik-und-medien-in-italien-der-ewige-berlusconi.724.de.html?dram:article_id=316120/⟩ (Zugriff: 23.10.2018).

31 Martin Hambückers, *Arrivederci Berlusconi. Medienpolitische Verflechtungen in Italien seit 1945*, Konstanz: UVK-Verlag, 2006.

32 Christoph Drösser, *Fernsehen*, Reinbek bei Hamburg: Rowohlt, 1995.

33 Esther Koppel, »Medien hören auf Berlusconis Kommando«, in: *faz.net* vom 27.03.2002, ⟨http://www.faz.net/aktuell/politik/italien-medien-hoeren-auf-berlusconis-kommando-148038.html/⟩ (Zugriff: 17.09.2018).

34 Dazu und zum Folgenden: Daniela Stockmann, Mary E. Gallagher, »Remote Control: How the Media Sustain Authoritarian Rule in China«, in: *Comparative Political Studies* 44 (2011), 436 ff.; Rebecca MacKinnon, »China's Networked Authoritarianism«, in: *Journal of Democracy* 22 (2011), 32 ff. mit weiteren Nachweisen.

nen.³⁵ Hoffnungen von Aktivisten, das Internet könnte als Trojanisches Pferd Chinas autoritäre Strukturen von innen überwinden helfen, haben sich bisher als Wunschdenken erwiesen. Während die Informationstechnologie dazu beigetragen hat, in China eine »working-class network society«³⁶ herauszubilden, hat sie gleichfalls den Führungskadern und dem Management der Unternehmen neue Instrumente an die Hand gegeben, eine Klasse »programmierbarer Arbeit« zu organisieren. Online-Aktivismus führt also weder zwangsläufig zu Demokratisierung noch automatisch zu intensivierter staatlicher Repression, weil die chinesische Regierung längst die Möglichkeiten erkannt hat und weidlich nutzt, mit Hilfe des vielfältig kontrollierten Zugangs zum Internet, der (häufig als Anti-Terrormaßnahmen ausgewiesenen) Programmkontrollen und »Compliance«-Regeln ihr Monitoring zu perfektionieren, »positive Ideologie« zu verbreiten und ihre Legitimität abzusichern.³⁷ Im Unterschied zum nationalistisch-patriotischen Autoritarismus eines Orbán in Ungarn und zum personalistischen Autoritarismus von Berlusconi in Italien oder dem parteigestützt-religiösen Autoritarismus in Polen ist die chinesische Medienpolitik nicht als flankierende Maßnahme zum Kult der Unmittelbarkeit zu verstehen, sondern als ein ausgeklügeltes System von Zensur und Überwachung einerseits sowie von Medieneinsatz zur Effektivierung von *governance* und zur Förderung sozialen Wandels andererseits.³⁸

3. Unmittelbarkeit von Lüge und Propaganda

Täuschung, Desinformation und Lüge gehörten immer schon zum Handwerkszeug von Politik. Von Machiavelli wurden sie zu politischen Tugenden geadelt und als unverzichtbar für den Erfolg von

---

35 MacKinnon, »Networked Authoritarianism«, 33.
36 Jack Linchuan Qiu, *Working-Class Network Society: Communication Technology and the Information Have-Less in Urban China*, Cambridge MA: MIT Press, 2009, 243.
37 Das gilt dem Grunde nach auch für andere Regime (Russland, Indien, USA und Staaten Europas), dazu die Beiträge in Ronald Deibert et al. (Hg.), *Access Controlled: The Shaping of Power, Rights and Rule in Cyberspace*.
38 Stockmann, Gallagher, »Remote Control: How the Media Sustain Authoritarian Rule in China«, 437-439. Siehe hierzu auch Kap. VI. 7.

Machterwerb und Machtsicherung ausgezeichnet.³⁹ Der Theoretiker des 16. Jahrhunderts hielt dafür, dass Herrscher »Fuchs und Löwe zugleich« sein müssen. »Die Kunst des Betrugs, wie sie der von Machiavelli erzogene Fürst und der republikanische Politiker gleichermaßen beherrschen müssen, und die zielgerichtete Verdrehung historischer Fakten stehen also im Dienst einer höheren Wahrheit.«⁴⁰ Und die Staatstechnik der bewussten Irreführung des Publikums steht wiederum im Dienst der Gemeinschaft: »Durch heilsamen Betrug allein verwandelt sich das egoistische Naturwesen Mensch in einen funktionierenden Staatsbürger, der sich klaglos für das Gemeinwohl einsetzt und aufopfert.«⁴¹ Die Lüge der im Irak lagernden Massenvernichtungswaffen (*Weapons of Mass Destruction – WMD*) erwies sich als brillante Marketingstrategie der Regierung Bush/Cheney.⁴² Das Armageddon-Szenario eines nuklearen Angriffs wurde mit einem möglichen Krieg mit chemischen Waffen verknüpft. Die Bevölkerung und die »Koalition der Willigen« ließen sich für einen Krieg mobilisieren, der sich, worauf wenige achteten, nicht gegen Afghanistan, wo der Drahtzieher des Terrorangriffs von 9/11, Osama bin Laden, vermutet wurde, sondern gegen den Irak richtete.⁴³ Die *WMD*-Lüge versorgte die US-amerikanische Regierung mit Legitimität für den Einmarsch im Irak. Ein »gerechter

---

39 Niccolò Machiavelli, *Der Fürst* [1513], Frankfurt am Main: Insel, 1995. Zur Differenz von Machiavelli und Machiavellismus: Herfried Münkler, *Die Begründung des politischen Denkens der Neuzeit aus der Krise der Republik Florenz*, und Enno Rudolph, *Wege der Macht*, Weilerswist: Velbrück, 2017.

40 Volker Reinhardt, »Nicolò Machiavelli: Meister der Manipulation«, in: *Magazin ZEIT Geschichte* 3 (2017), ⟨https://www.zeit.de/zeit-geschichte/2017/03/niccolo-machiavelli-populismus-luegen/⟩ (Zugriff: 31.07.19).

41 Reinhardt, »Meister der Manipulation«. Zur Staatstechnik: Frankenberg, *Staatstechnik*, Kap. I.

42 Dazu Stanley, *How Propaganda Works*.

43 »The term *WMD* was a brilliant marketing campaign by the Bush administration to conflate the Armageddon scenario of a nuclear weapon (something most experts believed Iraq didn't have the capability to produce) with the specter of chemical weapons, which, while horrific, are much more limited in scope. This wasn't simply a vague case of ›fake news‹. It was subtle propaganda, just enough of an air of plausibility to lull a nation into a war of choice.« – Dan Rather, Elliot Kirschner, »Why a Free Press Matters«, in: *The Atlantic Monthly*, 8 (2018), ⟨https://www.theatlantic.com/ideas/archive/2018/08/why-a-free-press-matters/567676/⟩ (Zugriff: 30.09.2018).

Krieg«.[44] Große Fragen der Ethik[45] wurden in nicht nur kleiner, sondern falscher Münze gehandelt. Damit wurde das Zeitalter der »fake news«, auch: der Post-Wahrheit, spektakulär eingeleitet, das Präsident Donald Trump mühelos fortführen, vulgarisieren und fürs Erste auf die Spitze treiben konnte.[46] Es lässt sich oberflächlich als Renaissance einer machiavellistischen Regierungslehre lesen. Im Kampf um politische Deutungshoheit, Weltinterpretation und Macht ist bei Donald Trump (und anderen ihm geistesverwandten Politikern[47]) die Beliebigkeit des Umgangs mit Fakten und Wahrheit zum integralen Bestandteil einer postfaktischen Medien- und Marketingstrategie geworden. Allerdings ist sie keinem höheren Zweck geschuldet, sondern gründet in einem Amalgam von Ignoranz, Narzissmus und Machterhalt. Donald Trumps »fake news«-Gerede und -Twitterei ist weniger darauf angelegt, falsche Behauptungen wie Fakten aussehen zu lassen (wofür Geheimdienste seit eh und je einen weit erheblicheren Aufwand betrieben und mehr Erfolg gehabt haben), vielmehr verzichtet er bewusst darauf, die eigene Argumentation durch wissenschaftlich nachweisbare oder wenigstens empirisch einigermaßen stichhaltige Tatsachen zu

---

44 Auch wenn sich historische Ereignisse nicht in gleicher Weise wiederholen, sondern sich abwandeln von der Tragödie zur Farce und umgekehrt (siehe Einleitung), ist man versucht, an Hitlers Rede vor dem Reichstag zur Rechtfertigung des Angriffs auf Polen zu denken: »Seit 5 Uhr 45 wird zurückgeschossen.« – Zur Wiederholung von geschichtlichen Ereignissen schreibt Karl Marx, wie eingangs zitiert, in »Der achtzehnte Brumaire des Louis Bonaparte«: »das eine Mal als Tragödie, das andere Mal als Farce«, in: Karl Marx/Friedrich Engels – *Werke*, Band 8, Berlin: Dietz-Verlag, 1972, 115-123.

45 Julian Baggini, »Was ist ein gerechter Krieg?«, in: ders., *Die großen Fragen – Ethik*, Berlin/Heidelberg: Springer Spektrum, 2014, 141 ff.

46 Exemplarisch Donald Trumps Kommentar, ob in der Karawane der Flüchtlinge in Mexiko »Middle Easterners« sein könnten: »There is no proof of anything, but there very well could be.« »Trump on ›Middle Easterners‹ claim: No proof«, in *CNN, The Lead* vom 23.10.2018, ⟨https://edition.cnn.com/videos/politics/2018/10/23/trump-caravan-middle-easterners-no-proof-collins-tapper-lead-vpx.cnn/⟩ (Zugriff: 14.11.2018).

47 Zur Analyse der Lügen in der Brexit-Kampagne: Bettina Schulz: »Brexit: Die Macht der lauten Lügen«, in *Zeit Online* vom 17.06.2016, ⟨https://www.zeit.de/wirtschaft/2016-06/brexit-auswirkungen-pro-contra-david-cameron-george-osbourne/⟩ und »Diese Lüge lohnt sich nicht«, in *Süddeutsche Zeitung* vom 28.02.2018, ⟨https://www.sueddeutsche.de/politik/brexit-diese-luege-lohnt-sich-nicht-1.3886376/⟩ (Zugriff: 19.09.2018).

stützen.[48] Im postfaktischen bzw. *fake news*-Zeitalter wird das Argument tolldreist desavouiert und die Lüge schamlos hofiert. Wie Donald Trump China als »Erfinder« des Klimawandels vorführt und Viktor Orbán einen Plan des Milliardärs George Soros zur Förderung der Masseneinwanderung herbeimanipuliert, operieren die Brexit-Protagonisten mit falschen Asyl-Statistiken und unzutreffenden Zahlen über Englands angeblich horrende Abgaben an die Europäische Union. Auf diese Weise kann das »Gefühl«, die gefühlte Wirklichkeit, unbeschwert gegenüber empirischen Nachweisen in Führung gehen und das Publikum wo nicht überzeugen, so doch auf Herrschaftszwecke ein-stimmen:[49] »In der postfaktischen Gesellschaft gewinnt nicht das starke Argument, sondern der starke Auftritt – der Wille zur Macht.«[50] Statt Kontroversen um Ideen und Gesellschaftsentwürfe anzuzetteln, wird nur mehr das Produkt »Politik« mit Täuschung beworben.[51] So kommt die Gegenaufklärung in der ermüdeten Moderne am Ende zu ihrem unverdienten Recht. Die neue Beliebigkeit hat auch eine medienstrategische Komponente. Rundum – vor allem gegen nicht loyale Presseverlage und Sender – wird der Vorwurf erhoben, sie verbreiteten *fake news*. Journalismus wird, wie es im rechtspopulistischen Jargon hier zu Lande heißt, auf »Lügenpresse«[52] heruntergebracht, die im Dienst der »korrupten Eliten« stehe.

---

48 Dazu Moritz Fink, »›Every Second Counts‹ – Postmoderne Propaganda und kreativer Protest im Zeitalter des Donald Trump«, in: *Akademie-Kurzanalyse* 1 (2017), 1 ff.; Heribert Prantl, »Trumps Lügen und die Weltgeschichte«, in: *Süddeutsche Zeitung* vom 03.06.2018, ⟨https://www.sueddeutsche.de/politik/prantls-blick-trumps-luegen-und-die-weltgeschichte-1.4000731/⟩ (Zugriff: 19.09.2018).
49 Philipp Sarasin, »Fakten und Wissen in der Postmoderne«, in: *bpb.de* vom 28.03.2017, ⟨http://www.bpb.de/politik/extremismus/rechtspopulismus/245449/fakten-und-wissen-in-der-postmoderne/⟩ (Zugriff: 17.09.2018); Ari Rabin-Havt, Media Matters for America, *Lies, Incorporated: The World of Post-Truth Politics*, New York: Anchor, 2016 (über die Industrie der organisierten Desinformation).
50 Thomas Assheuer, »Wahrheit ist die Krücke der Verlierer«, in: *Die Zeit* vom 01.10.2016, ⟨https://www.zeit.de/2016/41/donald-trump-fakten-realitaetsverlust-rechtspopulismus/⟩ (Zugriff: 17.08.2018).
51 Vincent F. Hendricks, Mads Vestergaard, »Verlorene Wirklichkeit? An der Schwelle zur postfaktischen Demokratie«, in: *Aus Politik und Zeitgeschichte* 67 (2017), 4 ff.
52 Eveline Lemke, »Lügenpresse – wie die AfD verstand, die spekulative Kommunikation zu nutzen«, in: Eveline Lemke (Hg.), *Politik hart am Wind*, München: OEKOM Verlag, 2016, 153 ff.

Ich treffe meine eigenen Entscheidungen, überwiegend aufgrund von gesammelten Daten, und alle wissen das. Einige FAKE NEWS-Medien lügen, um mich auszugrenzen.[53]

Irgendwelche negativen Umfragen sind *fake news*, so wie die Umfragen von *CNN, ABC, NBC* während der Wahl. Sorry, die Leute wollen Grenzsicherheit und extreme Sicherheitsüberprüfungen.[54]

So neu der Begriff *fake news* im Trumpismus aufzutreten scheint, so eingeübt ist »Lügenpresse« seit nahezu zweihundert Jahren als Topos in Freund-Feind-Konstellationen des politischen Autoritarismus. In diesem Jahrhundert begleitet die Parole der »Lügenpresse« – zumal in Deutschland – vorwiegend die Propaganda rechtsextremer und rechtspopulistisch-nationalistischer Bewegungen (PEGIDA) und Organisationen (AfD) mit xenophober Agenda.[55] Passgenau lässt sich die Trump-Regierung mit ihrer *fake news*-Politik der organisierten Desinformation hieran anschließen. Denn durchaus folgerichtig scheut sich Präsident Trump nicht, wie auch sein Amtskollege Erdoğan,[56] die Medien als »Feind des Volkes« (*enemy of the people*) zu diffamieren,[57] um die »unzivilisierte Gemein-

---

53 »I call my own shots, largely based on an accumulation of data, and everyone knows it. Some FAKE NEWS media, in order to marginalize, lies!« Tweet Trumps vom 06.02.2017, ⟨https://twitter.com/realdonaldtrump/status/828575949268606977?lang=de⟩ (Zugriff: 31.07.2019).

54 »Any negative polls are fake news, just like the CNN, ABC, NBC polls in the election. Sorry, people want border security and extreme vetting.«, Tweet Trumps vom 06.02.2017, ⟨https://twitter.com/realdonaldtrump/status/828574430800539648?lang=de⟩ (Zugriff: 31.07.2019).

55 »Wenn ein Land nicht mehr in der Lage ist zu sagen, wer rein- & rauskommt und wer nicht, insbesondere aus Sicherheitsgründen – großer Ärger!« (»When a country is no longer able to say who can, and who cannot, come in & out, especially for reasons of safety & security – big trouble!«, Tweet Trumps vom 04.02.2017 ⟨https://twitter.com/realDonaldTrump/status/827864176043376640⟩ (Zugriff: 31.07.2019).

56 Zu Erdoğans Medienpolitik: Gerd Höhler »So abhängig sind die Medien in der Türkei von Erdogan«, in: *Westdeutsche Allgemeine Zeitung* vom 17.04.2017, ⟨https://www.waz.de/politik/so-abhaengig-sind-die-medien-in-der-tuerkei-von-erdogan-id210275413.html/⟩ (Zugriff: 11.11.2018).

57 Exemplarisch der Tweet Trumps vom 29.10.2018: »The Fake News Media, the true Enemy of the People, must stop the open & obvious hostility & report the news accurately & fairly. That will do much to put out the flame …« ⟨https://twitter.com/realdonaldtrump/status/1056879122348195841⟩ (Zugriff 31.07.

schaft«[58] seiner Gefolgschaft zu mobilisieren, eine Gemeinschaft, die sich auf Hassmails, Beleidigungen, Xenophobie und die Androhung von Gewalt versteht. Neben der Diffamierung der Wahrheitssuche und der Manipulation der Wahrheit haben *fake news* wie auch die Parole »Lügenpresse« mit ihren verschwörungstheoretischen Konnotationen eine wichtige Mobilisierungsfunktion. Wer den Vorwurf erhebt bzw. die Parole verwendet, will im unmittelbaren Zugriff auf die (vermeintliche) Einmütigkeit von Führung und Gefolgschaft (»Wir sind das Volk«) Letztere für das Gefecht gegen Eliten und ihre medialen Helfershelfer einstimmen und agitieren.

4. Neutralisierung vermittelnder Institutionen und Verfahren

Die Inauguration des Kults der Unmittelbarkeit setzt auf der *Staatsseite* voraus, dass Distanz verbürgende Institutionen ausgeschaltet oder, wenn das nicht möglich ist, kontrolliert oder umgangen werden, sodann die »abgehangenen« nüchternen Diskurse der Politik an die Leidenschaften der Straße abgegeben und dort aufgeheizt werden. Repräsentation in Präsenz umzuwandeln, das heißt, Unmittelbarkeit herzustellen oder vorzutäuschen, bedarf neben der entsprechenden Propaganda auch der sorgfältigen institutionellen Vorbereitung. Verfassungen können dabei, wie erörtert, im Wege sein. Die Wahl der Strategie – repräsentative Institutionen zu schleifen und in Foren herrschaftlicher Selbstdarstellung zu verwandeln oder aber sie zu umgehen – richtet sich nicht zuletzt nach den Hindernissen, die eine Verfassung aufrichtet, und der gelebten Verfassungskultur. Leichter, weil unauffälliger, ist der diskursive Spurwechsel von der Klaviatur des wohltemperierten parlamentarisch-repräsentativen Klaviers hin zum Arsenal des Präsentismus

---

2019). Siehe dazu Amy Chua, Jed Rubenfeld, »The Threat of Tribalism«, in: *The Atlantic* 10 (2018), https://www.theatlantic.com/magazine/archive/2018/10/the-threat-of-tribalism/568342/?utm_source=newsletter&utm_medium=email&utm_campaign=magazine&utm_content=20180920&silveridref=NTA3NDgyODYxMzQyS0/) (Zugriff: 21.09.2018).

58 Eine andere Form der unzivilisierten Gemeinschaft als die von Richard Sennett dargestellte in *Verfall und Ende des öffentlichen Lebens – Die Tyrannei der Intimität*, Frankfurt am Main: S. Fischer, 1983, 331 ff.

und Irrationalismus, zu den Emotionen und Vorurteilen des Alltags zu bewerkstelligen. Es ist erstaunlich, wie sehr die Rhetoriken von ins Totalitäre driftenden Führerfiguren und sich basisdemokratisch gerierenden Populisten einander ähnlich sind, wenn es darum geht, sich zu *präsentieren* und den Durst nach Akklamation zu stillen. Schwieriger als wohlfeile Propaganda sind freilich Eingriffe in das institutionelle Arrangement zu bewerkstelligen und zu rechtfertigen. Einige der unterschiedlichen Strategien sollen hier kurz vorgestellt werden.

Modell *Ermächtigungsgesetz*: Eines der bekanntesten, nachgerade lehrbuchhaften Beispiele für die Immediatisierung durch Schleifen der Institutionen ist die Überführung der Weimarer Republik in eine Diktatur mit Hilfe des Ermächtigungsgesetzes vom 23. März 1933. Kaum im Amt als Reichskanzler, verfolgte Adolf Hitler den Plan, den Reichstag auszuschalten und die Verfassung de facto und de jure außer Kraft zu setzen, um die Gewalten in seiner Hand zu zentralisieren. Der Plan ging auf, nachdem zunächst mit der Mehrheit der Nationalsozialisten und Deutschnationalen die Geschäftsordnung des Reichstages geändert worden war, um formal den Anwesenheitsanforderungen trotz Inhaftierung und Abwesenheit der kommunistischen Abgeordneten zu genügen. Sodann wurde – unter der drohenden Präsenz illegal im Reichstag anwesender bewaffneter und uniformierter SA- und SS-Kampfverbände – mit Unterstützung der Abgeordneten der Zentrumspartei[59] und der Liberalen für die »nationale Sache« nach der neuen Geschäftsordnung

---

[59] Deren Vorsitzender Ludwig Kaas begründete die (fraktionsintern nicht unumstrittene) Zustimmung wie folgt: »Die gegenwärtige Stunde kann für uns nicht im Zeichen der Worte stehen, ihr einziges, ihr beherrschendes Gesetz ist das der raschen, aufbauenden und rettenden Tat. Und diese Tat kann nur geboren werden in der Sammlung. Die deutsche Zentrumspartei, die den großen Sammlungsgedanken schon seit langem und trotz aller vorübergehenden Enttäuschung mit Nachdruck und Entschiedenheit vertreten hat, setzt sich zu dieser Stunde, wo alle kleinen und engen Erwägungen schweigen müssen, bewusst und aus nationalem Verantwortungsgefühl über alle parteipolitischen und sonstigen Gedanken hinweg. [...] Im Angesicht der brennenden Not, in der Volk und Staat gegenwärtig stehen, im Angesicht der riesenhaften Aufgaben, die der deutsche Wiederaufbau an uns stellt, im Angesicht vor allem der Sturmwolken, die in Deutschland und um Deutschland aufzusteigen beginnen, reichen wir von der deutschen Zentrumspartei in dieser Stunde allen, auch früheren Gegnern, die Hand, um die Fortführung des nationalen Aufstiegswerkes zu sichern.« *Verhandlungen des Reichstags, VIII. Wahlperiode 1933*, Bd.457, Berlin: 1933, 37.

gegen die Stimmen der durch Verhaftung und Flucht dezimierten sozialdemokratischen Fraktion das Ermächtigungsgesetz beschlossen. Es stattete den Reichskanzler (alsbald: Führer) mit weitreichenden, diktatorischen Sondervollmachten aus.[60]

Zum Drehbuch eines brutalen Regimewechsels gehört regelmäßig, dass ein traumatisches Ereignis – 1933 war es der (inszenierte?) Reichstagsbrand – herbeigeredet oder eine »nationale Erhebung« eingefordert wird, um den Verfassungsbruch zu überdecken oder zu rechtfertigen.[61] Folglich firmierte das den Übergang zur kommissarischen, später zur souveränen Diktatur à la Carl Schmitt[62] begleitende Gesetz passend dramatisch als »Gesetz zur Behebung der Not von Volk und Reich«.[63] Zeitlich nahezu parallel, optierte auch die Regierung Dollfuß in Österreich für das Modell *Ermächtigungsgesetz*. Sie regierte mittels Notverordnungen auf Grundlage des Kriegswirtschaftlichen Ermächtigungsgesetzes ohne Parlament. Ausgelöst wurde der unmittelbare exekutivische Durchgriff von einer am 4. März 1933 abgehaltenen außerordentlichen Sitzung des Nationalrates in Zusammenhang mit einem von den Gewerkschaften organisierten Streik der Eisenbahner, in der die drei Präsidenten nach einer umstrittenen Abstimmung zurücktraten. Bundeskanzler Dollfuß erklärte daraufhin, der Nationalrat habe sich »selbst ausgeschaltet«, und sah sich zu autoritären Notverordnungsmaßnahmen ermächtigt.[64]

Das Ermächtigungsgesetz als Vehikel zur Einführung eines autoritären Regimes, jedenfalls des *governing by decree*, ist keineswegs aus der Mode gekommen. In zahlreichen Verfassungen werden die Ermächtigungen von 1933, denen eine Reihe von Freibriefen für den Erlass gesetzesvertretender Verordnungen seit 1914 vorausgingen, zur Suspendierung oder Einschränkung des parlamentarischen

---

60 Das Gesetz wurde vom »nationalsozialistischen Reichstag«, keiner demokratischen Institution also, zweimal und ein letztes Mal durch Führererlass verlängert.
61 Dieter Deiseroth, »Die Legalitäts-Legende. Vom Reichstagsbrand zum NS-Regime«, in: *Blätter für deutsche und internationale Politik* 2 (2008), 91 ff.
62 Dazu Stefan Hermanns, *Carl Schmitts Beitrag zur Machtkonsolidierung der Nationalsozialisten*, Wiesbaden: Springer, 2018.
63 Dazu Rudolf Morsey (Hg.), *Das »Ermächtigungsgesetz« vom 24. März 1933*, Göttingen: Vandenhoeck & Ruprecht, 1976.
64 Franz Schausberger, *Letzte Chance für die Demokratie. Die Bildung der Regierung Dollfuß I im Mai 1932. Bruch der österreichischen Proporzdemokratie*, Wien: Böhlau, 1993.

Prozesses gewiss nicht kopiert, jedoch mit (zum Teil beachtlichen) Modifikationen adaptiert.[65] Vier Ermächtigungsgesetze wurden während der Regierung von Hugo Chávez gebilligt.[66] Sein Nachfolger Nicholás Maduro hat bereits angekündigt, sich gleichfalls dieses Instruments zu bedienen. In der Türkei vergleichen Mitglieder der Opposition die Verfassungsänderung von 2017 mit Hitlers Ermächtigungsgesetz. Seit den Notstandsgesetzen von 2016 war Erdoğan autorisiert, mit Erlassen und Notverordnungen zu regieren.

Vor allem im Kampf gegen Terrorismus und »organisierte Kriminalität« griffen eine Reihe von Regierungen auf das Instrumentarium exekutivischer Staatstechnik zurück, um die Entscheidungsverfahren durch Umgehung parlamentarischer Debatten und Beschlüsse zu beschleunigen und den »direkten Draht« einer Kommunikation zwischen Führer und Gefolgschaft herzustellen. So wurde der *USA PATRIOT Act*, an dessen Bezeichnung in der Langfassung George Orwell seine Freude gehabt hätte: *Uniting and Strengthening America by Providing Appropriate Tools Required to Intercept and Obstruct Terrorism Act*, als Bundesgesetz am 26. Oktober 2001 vom Kongress unter der Flagge des Krieges gegen den Terrorismus verabschiedet. Der *PATRIOT Act* wurde eingeführt als direkte Reaktion auf die Terroranschläge vom 11. September 2001. Er sah weitreichende Einschränkungen von Bürgerrechten vor wie Abhörmaßnahmen (ohne richterlichen Beschluss), Hausdurchsuchungen und weitere Exekutivbefugnisse.[67] Ohne nennenswerte Medienaufmerksamkeit wurde in den USA am 9. Mai 2007 eine Direktive verabschiedet, die dem Präsidenten die Option gibt, im Falle eines nicht näher definierten »Katastrophenfalls« den Kongress zu umgehen[68] (wie von Präsident

---

65 Nachweise bei Günter Frankenberg, »Im Ausnahmezustand«, *Kritische Justiz* 4 (2016), 3 ff.

66 Unter der Verfassung von Venezuela (1999) bedürfen *enabling laws* (Ermächtigungsgesetze) der Zustimmung von drei Fünfteln der Nationalversammlung (Art. 203). Sie müssen Richtlinien, Zweck und Rahmen für die Materien enthalten, die an den Präsidenten mit Gesetzeskraft für einen bestimmten Zeitraum delegiert werden.

67 Dazu William C. Michaels, *No Greater Threat: America since September 11 and the Rise of the National Security State*, New York: Algora Publishing, 2005.

68 »Catastrophic Emergency« wird definiert als Ereignis, das unabhängig von seinem Ort ein außerordentlichen Ausmaß an Opfern, Schäden oder Störungen der amerikanischen Bevölkerung, Infrastruktur, Umwelt, Wirtschaft oder Regierungsfunktionen zur Folge hat. Gerrit Wustmann, »Das amerikanische Ermäch-

Trump im Februar 2019 demonstriert) und unmittelbar die mutmaßlichen Interessen der patriotischen Gemeinschaft zu exekutieren. Mit dem Narrativ der angeblich im Irak gelagerten Massenvernichtungswaffen (*WMD*) wandte sich die Regierung Bush/Cheney seit 2001 direkt an die amerikanische Bevölkerung, um sie, wie ausgeführt, auf den – die Öffentlichkeit zunächst überraschenden – Krieg gegen das Regime Saddam Husseins im Irak einzustimmen.[69]

Nach den jüngsten Erfahrungen in der Türkei, ausgelöst von einem dilettantischen Putschversuch im Jahre 2016,[70] wurde das *Modell Ermächtigungsgesetz* um die von Staatschef Erdoğan gelieferte Variante des Notwehrexzesses bereichert. Sie kann durchaus von anderen Regimes nachgeahmt werden, sofern diese nur geltend machen, Ausnahmelagen wie etwa einen Staatsstreich bewältigen zu müssen. Nach Erklärung des Ausnahmezustandes, durchgreifenden Verfassungsänderungen, vor allem aber der »Säuberung« von Militär, Polizei, Justiz und öffentlichem Dienst einschließlich der Schulen, nach einer beispiellosen Verhaftungswelle und drakonischen Maßnahmen gegen die Medien hatte Erdoğan den Boden bereitet für die Einführung eines autoritären Präsidialsystems durch ein Verfassungsreferendum, das angesichts der Einschüchterungsmaßnahmen und der vorgängigen Verhaftungswelle für ihn nahezu ohne Risiko war.[71] Am 18. Juli 2018 konnte er es sich leisten, den mehrfach verlängerten Ausnahmezustand formal aufzuheben. Die Machtposition seiner Autokratie hatte er in der Zwischenzeit konsolidiert und sich die nötigen Sondervollmachten beschafft, die unter anderem durch den Transfer in Anti-Terror-Gesetze – unterhalb der Verfassung – »normalisiert«[72] worden waren.

tigungsgesetz?«, in: *Telepolis* vom 24.07.2007, ⟨https://www.heise.de/tp/features/Das-amerikanische-Ermaechtigungsgesetz-3414515.html/⟩ (Zugriff: 21.09.2018).
69 »Bush will Amerikaner auf Krieg einstimmen«, in *Spiegel Online* vom 25.01.2003, ⟨http://www.spiegel.de/politik/ausland/rede-zur-nation-bush-will-amerikaner-auf-krieg-einstimmen-a-232341.html/⟩ (Zugriff: 29.09.2018).
70 Ateş Altınordu, »A Midsummer Night's Coup: Performance and Power in Turkey's July 15 Coup Attempt«, in: *Qualitative Sociology* 40 (2017), 139 ff.; Koray Çalışkan, »Explaining the end of military tutelary regime and the July 15 coup attempt in Turkey «, in: *Journal of Cultural Economy* 10 (2017), 97 ff. (doi:10.1080/17530350.2016.1260628/) (Zugriff: 13.09.2018).
71 Nach Schätzungen von Beobachtern wurden über 100 000 Staatsbedienstete entlassen und über 70 000 Personen inhaftiert.
72 Zum Konzept der Normalisierung: Frankenberg, *Staatstechnik*, Kap. 1.

Der Nachteil des Modells *Ermächtigungsgesetz* in allen seinen Varianten liegt auf der Hand: es gibt die autoritäre Transformation eines Regimes, durchweg in Gestalt der formalen Suspendierung oder Umgehung der Verfassung, relativ deutlich zu erkennen und lässt die Verfassung am Ende beschädigt, als Garantie auf Widerruf, unter Umständen als »Zombie« zurück. Am Beispiel von Ägypten im »Arabischen Frühling« lässt sich zeigen, dass es einer kollektiven Anstrengung bedarf, im Protest den Geist einer seit Jahrzehnten suspendierten Verfassung wenigstens für einen Moment zu reaktivieren.

Modell *Bypass*: Einen anderen Weg der Immediatisierung wählen Autokraten, die gezwungen sind, ohne die förmliche Erklärung des Ausnahmezustandes und ohne institutionelle Änderungen das repräsentative System zu unterlaufen. Ihre Strategie zielt ab auf die Schwächung der intermediären Gewalten und Institutionen insbesondere durch die Umgehung institutioneller Verfahren und die Kultivierung der (illusorischen) unmittelbaren Kommunikation mit »dem Volk«, nicht aber dessen Repräsentanten. Herkömmlich geschieht dies in öffentlichen Massenversammlungen und Aufmärschen. Neuerdings kann sich diese Inszenierung illusorischer Präsenz zusätzlich der sozialen Medien bedienen.

Nach der Entmachtung, dem Verschwinden (in faschistischen Systemen: nach der Zerstörung) der klassisch-repräsentativen Institutionen und Organisationen (oder auch der Verfassungsgerichtsbarkeit[73]) oder während deren Krise bietet sich einer autoritären Führungsfigur oder -elite die Gelegenheit, die Gesellschaft in ein Amphitheater zu tranformieren, auf dem die Selbstdarstellung des Regimes inszeniert wird. Vor allem charismatische Führer und Volkstribune posieren auf dieser Bühne gern als »einer von uns« und werben um die Gunst des Publikums, deren Gefolgschaft sich, zumindest im Nachhinein, als politische Komplizenschaft erweist.[74]

Die Strategie, Unmittelbarkeit herzustellen und zu kultivieren, läuft darauf hinaus, dass das Regime gleichsam Bypässe legt zur Umgehung der eingerichteten Kommunikationswege und Entscheidungskanäle. Anstelle von Petitionen, gerichtlichen Instanzen, Parteisitzungen, Parlamentsdebatten fungieren diese Abkürzungen

---

73 Zum Beispiel Ungarn: Miklós Bánkuti et al., »Disabling the Constitution«, in: *Journal of Democracy* 23 (2012), 138 ff.

74 Das Konzept der Komplizenschaft wird ausführlich erörtert oben in Kap. VI.7.

als Arterien der direkten Kommunikation zwischen autokratischer Führung und Bevölkerung. Operiert die Führung mit einem nationalistisch-xenophoben Skript, fällt die rhetorische Wahlverwandtschaft zwischen nationalsozialistischem und rechtspopulistischem Autoritarismus besonders deutlich ins Auge: Die Konturen von Politik verschwinden in der Ästhetisierung. Die Massen regredieren zum passiv-akklamierenden Publikum (»Führer befiehl, wir folgen«). Der autokratische Machthaber besetzt als Hauptdarsteller die Bühne und operiert nach einem Skript, das scharf nach Freunden und (Volks-)Feinden (»We against them«) unterscheidet. Er wirbt um Zustimmung, nicht offene Diskussion, und um Gefolgschaft nach Maßgabe eines auch heute noch verbreiteten Führerprinzips[75]. Beispiele sind außer den hyperpräsidentiellen Systemen der auf Lebenszeit gewählte »oberste Religionsführer« im Iran (Art. 5 Verfassung von 1979), in Nordkorea ist der Begriff »oberster Führer« den jeweiligen Staatschefs der Kim-Dynastie vorbehalten. Aufgrund seiner Machtfülle wird auch der chinesische Staatschef Xi Jinping als »oberster Führer« tituliert.

Durch den Kult der Unmittelbarkeit im Theater des Autoritären wird das Volk von sich selbst entfremdet:

Die Menschheit, die einst bei Homer ein Schauobjekt für die olympischen Götter war, ist es nun für sich selbst geworden. Ihre Selbstentfremdung hat jenen Grad erreicht, der sie ihre eigene Vernichtung als ästhetischen Genuß ersten Ranges erleben läßt. *So steht es um die Ästhetisierung der Politik, welche der Faschismus betreibt. Der Kommunismus antwortet ihm mit der Politisierung der Kunst.*[76]

Das Volk wird zum Ornament eines Regimes, das Akklamation

---

75 »Die Führergewalt ist umfassend und total; sie vereinigt in sich alle Mittel der politischen Gestaltung; sie erstreckt sich auf alle Sachgebiete des völkischen Lebens; sie erfasst alle *Volksgenossen*, die dem Führer zu Treue und Gehorsam verpflichtet sind.« Ernst Forsthoff, *Der totale Staat*, Hamburg: Hanseatische Verlagsanstalt, 1933. – Gegen Demokratie, Gewaltenteilung, Parlamentarismus und Pluralismus setzte Adolf Hitler ein unbeschränktes Führerprinzip, nach dem alle Autorität in Partei und Staat von einem nicht gewählten, nur per Akklamation bestätigten »Führer des Volkes« ausgehen sollte. Dazu Norbert Frei, *Der Führerstaat. Nationalsozialistische Herrschaft 1933-1945*, 8. Auflage, München: Deutscher Taschenbuch-Verlag, 2007.

76 Walter Benjamin, *Das Kunstwerk im Zeitalter seiner technischen Reproduzierbarkeit* [1935], Stuttgart: Reclam, 2011.

einrechnet.⁷⁷ Der »Führer« sandte seine Botschaften an das Volk unmittelbar vor allem über den Rundfunk und Massenveranstaltungen sowie vermittelt durch die gleichgeschaltete und insofern immediatisierte Presse. (Es steht außer Frage, dass er nicht darauf verzichtet hätte, die heute verfügbaren sozialen Medien in seinen Dienst zu nehmen.)

Das konsolidierte demokratische Institutionensystem und die Verfassungsschranken zwingen den US-amerikanischen Präsidenten Trump, im exekutivischen Innenhof dieses Systems eine andere Variante der Immediatisierung zu praktizieren. Er kultiviert den Mythos seiner Kompetenz und Allgegenwart. So fordert er seine Zuhörerschaft nach Art eines Gospelpredigers rituell auf, ihm zu glauben: »Believe me!« Auf Partei- oder Wahlveranstaltungen oder bei Fernsehauftritten, in Twitter-Salven, mit denen er seine Anhängerschaft überzieht, inszeniert und idealisiert er sich als authentischer *leader* (@realDonaldTrump) und wirbt um Identifikation als »einer von ihnen«.⁷⁸ Auf diese Weise hält er sie im Modus ständiger Erreichbarkeit und jederzeit auslösbaren emotionalen Alarms. Erregung und Dauerpräsenz verschließen den Fans freilich den (kritischen) Einblick in seine solipsistische Weltsicht. Trumps Politik des spontanen Affekts infiltriert primär mit Hilfe des Twitter-Mediums die emotionalen Milieus in der Gesellschaft und beherrscht sie durch quasi-magische Dauerpräsenz. Präsidiale Tweets bringen kein Wechselgespräch zur Aufführung, sondern bleiben einseitige Botschaften, die auf reflexhaft zustimmende »likes« abzielen. Diese Art der einseitigen (Dauer-)Kommunikation kann Kritik zwar nicht ausschließen, diese wird jedoch horizontal im Schlagabtausch von Anhängern und Gegnern abgelagert. Im frostigen globalen Wettbewerbsklima des Neoliberalismus lädt Trump seiner Anhängerschaft in die Wärmestube des weißen Amerika ein, die von ihm eingeheizt wird.⁷⁹

77 Siehe Siegfried Kracauer, *Das Ornament der Masse*, Frankfurt am Main: Suhrkamp, 1977, 50 ff.
78 Hierzu und zum Folgenden Ulrich Sollmann, »Wie gefährlich ist Donald Trump?«, in seinem Blog *Der Körperleser* vom 22.09.2018, ⟨https://www.carl-auer.de/blogs/koerper/wie-gefaehrlich-ist-donald-trump-4-4-trumps-twitter-botschaften-loeschen-den-verstand-und-das-erinnerungsvermoegen-aus/⟩ (Zugriff: 30.09.2018).
79 »This week alone, the news broke that the Trump administration was seeking to ethnically cleanse more than 193,000 American children of immigrants whose

Trotz erheblicher Unterschiede im Übrigen bedient Donald Trump in seinen Reden und Tweets, wie einst Mussolini, Hitler und heutige autoritäre Radikalnationalisten, seinen Narzissmus mit Motiven der Gegenaufklärung aus dem 19. Jahrhundert und den Irrationalismen des 20. Jahrhunderts:[80] Dem arischen Mythos entspricht als funktionales ideologisches Äquivalent der weiße Tribalismus,[81] die Einheit und Reinheit der (überlegenen) weißen Rasse, dem Donald Trump nach (zwar nicht unbestrittenen, aber stichhaltigen) empirischen Angaben den größten Teil seiner Anhängerschaft verdankt.[82] Wie einst die Verfolgung der »Volksfeinde« erfüllt in Donald Trumps rechtspopulistischer Propaganda die Ausgrenzung der Nicht-Amerikaner eine integrative Funktion. Dieser ist das xenophobe Phantasma einer Mauer zwischen Mexiko und den USA ebenso geschuldet wie die im Fernsehen zur Schau gestellte Unterzeichnung der *Executive Orders*, die Angehörigen aus sechs vorwiegend muslimischen Ländern die Einreise in die USA untersagte[83] und Migrantenkinder an der mexikanischen Grenze von ihren Eltern trennte.[84]

Dem Muster der direkten, monologischen Kommunikati-

> temporary protected status had been revoked by the administration, that the Department of Homeland Security had lied about creating a database of children that would make it possible to unite them with the families the Trump administration had arbitrarily destroyed, that the White House was considering a blanket ban on visas for Chinese students, and that it would deny visas to the same-sex partners of foreign officials.« Adam Serwer, »The cruelty ist the point«, in: *The Atlantic* vom 03. 10. 2018, ⟨https://www.theatlantic.com/ideas/archive/2018/10/the-cruelty-is-the-point/572104/⟩ (Zugriff: 26. 11. 2018)
>
> 80 Zu Hitler: Georg Lukács, *Die Zerstörung der Vernunft: Der Weg des Irrationalismus von Schelling zu Hitler*, Berlin: Aufbau Verlag, 1955. Zu Trump: Librett, »Sovereignty and the Cult of Immediacy«.
> 81 Zum ethnisch, rassistisch oder religiös gestützten Tribalismus: Chua, Rubenfeld, »The Threat of Tribalism«.
> 82 Ta-Nehisi Coates, »The First White President«, in: *The Atlantic Monthly* 10 (2017); andere Akzente setzt Duncan Kennedy, »A Left of Liberal Interpretation of Trump's ›Big‹ Win, Part One: Neoliberalism«, in: *Nevada Law Journal Forum* 1 (2017), 98 ff.
> 83 Durch Executive Order No. 13769 vom 27. 01. 2017. Dazu Stephanie Gooyer et al., *Vom Recht, Rechte zu haben*, Hamburg: Hamburger Edition, 2018.
> 84 »›Grausam und unmenschlich‹ – Trump wegen Familientrennungen unter Druck«, in: *Zeit Online* vom 20. 06. 2018, ⟨https://www.zeit.de/politik/ausland/2018-06/einwanderung-usa-trump-familien-trennung/⟩ (Zugriff: 26. 11. 2018).

on gehorchten, *mutatis mutandis*, Hugo Chávez' allsonntägliche Talkshows »Aló Presidente« mit ihm selbst als Hauptakteur, der die »Probleme der Menschen löste, die bei ihm in der Sendung anriefen«,[85] oder aktuell auch Viktor Orbáns »Freitagsgebete«, direkte Adressen an das Volk, und die von ihm initiierten nationalen »Konsultationen«.[86] Jede Konsultation wird mit Suggestivfragen bzw. vorgegebenen Statements eröffnet, auf die, wer noch bei Trost ist, schlechterdings nur im Sinne der die Frage stellenden Regierung antworten kann. So etwa 2017 die »Thesen« zu dem von der Regierung erfundenen »Soros-Plan« zur Masseneinwanderung:

1. George Soros will Brüssel davon überzeugen, jährlich mindestens eine Million Einwanderer aus Afrika und dem Nahen Osten in Europa und damit auch in Ungarn anzusiedeln.
2. George Soros will gemeinsam mit den Brüsseler Führern erreichen, dass die EU-Mitgliedstaaten und damit auch Ungarn ihre Grenzzäune abreißen und die Grenzen den Einwanderern öffnen.
3. Es ist Teil des Soros-Plans, dass Brüssel die Einwanderer, die sich in Westeuropa versammelt haben, verpflichtend aufteilt, mit besonderer Berücksichtigung der osteuropäischen Länder. Daran müsste auch Ungarn teilnehmen.
4. Auf Grundlage des Soros-Plans müsste Brüssel alle Mitgliedstaaten, so auch Ungarn, dazu zwingen, neun Millionen Forint [ca. 30 000 Euro, G.F.] staatliche Beihilfe an jeden Einwanderer zu zahlen.[87]

Die Abstimmung erhält durch die Vorstrukturierung der Themen den Charakter einer Äußerung von Stimmungen, die im Gewand

---

85 Enrique Krauze, *El poder y el delirio*, Mexico: Edición impresa, 2008.
86 Stephan Ozsváth, »Pressefreiheit in Ungarn: Eine Frage der Macht«, in *Deutschlandfunk* vom 18.02.2017, ⟨https://www.deutschlandfunk.de/pressefreiheit-in-ungarn-eine-frage-der-macht.724.de.html?dram:article_id=379321/⟩ (Zugriff: 07.11.2018).
87 Vier der sieben Themen für die Abstimmung über den Soros-Plan, zitiert nach dem österreichischen Infoportal *unzensuriert.at*, das der FPÖ nahesteht. »Ungarn: 2,3 Millionen stimmten über den Soros-Plan zur Masseneinwanderung ab«, in: *unzensuriert.at* vom 04.12.2017, ⟨https://www.unzensuriert.de/content/0025684-Ungarn-23-Millionen-stimmten-ueber-den-Soros-Plan-zur-Masseneinwanderung-ab/⟩ (21.9.2019).

einer reflexhaft abgegebenen Kollektivantwort zum Ausdruck gelangen. Erwartungsgemäß 98% der »Befragten« stimmten der Regierung zu und lehnten damit den (nicht existierenden) »Soros-Plan« ab. Unter der Hand verstrickten sie sich mit ihrer Teilnahme an der Konsultation als Komplizen im von der Regierung betriebenen kaum verdeckten Antisemitismus und der Islamophobie.

5. Autoritäre Inszenierung von öffentlicher Privatheit

Bei Paraden und Massenaufmärschen, bei nationalen Konsultationen und in Fernsehansprachen, bei theatralischen Auftritten und mit nächtlichen Tweets demonstriert der politische Autoritarismus, wie oben erörtert, die Allgegenwart des Regimes (oder des Führers) als kontrollierende, gütige oder auch strafende Autorität. Ergänzt werden die Vergegenwärtigung der Macht und die als Einbahnstraße verlaufende Kommunikation zwischen Herrschern und Herrschaftsunterworfenen durch autoritäre Inszenierungen von Vitalität und Privatheit. Die illusionäre oder auf Täuschung angelegte Darstellung der Autorität als Privatperson rückt diese in die Gemeinschaft ein (»einer von uns«) und erleichtert auf diese Weise die Identifikation. Wo nötig, schwächt sie das Bild der strafenden Autorität ab und führt die gütige ein, lenkt ab vom Verlust an realer Freiheit und von der Einschränkung von Widerspruch (der auch im Dialog möglich wäre) durch eine mehr oder weniger unterhaltsamen Performance des Hauptdarstellers und die Illusion einer quasi-persönlichen Beziehung zum Herrscher. Diese Illusion gelingt freilich nur, wenn die politische Ikonographie darauf eingestellt wird. Das heißt, der Führer/Präsident darf nicht (nur) als entrückter Leviathan *dargestellt* werden. Vielmehr müssen er und seine *spin doctors* ihn der Anhängerschaft als Privatperson nahe bringen, möglichst in für sie vertrauter oder jedenfalls nachvollziehbarer Umgebung, bei alltäglichen Verhaltensweisen (Wandern, Schwimmen) und gern auch mit Haustieren. Besonders beliebt bei Staatschefs aller Art, vielleicht wegen ihrer Treue: Hund und Pferd.[88]

Allerdings folgt die Darstellung autoritärer Unmittelbarkeit je

---

[88] Siehe die Haustiere der US-amerikanischen Präsidenten: »First dogs: American Presidents and their pets«, in: *newseum.org*, ⟨http://www.newseum.org/exhibits/current/first-dogs-american-presidents-and-their-pets/⟩ (Zugriff: 02.01.2019).

nach Kontext und Person einem anderen Skript. Donald Trump inszeniert sich vor den Augen der Öffentlichkeit einerseits als egomanischer »Roboter auf Attacke«,[89] wobei er verdeckt, dass ihm die Fähigkeit zu demokratischem Verlieren abhandengekommen ist, wenn er denn je über sie verfügte. Ohne Schamgefühl, geleitet von eitler Selbstsucht und Selbstüberschätzung, betreibt er Politik ohne Sinn für Verantwortung – die Vulgärversion von Machiavellis Fürsten, dem der Blick auf ein höheres Ziel habituell verstellt ist und dem selbst okkasionell Tugenden nicht zu Gebote stehen. »Da ist nur die große Angst, dass der Applaus ausbleibt.«[90] Andererseits stellt sich Trump als Politiker und Milliardär mit Bodenhaftung dar, der sich für Fast-Food-Empfänge nicht zu schade ist[91] und wie jedermann natürlich eine Baseballmütze trägt.

Im Kontrast dazu wirkt Recep Tayyip Erdoğan nachgerade dezent – ein Patriarch der türkischen Großfamilie, der seine Härte, ja Brutalität gegenüber Oppositionellen und die von ihm befohlenen rücksichtslosen »Säuberungen« des öffentlichen Dienstes hinter einem oft spießigen Outfit und Darstellungen des Gangs in die Moschee verbirgt. Er rückt konsequenterweise die türkische Identität und die islamische Religion ins Zentrum seiner Politikinszenierung[92] und wie zum Beweis lässt er die Öffentlichkeit sehen,

---

89 Harry Nutt, »Donald Trump kann nicht anders«, in: *Frankfurter Rundschau* vom 23.10.2016, ⟨https://www.fr.de/meinung/donald-trump-kann-nicht-anders-11067998.html⟩ (Zugriff: 30.09.2018).

90 Carsten Luther, »So kann keine Demokratie überleben«, in: *Zeit Online* vom 20.01.2018, ⟨https://www.zeit.de/politik/ausland/2018-01/donald-trump-praesident-bilanz-usa-wirtschaft/⟩ (Zugriff: 30.09.2018).

91 Ashley Parker, »Donald Trump's Diet«, in: *The New York Times* vom 09.08.2016, ⟨https://www.nytimes.com/2016/08/09/us/politics/donald-trump-diet.html/⟩ (Zugriff: 23.11.2013): »But his highbrow, lowbrow image — of the jet-setting mogul who takes buckets of fried chicken onto his private plane with the gold-plated seatbelt buckles — is also a carefully crafted one. If President George Bush revealed his patrician upbringing by requesting ›a splash‹ more coffee at a truck stop in New Hampshire, and John Kerry helped reinforce his image as a New England blue blood by trying to order a cheese steak with Swiss in South Philadelphia, Mr. Trump's diet also telegraphs to his blue-collar base that he is one of them.«

92 Cansu Özdemir, »Erdoğan als Patriarch, Herrscher und Wegweiser«, in der deutschen Website der kurdischen Nachrichtenagentur *ANF News* vom 23.12.2017, ⟨https://anfdeutsch.com/hintergrund/erdogan-als-patriarch-herrscher-und-wegweiser-1047/⟩ (Zugriff: 30.09.2018).

wie schlicht er und seine Frau (stets mit Kopftuch) sich kleiden. Freilich: Als traue er seinem Charisma nicht, dementiert die von ihm in Auftrag gegebene Aksaray-Residenz, größer als jeder andere im letzten Jahrhundert erbaute Palast, mit einem jährlichen Erhaltungsaufwand von über 37 Millionen Euro, seine zur Schau gestellte frömmelnde Anspruchslosigkeit. In der Architektur bricht sich, wohl ungewollt, vergleichbar dem ehemaligen Diktator Rumäniens, Nicolae Ceaușescu, ein politischer Größenwahn nebst einem entterritorialisierten Herrschaftsanspruch Bahn, der sich auf die Türken aller Länder erstreckt.

In der Welt der Stimmungen und Ein-Stimmungen legen autoritäre Herrscher mehr als ihre demokratischen Amtskollegen Wert darauf, bei guter Gesundheit zu erscheinen. Virilität und Maskulinität fungieren als wesentliche Elemente autoritärer Souveränität. Autoritäre Herrscher zeigen sich gern in guter Verfassung und überhöhen den eigenen Körper als »Ausweis sportlicher Tatkraft, patriarchalischer Fürsorge und Führungsstärke«,[93] als wollten sie die defizitäre Sakralität ihres symbolischen Körpers in säkularer Umwelt durch die demonstrative Robustheit ihres natürlichen Körpers kompensieren. In der politischen Ikonographie und Selbstdarstellung wird der Körper, der sich dazu eignet, zum Inbegriff sportlicher Tatkraft, patriarchalischer Fürsorge und viriler Führungsstärke überhöht.

Nach wie vor legendär, arrangierte Mao Zedong wiederholt die Durchquerung des Jangtsekiang, um die Gerüchte über seine angegriffene Gesundheit zu zerstreuen. Wie kein anderer, auch nicht Mussolini, inszenierte Mao sein Schwimmen als Staatsakt und »öffentliche Performance« (Abbildung 10 und 11).[94] Ihm gelang es, als »schwimmender Souverän« zugleich Überlegenheit (vor einer mehrheitlich nichtschwimmenden Bevölkerung) und Volksnähe zu demonstrieren.

---

93 Ausführlich und anregend dazu Horst Bredekamp, *Der schwimmende Souverän. Karl der Große und die Bildpolitik des Körpers*, Berlin: Wagenbach, 2014, bes. 13 ff.
94 Ebd., 14 f.

Abb. 10: Mao schwimmt.[95]

Abb. 11: Mussolini schwimmt.[96]

Undurchsichtig in seiner Staatspraxis, stellt sich Wladimir Putin immer wieder sichtbar als Privatperson dar. Er pflegt einen eher aufdringlich maskulinen Stil, der sich an der Grenze zum pornographischen Autoritarimus bewegt. Der Staatschef zeigt sich als Judoka oder bei Bergtouren, gern auch zu Pferde mit nacktem Oberkörper – ganz wie der Macho von nebenan im sibirischen Urlaub.

95 Quelle: *Die Zeit* vom 19.08.1957, ⟨https://www.zeit.de/1957/35/mao-schwimmt/⟩.
96 Quelle: Vincenzo Capodici, ca. 1930, ⟨https://blog.bazonline.ch/historyreloaded/index.php/1332/duce-putin/⟩.

Streng bei Staatsakten und im Umgang mit anderen Amtsträgern, lässt er sich im Staatsfernsehen derweil als gütiger Patriarch und gerechter Herrscher der »Volksgemeinschaft« glorifizieren.[97] Mit dieser Doppelstrategie bereitet er die Grundlage für eine außerordentlich wirksame Kombination von Idealisierung und Identifizierung.

Abb. 12: Putin reitet.[98]

Putin nicht unähnlich zeigt sich Gurbanguly Berdimuhamedow, Despot im turkmenischen Beritt, der den Personenkult nahtlos an den Kult der Unmittelbarkeit anschließt, häufig zu Pferde. Um sein Image als »Turkmenistor« zu wahren, sorgte er einst dafür, dass sein Sturz bei einem Pferderennen – nach dem Einlauf als Sieger, versteht sich – der Öffentlichkeit vorenthalten blieb. Nicht wirklich wie »schwimmende Souveräne«, trivialisieren autoritäre Herrscher wie Recep Tayyip Erdoğan und Viktor Orbán die Bildpolitik des Körpers. Sie beteiligen sich, weniger spektakulär, an Fußballspielen Prominenter (»Unser Ministerpräsident schoss ein Traumtor nach dem anderen«).

---

97 Friedrich Schmidt, »Der Starke, der Mächtige, der Gütige«, in: *faz.net* vom 06.09.2018, ⟨http://www.faz.net/aktuell/politik/ausland/putins-selbstdarstellung-in-russlands-staatsfernsehen-15773354.html?service=printP/⟩ (Zugriff: 30.09.2018).
98 Quelle: ⟨https://www.focus.de/politik/ausland/kremlchef-als-action-held-putin-taucht-fliegt-reitet-kaempft-und-toetet_did_16905.html/⟩.

Abb. 13: Hitler mit Schäferhündin Blondie.[99]

Führer, die mangels Virilität Grund haben, die Inszenierung des Körpers und insbesondere die öffentliche Darstellung ihrer Nacktheit zu meiden, müssen auf andere Formen und Themen der Bildpolitik zurückgreifen, etwa auf Inszenierungen ihrer Keuschheit und Reinheit im Dienst für das Volk oder ihrer gütigen Autorität, Tier- und Kinderliebe (Abbildung 13). Unverzichtbar hier das ritu-

99 Quelle: © Süddeutsche Zeitung SZ-Photo-h-00088859, aufgenommen 1935.

elle Streicheln wehrloser Kinder, die der Demonstration von Volkstümlichkeit zum Opfer fallen, und die hygienische Inszenierung der Körperlichkeit der Volksgemeinschaft.

Zum Repertoire der Aufführung von Unmittelbarkeit und privatem Schein sowie zur Verdeckung der unzivilisierten Seite des Charismas,[100] nämlich der Verletzung menschen- und völkerrechtlicher Standards, gehört, dass Autokraten die Aufmerksamkeit der Öffentlichkeit auch auf ihre Verletzlichkeit, die Sanftheit ihrer Autorität richten. Hitler im Gras sitzend mit Schäferhündin »Blondie« (Abb. 13) lenkt nicht nur ab von seiner wenig imposanten Körperlichkeit, sondern mehr noch von seiner Unnahbarkeit und Erbarmungslosigkeit als strafende Autorität und zeigt ihn als »einen von uns«.

Kurzum: Die illusionäre Inszenierung von Privatheit schließt mithin ein, dass sich autoritäre Führer »nach getaner Arbeit« – sprich: dem Regieren im Arkanum, brutaler Repression und Täuschung – öffentlich als Privatpersonen zeigen: wie sie mit ihren Kindern spielen, bisweilen bei einfachen Leuten in deren Haus zu Tisch sitzen, reiten oder eben schwimmen, dass sie Blumen mögen oder einfach mal spazieren gehen. Die imaginäre Verbindung zwischen Staatschef und Staatsvolk eignet sich dazu, unter der Hand das Konzept demokratischer Loyalität zu refeudalisieren. Denn sie suggeriert, beide – Führer und Gefolgschaft – gehörten dem gleichen, freilich von der Leitfigur dominierten Haushalt der Volksgemeinschaft an und Gehorsam sei als Treue der Person, nicht dem Amt oder Recht geschuldet.

Auf dem hier abgebrochenen Rundgang durch die Galerie des Kults der Unmittelbarkeit ist noch ein Sonderfall der politischen Ikonographie zu verzeichnen. Nicht vergleichbar mit den bisher vorgestellten Repräsentanten, nimmt Aung San Suu Kyi seit dem überlegenen Wahlsieg ihrer Partei, der *National League for Democracy*, im Jahr 2015 in Myanmar, ehemals Burma, das dem Premierminister zugeordnete, von den Militärs eigens für Aung San Suu Kyi erfundene Amt des *State Counsellor* wahr. Die im Jahr 2008 vom Militärregime verabschiedete Verfassung Myanmars verfügte zum Nachteil der Wahlsiegerin Aung San Suu Kyi absichtsvoll,

---

100 Dazu und zum Folgenden: Sennett, *Verfall und Ende des öffentlichen Lebens*, 304 ff.

dass Staatsangehörige mit ausländischem Ehepartner oder Kindern fremder Staatsangehörigkeit vom Präsidentenamt ausgeschlossen sind.[101]

Für ihren langjährigen Kampf gegen die Militärdiktatur wurde die Politikerin, Diplomatin und Autorin 1991 mit dem Friedensnobelpreis ausgezeichnet. Im Vorfeld der Wahl hatte sich das Militär ein Viertel der Parlamentssitze gesichert. Vor ihrem Wahlsieg hatte sie geäußert, sie werde Myanmar anführen, auch wenn ein anderes Parteimitglied das Amt des Staatsoberhauptes ausüben sollte. Somit fungiert sie nunmehr als Mittlerin zwischen Oppositionsbewegung und Militärregime. Die Ambivalenz ihres politischen Gestaltwandels trat während des Genozids an den Rohingya, einer muslimischen Minderheit im Westen des Landes, zutage. Sie schwieg zu deren brutaler Unterdrückung, Vertreibung und Ermordung durch das Militär, vermutlich um das Militär und ihre überwiegend buddhistischen Anhänger nicht zu verärgern. Die Lichtgestalt der gewaltfreien demokratischen Befreiungsbewegung stellte den Mythos der Freiheitskämpferin schweigend, mit Blüten im Haar, in den Dienst des Militärregimes[102] und kultivierte unbeirrt das Bild der Ikone. Entrückt und doch volksnah setzt sie ihre Auftritte stets mit den nimmer welkenden Blumen im Haar als Dekor einer Militärdiktatur in Szene. Dabei läuft sie freilich Gefahr, zum Werkzeug eines autoritären Regimes zu werden, das seine politischen Ziele nicht aufgegeben hat, sondern diese nur flexibler auf der Grundlage einer sorgfältig auf seine autoritären Zwecke zugeschnittenen Verfassung exekutiert.

---

101 Aung San Suu Kyis Ehemann und ihre Kinder waren bzw. sind britische Staatsangehörige. Peter Popham, *The Lady and the Generals: Aung San Suu Kyi and Burma's Struggle for Freedom*, London: Penguin Books, 2016.
102 Amanda Taub, Max Fisher, »Did the World Get Aung San Suu Kyi Wrong?«, in: *The New York Times*, 31. 10. 2017, ⟨https://www.nytimes.com/2017/10/31/world/asia/aung-san-suu-kyi-myanmar.html/⟩ (Zugriff: 08. 07. 2019).

Abb. 14: Aung San Suu Kyi unter Aufsicht.[103]

6. Imaginäre Gemeinschaften

Soweit sich eine Bürgerschaft in der Bilderwelt bewegt, die von autoritären Führungspersonen ausgestattet wurde, sich von deren inszenierter alltäglicher Präsenz täuschen lässt und dem Phantasma einer unvermittelten, persönlichen Beziehung zu den Führern erliegt, kann sich aus der Verbindung von autoritärem Selbst und Subjekten das kommunitäre Basismodul des autoritären Konstitutionalismus entwickeln – die imaginäre homogene, alle Fremden ausschließende Gemeinschaft. Sobald intermediäre Organisationen und Institutionen ausgeschaltet sind, ist dem autoritären Gemeinschaftstheater die Bühne bereitet, auf der sich eine unvernünftige, weil uneinsichtige und unverantwortliche kollektive Identität entfalten kann. Sobald politische Macht von Verantwortung freigestellt und auf Intransparenz und Informalität umgestellt ist, kann sich Politik ungehindert in Performanz verwandeln. Nunmehr geht das autoritäre Dispositiv in Führung, und es lassen sich Vorstellungen von Gemeinschaft verbreiten, die in einem manichäischen Egalitarismus[104] gründen, der die Differenz zu den Außenstehen-

---

103 Quelle: *ABCNet News*, 23.09.2017, Foto: Reuters, Pool, ⟨https://www.abc.net.au/news/2017-09-24/how-military-controls-myanmar-not-aung-san-suu-kyi/8978042/⟩.
104 Theodor W. Adorno, »Die Freudsche Theorie und die Struktur faschistischer

den, den Fremden betont und zugleich die Verschiedenheiten in der Kohorte mit Homogenitätsbehauptungen zu überspielen versucht. Einmal mehr: »*Wir* sind das *Volk*.«[105]

Volk, Nation

Während die Verfassungen von Demokratien und Republiken sich üblicherweise damit begnügen, das Kollektiv als durch Mitgliedschaft konstituierte Nation (oder Volk) zu bezeichnen,[106] in föderalen Systemen wäre die Union funktionales Äquivalent, kommt der autoritäre Konstitutionalismus dem manichäischen Egalitarismus bisweilen mit deutlicher profilierten Angeboten von als homogen imaginierten Gemeinschaften entgegen. So beschwört das vom Orbán-Regime umgearbeitete Grundgesetz Ungarns eine in historischer Ferne liegende nationale, christliche Gemeinschaft (Präambel und Art. D),[107] die durch die ungarischen Staatsangehörigen gleichsam wiederbelebt wird. Irans Verfassung nach der Islamischen Revolution (1979) verweist (in Art. 11), was die Staatsreligion des Islam und die geopolitischen Absichten des Regimes nahelegen, auf die religiös fundierte Gemeinschaft *aller* Muslime (Ummah). Die polnische Verfassung von 1997/2009 enthält zwar religiöse Bezüge zum christlichen Erbe, orientiert Gemeinschaftlichkeit aber eher an der (Zweiten) Republik; erst die Programmatik der derzeitigen polnischen Regierungspartei PiS nimmt eine klerikal-nationalistische Umdeutung vor.[108] Chinas Verfassung von 1982 konstruiert Gemeinschaft arg kontrafaktisch als das »chinesische Volk aller eth-

---

Propaganda«, *Psyche – Zeitschrift für Psychoanalyse* 24 (1970), 486 ff., 494; siehe auch Jeffrey Librett, »Sovereignty and the Cult of Immediacy«, zur Politik von Donald Trump.

105 Das gilt insbesondere für radikal- bzw. autoritärnationalistische Bewegungen, die derzeit in Europa im Aufwind sind.
106 Das Grundgesetz der Bundesrepublik bekennt sich darüber hinaus zu den Menschenrechten als Grundlage »jeder menschlichen Gemeinschaft« (Art. 1 Abs. 2). Ecuador (2015) beschwört eine »new form of public coexistence, in diversity and in harmony with nature, to achieve the good way of living«.
107 »Bearing in mind that there is one single Hungarian nation that belongs together …« (Art. D Ungarisches Grundgesetz, 2016).
108 Siehe das Dossier der Bundeszentrale für politische Bildung zur 2015 neu gebildeten polnischen Regierung vom 01.12.2015 – ⟨http://www.bpb.de/216736/die-neue-pis-regierung-in-polen-01-12-2015/⟩ (Zugriff: 05.11.2018).

nischen Gruppen und Nationalitäten«; Zusammenhalt stiftet die Kommunistische Partei. Ähnlich wird die Sozialistische Republik Vietnam als »vereinigte Nation aller Nationalitäten« konstruiert. Die Verfassung Kubas von 1976 bezieht sich in guter sozialistischer Klassentradition auf die sozial konstituierte Gemeinschaft von Arbeitern, Bauern, Studenten und Intellektuellen, als einer der proletarischen Internationale verpflichteten und zu den Nationen Lateinamerikas und der Karibik geöffneten Gemeinschaft, ohne diese als solche ausdrücklich zu benennen. Viele Verfassungen, wie beispielsweise das Dokument Kasachstans (1995/2011), transformieren die Bevölkerung in eine vom »historischen Schicksal« geeinte Gemeinschaft. Die »Schicksalsgemeinschaft« hat das Potential, als Kampfbegriff zur Abwehr von Fremden zu fungieren.

Volksgemeinschaft als Einheitstrick

Weniger zu Zurückhaltung und Allgemeinheit verpflichtet als Verfassungen, operieren autoritäre Bewegungen und Organisationen in Flugschriften und Reden relativ freihändig mit dem Topos »Gemeinschaft«. Die nach der herkömmlichen politischen Geographie am rechten Rand anzusiedelnden Verbände geben sich wenig Mühe, rassistische, xenophobe, homophobe, frauenfeindliche oder suprematistische Aufladungen des Begriffs zu verbergen, zumal diese dem manichäischen Weltbild und dem auf Exklusion angelegten Binnen-Egalitarismus gerade Sinn und Abgrenzungsschärfe geben sollen. An drei Beispielen soll das illustriert werden.

Nicht erst der Nationalsozialismus stellte die »Volksgemeinschaft« in den Dienst seiner Propaganda. Bereits während des Ersten Weltkrieges hatte sich dieser Begriff grundlegend gewandelt und meinte immer seltener eine spezifische soziale Schicht oder Klasse (das »einfache«, arbeitende Volk im Gegensatz zum Adel oder zu den Herrschenden), sondern diente mehr und mehr der Beschwörung einer die sozialen Schichten übergreifenden »Einheit im Inneren«.[109] Dem Rechtsnationalismus der Weimarer Zeit spielte die semantische Melange von *Volks-* und *Wehrgemeinschaft* in die Hände. Er verknüpfte die Volksgemeinschaft mit der Ablehnung

---

[109] Sven Reichardt, »Triumph der Tat«, in: *Zeit Online* vom 04.09.2013, ⟨https://www.zeit.de/zeit-geschichte/2013/03/faschismus-propaganda-willensstaerke-entschlusskraft-weltkriege/⟩ (Zugriff: 06.11.2018).

von Kommunismus und Liberalismus, die auch Carl Schmitt in seinen autoritär-apokalyptischen Momenten[110] zu erkennen gibt. Von den Nationalsozialisten musste der so figurierte Begriff nur noch abgerufen und eingestellt werden in die Propaganda für eine »rassereine«, gegen die »Fremdvölkischen« und »Gemeinschaftsfremden«, allen voran die Juden, gerichtete Volksgemeinschaft.

Nach der gewaltsamen Politik der Immediatisierung durch Gleichschaltung und Zerstörung der intermediären Strukturen – Zerschlagung der Parteien (außer der NSDAP) und Gewerkschaften, Gleichschaltung der Medien – gelang der »Einheitstrick«,[111] und die »Volksgemeinschaft« stieg zur Mobilisierungsformel und zum Zielpunkt einer neuen sozialen Ordnung auf.[112] In der Folge wurde die mit Rassismus legierte *Identifizierung*, statt staatsbürgerlicher Mitgliedschaft, zum entscheidenden Bindemittel zwischen Führer und Geführten.[113] Letztere unterwarfen sich der Autorität des Führers, um dadurch zugleich die Autorität als Gemeinschaft zu erfahren.

Das Gesetz über das Staatsoberhaupt des Deutschen Reiches vom 1. August 1934 und das Gesetz über die Vereidigung der Beamten und der Soldaten der Wehrmacht vom 20. August 1934 haben die Verbundenheit der deutschen Beamtenschaft mit dem Führer und Reichskanzler zu einem höchstpersönlichen und unlösbaren Treueverhältnis ausgestaltet, dem in besonderer Form des deutschen Grußes Ausdruck zu geben die Beamten-,

110 Ausführlich dazu Günter Frankenberg, *Staatstechnik – Perspektiven auf Rechtsstaat und Ausnahmezustand*, Frankfurt am Main: Suhrkamp, 2010, 124 ff.
111 Theodor W. Adorno, »Die Freudsche Theorie und die Struktur der faschistischen Propaganda«; siehe auch Frank Bajohr, Michael Wildt (Hg.), *Volksgemeinschaft. Neue Forschungen zur Gesellschaft des Nationalsozialismus*, Frankfurt am Main: Fischer, 2009.
112 Michael Wildt, »Volksgemeinschaft«, in: *Informationen zur politischen Bildung* 314 (2012), ⟨https://www.bpb.de/izpb/137211/volksgemeinschaft?p=all/⟩ (Zugriff: 09.11.2018); und Sascha Howind, »Der faschistische Einheitstrick. Die Suggestion von Einheit und Gleichheit in der nationalsozialistischen ›Volksgemeinschaft‹«, in: Markus Brunner et al. (Hg.), *Volksgemeinschaft, Täterschaft und Antisemitismus*, Gießen: Psychosozial-Verlag, 2011, 111 ff.
113 Nach T.W. Adorno entspricht die faschistische »Volksgemeinschaft« »genau Freuds Definition der Masse als ›einer Anzahl von Individuen, die ein und dasselbe Objekt an die Stelle ihres Ichideals gesetzt und sich infolgedessen in ihrem Ich miteinander identifiziert haben‹ (Freud, 128). Andererseits ist die urvaterhafte Allmacht des Führerbildes gewissermaßen von der Macht des Kollektivs geliehen.« (Adorno, »Die Freudsche Theorie und die Struktur faschistischer Propaganda«, 496)

Angestellten- und Arbeiterschaft der öffentlichen Verwaltung, wie ich überzeugt bin, freudig gewillt ist.[114]

Seit dem Rechtsnationalismus der Weimarer Zeit und vor allem dem Nazi-Faschismus wird der Begriff der *Volksgemeinschaft* in Deutschland mit Organisationen und Parteien verbunden, die in deren ideologischer Nachfolge stehen und wie jene vorgeben, »im Namen der Existenz aller« (Michel Foucault) zu sprechen und die »eigentliche« Demokratie zu verteidigen. Autoritär-nationalistische Bewegungen wie die Alternative für Deutschland müssen daher, und sei es aus taktischen Gründen,[115] hierzu Abstand halten.[116] Freilich eignet sich für ihre autoritären Zwecke, wenn man die passgenaue Auslegung liefert, sehr wohl der Begriff des *Volkes*[117] als »natürlicher« *Gegebenheit* im Unterschied zum »künstlichen« *System* der Gesellschaft.[118] An den so verstandenen Begriff des Volkes als homogene Einheit knüpfen die Verfassungen autoritärer Regime den Schutz der im Ausland lebenden Staatsangehörigen. Besonders weit greift die ungarische Verfassung aus, um die Nation auf die Weise zu vergrößern. Einige Verfassungen gehen darüber hinaus und machen auch das spirituelle Wohl, die Erziehung und Vertrautheit mit der heimischen Kultur zur Aufgabe staatlichen Schutzes.[119]

---

114 Anordnung des Reichsministers des Innern vom 22. Januar 1935, zit. nach Tilman Allert, *Der deutsche Gruß. Geschichte einer unheilvollen Geste*, Frankfurt am Main: Fischer, 2016, 45. Siehe auch das Rundschreiben des Reichsministers des Innern von 1933: »Nach Niederkämpfung des Parteienstaates ist der Hitlergruß zum Deutschen Gruß geworden« (zit. nach Allert, a. a. O., S. 16).

115 Die ungarischen »Freiheitskämpfer« der rechtsextremen Jobbik-Partei oder auch die Partei der Goldenen Morgendämmerung in Griechenland haben es leichter: Die Umstände, einschließlich der Geschichte, erlauben ihnen, ihren Rassismus und Antisemitismus offen zu verkünden und ihre minderheitenfeindliche Propaganda gegen Homosexuelle, Migrant*innen und linke Gruppen in die Tat umzusetzen.

116 Siehe dazu die vorzügliche Analyse der Rhetorik von AfD und verwandten Organisationen von Heinrich Detering, »Der rechte Redner befiehlt, die Zuhörer folgen«, in: *Frankfurter Rundschau* vom 28. 11. 2018, 30 f.

117 Michael Wildt, *Volk, Volksgemeinschaft, AfD*, Hamburg: Hamburger Edition, 2017.

118 Dazu Herbert Marcuse, »Der Kampf gegen den Liberalismus in der totalitären Staatsauffassung«, in ders., *Schriften Band 3*, Frankfurt am Main: Suhrkamp, 1979, 25.

119 »Bearing in mind that there is one single Hungarian nation that belongs together, Hungary shall bear responsibility for the fate of Hungarians living

Andere beschränken sich auf die formale Erstreckung des Schutzes innerhalb und außerhalb des Landes.[120]

Die demokratischen Konnotationen des Volksbegriffs eignen sich dazu, einerseits Anhänger zu mobilisieren, andererseits kulturell-ethnische Ausgrenzung, Fremdenhass und Rassismus zumindest oberflächlich zu betreiben und zu kaschieren.[121] Deshalb berufen sich national-autoritäre Bewegungen wie die AfD und PEGIDA nicht von ungefähr auf das Volk,[122] sie reklamieren es zudem gleich für sich (»Wir sind das Volk«) und wollen es retten: »Wir holen unser Volk zurück«, »Wir holen uns unser Deutschland und unser Volk Stück für Stück zurück«.[123] Der Literaturwissenschaftler Heinrich Detering erinnert im Zusammenhang mit der Reklamierung des Landes und des Volkes an den offenen Brief, den Thomas Mann schrieb, als ihm von der Bonner Universität die Ehrendoktorwürde entzogen wurde: »Sie haben die unglaubwürdige Kühnheit, sich mit Deutschland zu verwechseln! Wo doch vielleicht der Augenblick nicht fern ist, da dem deutschen Volke alles daran gelegen sein wird, nicht mit Ihnen verwechselt zu werden.«[124]

---

beyond its borders, and shall facilitate the survival and development of their communities; it shall support their efforts to preserve their Hungarian identity, the assertion of their individual and collective rights, the establishment of their community self-governments, and their prosperity in their native lands, and shall promote their cooperation with each other and with Hungary.« (Art. D Verfassung von 2011/2016) Ähnlich weitgehend auch Art. 62 Verfassung der Türkei 1982/2017: »The State shall take the necessary measures to ensure family unity, the education of the children, the cultural needs, and the social security of Turkish citizens working abroad, and to safeguard their ties with the home country and to help them on their return home.«

120 Z. B. Verfassung von Russland, Art. 61; Verfassung von Polen, Art. 6 (erweiterter Schutz); Verfassung von Moldawien 2016, Art. 18.
121 Dazu Detering, »Der Redner befiehlt, die Zuhörer folgen«.
122 Ausführlich dazu Jan-Werner Müller, *Was ist Populismus?*, Berlin: Suhrkamp, 2016 und Heitmeyer, *Autoritäre Versuchungen*, 231 ff.; Hans Vorländer et al., »Wer geht zu Pegida und warum?« *Schriften zur Verfassungs- und Demokratieforschung*, Dresden: Zentrum für Verfassungs und Demokratieforschung an der Technischen Universität Dresden, 2015.
123 Nachweise bei Detering, »Der Redner befiehlt, die Zuhörer folgen«.
124 Wiederabgedruckt in *DIE ZEIT* vom 06.11.1964 unter dem Titel »Brief an den Dekan«, ⟨https://www.zeit.de/1964/45/brief-an-den-dekan/⟩ (Zugriff: 28.11.2018).

Stammesgemeinschaft und Suprematie

Im Unterschied zur Weimarer Verfassung, die mit dem Stoßseufzer anhob »Das Deutsche Volk, einig in seinen Stämmen«, ist der Stammesbegriff (*tribe*) weithin, insbesondere in den postkolonialen Verfassungen plurinationaler bzw. ethnisch fragmentierter Staaten verpönt[125] und wird durch Nation, Gemeinschaft (*community*) oder indigene Völker bzw. *nations* (*indigenous people*) vertreten. Wenn derzeit wieder von Tribalismus oder Stammesdenken die Rede ist, so soll damit nicht apologetisch auf den Sprachgebrauch des Kolonialismus[126] zurückgegriffen, sondern polemisch eine Sichtweise und Rhetorik bezeichnet werden, die sich auf Adressat*innen des Kults der Unmittelbarkeit bezieht und sich auf die (gesamte) Gesellschaft – oder genauer die politische Anhängerschaft – als politisch und sozial homogene Bevölkerung erstrecken soll.

Nach tribalistischen Vorstellungen bewohnen deren Mitglieder nicht nur das Land gemeinsam, sondern teilen auch eine einheitliche Kultur und Identität. In einem Essay für die Zeitschrift *The New Yorker* bezieht George Packer den Tribalismus des Präsidenten Trump auf die Orwell'sche Definition von Nationalismus und kennzeichnet ihn als

die Gewohnheit, sich mit einer einzigen Nation oder anderen Einheit zu identifizieren, diese jenseits von Gut und Böse zu platzieren und keine andere Verpflichtung anzuerkennen, als deren Interessen zu fördern […].[127]

---

125 Beispiele: Das Staatsvolk Boliviens wird konstituiert u. a. durch »the native *indigenous nations and peoples, and the inter-cultural and Afro-Bolivian communities*« (Verfassung Boliviens von 2009 – Hervorh. nicht im Orig.). Die Staatsangehörigkeit in Ecuador berücksichtigt ausdrücklich die Zugehörigkeit »to any of the other indigenous nations that coexist in plurinational Ecuador« (Verfassung von Ecuador 2015). – Auch die Verfassung Ugandas bezieht die Regeln der Staatsbürgerschaft auf »indigene Gemeinschaften« (»indigenous communities«). Die Verfassung Portugals (2005) bedient sich der administrativen Terminologie und bezeichnet die Azoren und Madeira als »autonome Regionen«.
126 Aidan W. Southall, »The Illusion of Tribe«, in: Peter Gutkind (Hg.), *The Passing of Tribal Man*, Leiden: Brill, 1970, 28 ff.; Carola Lentz, »›Tribalismus‹ und Ethnizität in Afrika – ein Forschungsüberblick«, in: *Leviathan* 23 (1995), 115 ff.
127 George Packer, »A New Report Offers Insights into Tribalism in the Age of Trump«, in: *The New Yorker* vom 12. 10. 2018, ⟨https://www.newyorker.com/news/daily-comment/a-new-report-offers-insights-into-tribalism-in-the-age-of-trump/⟩ (Zugriff: 09. 11. 2018).

Mit Blick auf den Politikstil Donald Trumps fügt er hinzu:

Unsere Stämme konkurrieren um Macht über den Staat, die Medien, die öffentliche Meinung, das verbale Schlachtfeld. Wenn Politik zu einem ewigen Stammeskrieg wird, rechtfertigen die Zwecke nahezu jedes Mittel und werden die Einzelnen von den Einschränkungen normalen Anstands entbunden.[128]

Andere Autor*innen verknüpfen den Tribalismus à la Trump mit Hyper-Parteilichkeit, vor allem aber mit der Renaissance der »white supremacy«,[129] und fürchten, dass die Verfassung beim Vormarsch des zynisch-rassistischen Suprematismus auf der Strecke bleiben könnte. Diese Befürchtungen können sich auf die Rhetorik und Programmatik des US-amerikanischen Präsidenten im Wahlkampf und in der Regierungspraxis stützen. Auch wenn man Abstand hält zu voreiligen und ungenauen Gleichsetzungen, liest sich Adornos Analyse der faschistischen Propaganda im Lichte der Freudschen Theorie wie ein aktueller, nicht gänzlich unpassender Kommentar zu den Techniken des Trump'schen suprematistisch aufgespreizten Tribalismus – und dessen Erfolg:

Der Führer kann die seelischen Bedürfnisse und Wünsche der für seine Propaganda Anfälligen erraten, weil er ihnen seelisch ähnlich ist, und was ihn von ihnen unterscheidet, ist nicht irgendeine echte Überlegenheit, sondern die Fähigkeit, das, was in ihnen latent ist, ohne ihre Hemmungen auszudrücken. Die Führer sind in der Regel orale Charaktertypen mit einem Zwang zum unaufhörlichen Reden und Beschwatzen anderer. Ihre berühmte Macht über die Geführten scheint weitgehend auf dieser ihrer Oralität zu beruhen: die Sprache selbst, von rationaler Bedeutung entleert, funktioniert bei ihnen magisch und fördert die archaischen Regressionen, durch die die Individuen zu Massenmitgliedern herabgesetzt werden. Da diese Eigenschaft ungehemmten, aber weitgehend bloß assoziativen Redens einen zumindest zeitweiligen Mangel an Ichkontrolle voraussetzt, ist sie eher ein Zeichen von Schwäche als von Stärke.[130]

128 »Our tribes are competing for power over the state, the media, public opinion, the verbal battleground. When politics becomes a perpetual tribal war, ends justify almost any means and individuals are absolved from the constraints of normal decency.« Packer, »A New Report«. Siehe auch Peter E. Gordon, »The Authoritarian Personality Revisited: Reading Adorno in the Age of Trump«, in: *boundary 2* (2017), 44 ff.
129 Ta-Nehisi Coates, »The First White President«.
130 Adorno, »Die Freudsche Theorie und die Struktur faschistischer Propaganda«,

Trumps Dauer-Tweets und repetitive, äußerst schlichte Rhetorik sowie das Denken in Stereotypen entsprächen demnach dem infantilen Wunsch der für diese Propaganda Anfälligen nach endloser, unveränderter Wiederholung und nach Bekräftigung ihres von der Führungsperson gestifteten Zusammenhalts. Die Unmittelbarkeit und Gleichförmigkeit dieser – und vergleichbarer[131] – Propaganda sollte nicht als Resultat der Einfältigkeit ihres Protagonisten verkannt werden: sie ist deren Erfolgsbedingung. Trumps limitierter Wortschatz, seine persönlichen Attacken im Wahlkampf, vor allem gegen Hillary Clinton (»Lock her up«),[132] und im Amt gegen Joe Biden sind als Mobilisierungsressource und Einheitstrick in Rechnung zu stellen, die dazu beitragen können zu erklären, warum ein Donald Trump Präsident werden konnte. Im Kult der Unmittelbarkeit verschränken sich die wesentlichen Merkmale des politischen Autoritarismus. Die exekutivische Staatstechnik bringt ihre Informalität ein. Die am Eigentum orientierte Machtkonzeption besetzt den öffentlichen Raum für die autoritären Regimen eigene Praxis der Partizipation als Komplizenschaft und öffnet ihn zugleich für die Dauerpräsenz und einseitige Kommunikation der Führungsperson, die es ihr gestatten, ihre – je nach Kontext – patriarchalische, mythische, souveräne, gütige oder strafende Autorität zu inszenieren und zu idealisieren. Mit dem Mechanismus der Identifizierung als Bindemittel zwischen Führer und Gefolgschaft, Staatsoberhaupt und Anhängerschaft stellt sich der Kult der Unmittelbarkeit in den Dienst einer imaginären Gemeinschaft, deren Einheit – sei sie patriotisch, national, ethnisch, religiös oder tribalistisch definiert – aufgrund ihres manichäischen Egalitarismus darin gründet, dass »Gemeinschaftsfremde« ausgeschlossen und abgestoßen werden. Die Fremdenfeindlichkeit rechtspopulistischer und nationalradikaler Regime, Parteien und Bewegungen ist mithin weder ein historischer Zufall noch von der Zahl tatsächlich anzutreffender

502; dazu Sigmund Freud, *Massenpsychologie und Ich-Analyse. GW XIII*, Leipzig u. a.: Internationaler Psychoanalytischer Verlag, 1921, 71 ff.

131 Howind, »Der faschistische Einheitstrick«, 118 f.
132 Die *New York Times* veröffentlichte eine Liste der mehr als 500 Personen und Medien, die Donald Trump beleidigt hat: »The 598 People, Places and Things Donald Trump Has Insulted on Twitter: A Complete List«, in: *New York Times* vom 24.05.2019, ⟨https://www.nytimes.com/interactive/2016/01/28/upshot/donald-trump-twitter-insults.html⟩ (Zugriff: 01.08.2019).

Fremder abhängig. Xenophobie ist vielmehr in das Gewebe jener imaginären Gemeinschaften eingelassen, die autoritäre Regime zu ihrer Unterstützung aufrufen.

7. Verfassungen der Unmittelbarkeit

Beiläufig wurde oben erwähnt, dass das Herstellen einer Immediatbeziehung zwischen Führer und Geführten regelmäßig zu Lasten der Verfassungen geht, die eben solche institutionellen, prozeduralen und funktionellen *Vermittlungen* gerade installieren, um die Herrschaftsform der Distanz zu etablieren und Demokratie durch politische Beteiligung lebbar und praktikabel zu machen. Diese Erwähnung ist nunmehr abschließend wenigstens summarisch zu präzisieren.[133] Was also geschieht mit Verfassungen, wenn gesellschaftsseitig die intermediären Organisationen und Instanzen, insbesondere Vereinigungen, Parteien und Medien, zerstört oder entmachtet werden und wenn staatsseitig die zwischen Exekutive und Bevölkerung vermittelnden Institutionen und Verfahren ausgeschaltet oder umgangen werden? Vier denkbare, unterschiedliche Modelle bzw. Strategien sollen abschließend knapp skizziert werden: Immediatverfassung, Parallelverfassung, Subverfassung und Bypass.

Immediatverfassung

Eine Immediatbeziehung geht dann nicht zu Lasten einer Verfassung, wenn sie in dieser angelegt ist. In der algerischen Verfassung heißt es, wie eingangs zitiert, der Präsident habe das Recht, unmittelbar den Willen des Volkes anzurufen, und könne sich unmittelbar an die Nation wenden.[134] Damit wäre *in der Verfassung* zumindest ein Grundstein dafür gelegt, die Unmittelbarkeit konstitutionell zu verankern. Für eine Immediatverfassung spräche in Algerien ferner die sehr starke Position einerseits des Präsidenten als Staatsoberhaupt (ohne Amtszeitbegrenzung), Hüter der Verfassung

---

133 Im Folgenden nehme ich eine Anregung von Uwe Volkmann auf, die verfassungstheoretische Relevanz der Unmittelbarkeit deutlicher herauszustellen.
134 Verfassung von Algerien 1989/2016, Art. 8 IV und 84.

und Inhaber der Prärogative,[135] andererseits des Volkes, als Quelle aller Autorität und Legitimität und Sitz der konstituierenden Gewalt.[136] Gleichwohl wird das Land als Präsidialrepublik und semipräsidentielles System (mit großem Einfluss des Militärs)[137] geführt, da die Verfassung auch vermittelnde, repräsentative Strukturen der politischen Organisation vorhält. Im Übrigen war der Präsident Bouteflika, den eine politische Führungsclique trotz seiner stark angegriffenen Gesundheit zu seiner fünften Amtszeit steuern wollte, alles andere als eine charismatische Figur und in der Öffentlichkeit kaum präsent. Damit fehlen wesentliche Elemente einer konstitutionellen Beziehung der Unmittelbarkeit. Die Proteste gegen die Fortsetzung seiner Ketten-Präsidentschaft signalisierten, dass auch die vermittelte Autoritätsbeziehung zerrüttet war.

Auch andere Kandidaten wird man letztlich als Immediatverfassung kaum bezeichnen wollen, sondern eher als hybride Konstruktionen, die wohl Elemente der Unmittelbarkeit enthalten. Die Weimarer Verfassung führte vor ihrer normativen Entkernung 1933 zwar den Notverordnungssprengsatz (Artikel 48) mit sich, konstituierte jedoch ein wie auch immer prekäres repräsentatives System, erlaubte eine vitale Parteienkonkurrenz und aktive Medienlandschaft. Erst das Ermächtigungsgesetz legte den Grundstein für die gewaltsam erzwungene, quasi-konstitutionelle Unmittelbarkeit. Sie war flankiert von der Gleichschaltung und Zensur der Medien sowie aller gesellschaftlichen Organisationen und Parteien. Was nach dem Zerstörungswerk der NS-Diktatur blieb, möchte man nicht Verfassung nennen.

Der Pinochet-Verfassung Chiles von 1980[138] fehlte, von seinen

---

135 Verfassung von Algerien, Art. 84, 91, 143.
136 Verfassung von Algerien, Art. 7, 8 I und 12.
137 Bernhard Schmid, *Algerien – Frontstaat im globalen Krieg? Neoliberalismus, soziale Bewegungen und islamistische Ideologie in einem nordafrikanischen Land*, Münster: Unrast Verlag, 2005; Khadija Katja Wöhler-Khalfallah, *Der islamische Fundamentalismus, der Islam und die Demokratie. Algerien und Tunesien: Das Scheitern postkolonialer »Entwicklungsmodelle« und das Streben nach einem ethischen Leitfaden für Politik und Gesellschaft*, Wiesbaden: VS Verlag für Sozialwissenschaften, 2004.
138 Norbert Wühler, Roberto Mayorga Lorca, »Die neue chilenische Verfassung von 1980«, in: *Zeitschrift für ausländisches öffentliches Recht und Völkerrecht* 41 (1981), 825ff., ⟨https://www.zaoerv.de/41_1981/41_1981_4_b_825_858.pdf⟩ (Zugriff: 02.02.2019).

Regime-Helfern undurchschaut, eine eindeutige Immediat-Struktur. Sie zentralisierte die politische Macht beim direkt gewählten Staatspräsidenten und Regierungschef, verbot bis auf weiteres die politischen Parteien, ließ aber nicht näher definierte »grupos intermedios« zu und schaffte den von Diktator und militärischer Führung im Nationalen Sicherheitsrat leicht zu kontrollierenden Kongress nicht ab. Auch Erdoğans türkische Verfassung von 2017 gibt die Privilegierung von Unmittelbarkeit allenfalls am Rande durch die Regelung des Referendums (deutlicher freilich dessen Praxis) und die Prinzipien preis, die von Parteien zu beachten (Art. 69) und als konstitutionelle Drohgebärde geeignet sind, die Parteienkonkurrenz zu lähmen. Venezuelas populistischer Staatschef Hugo Chávez hatte mit der von ihm initiierten Verfassungsrevision einige »Immediatisierungen« vorgenommen, wie vor allem, den Senat als Veto-Instanz abzuschaffen sowie dem Staatspräsidenten das Recht zu geben, Referenden abzuhalten und das Parlament aufzulösen.[139] Allerdings waren insbesondere die Parteien nicht gleichgeschaltet, und es wurden Wahlen und Referenden, wenngleich manipuliert, durchgeführt – und zwar immerhin fünfzehn in siebzehn Jahren.

Parallelverfassung

Es ist wahrscheinlicher, dass der Kult der Unmittelbarkeit eine Art Parallelverfassung hervortreibt, in der sich die Immediatbeziehungen unabhängig vom geschriebenen Verfassungstext entfalten. Wo nötig, wird dieser übergangen, umgedeutet oder offen durchbrochen und damit in jedem Fall entwertet.

Instruktiv für das Verhältnis von geschriebener und praktizierter Parallelverfassung ist die Übergabe der Präsidentschaft von Hugo Chávez an Nicolás Maduro. Chávez war im Oktober 2012 zum vierten Mal in Folge zum Präsidenten Venezuelas gewählt worden, konnte aber wegen seiner schweren Krebserkrankung und deren Behandlung in Kuba sein Amt nicht antreten. Nicolás Maduro nahm, von Chávez benannt (soweit noch gemäß Art. 236 Nr. 3 Verfassung Venezuelas), als Vizepräsident die Regierungsgeschäfte wahr. Wäre weiterhin die Verfassung von 1999 das maßgebliche Skript gewesen, hätte Chávez in sein Amt eingeführt, d. h. auch vereidigt werden

---

139 Javier Corrales, »The Authoritarian Resurgence: Venezuela's Succession Crisis«, in: *Current History* 112 (2013), 37ff., 38f.

müssen. Als feststand, dass er dauerhaft dazu nicht in der Lage sein würde, hätte Maduro zurücktreten und der Präsident der Nationalversammlung vorübergehend die Regierungsgeschäfte übergeben müssen.[140] Dies geschah ebenso wenig wie die Vereidigung (die ausgefallene Vereidigung findet im Verfassungskonflikt von 2019 ihre Fortsetzung). Sie wurde mit Billigung des von Chávez handverlesenen Obersten Gerichtshofs zu einer Großveranstaltung umfunktioniert, bei der die dort Anwesenden als Gefolgsleute (Komplizen) von Chávez »vereidigt« und dieser im Vorgriff auf sein nahes Ende – zur Sicherung des Regimes – politisch seliggesprochen wurden.[141] Ohne die Konnotationen einer politischen Religion wurde diese Strategie von Nicolás Maduro fortgeführt. Er verschärfte die kommunikative Hegemonie des Regimes durch die Privilegierung staatlicher Medien, missachtete und manipulierte massiv Wahlergebnisse, besetzte die Gerichte mit regimetreuen Richter*innen und behinderte nach besten Kräften jegliche Kritik und Opposition.[142] Dabei blieb nicht nur die Demokratie, sondern auch die Verfassung Venezuelas auf der Strecke.

Subverfassung

Hugo Chávez, gewiss einer der versiertesten und charismatischsten Immediatisten, verfolgte eine weitere Strategie zur Installierung des Kults der Unmittelbarkeit: Er nahm die nötigen Operationen auf der Ebene einer Subverfassung vor. Kennzeichen dieser Strategie ist, dass die Verfassung, was die staatsseitigen Vermittlungen (vor allem Parlament und Justiz) betrifft, nach außen weitgehend unverändert bleibt. Auf einfachgesetzlicher Ebene werden jedoch – in Venezuela mit Rückendeckung des kooptierten Verfassungsgerichts – institutionelle Vermittlungs- und Kontrollinstanzen ausgeschaltet. So treten die Elemente des autokratischen Legalismus in der Verfassung kaum oder gar nicht hervor, wohl aber in »organischen

---

140 Siehe Art. 229, 231, 233-234 Verfassung der Bolivarischen Republik Venezuela 1999/2009.
141 Corrales, »The Authoritarian Resurgence: Autocratic Legalism in Venezuela«; und ders., »Venezuela's Succession Crisis«, in: *Current History* 112 (2013), 56ff.
142 Nachweise bei Javier Corrales, Carlos A. Romero, *U.S.-Venezuela Relations Since the 1990s: Coping with Midlevel Security Threats*, New York: Routledge, 2013.

Gesetzen«.[143] In Venezuela ermächtigte das Telekommunikationsgesetz von 2000 die Regierung, Sendelizenzen privater Betreiber im Interesse der Nation zu suspendieren oder zu widerrufen. Seit 2004 bzw. 2005 werden die »legitim konstituierten Autoritäten« und Regierungsbeamten vom »Gesetz für Soziale Verantwortlichkeit« und vom reformierten Strafgesetz vor der Anstiftung zum öffentlichen Ungehorsam und respektlosen Äußerungen, vor Hass und Intoleranz in Schutz genommen. Das »Organic Law of Popular Power« richtete 2010 kommunale Räte mit ungeklärter (allerdings regimetreuer) Zusammensetzung ein, die sich bei der Verteilung staatlicher Mittel und der Wahrnehmung ihrer Befugnisse mitunter über die gewählten Bürgermeister und Gemeinderäte hinwegsetzten. Schließlich schneidet das »Gesetz zur Verteidigung der politischen Souveränität und nationalen Selbstbestimmung« seit 2010 alle NGOs, die sich zur Aufgabe gemacht haben, Menschenrechte zu verteidigen und die Staatspraxis zu überwachen, von jeglicher finanziellen Unterstützung aus dem Ausland ab.

Die ungarische Verfassung eröffnet einem Autokraten wie Viktor Orbán wenig Spielraum zur staatsseitigen Immediatisierung. Als verfassungsrechtliche Grundlage für einen Kult der Unmittelbarkeit eignet sich jedoch das Recht, Referenden – nationale Konsultationen – durchzuführen. Daher wandte sich Orbán mit anderen Instrumenten, aber ähnlicher Zielsetzung, wie Chávez und Maduro dem Mediensektor zu und betrieb vordringlich die Gleichschaltung der Medien. Das Mediengesetz von 2010 verpflichtete primär die öffentlich-rechtlichen Medien zu »ausgewogener Berichterstattung« und zur »Stärkung der nationalen Identität«. Kritische Journalist*innen und Redakteure wurden eingeschüchtert, 3400 von ihnen wurden entlassen. Überwacht wird der mediale Sektor seit 2010 durch die (wiederum regierungsnah besetzte) nationale Medienaufsichtsbehörde (NMHH). Als Schlussstein der medialen Immediatisierung traten zuletzt alle privaten regierungsnahen Medien (Rundfunk, Print, Online) in eine einzige Stiftung ein, die von Regierungsvertretern geleitet wird. Die an sich naheliegende kartellrechtliche Überprüfung dieses Schrittes verhinderte Orbán im Dezember 2018 durch ein Dekret, das der Stiftung nationale Bedeutung attestierte.[144] So entkernte er mit seiner Medienpolitik

143 Zum Folgenden: Corrales, »Autocratic Legalism in Venezuela«, 38-40.
144 Keno Verseck, »Orbáns Presseeinheit«, in: *Spiegel Online* vom 22.12.2018,

Schritt für Schritt die verfassungsrechtlich verbürgten Garantien öffentlicher Kommunikation.

Bypass

Einen Bypass an der Verfassung vorbei legt seit einiger Zeit das Regime von Xi Jinping mit der App »Xue Xi Qiang Guo« (»Studiere Xi, um das Land stark zu machen«). In vielen Staatsbetrieben, Schulen, Universitäten und Krankenhäusern ist es in erster Linie für Parteimitglieder verbindlich, die App herunterzuladen und sich mit Namen und Telefonnummer zu registrieren.[145] Die lokalen Organisationen der KPCh kontrollieren, ob diese App auf alle Smartphones heruntergeladen und wie häufig sie besucht wird. Die App enthält Xi Jinpings Gedanken, die, wie bei Staats- und Parteichefs in China üblich, Verfassungsrang haben. Die App misst, wie viele Texte jede Nutzer*in am Tag liest, wie viele sie kommentiert. Mit Quizfragen wird kontrolliert, ob die Texte sorgfältig gelesen werden. Insgesamt gibt es dafür Punkte (ähnlich wie bei dem in Kapitel IV.5 vorgestellten *Social Scoring*). Bei Verfehlen der Mindestpunktezahl werden Sanktionen wie etwa Gehaltskürzungen oder die Aussetzung von Bonuszahlungen verhängt oder angedroht. Die App fungiert in gewissem Sinne als funktionales Äquivalent des *Roten Buches* von Mao zur Sicherung der Linientreue – mit der Besonderheit, dass die Informationstechnologie es nunmehr ermöglicht, auch die Rückzugsräume ins Private zu erschließen und zu kontrollieren.

Wahlkampf und Regierungspraxis des US-amerikanischen Präsidenten Donald Trump stehen für eine wiederum andere Bypass-Version einer »Verfassung der Unmittelbarkeit«. Er geht weder den Weg einer (wegen der erforderlichen qualifizierten Mehrheiten kaum durchsetzbaren und am sakrosankten First Amendment allemal scheiternden) Verfassungsänderung, noch entwertet er die Verfassung auf der einfachgesetzlichen Ebene – abgesehen von der verfassungs- und gesetzwidrigen Erklärung des auch nach seiner

⟨https://www.spiegel.de/kultur/gesellschaft/viktor-orban-medien-krimi-in-ungarn-a-1244636.html⟩ (Zugriff: 02.02.2019).

145 Friederike Böge, »Immergleiche Phrasen«, in: *Frankfurter Allgemeine Zeitung* vom 15.02.2019, ⟨https://www.faz.net/aktuell/politik/ausland/china-parteikader-sollen-mit-einer-propaganda-app-punkte-sammeln-16041819.html//⟩ (Zugriff: 03.03.2019).

Darstellung nicht vorliegenden »nationalen Notstandes« – durch »Konkretisierungen«, die darauf angelegt sind, vor allem die politischen Freiheiten auszuhöhlen. Gleichsam an der US-Konstitution vorbei installiert und verfolgt er einen unvermittelten Politik- und Kommunikationsstil, der insbesondere mit Desinformation und Verleumdung, Twittersalven und »fake news« seine Anhängerschaft aufpeitscht.[146] Dadurch wird das der Verfassung zugrunde liegende Bild von regierungsamtlicher Information und Öffentlichkeitsarbeit desavouiert und zugleich die Vorstellung eines Marktplatzes, auf dem Ideen ausgetauscht werden,[147] verhöhnt. Trumps erratische Staatspraxis vermittelt den Eindruck, die Verfassung habe nicht die normative Kraft, eine Herrschaft der Distanz gegen die Wucht der Unmittelbarkeit zu verteidigen, solange sich gegen diese im Politikbetrieb oder in der Zivilgesellschaft kein nennenswerter Widerstand regt.

---

146 Zur Empirie der Twitter-Praxis von Trump: Oren Tsur, Katherine Ognyanova, David Lazer, »The Data Behind Trump's Twitter Takeover«, in: *POLITICO* vom 29.04.2016, ⟨https://goo.gl/qmndWS/⟩ (Zugriff: 02.02.2019).

147 J. Oliver Wendell Holmes abweichendes Votum in *Abrams v. United States*, 250 U.S. 616, 630 (1919), spricht von »free trade in ideas«. Justice William O. Douglas formulierte die Metapher in der Entscheidung *United States v. Rumely* 345 U.S. 41 (1953): »Like the publishers of newspapers, magazines, or books, this publisher bids for the minds of men in the market place of ideas.«

VIII. Publikum und Zwecke autoritärer Verfassungen

Was also bringen Verfassungen dem politischen Autoritarismus? Nichts, antwortet der ideelle Gesamtliberale – ohne plausibel erklären zu können, warum sich autoritäre Regime »konstitutionalisieren«. Ironisch ließe sich anfügen, dass Verfassungen von der auf die Dauer ermüdenden, lähmenden Repression ablenken. Ein Einwurf, der nicht wirklich ernst zu nehmen ist. In den vorangegangenen Kapiteln wurden Praktiken und Reden, Repräsentationen und Vorstellungen erörtert, die dem politischen Autoritarismus Kontur verleihen und auf mögliche Bedeutungen hinweisen sollten. Dabei häuften sich die Anmerkungen, die erkennen ließen, dass ich die Verfassungen von Autokratien aller Art keineswegs für belanglos halte. Abschließend soll versucht werden, die Elemente von exekutivisch-informeller Staatstechnik, eigentumsorientierter Machtkonzeption, Partizipation als Komplizenschaft, Unmittelbarkeit und imaginärer Gemeinschaftlichkeit in Hinsicht auf mögliche Zwecke und Adressaten von Verfassungen miteinander zu verknüpfen, deren Verhältnis zueinander etwas genauer zu bestimmen und in einem Schaubild zu verdeutlichen.

In einem ersten Schritt werden die Elemente des Autoritarismus zu einem Netzwerk verknüpft, das ich als autoritäres Dispositiv[1] einführe. Es umschließt dieses heterogene Ensemble und betont dessen strategische Funktion für die Konstruktion und Stabilisierung autoritärer Herrschaft. Nach einer Zwischenüberlegung zur Struktur autoritärer Verfassungen versuche ich in einem zweiten Schritt, die Frage der Verfassung wenigstens tentativ mit der Unterscheidung und Zuordnung von instrumentellen und symbolischen

---

[1] In vorsichtiger Anlehnung an Michel Foucault, allerdings bezogen auf den politischen Autoritarismus. Zum schwierigen und uneinheitlichen Verständnis des Begriffs Dispositiv: Michel Foucault, *Dispositive der Macht. Über Sexualität, Wissen und Wahrheit*, Berlin: Merve, 1978; Gilles Deleuze, »Was ist ein Dispositiv?«, in: François Ewald, Bernhard Waldenfels (Hg.), *Spiele der Wahrheit. Michel Foucaults Denken*, Frankfurt am Main, Suhrkamp, 1991, 153 ff. Hilfreich dazu: Andrea D. Bührmann, Werner Schneider, *Vom Diskurs zum Dispositiv. Eine Einführung in die Dispositivanalyse*, Bielefeld: transcript-Verlag, 2008. Siehe dazu oben Kap. IV.

Zwecken einerseits, von internem und externem Publikum andererseits zu beantworten.

1. Nochmals: zur Frage der Verfassung

Warum also ließen die Bolschewiken nach ihrer erfolgreichen Oktoberrevolution, in schwieriger Zeit also, den historischen und dialektischen Materialismus auf dem Weg in die erste sowjetische Republik von einer Verfassung eskortieren?[2] Was veranlasste Adolf Hitler, das Ermächtigungsgesetz, das die Weimarer Verfassung suspendierte und ihm die gesetzgebende Gewalt übertrug, zweimal zu verlängern, obwohl er längst ein diktatorisches System etabliert hatte, das »gesetzesfrei« operierte?[3] Welche Motive verleiteten Bashar al-Assad 2012 dazu, inmitten von Bürgerkrieg und Blutvergießen der Bevölkerung die revidierte Verfassung zur Abstimmung vorzulegen? Warum berief Myanmars Militärregierung nach Jahren der Macht einen Nationalen Kongress ein, um das Regime gegen Proteste im ganzen Land neu zu konstituieren? Wem (außer sich selbst) wollte Augusto Pinochet etwas – und was genau? – beweisen, als er auf dem Höhepunkt seiner diktatorischen Macht 1980

---

2 Grundgesetz der Russischen Sozialistischen Föderativen Sowjetrepublik vom 10. Juli 1918. Über diese Verfassung sagte Lenin lobend, sie sei »nicht von irgendeiner Kommission ausgedacht, nicht von Juristen ausgeklügelt, nicht von anderen Verfassungen abgeschrieben worden«, sondern lege »die Erfahrungen aus der Organisation und dem Kampf der proletarischen Massen gegen die Ausbeuter sowohl im eigenen Lande als auch in der ganzen Welt« nieder. Zitiert nach Igor Narskij, »Das Grundgesetz (Verfassung) der Rußländischen Föderativen Sowjetrepublik, 10. Juli 1918«, in der Website *100(0) Schlüsseldokumente zur russischen und sowjetischen Geschichte*, ⟨https://www.1000dokumente.de/index.html?c=dokument_ru&dokument=0005_ver&object=context&l=de/⟩ (Zugriff: 08.07.2019).

3 Das Ermächtigungsgesetz (*Gesetz zur Behebung der Not von Volk und Reich*) vom 24.03.1933 hatte (wie bereits auszugsweise zitiert) im Kern folgenden Wortlaut: »Der Reichstag hat das folgende Gesetz beschlossen, das mit Zustimmung des Reichsrats hiermit verkündet wird, nachdem festgestellt ist, dass die Erfordernisse verfassungsändernder Gesetzgebung erfüllt sind: Art. 1. Reichsgesetze können außer in dem in der *Reichsverfassung* vorgesehenen Verfahren auch durch die Reichsregierung beschlossen werden. [...] – Art. 2. Die von der Reichsregierung beschlossenen Reichsgesetze können von der Reichsverfassung abweichen, soweit sie nicht die Einrichtung des Reichstags und des Reichsrats als solche zum Gegenstand haben. Die Rechte des Reichspräsidenten bleiben unberührt.«

eine Verfassung erließ, die acht Jahre später ein Referendum über eine weitere Amtszeit für ihn vorsah – anstatt sich eine unbegrenzte Amtszeit zu genehmigen?[4]

Genaues wird in allen diesen und anderen Fällen schwerlich in Erfahrung zu bringen sein, da autoritäre Führer, Clans und Kader nicht dazu neigen, über ihre Motive Auskunft zu geben.[5] Ähnlich wie bei ihren Vermögensverhältnissen ist man auf Mutmaßungen und Deutungen angewiesen. Als Ansatzpunkt hierfür bleibt der prima facie eigentümliche Umstand, dass Autokraten sich die Mühe machen, eine Verfassung zu entwerfen oder einer Revision zu unterziehen und dann die Bevölkerung in einem Referendum über das Ergebnis abstimmen zu lassen. Dass sie stumpfsinnig einer weltweit eingeübten Routine folgten, lässt sich nicht ausschließen, dürfte jedoch ihren grundsätzlich strategischen Habitus verfehlen. *Window-dressing* als Erklärung wäre desgleichen wohl zu unspezifisch; diese Deutung hätte zudem anzugeben, welches Fenster und welche Zuschauer Autokraten im Sinn haben könnten.

Die diversen Drehbücher des Autoritarismus zu entschlüsseln und die mutmaßlichen Motive und Pläne der autoritären Herrscher und Regime aufzudecken, ist mithin ein heikles Unterfangen angesichts der Vielfalt geschichtlicher Kontexte, der Unübersichtlichkeit von politischen Konstellationen und sozio-ökonomischen Imperativen sowie auch der Spannungen zwischen autoritären Konstitutionalismen in Text und Praxis. Alle diese Umstände verbürgen Diversität, Unbestimmtheit und Ambivalenz. Im Großen und Ganzen

---

4 Am 5. Oktober 1988 stimmte dann eine Mehrheit von nahezu 56 Prozent überraschend gegen eine weitere Amtszeit. Immerhin sicherte die Pinochet-Verfassung zum Zeitpunkt des Regierungswechsels durch zahlreiche Regelungen den Einfluss des *Ancien Régime* auch während der dann folgenden Demokratie. Diese Klauseln werden als »autoritäre Enklaven« bezeichnet. Dazu: Fernando Codoceo, *Demokratische Transition in Chile. Kontinuität oder Neubeginn?*, Berlin: Wissenschaftlicher Verlag Berlin, 2007. Sehenswert dazu der Film »No!« von Pablo Larraín (2012).

5 Leichter sind begrenzte verfassungsrechtliche Manöver zu überschauen, wie etwa Xi Jinpings Aufhebung der Amtszeitbegrenzung oder Hugo Chávez' Versuch im Jahre 2012, seine Amtszeit zu entfristen; wenngleich der Staatspräsident Venezuelas damit bereits bei einem allerdings weitaus umfassenderen Verfassungsreferendum Ende 2007 gescheitert war. Damals hatte eine knappe Mehrheit der Wahlteilnehmer die Neufassung von insgesamt 69 Artikeln der Konstitution abgelehnt. Ausführlich dazu Karin Priester, »Hugo Chávez, Führer, Armee, Volk – Linker Populismus an der Macht«, in: dies., *Rechter und linker Populismus: Annäherung an ein Chamäleon,* Frankfurt am Main: Campus, 2012, 114 ff.

verkehrt autoritärer Konstitutionalismus das »government of law and not of men« in das mindestens ebenso ideologisch durchtränkte Regime einer Person, Partei, Clique oder Junta, die unter Umständen trotz ihrer Rechtsfeindschaft unter der Patina der Legalität im Rahmen eines (mäßig effektiven) Rechtssystems operiert. Abgesehen von der genannten Unbestimmtheit und Ambivalenz verbergen Verfassungen, auch solche, die nicht vorgeben, herrschaftsblind zu sein, ihre politische Imprägnierung, ihren politischen Subtext und jegliche Absichten und Motivation, die Herrscher gern verbergen, in den Strukturen des standardisierten Verfassungsdesigns und im eingeübten Vokabular, oder aber sie versuchen, diese Aspekte zu marginalisieren oder mit Schweigen zu übergehen.[6]

Andererseits setzt autoritärer Konstitutionalismus voraus, dass zwischen Regimen und ihren Verfassungen eine wie auch immer angespannte und prekäre Verbindung besteht.[7] Folglich ist es nicht unangemessen, die Dokumente auch des autoritären Konstitutionalismus als Texte zu lesen, die zu einem (mehr oder weniger deutlich zu fixierenden) Zweck geschrieben sind und ein Publikum adressieren. Die Bestimmung von Zwecken und Publikum soll hier dadurch geschehen, dass die Verfassungen autoritärer Regime, so gut es geht, »zum Sprechen gebracht« und in die von den Achsen gebildeten vier Felder eines Gitters eingetragen werden. Gefragt wird zunächst, was uns ihr Design zu sagen hat. In einem zweiten Schritt werden Verfassungen als performative Akte untersucht. Dabei gehe ich davon aus, dass sich autoritäre Führer und Regime überwiegend in strategischer Absicht, auch soweit es um Verfassungen geht, zweckrational verhalten, auch wenn man diese Zwecke nicht billigt.

---

6 Martin Loughlin, »The Constitutional Silences«, in: *International Journal of Constitutional Law* 16 (2017), 922 ff.
7 Wie bereits erörtert, kann ein autoritäres Regime sehr wohl mit einer demokratischen, parlamentarischen Kultur des Konstitutionalismus koexistieren. Das illustriert etwa die Fünfte französische Republik. Autoritarismus kann sich außerdem in einem einigermaßen demokratischen institutionellen Setting entwickeln, wie sich an der Metamorphose der Abe-Regierung in Japan aufweisen lässt. Dazu die Analyse von Hajime Yamamoto, »An Authoritarization of Japanese Constitutionalism?«, in: Helena Alviar, Günter Frankenberg (Hg.), *Authoritarian Constitutionalism*, Cheltenham UK: Elgar, 2019.

2. Autoritäre Verfassungen als Archetypen

Vier distinkte Archetypen – und unzählige Hybride und Kreuzungen – haben die Geschichte der Verfassungen und des Konstitutionalismus geprägt.[8] Jeder von ihnen charakterisiert einen erkennbaren Stil und verfügt über ein bestimmtes Register, die durch eine konstitutionelle Grammatik und ein entsprechendes Vokabular informiert werden und von den jeweiligen historisch-politischen Konstellationen und anderen Kontextbedingungen abhängen. Vertrag, Manifest, Programm und Gesetz[9] sind konstitutionelle Sprechakte, die sich als Archetypen auszeichnen lassen. Zu klären bleibt, welche dieser Archetypen dem politischen Autoritarismus entgegenkommen: Verfassungsvertrag, politisches Manifest, Plan bzw. Programm-Verfassung oder die Verfassung als in einem qualifizierten Beschlussverfahren zustande gekommenes *Gesetz* (»higher law«).

Semantik und Struktur autoritärer Verfassungen

Aus der Ferne betrachtet will es scheinen, als hätten Semantik und Struktur autoritärer Verfassungen sowie die Rhetorik des autoritären Konstitutionalismus keine besonders ins Auge fallenden Merkmale und seien nicht-autoritären Dokumenten zum Verwechseln ähnlich. Konformismus scheint das Gebot ihrer äußeren Form zu sein. Doch wie immer trügt der Schein. Zunächst: Nicht alle Verfassungen autoritärer Regime fügen sich in den Rahmen eines Typs. Unterschiedlich offen geben sie die Präferenz etwa für eine exekutivische Staatstechnik und die Drittrangigkeit von Rechten und Kompetenzregeln[10] zu erkennen. Mit kaum zu überbietender Deutlichkeit übertrug die russische Verfassung von 1918 »alle ge-

---

8 Ausführlich erörtert werden die Archetypen in Günter Frankenberg, *Comparative Constitutional Studies – Between Magic and Deceit*, Cheltenham, UK: Elgar, Kap. 2. Siehe auch oben Kap. 1.
9 Der konstitutionelle Gesetzestypus (»higher law«) setzt regelmäßig einen qualifizierten Mehrheitsbeschluss im Gesetzgebungsverfahren voraus (vgl. etwa Art. 79 Abs. 2 und 3 Grundgesetz).
10 Die Verfassung Vietnams von 1980 stellt die Garantie der Rechte unter den Vorbehalt, dass sie nicht zur Verletzung der Interessen des Staates und des Volkes missbraucht werden (Art. 67).

samtstaatliche und örtliche Macht« den Sowjets (Art. 1), räumte im »gegenwärtigen Augenblick des Übergangs« (Art. 9) jedoch dem Gesamtrussischen Zentralexekutivkomitee der Sowjets, dem Rat der Volkskommissare zum »allseitigen Schutz der Errungenschaften der großen Arbeiter- und Bauernrevolution« (Art. 19) die Führungsrolle ein. Hinter der Fassade amorpher Sowjetinstitutionen errichteten die Bolschewiki auf diese Weise ihr Machtmonopol. Der autoritäre Konstitutionalismus à la Putin hält der Form nach an der Verfassung von 1993 fest, was den Autokraten nicht daran hindert, daneben nach seinem Gusto die Strukturen und Institutionen einer vertikalen »gelenkten Demokratie« als »deep state« einzurichten. Hitlers Ermächtigungsgesetz von 1933 lässt umstandslos die Entmachtung des Reichstags und die Übertragung der Gesetzgebungskompetenz auf die Reichsregierung, d.h. den »Führer«, also die Liquidierung der Weimarer Reichsverfassung (Art. 2) zu. Bei sorgfältiger Lektüre des organisatorischen Teils offenbart auch die sich demokratisch gerierende Verfassung Myanmars von 2008 das Ausmaß, in dem lokale, regionale und staatliche Institutionen nach wie vor militärisch infiltriert sind.[11] Den umgekehrten Weg ging das Regime Erdoğan bei seiner umfangreichen Verfassungsreform 2017. Unter anderem kam es dem Präsidenten darauf an, seine Machtposition durch die Unterwerfung des Militärs, zuvor noch in der Rolle des »Hüters der Republik«, zu sichern, vor allem durch Abschaffung der Militärjustiz und der Militärakademien.[12]

Verfassungsdokumente des Autoritarismus sind daraufhin zu untersuchen, ob und in welcher Hinsicht sie bereits *im Text* die Zentralisierung der Exekutivmacht zulassen, die Amtszeitbegrenzung des Führungspersonals aufheben, die Grundlage für Komplizenschaft legen und/oder die Neutralisierung intermediärer Institutionen und Organisationen begünstigen oder jedenfalls in

---

11 Insbesondere die Regelung der repräsentativen Organe in Sec. 14: »The Pyidaungsu Hluttaws, the Region Hluttaws and the State Hluttaws include the Defence Services personnel as Hluttaw representatives nominated by the Commander-in-Chief of the Defence Services.«

12 Vgl. Gerassimos Karabelıas, »The Military Institution, Atatürk's Principles, and Turkey's Sisyphean Quest for Democracy«, in: *Middle Eastern Studies* 45 (2009), 57 ff.; Julia Platter, Barış Çalışkan, »Das türkische Verfassungsgericht auf dem Weg zum ›Hüter der Verfassung‹«, in: *Zeitschrift für Parlamentsfragen* 39 (2008), 832 ff.

der Staatspraxis hinnehmen. Dabei ist zu berücksichtigen, dass Autoritarismus die Option hat und wahrnimmt, sich demokratisch zu maskieren. So sind Syriens Verfassungs- und Gesetzesreformen im Jahre 2012, isoliert betrachtet, nicht nur wenig aussagekräftig, sondern irreführend. Am 25. Juli hatte die syrische Regierung einen Gesetzesentwurf beschlossen, der die Gründung von politischen Parteien erlaubte. In der neuen Verfassung wurde der (in Art. 8 der bisherigen Verfassung) festgeschriebene Führungsanspruch der Baath-Partei gestrichen, der jedoch ohnehin angesichts der Führungsrolle des Assad-Clans in der Praxis kaum eine Rolle spielte. Das Bekenntnis zum »politischen Pluralismus« in der neuen Fassung des Art. 8 sollte nicht zu emphatisch als Dezentrierung der Exekutivmacht gelesen werden. Denn politische Parteien bedürfen nach wie vor der ausdrücklichen Zulassung durch die Regierung. Außerdem ist ihnen untersagt, sich regional oder nach Maßgabe einer religiösen Programmatik zu organisieren.[13] Damit war die Gefahr einer überschießenden Beteiligung der Kurden und Sunniten gebannt.[14]

Abgesehen von strukturellen Vorleistungen geben sich die Verfassungen autoritärer Regime in unbedachten Momenten und Randbemerkungen als Spielarten eines autoritären Archetyps zu erkennen, der sich im Depot des politischen Manifests bedient.[15]

---

13 Dazu Omar El Manfalouty, »Authoritarian Constitutionalism in the Islamic World – Theoretical Considerations and Comparative Observations on Syria & Turkey«, in: Alviar, Frankenberg, *Authoritarian Constitutionalism*, 95 ff.
14 Art. 8 Verfassung der Syrisch-Arabischen Republik von 2012: »1. The political system of the state shall be based on the principle of political pluralism, and exercising power democratically through the ballot box; – 2. Licensed political parties and constituencies shall contribute to the national political life, and shall respect the principles of national sovereignty and democracy; – 3. The law shall regulate the provisions and procedures related to the formation of political parties; – 4. Carrying out any political activity or forming any political parties or groupings on the basis of religious, sectarian, tribal, regional, class-based, professional, or on discrimination based on gender, origin, race or color may not be undertaken.«
15 Siehe die Präambel der Verfassung von Myanmar (2008).

Politisches Manifest

In den deklarativen Passagen – auf der symbolischen Seite der Zwecke – lehnt sich der autoritäre Archetyp vorzugsweise an das politische Manifest an. Bei beiden handelt es sich um einseitige Erklärungen, die von einer (selbsternannten) Elite von sich aus oder im Auftrag einer Führungsperson abgegeben werden. Beispielhaft für solche Gruppen stehen etwa das Zentrale Exekutivkomitees der UdSSR (1924), die *Assembly of Experts* (Iran 1979), die Kommunistische Partei Chinas (1982) oder der »State Peace and Development Council«, der die Nationale Versammlung in Myanmar (1993) einberief. Nach dem Vorbild des Manifests stellen die Autoren das Ergebnis dieses performativen Aktes, nämlich der Schaffung eines symbolischen Systems, des konstitutionellen »worldmaking«,[16] als etwas dar, das die Adressat*innen bereits wissen und jenseits jeden Zweifels (an)erkennen. Die amerikanische Unabhängigkeitserklärung stellt dazu das vielfach kopierte Muster bereit: »Folgende *Wahrheiten* erachten wir als *selbstverständlich*: dass alle Menschen gleich geschaffen sind; dass sie von ihrem Schöpfer mit gewissen unveräußerlichen Rechten ausgestattet sind [...]«[17]

Begründet werden die Wahrheiten als gemeinsame Erfahrungen und Lernprozesse aus kollektiven Kämpfen:

Nach den Erfahrungen der anti-despotischen Verfassungsbewegung und der anti-kolonialistischen Bewegung [...] *lernte* das Muslimische Volk des Iran [...].[18]

Diese Verfassung bekräftigt die Errungenschaften des chinesischen Volkes aller Nationalitäten.[19]

Unter Anrufung des Andenkens an unsere Vorfahren und an die Weisheit der *Lehren* unserer *gemeinsamen Geschichte* appellierend [...].[20]

16 Nelson Goodman, *Ways of World Making*, London: Hackett, 1978.
17 Unabhängigkeitserklärung der Vereinigten Staaten von Amerika vom 4. Juli 1776.
18 »After experiencing the anti-despotic constitutional movement and the anti-colonialist movement centered on the nationalization of the oil industry, the Muslim people of Iran *learned* [...]« (Verfassung des Iran von 1979).
19 »[T]his Constitution *affirms* the achievements of the struggles of the Chinese people of all nationalities« (China 1982) – Hervorh. nicht im Original. Siehe auch Kameruns Verfassung von 1972, Art. 1 (2) und Verfassung des Kongo 2005, Art. 42 ff.
20 »Invoking the memory of our ancestors and calling upon the wisdom of the

Algeriens Verfassung von 1989 verweist auf sich selbst, ganz in diesem Sinne: das heutige Algerien sei das Ergebnis »seines langen Widerstandes gegen Angriffe auf seine Kultur, seine Werte und die fundamentalen Komponenten seiner Identität« (Präambel). Viktor Orbáns orchestrierte Verfassung von 2011 evoziert eine quasi tausendjährige Geschichte Ungarns, um dem Volk die Erhabenheit der »magyarischen Nation« vor Augen zu führen. Sie betont den »Stolz auf unsere Ahnen, die für das Überleben, die Freiheit und Unabhängigkeit unseres Landes gekämpft haben«. Vietnams Kader leiten aus der tausendjährigen Geschichte und vor allem aus den Befreiungskämpfen den Auftrag ab »die Nation zum Sozialismus zu führen« (Verfassung von 1992/2013).

Verfassungen des autoritären Konstitutionalismus folgen der Logik des Manifests auch insoweit, als sie sich des normativen Registers der *Notwendigkeit* bedienen, um die Staatsform oder Maßnahmen der Staatspraxis zu rechtfertigen. So befand das sowjetische Zentrale Exekutivkomitee, der Wiederaufbau der Volkswirtschaft, die Unsicherheit der internationalen Lage und der Aufbau der Sowjetmacht forderten »imperativ die Vereinigung der Sowjetrepubliken in einem Bundesstaat, der die äußere Sicherheit und das innere wirtschaftliche Gedeihen und die Freiheit der nationalen Entwicklung der Völker garantieren kann« (Sowjetverfassung von 1924). Die Väter der Verfassung der Islamischen Republik des Iran (1979) beschworen das erwachte Bewusstsein der Nation unter der Führung des Imam Khomeini, die »die *Notwendigkeit* erkannt hatte, in ihren Kämpfen eine genuin islamische und ideologische Linie zu verfolgen«. Auch die Verfassung von Ruanda, wo sich der Präsident Paul Kagame vom Friedensbringer zum autoritären Herrscher[21] entwickelt hat, betont in der Präambel und in Artikel 10 die *Notwendigkeit*, die nationale Einheit und Versöhnung zu stärken und zu fördern, die ernsthaft durch den Genozid an den Tutsi erschüttert wurden.

Deutlicher als die klassischen Manifeste, die sich weniger mit

---

lessons of our *shared history* [...].« Verfassung von Angola (2010) – Hervorh. nicht im Original.

21 Peter Beaumont, »Paul Kagame: A tarnished African hero«, in: *The Guardian* vom 18. Juli 2010, ⟨https://www.theguardian.com/theobserver/2010/jul/18/paul-kagame-rwanda-profile/⟩ (Zugriff: 20. 01. 2019).

Kriterien der Mitgliedschaft als mit geteilten Werten befassen, geben autoritäre Verfassungen mitunter zu erkennen, welche Personen, Gruppen und Ideen aus der zu konstituierenden Gemeinschaft ausgeschlossen sein sollen. In dieser Hinsicht ein Muster an Klarheit war wiederum Russlands Verfassung von 1918: In »unerschütterlicher Entschlossenheit […], die Menschheit den Klauen des Finanzkapitals und des Imperialismus zu entreißen« und das »Bündnis der werktätigen Klassen« zu bekräftigen, wurde die »Diktatur des städtischen und ländlichen Proletariats und der ärmsten Bauernschaft« errichtet, und zwar zur »völligen Niederhaltung der Bourgeoisie« und »Beseitigung der parasitären Schichten der Gesellschaft«. Kaum weniger deutlich wurden alle (mutmaßlichen) Gegner der sozialistischen Revolution a priori vom Gebrauch – eigentlich: vom vermuteten Missbrauch – der verfassungsmäßig verbürgten Rechte ausgeschlossen.[22] Desgleichen blieb den Angehörigen der höheren Klassen und Unterstützern der Weißen Armeen im Bürgerkrieg der Zugang zur politischen Machtversperrt.

Einige Verfassungen von autoritären Regimen, die neueren Datums sind, folgen diesem Beispiel und nehmen den Parteigängern des abgelösten politischen Systems[23] alle Schlüssel zu den Zugängen zur Macht aus der Hand:

Kein Schutz wird einer Aktivität gewährt, die im Gegensatz zu türkischen nationalen Interessen, der türkischen Existenz und dem Prinzip ihrer Untrennbarkeit von ihrem Staat und Territorium, den historischen und moralischen Werten des Türkischseins steht.[24]

---

22 »Being guided by the interests of the working class as a whole, the Russian Socialist Federated Soviet Republic deprives all individuals and groups of rights which could be utilized by them to the detriment of the socialist revolution.« (Grundgesetz der Russischen Sozialistischen Föderativen Sowjetrepublik von 1918, Art. II no. 23)

23 Auch die postfaschistische Verfassung Italiens (1947/2012) enthielt in Art. XII der Übergangsbestimmungen eine Rückwärtssperre gegen die Reorganisation der faschistischen Partei: »Die Neugründung der aufgelösten faschistischen Partei ist in jedweder Form verboten.«

24 »That no protection shall be accorded to an activity contrary to Turkish national interests, Turkish existence and the principle of its indivisibility with its State and territory, historical and moral values of Turkishness […].« (Präambel der Verfassung von 1982/2017)

Dieser Logik entsprechend verbietet auch die Verfassung des Irak von 2005 die saddamistische *Baath*-Partei sowie jede Organisation und jede Programmatik, die Rassismus, Terrorismus oder ethnische Säuberungen fördert oder rechtfertigt (Art. 7). Mit geradezu nobler Zurückhaltung reserviert die Verfassung des Königreichs Bhutan die Grundrechte (auch Pflichten), die Mitgliedschaft in Parteien und den Zugang zu politischen Ämtern den Staatsangehörigen und schließt hiervon die – unbenannten – Ausländer*innen aus.

Werden Feind*innen und Gegner*innen eines Regimes markiert und Personen und Gruppen, Ideen und Meinungen vom verfassungsrechtlichen Schutz ausgenommen, geben Verfassungen den vornehmen Duktus und Schein formaler Gleichbehandlung auf. Sie fungieren stattdessen als Sprachrohr einer gebieterischen Agenda, die im Übrigen durch die autokratische Präferenz für Einweg-Kommunikation, siehe oben, verstärkt wird. Der den politischen Autoritarismus kennzeichnende Mangel an Toleranz, was Überraschungen und Risiken, Dissens und Opposition oder Diversität betrifft, kommt in den Feind- und Verbotsklauseln also auch verfassungsrechtlich zur Geltung.

3. Dispositiv autoritärer Verfassungen

Soweit vom Konstitutionalismus – von Verfassungen und ihrer Praxis, von Verfassungskultur und -ideologie – in autoritären Regimen vorab nicht erwartet wird, dass er eine nennenswerte liberale, normative Dividende abwirft, kann autoritärer Konstitutionalismus analytisch ernst genommen und sehr wohl als solcher kritisiert werden. Im Folgenden versuche ich, das dadurch zu tun, dass ich die Verfassungen von Autokratien auf ein heuristisches Raster spanne und ihre Zwecke und ihr Publikum freilege. Diese Heuristik erlaubt, jeweils zwei intern aufeinander bezogene Dimensionen zu unterscheiden und damit eine Vier-Felder-Matrix zu entwickeln: *horizontal* bilde ich das Spannungsverhältnis zwischen instrumentellen und symbolischen Zwecken ab; *vertikal* die Differenz zwischen internen (lokalen, nationalen) und externen (regionalen, internationalen) Adressaten (siehe Abbildung 15).

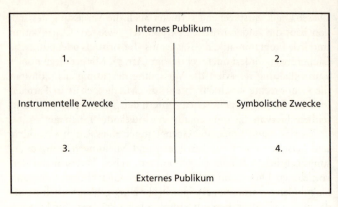

Abb. 15: Matrix der Zwecke und Adressaten.

Publikum und Interessen

Was das Publikum betrifft, so gehe ich davon aus, dass es einen nicht unerheblichen Unterschied macht, ob eine Verfassung im Wesentlichen intern oder aber extern orientiert ist. Die Felder bzw. Horizonte für das jeweilige Publikum lassen sich zwar voneinander unterscheiden, umschließen jedoch in der jeweiligen Zone keine einheitliche Adressatengruppe. Der inländische Horizont umfasst zunächst die Bevölkerung (diese Orientierung ist für sich genommen meist wenig aussagekräftig) und die allgemeine (an Verfassungsfragen interessierte) Öffentlichkeit. Gemeint sein können allerdings auch bestimmte Zielgruppen wie etwa die zu mobilisierende oder zu beschwichtigende Anhängerschaft des Regimes oder auch dessen abzuschreckende oder zu gewinnende Gegnerschaft sowie die herrschenden (Partei-)Eliten einschließlich möglicher Konkurrenten um die Macht, im engeren Sinne also die Mitglieder einer Junta oder Regierungskoalition.

Sobald die nationalen Grenzen überschritten werden, sind die Personen und Gruppen, an die sich eine Verfassung richten und die mit einer Botschaft erreicht werden könnten, naturgemäß weniger eindeutig zu markieren. Noch weniger als im Geltungsbereich einer Verfassung kann mit einem originären Interesse gerechnet werden, es sei denn eine nationale Verfassung wäre dort aufgrund eines (politischen oder ökonomischen) Projekts von Belang. In der Region dürften die Regierungen von Nachbarstaaten alle politischen Umbrüche und damit einhergehende Verfassungsentwicklungen mit einer gewissen Spannung oder gar Besorgnis verfolgen. Gleiches gilt für ideologische Bündnispartner oder Gegner, auch für ökonomische Akteure mit transnationaler Perspektive und stets für die Experten, die Makler der Globalität, die das Geschäft der Rechtsberatung und des Rechtstransfers betreiben.[25] Während also die Bevölkerung anderer Staaten mangels Information und Interesse regelmäßig als Publikum ausscheidet, ist von anderen Staaten (Regierungen) und globalen Akteuren (Unternehmen, Beratern) anzunehmen, dass sie selektiv, soweit sie betroffen sind, am nachbarlichen Verfassungsgeschehen teilnehmen – das heißt, *legal consultants*, wenn sich Beratungsbedarf anzeigt, oder Unternehmen etwa bei Enteignungen oder Fragen des Eigentums- und Investitionsschutzes.

Institutionelles und symbolisches Dispositiv des Autoritarismus

Nach der Art der jeweils dominierenden Zwecke und Praktiken lässt sich mit Hilfe des Gitters das instrumentelle Dispositiv des Autoritarismus von dessen symbolischem Dispositiv unterscheiden. Beide stehen im Dienst der autoritären Herrschaft; gemeinsam bilden sie das Netz, das zwischen ihren Elementen[26] geknüpft wird – zum einen durch Wissensformen, Praktiken, Strategien und Taktiken, die sich in konstituierten institutionellen Arrangements Geltung verschaffen, zum anderen in der Verfassungssymbolik, besonders in den Repräsentationen von Gesellschaft und Nation, Herrschaft und Staat.

---

25 Yves Dezalay, Bryant G. Garth, »›Lords of the Dance‹ as Double Agents: Elite Actors In and Around the Legal Field«, in: *Journal of Professions & Organisations* 3 (2016), 188 ff.; dies., *The Internationalization of Palace Wars: Lawyers, Economists, and the Contest to Transform Latin American States*, Chicago: Chicago University Press, 2002.

26 Um es noch einmal zu wiederholen: nicht alle Elemente müssen aufweisbar sein, damit von einem autoritären Regime gesprochen werden kann. Vielmehr führen die verschiedenen Kombinationen zu unterschiedlichen Regimetypen, wie etwa autoritärem Nationalismus, Einheitsstaat, Kleptokratie, kompetitivem Autoritarismus oder Diktatur.

Nach Maßgabe der Elemente einer autoritären Staatstechnik und Machtkonzeption, der autoritären Vorstellung von Partizipation als Komplizenschaft und der Herstellung einer imaginären Gemeinschaft, ordne ich auf der horizontalen Achse solche Zwecke, die explizit oder aufgrund plausibler Deutung mit einer Verfassung verfolgt werden, entweder dem instrumentellen Dispositiv (dem Pol der Koordination, siehe Abbildung 16 unten) oder aber dem symbolischen Dispositiv (dem Pol der Kooperation, siehe Abbildung 16 unten) zu. Als *instrumentell* lassen sich solche Zwecke bezeichnen, die durch planvolle und kalkulierende Maßnahmen von Regierung und Verwaltung verwirklicht werden (sollen), wenn diese in gesellschaftliche Verhältnisse und Prozesse eingreifen, um Handlungen und Handlungsfolgen zu koordinieren.[27] Instrumentelle Zielvorgaben werden regelmäßig mittels Institutionen zweckrational[28] implementiert. Im Zentrum stehen die Konstruktion und das Funktionieren einer autoritären institutionellen Ordnung, die Faktizität von Macht.

Zum Standardinstrumentarium gehören, was die Regierung betrifft, die Allokation von Machtbefugnissen mittels einer Kompetenzordnung und, was die Bürgerschaft betrifft, die kontrollierte und dosierte Allokation und Verteilung von Freiheit (*voice*) und Handlungsmacht (*agency*). Sofern autoritäre Regime nicht eine informelle Nebenverfassung herausbilden, dazu gleich mehr, zeigt sich die Instrumentalität ihrer förmlichen Verfassung einerseits in den Normen, die Zuständigkeiten und Befugnisse der Exekutive regeln, etwa in dem Recht der Gesetzesinitiative und der Ermächtigung, Verordnungen und Dekrete zu erlassen, in der Festlegung der Befehlsstrukturen (Oberbefehl über die Streitkräfte, Polizei und Geheimdienste) und der Entscheidung, wer unter welchen Voraussetzungen befugt ist, den Ausnahmezustand anzuordnen.[29]

---

27 Dazu Jürgen Habermas, »Die andere Zerstörung der Vernunft«, in: *Die Zeit* vom 10.05.1991, ⟨https://www.zeit.de/1991/20/die-andere-zerstoerung-der-vernunft/⟩ (Zugriff: 22.12.2018); zum Begriff auch Klaus A. Ziegert, Rüdiger Voigt (Hg.), *Gegentendenzen zur Verrechtlichung*, Wiesbaden: Springer, 2013, 274.

28 Zur Kritik der Zweckrationalität: Max Horkheimer, »Zur Kritik der instrumentellen Vernunft«, in: *Gesammelte Schriften Band 6: ›Zur Kritik der instrumentellen Vernunft‹ und ›Notizen 1949-1969‹*, Frankfurt am Main: Suhrkamp, 1991, 19-186.

29 Zum Beispiel: »Whenever the country is threatened by an imminent danger to its institutions, its independence or its territorial integrity, the President of the Re-

Andererseits gehört zum Ensemble der instrumentellen Zwecke im Autoritarismus auch die Bindung des Freiheitsgebrauchs an systemische Imperative, wie etwa die sozialistische Gesetzlichkeit oder die Verteidigung der Errungenschaften der Revolution,[30] die Wahrung der hierarchischen Ordnung oder der Integrität des Staatsoberhauptes.[31]

Im *symbolischen* Dispositiv des autoritären Konstitutionalismus kommt nicht die »handgreifliche« Realität der Praktiken und Institutionen zu Wort, sondern die verfassungssymbolische Dimension dieser Ordnung, gewissermaßen ihre Zeichensprache. Bekanntlich nimmt der politische Autoritarismus die Zumutung demokratischer Symbolik[32] zurück und ersetzt sie durch eine Zeichen- und Bildersprache, die allerdings auch darauf angelegt ist, den sozialen Handlungen Orientierung zu geben und eine kollektive Identität zu stiften. Diese ist jedoch regressiv auf (erzwungene) Kooperation und Herstellung einer imaginären Gemeinschaft ausgerichtet. Die Symbolik des Autoritarismus bedient sich dazu im Arsenal des *Ancien Régime* und greift, soweit möglich, für sein konstitutionelles Vokabular auf Verkörperung als Repräsentationsmechanismus zurück. Danach erscheinen Gesellschaften oder Nationen als ho-

---

public shall decree the state of emergency.« (Verfassung von Algerien 1989/2016, Art. 107) Ausführlich mit zahlreichen Beispielen Günter Frankenberg, »Im Ausnahmezustand«, in: *Kritische Justiz* 50 (2017), 130 ff.

30 Die Verfassung der RSFSR von 1918: »Artikel 23. Geleitet von den Interessen der Arbeiterklasse in ihrer Gesamtheit, entzieht die Russische Sozialistische Föderative Sowjetrepublik einzelnen Personen und einzelnen Gruppen die Rechte, die von ihnen zum Nachteil der Interessen der sozialistischen Revolution ausgenutzt werden.«

31 Die thailändische Verfassung räumt dem König und Staatsoberhaupt eine Position der Verehrung ein, die diesen jeglicher Anklage oder Kritik entzieht: »The King shall be enthroned in a position of revered worship and shall not be violated. No person shall expose the King to any sort of accusation or action.« (Sec. 6 der Verfassung von Thailand 2017)

32 Zur Theorie politischer (demokratischer) Repräsentation: Paula Diehl, *Das Symbolische, das Imaginäre und die Demokratie*, Baden-Baden: Nomos, 2015, 26 ff. unter Bezug auf Claude Lefort, »Die Frage der Demokratie«, in: Ulrich Rödel (Hg.), *Autonome Gesellschaft und libertäre Demokratie*, Frankfurt am Main: Suhrkamp, 1990, 281 ff. Siehe Ulrich Rödel, Günter Frankenberg und Helmut Dubiel, *Die demokratische Frage*, Frankfurt am Main: Suhrkamp, 1989; und Philip Manow, *Im Schatten des Königs. Die politische Anatomie demokratischer Repräsentation*, Frankfurt am Main: Suhrkamp 2008.

mogene Einheit,[33] die vom Staatsoberhaupt »verkörpert«[34] wird. In diesem Sinne souffliert die absolutistische Monarchie einigen autokratischen Verfassungseltern, dass »die Person des Präsidenten der Republik [...] unantastbar« sei.[35]

4. Varianten des autoritären Konstitutionalismus

Die getrennte Darstellung von Instrumentalität und Symbolik sowie von internem und externem Publikum hat eine vorwiegend heuristische Bedeutung. Sie soll nicht suggerieren, Verfassungen entsprächen nur einem Typ und wären auf der horizontalen Achse nur an einem Pol zu verorten und auf der vertikalen nur an jeweils eine Gruppe adressiert. Im Gegenteil kann die Koordination zum Zweck der Konstruktion einer autoritären Ordnung oder der Disziplinierung von konkurrierenden Eliten oder Gegnern *auch* mit symbolischer Politik, sei es in Gestalt der Mobilisierung für ein Gemeinschaftsprojekt oder der Propagierung von Sicherheit und Einheit, kombiniert werden. Allenfalls lassen sich Abstufungen vornehmen oder Schwerpunkte setzen – etwa dass eine Verfassung sich mit der Konstruktion einer normativen Ordnung *primär* an die eigene Anhängerschaft wendet oder Unentschiedene ansprechen soll oder dass staatliche Identität, wie sie die internationale Staatengemeinschaft erwartet, *vor allem* in geteilten Nationen ein Verfassungsthema ist.[36]

---

33 »The Syrian Arab Republic is proud of its Arab identity and the fact that its people are an integral part of the Arab nation. The Syrian Arab Republic *embodies* this belonging in its national and pan-Arab project and the work to support Arab cooperation in order to promote integration and achieve the unity of the Arab nation.« Aus der Präambel der Verfassung der Syrisch-Arabischen Republik 2012 (Hervorh. nicht im Original).

34 »The President of the Republic, Head of the State, shall *embody* the unity of the Nation« (Verfassung Algeriens – Hervorh. nicht im Original). Ein wenig abgeschwächt wird die Körpermetapher in Weißrusslands Verfassung, dessen Präsident über die völkerrechtliche Vertretungsmacht hinaus die Nation personifiziert: »The President shall personify the unity of the nation.« (Verfassung von Weißrussland 1994/2004, Art. 79)

35 Grundgesetz Ungarns von 2011, Art. 12.

36 Instruktiv dazu die Zwei-Staaten-Theorie zur rechtlichen Existenz der Bundesrepublik Deutschland und der Deutschen Demokratischen Republik, dazu:

Der hybride Charakter vieler Verfassungen von Autokratien, die Vielfalt der mit ihnen verfolgten Zwecke, aber auch die Schwierigkeiten, Publikum und Zwecke einigermaßen plausibel zu bestimmen, lassen sich exemplarisch an der syrischen Verfassung von 2012 erläutern. Intern schien der Despot einer zusätzlichen Dosis Legitimation bei seiner Anhängerschaft kaum zu bedürfen. Von seinen Gegner*innen war legitimatorischer Zuspruch nicht zu erwarten, zumal sie die Inszenierung durchschauten und boykottierten. Soweit sich Oppositionelle überhaupt öffentlich zum Referendum äußerten, disqualifizierten sie es als Farce – eine Farce inmitten der sich vollziehenden syrischen Tragödie. Ganz anders die regimetreuen Anhänger. Unabhängig von allem, was die Verfassung ihnen zu sagen haben könnte, standen sie in diesem Krieg der verbrannten Erde nach wie vor loyal an al-Assads Seite.[37] Allem Anschein nach zielte Assad mit der Verfassungsreform also primär darauf ab, die konkurrierenden Eliten, möglicherweise auch die Gegner mit einem konstitutionellen Akt und Ordnungsprojekt inmitten des Bürgerkrieges zu beeindrucken und zu disziplinieren. Verfassungsrevision und Referendum könnten intendiert haben, das Bild eines Präsidenten zu vermitteln, der trotz Krieg und Chaos die Dinge »im Griff« und das autoritäre Monster nicht nur mit Hilfe von Militär und Geheimpolizei unter Kontrolle hat. Diese Zwecke und Adressaten würden das Projekt also im ersten Gitterfeld verorten. Nicht unplausibel ist daneben auch die Lesart, dass der Autokrat bezweckte, ein Signal an die Unentschiedenen, die nicht organisatorisch eingebundene Opposition zu senden, um sie dazu zu bewegen, das Regime zu unterstützen. Der Eintritt in den Verfassungskreis wäre ein möglicher Vorteil, sie als Unterstützer zu mobilisieren. Ebenfalls in den zweiten Quadranten fällt die Erhebung des Märtyrertums zum höchsten Verfassungswert, dessen Realisierung immerhin staatliche Förderung nach sich zieht.[38]

---

die Entscheidung des Bundesverfassungsgerichts zum Grundlagenvertrag – BVerfGE 36, 1; sowie die Ein-China-Doktrin, dazu die Präambel der Verfassung der Volksrepublik China (1982): »Taiwan is part of the sacred territory of the People's Republic of China. It is the lofty duty of the entire Chinese people, including our compatriots in Taiwan, to accomplish the great task of reunifying the motherland.«

37 Yassin-Kassab, *Burning Country*, ix und 108 ff.
38 »Martyrdom for the sake of the homeland shall be a supreme value, and the State

Ob die revidierte Verfassung darauf angelegt war, das externe Publikum zu beeindrucken, ist dagegen zweifelhaft. Dagegen spricht, dass die rechtliche Anerkennung Syriens nicht gefährdet war. Allerdings konnte die Verfassungsrevision versuchen, dem Regime trotz Bürgerkrieg nach außen Regierungskraft und Souveränität zu attestieren, was sie im dritten Feld des Gitters platzieren würde. Von den Bevölkerungen der Nachbarländer wurde Syriens »konstitutioneller Moment« kaum zur Kenntnis genommen. Es ist eher unwahrscheinlich, dass die elaborierte, redundante Bekräftigung von Demokratie und Volkssouveränität dort irgendjemanden beeindruckt hätte.[39] Nicht zu übersehen ist jedoch, dass sich die neue Verfassung mit der Formel »the rule of the people by the people and for the people«, einem Zitat aus einer der gehüteten Legenden der US-amerikanischen Verfassungsgeschichte, nämlich Abraham Lincolns *Gettysburg Address* von 1863,[40] an die Interventionsmacht der USA wendet. Assad könnte den (wohl untauglichen) Versuch unternommen haben, bei der Regierung Obama Vertrauen einzuwerben und/oder das Bild des brutalen Autoritarismus abzuschwächen (Gitterfeld 4).

---

shall guarantee the families of the martyrs in accordance with the law.« (Verfassung Syriens 2012, Präambel)

39 »The system of governance in the state shall be a republican system; Sovereignty is an attribute of the people; and no individual or group may claim sovereignty. Sovereignty shall be based on the principle of the rule of the people by the people and for the people; The People shall exercise their sovereignty within the aspects and limits prescribed in the Constitution.« (Verfassung Syriens 2012, Art. 2)

40 Sean Conant, *The Gettysburg Address: Perspectives on Lincoln's Greatest Speech*, New York, NY: Oxford University Press, 2015; John L. Haney, »Of the People, by the People, for the People« in: *Proceedings of the American Philosophical Society* 88 (1944), 359 ff.

	Internes Publikum
Nr. 1 **Verfassung als Governance-Skript** Konstruktion & Implementierung von Ordnung Disziplinierung konkurrierender Eliten und Gegner	**Nr. 2** **Verfassung als symbolische Politik** Propagierung von Sicherheit, Einheit, (imaginärer) Gemeinschaft Mobilisierung für gemeinsame Ziele Verheißung von Loyalitätsvorteilen
Koordination: **Ordnung, Disziplinierung**	**Kooperation:** **Legitimität, Mobilisierung**
Nr. 3 **Verfassung als Ausweis** rechtliche Anerkennung als Staat Dokumentation von Souveränität in der Staatsgemeinschaft Verfassung als Bedingung für Investition	**Nr. 4** **Verfassung als Schaufenster** Vertrauensbildung für Allianzen Demonstration von Ordnung & Staatlichkeit Appeasement
	Externes Publikum

Abb. 16: Varianten des autoritären Konstitutionalismus.

Nr. 1 Autoritärer Konstitutionalismus als Governance-Skript

Im lokalen bzw. nationalen Terrain richtet sich der Fokus – nach dem hier vorgestellten Gitter (Abbildung 16) – auf die Koordination von Handlungen und Handlungsfolgen. Die erste Variante des autoritären Konstitutionalismus leitet folglich als Skript für autoritäre *governance* die Konstruktion, Stabilisierung und Durchsetzung einer Ordnung an, fungiert gleichsam als Betriebsanleitung. Wie in den vorherigen Kapiteln erörtert,[41] oszillieren die Drehbücher des Autoritarismus permanent zwischen Normalzustand und Belagerungszustand. Autoritäre politische Ordnungen zeichnen sich in aller Regel durch eine Struktur aus, die in der Gesetzlosigkeit mehr oder weniger bescheidene Elemente von Normativität bereithält,

---

41 Siehe Kap. 2 und Kap. IV-VII zu den Elementen des politischen Autoritarismus.

sei es aus Gründen der Reputation, sei es weil die Umstellung von Demokratie auf Autokratie nicht abgeschlossen ist und daher eine demokratische Maskerade verlangt, etwa durch Wahlen. Das flexible institutionelle Dispositiv des Autoritarismus erfasst eine beachtliche Bandbreite von Erscheinungsformen autoritärer Regime: Nach dem Kriterium der *Legalität* verbindet der »Doppelstaat«[42] Spielarten des prärogativen Maßnahmenstaates mit dem Gesetzesstaat. Für die Stabilität einer autoritären Ordnung haben doppelstaatliche Konstruktionen den unschätzbaren Vorzug, dass sie – legitimitätsschonend – Zwangsmaßnahmen mit Hilfe von verfassungsrechtlichen Sondervollmachten, dem Kriegsrecht oder dem Ausnahmerecht in den Mantel der Legalität hüllen.[43]

Demgegenüber verkoppelt die *institutionelle* Dimension des autoritären Dispositivs in den Abschattierungen des »tiefen Staates«[44] nach dem Kriterium der *Öffentlichkeit* die konstituierten staatlichen Institutionen mit einem auf Dauer im Hintergrund gewachsenen oder aber planvoll konstruierten verfassungsabgewandten *Staat im Staat*. Dessen konspirative Verflechtung von Sicherheitsapparat (Militär, Geheimdienste, Polizei) und Staatsapparat (Regierung, Verwaltung, Justiz) wird weitgehend im Arkanbereich operativ tätig und entzieht sich damit jeglicher demokratischen und justiziellen Kontrolle.[45]

Die Verfassungen der USA und der Türkei geben nicht zu erkennen, dass sich in beiden Staaten seit langem Strukturen eines »tiefen Staates« herausgebildet haben. Dabei gilt es als ausgemacht, dass sich in den USA – an der Verfassung und den demokratisch

---

42 Fraenkel, *Der Doppelstaat*.
43 Nachweise dazu in: Frankenberg, »Im Ausnahmezustand«.
44 Wie zum Beispiel dem »tiefen Staat« in Thailand, der die Monarchie einbezieht: Eugénie Mérieau, »Thailand's Deep State, Royal Power and the Constitutional Court (1997-2015)«, in: *Journal of Contemporary Asia* 46 (2015), 445 ff. Vor allen mit den von Putin etablierten Nebeninstitutionen und seinen Geheimdiensten kann auch Russland Strukturen eines »tiefen Staates« vorweisen.
45 Mike Lofgren, *The Deep State: The Fall of the Constitution and the Rise of the Shadow Government*, London: Penguin, 2016; Jürgen Roth, *Der Tiefe Staat. Die Unterwanderung der Demokratie durch Geheimdienste, politische Komplizen und rechten Mob*, München: Heyne, 2016 (mit zahlreichen Belegen und einigen verschwörungstheoretischen Implikationen). Zu einer politisch-ökonomischen Variante in der EU: Yanis Varoufakis, *Die ganze Geschichte*, München: A. Kunstmann-Verlag, 2017.

gewählten Regierungen vorbei – in den vergangenen Jahrzehnten ein verdecktes, machtvolles Interessenkonglomerat eigener Art etabliert hat.[46] Es besteht aus Lobbyisten, der Wall Street, Silicon Valley, den Geheimdiensten, dem Militär und der Rüstungsindustrie, Teilen der Medien und der Justiz. Die analytische Kraft der »deep state«-Theorie wird freilich nicht dadurch verstärkt, dass sie mitunter wahllos mit anderen Theoremen verknüpft wird, wie dem vom »militärisch-industriellen Komplex«, oder dass sie dem rechtspopulistischen Jargon (»System«, »Establishment«) folgt.

Auch in der Türkei ist der »tiefe Staat« seit Jahrzehnten zu Hause.[47] Naturgemäß ist dieser dem Verfassungstext noch weiter abgewandt als Fraenkels Maßnahmenstaat. Das eingerichtete und konspirativ agierende Netzwerk besteht aus Angehörigen der Streitkräfte und der Geheimdienste sowie der kemalistischen Organisationen im Verbund mit der organisierten Kriminalität. Vor allem bei den wiederholten Staatsstreichen, auch dem misslungenen von 2016, wird vermutet, dass der »tiefe Staat« seine Hand im Spiel hatte. Desgleichen beim »schmutzigen Krieg« gegen die kurdische PKK in den 1980er und 1990er Jahren.[48] Die meisten der an der politischen Linken zuzurechnenden Journalisten und Politikern begangenen Verbrechen blieben unaufgeklärt. Die instrumentellen Merkmale des autoritären Konstitutionalismus richten die Konstruktion der Ordnung zunächst am vermuteten und tatsächlichen Verhalten der Bevölkerung aus. Allerdings bieten die wenigsten Verfassungen autoritärer Regime eine Matrix an, die gestattet, illegitime von legitimen Erwartungen zu unterscheiden. Ebenso wenig umgrenzen sie

---

46 Lofgren, *The Deep State*; Malte Lehming, »Droht in den USA ein Krieg zwischen der Regierung und dem ›tiefen Staat‹?«, in: *Der Tagesspiegel* vom 17.02.2017, ⟨https://www.tagesspiegel.de/politik/pressekonferenz-von-donald-trump-droht-in-den-usa-ein-krieg-zwischen-der-regierung-und-dem-tiefen-staat/19407558.html/⟩ (Zugriff: 25.12.2018).

47 Ayflegül Sabuktay, »Auf den Spuren des tiefen Staats«, in: *Perspectives. Political analysis and commentary from Turkey* 1 (2012), ⟨https://www.boell.de/de/navigation/europa-nordamerika-auf-den-spuren-des-tiefen-staates-15152.html⟩ und Frank Nordhausen, »Türkei: Die Rückkehr der Mafia in die Politik«, in: *Frankfurter Rundschau* vom 09.07.2018, ⟨https://www.fr.de/politik/rueckkehr-mafia-tuerkische-politik-10959191.html⟩ (Zugriff: 25.12.2018).

48 Soner Cagaptay, »What's Really Behind Turkey's Coup Arrests?«, in: *Foreign Policy* vom 25.02.2010, ⟨https://foreignpolicy.com/2010/02/25/whats-really-behind-turkeys-coup-arrests/⟩ (Zugriff: 28.12.2018).

Zonen erlaubter Opposition und tolerierten Dissenses. Das Risiko von Illoyalität und Widerspruch, das autoritäre Führer und Regime scheuen, erlegen sie der Bevölkerung auf, vor allem indem sie keine Erwartungssicherheit und Berechenbarkeit staatlichen Handelns geben. Einige Verfassungen sind von diesem Verdikt auszunehmen. Der sowjetische Konstitutionalismus reduziert die Gefahren allzu hoher, auf Rechte gestützter Erwartungen, indem diese grundsätzlich als programmatisch und nicht justiziabel ausgewiesen werden. Außerdem wird ihre normative »Kaufkraft« vorab an die Bedingungen sozialistischer Gesetzlichkeit[49] oder ihr Gebrauch an den Dienst für die arbeitende Bevölkerung und die Interessen der Gesellschaft[50] gekoppelt.

Das post-sowjetische Russland, genauer das Putin-Regime, verfährt eher nach einer anderen, aber im Ergebnis ähnlichen Maxime – dem Machiavellismus von Machterwerb und Machterhaltung. Seit Wladimir Putins Netzwerke des vertikal gelenkten Autoritarismus für Ordnung sorgen, kann von (Grund-)Rechten kein Schutz und von der Kompetenzordnung keine Auskunft erwartet werden.[51] Die Berichte über willkürliche Inhaftierungen, systematische Folter von Inhaftierten durch die Polizei, Ermordung von Regimegegnern, außergerichtliche Hinrichtungen, Einschüchterung und Ermordung von Journalisten, Vernachlässigung und Grausamkeiten in Waisenheimen, Verletzungen von Kinderrechten, Diskriminierung, Rassismus und Morde an Angehörigen ethnischer Minderheiten sprechen besonders brutal die Sprache des autoritären Dispositivs. Mit erschreckend starker Zustimmung der russischen Bevölkerung leistet dessen instrumentelle Dimension gerade nicht, was in einigermaßen rechtsstaatlichen Demokratien von ihr erwartet wird – die Transformation der Räuberbande (zeit-

---

49 Dazu Scott Newton, *The Constitutional Systems of the Independent Central Asian States. A Contextual Analysis*, London: Bloomsbury Publishing, 2017.

50 »[…] the press, radio, television, movies and other organs of the mass media are State or social property and can never be private property. This assures their use at the exclusive service of the working people and in the interest of society.« (Art. 53 Verfassung von Kuba 1976/2002)

51 David Satter, *Darkness at Dawn: The Rise of the Russian Criminal State*, New Haven: Yale University Press, 2003; Jonathan Weiler, *Human Rights in Russia: A Darker Side of Reform*, Boulder CO: Lynne Rienner Publishers, 2004; Anna Politkovskaya, *A Dirty War: A Russian Reporter in Chechnya*, London: Harvill Secker, 2001.

gemäß: Mafia) in eine Regierung.[52] In seinen Amtsperioden hat es Putin verstanden, wie in vorangegangenen Kapiteln erörtert, neben den verfassungsmäßigen Institutionen systematisch eine »Vertikale der Macht« aufzubauen, die seiner Kontrolle untersteht und es ihm gestattet, die residualen Formen von Demokratie und Gewaltenteilung auszuhebeln.[53]

Vor dem Hintergrund einer weniger drastischen Staatspraxis signalisieren zahlreiche Verfassungen auf der den Bürger*innen zugewandten Seite der Grundrechte politischer Kommunikation, dass diese von Haus aus eingeschränkt sind oder ihre Inanspruchnahme mit einem erheblichen Risiko behaftet ist. Auf der graduell aufsteigenden Skala der Grundrechtsgeltung im Kontext des politischen Autoritarismus verzichtet das ehemalige britische Protektorat und nunmehrige Sultanat Brunei Darussalam am deutlichsten auf das Opfer, kritisiert zu werden. Die Verfassung ist als ein reines Organisationsstatut absolutistischer Herrschaft ausgestaltet, das den Untertanen jegliches Grundrecht versagt, ohne dieses Defizit wie etwa sozialistische Verfassungen durch staatliche Schutz- und Förderaufträge zu kompensieren. Nur wenig heller strahlt der Glanz der Grundrechte in Malaysia. Neben dem Elaborat organisatorischer Regelungen für die malaysische Föderation enthält die Verfassung von 1957 einen bescheidenen Rechtekatalog (Art. 5-13). Da es dem Yang di-Pertuan Agong, dem gewählten Monarchen[54] und Staatsoberhaupt, 1969 gefallen hat, den Notstand zu erklären, der seitdem nicht mehr förmlich aufgehoben wurde, darf die Verfassung heute als untotes Dokument gelten, soweit nicht die privilegierten An-

---

52 »Die Grundform der Herrschaft ist das Racket.« (Max Horkheimer, »Zur Soziologie der Klassenverhältnisse«, in: ders., *Gesammelte Schriften XII*, Frankfurt am Main, 75 ff.)

53 Margareta Mommsen, »Putins ›gelenkte Demokratie‹: ›Vertikale der Macht‹ statt Gewaltenteilung«, in: Matthes Buhbe, Gabriele Gorzka (Hg.), *Russland heute – Rezentralisierung des Staates unter Putin*, Wiesbaden: VS Springer, 2007, 235 ff.

54 Der König wird alle fünf Jahre aus den Reihen der Herrscher der neun Sultanate nach dem Rotationsprinzip ausgewählt. Zur Grundrechtslage in Malaysia: Thomas S. Knirsch, Patrick Katzenstein, »Pressefreiheit, Neue Medien und politische Kommunikation in Malaysia – Eine Gesellschaft im Wandel«, in: *KAS-Auslandsinformationen* 6 (2010), 103 ff.; nach Reporter ohne Grenzen rangiert Malaysia in Sachen Pressefreiheit auf Platz 123 von 180 registrierten Ländern: »Malaysia«, in: *reporter-ohne-grenzen.de*, ⟨https://www.reporter-ohne-grenzen.de/malaysia/⟩ (Zugriff: 05.08.2019).

gelegenheiten islamischen Rechts und der malaiischen Traditionen betroffen sind (Art. 159).

Für Verfassungen autoritärer Regime, die der Rhetorik von Grundrechtsverbürgungen folgen. ist generell kennzeichnend, dass (a) Rechte mit Pflichten verknüpft sind, (b) an Vorbehalte zugunsten der Sicherheit und Stabilität der Ordnung[55] gebunden sind, (c) Missbrauchsklauseln enthalten, (d) Einschränkungen für oder ihre Aufhebung in Ausnahmesituationen wie Aufruhr, Krieg[56] oder Katastrophen vorsehen und/oder (e) unter einem allgemeinen Gesetzesvorbehalt[57] stehen. So zeichnet sich die repressive Staatspraxis in der Türkei gegenüber der politischen Opposition bereits auf der Oberfläche der Verfassung, an Schranken der Versammlungs- und Parteifreiheit, ab.[58] Den Grundrechten und ihren vielfältigen Schranken in der türkischen Verfassung lässt sich entnehmen, dass der autoritäre Konstitutionalismus zwar die akribische Befolgung von Formen einer Verfassung zulässt, jedoch mit seiner Begrifflichkeit die Bürgerfreiheiten – vor allem die Meinungs-, Versammlungs- und Pressefreiheit (Art. 26, 28 und 33) – einer repressiven Konzeption der öffentlichen Ordnung und Sicherheit, der öffentlichen Moral und ökonomischen Interessen unterwirft und praktisch in ein System der politischen Gefahrenabwehr einstellt.[59]

Häufig ist dem Wortlaut der Verfassungen autoritärer Regime nicht zu trauen, weil sie nicht nur wichtige Elemente der Instrumentalität des autoritären Dispositivs verschweigen, sondern falsch

---

55 Ein relativ elaborierter Schrankenvorbehalt grenzt die Berufsfreiheit in Thailand ein: »The restriction of such liberty under paragraph one shall not be imposed except by virtue of a provision of law enacted for the purpose of protecting public interest, for maintaining public order or good morals, or for preventing or eliminating barriers or monopoly.« (Verfassung von Thailand, Art. 40)

56 Die Verfassung Thailands lässt Zensur in Kriegszeiten zu: »Censorship by a competent official of any news or statements made by a media professional before the publication in a newspaper or any media shall not be permitted, except during the time when the country is in a state of war.« (Art. 35)

57 Exemplarisch die Verfassungen von Singapur von 1963/2016 und Vietnam 1992/2013.

58 Verfassung der Türkei 1982/2017, Art. 68-69.

59 Turkuler Isiksel, »Between Text and Context: Turkey's Tradition of Authoritarian Constitutionalism« in: *International Journal of Constitutional Law* 11 (2013), 702 ff.; Li-Ann Thio, »Constitutionalism in Illiberal Polities«, in: Michel Rosenfeld, Andras Sajó (Hg.), *Oxford Handbook of Comparative Constitutional Law*, Oxford: Oxford University Press, 2012, 134 ff.

informieren. Das gilt, wenn man sie nicht als Ironie versteht, für die im postsowjetischen Bereich besonders verbreiteten ausdrücklichen Verbote, Macht zu usurpieren,[60] wie auch für das Schweigen zur Transformation einer demokratischen in eine autoritäre Verfassung, wie exemplarisch in Russlands »Putinstate« und Ungarns »Frankenstate«,[61] in den zentralasiatischen »-stans« wie auch, wenngleich derzeit noch mit weniger dramatischen Konsequenzen, in Polen. Zur Instrumentalität autoritärer Verfassungen gehören schließlich auch und in nicht geringem Maße, die Reaktionen konkurrierender Eliten, Mitglieder der Kader des Regimes oder der politischen Opposition zu antizipieren und zu steuern. Stalins Verfassung von 1936, Assads Verfassungsrevision von 2012 und Erdoğans Verfassungsänderungen von 2016 sind unterschiedliche Beispiele dafür, dass und wie Verfassungen darauf angelegt sein können, als Disziplinierungsinstrument zu fungieren. Präventiv und nach der Logik politischer Gefahrenabwehr übermitteln sie allen, die mit dem Führer oder der Führungsclique um die politische Macht konkurrieren, die Botschaft, dass das Regime auch in Krisensituationen – wie der Zuspitzung der ökonomischen Krise in der Sowjetunion, dem Bürgerkrieg in Syrien und dem jüngsten Staatsstreich in der Türkei – die Fangarme des autoritären Monsters jederzeit unter Kontrolle hat und weder Dissens noch Illoyalität hinnimmt. Beispielhaft hierfür steht auch die Verfassung von Myanmar (2008). An mehreren Stellen – im Nationalen Sicherheitsrat (No. 201) und in der singulären Aufgabe der Verteidigungskräfte, die Verfassung zu schützen (No. 20) – bringt sich das Militärregime im Verfassungstext als Machthaber und Ordnungskraft in Erinnerung. Disziplin und Loyalität könnten auch Stichworte für eine zumindest partielle Erklärung sein, warum Adolf Hitler die ohnehin abgeklemmte Nabelschnur seines totalitären Regimes zur Weimarer Verfassung nicht

---

60 Die Verfassung der Russischen Föderation von 1993 proklamiert: »Nobody may usurp power in the Russian Federation.« Moldawiens Verfassung von 1994/2016 nennt die Usurpation staatlicher Macht das »schwerste Verbrechen gegen das Volk« (Art. 2). Die DDR-Verfassung regelte noch zur »sowjetischen Zeit«: »Zu keiner Zeit und unter keinen Umständen können andere als die verfassungsmäßig vorgesehenen Organe staatliche Macht ausüben.« – Zum Usurpationsverbot siehe auch Art. 138 der Verfassung von Venezuela.

61 Kim Lane Scheppele, »The Rule of Law and the Frankenstate: Why Governance Checklists Do Not Work«, in: *International Journal of Policy Administration Institutions* 2 (2013), 559 ff.

vollends durchtrennte. 1937 und 1939 ließ er das Ermächtigungsgesetz[62] ohne äußere Not zweimal verlängern und erweiterte dessen Geltungsdauer 1943 durch »Führererlass« auf unbegrenzte Zeit. Seit dem Beschluss des »Gesetzes gegen die Neubildung von Parteien« vom 14. Juli 1933 war die NSDAP die allein herrschende Staatspartei, damit war der Reichstag auch in dieser Hinsicht ausgeschaltet. Die Weimarer Verfassung war seit dem 23. März 1933 faktisch außer Kraft gesetzt. Angesichts der normativen Kraft des Faktischen, vor allem des Terrors der NS-Staatspraxis, könnten die Verlängerungen allenfalls für die Disziplinierung des Monsters der totalitären Diktatur instrumentell von Belang gewesen sein. Im Übrigen liegt die Annahme nahe, dass Hitler interessiert war, nach außen den Legalitätsschein zu wahren. Darauf ist gleich zurückzukommen.

Nr. 2 Autoritärer Konstitutionalismus als symbolische Politik

Autokraten spielen auch auf der Klaviatur symbolischer Politik. Wie bei der demonstrativen Beseitigung ihrer Gegner versuchen sie, auch Verfassungsmomente zur Schau zu stellen: bei Stalin die Neukonstituierung 1936, bei Assad die Demonstration einer Ordnungsleistung im Bürgerkrieg 2012, bei Erdoğan die Demonstration autoritärer Macht durch Umwidmung der Verfassung mit Referendum 2017, bei Orbán eine traditionalistisch-nationalistische Anrufung des Geistes eines lange verblichenen Königs zur Verschleierung seines Autoritarismus, bei Chávez ein linkspopulistischs Manifest usw. Hitler konnte anlässlich der Verlängerungen des »Gesetzes zur Behebung der Not von Volk und Reich« jeweils den Mythos der Ermächtigung zur Bewältigung einer Notlage wiederbeleben und

---

62 Karl Dietrich Bracher, *Die deutsche Diktatur. Entstehung, Struktur, Folgen des Nationalsozialismus.* Köln: Kiepenheuer & Witsch, 1993; Franz Neumann, *Behemoth. Struktur und Praxis des Nationalsozialismus 1933-1944*, Frankfurt am Main: Fischer, 1984; »Vor 85 Jahren: Reichstag verabschiedet Ermächtigungsgesetz«, in *bpb.de* vom 23.03.2018, ⟨http://www.bpb.de/politik/hintergrund-aktuell/156904/80-jahre-ermaechtigungsgesetz-22-03-2013/⟩ (Zugriff: 28.12.2018); Hans-Ulrich Thamer, »Beginn der nationalsozialistischen Herrschaft«, in: Bundeszentrale für politische Bildung (Hg.), *Dossier: Nationalsozialismus und Zweiter Weltkrieg*, ⟨http://www.bpb.de/geschichte/nationalsozialismus/dossier-nationalsozialismus/39544/machtergreifung⟩ (Zugriff: 28.12.2018).

versuchen, bei dieser Gelegenheit ostentativ die Farce verfassungsrechtlicher Kontinuität zum Deutschen Reich zu inszenieren.

Der Akzent des Dispositivs verschiebt sich im zweiten Gitterfeld von der Technik rechtlicher Koordinierung und Disziplinierung einerseits hin zur normativ anspruchsvolleren Mobilisierung für die Kooperation zur Verfolgung gemeinsamer Werte in einer (imaginären) Gemeinschaft, andererseits zur Darstellung der kollektiven Identität des Volkes und zur Verpflichtung auf die Loyalität gegenüber dem Führer oder Regime.[63]

Kooperative Projekte, die die Bürgerschaft adressieren, werden vor allem in Situationen des radikalen Umbruchs, etwa nach einer Revolution oder Befreiung, nach katastrophischen Ereignissen oder auch zur alltäglichen Unterstützung einer Autokratie in Angriff genommen. Verfassungen im Stil des politischen Manifests kommen der Aufgabe entgegen, eine Bevölkerung für kollektive Werte, wie etwa Freiheit, Fortschritt, Einheit, Wohlstand oder Sicherheit, zu mobilisieren.[64] Der gleichen Logik der Werteverteidigung folgt auch der hoheitliche Ruf, den Rückfall in die dunkle Epoche der Fremdherrschaft,[65] der Barbarei, der Ausbeutung[66] oder

---

63 Zum Beispiel: Saudi-Arabien, Verfassung von 1992/2013, Art. 11: »The Saudi society shall hold fast to the Divine Rope. Its citizens shall work together to foster benevolence, piety and mutual assistance; and it avoids dissension.« Und Art. 34: »Defending the Islamic faith, the society and the homeland shall be the duty of each and every citizen.«

64 So bekannten sich die Autoren der Verfassung Angolas von 2010 zu den »tiefsten Wünschen des angolanischen Volkes nach Stabilität, Würde, Freiheit, Entwicklung und dem Aufbau eines modernen, wohlhabenden, inklusiven, demokratischen und sozial gerechten Landes.« – Ähnlich umfangreich ist der von der Verfassung Myanmars propagierte Katalog »ewiger Werte«: Gerechtigkeit, Freiheit, Gleichheit, Frieden, Wohlstand, Gleichheit der Rassen, Patriotismus (Myanmar 2008). Die Pflicht zur Wiedervereinigung findet sich in den Verfassungen der geteilten Nationen, so China, Nordkorea, früher auch im Grundgesetz der Bundesrepublik Deutschland von 1949; die DDR-Verfassungen folgten demgegenüber einer Zwei-Staaten Theorie. Die Verfassung von 1949 deklariert dennoch (wie das Ein-China-Prinzip) in Art. 1: »Deutschland ist eine unteilbare demokratische Republik« und »Es gibt nur eine deutsche Staatsangehörigkeit«.

65 Siehe beispielsweise die Verfassungen Ägyptens (1956); des Iran (1979); Algeriens (1989); Ungarns (2016).

66 Die erste russische Verfassung nach der Oktoberrevolution versprach 1918, den »Zweck zu verfolgen, die Ausbeutung des Menschen durch den Menschen abzuschaffen und den Sozialismus einzuführen, in dem es weder eine Einteilung in Klassen geben wird noch einen autokratischen Staat« (Art. II Nr. 9 Russland 1918).

des Genozids[67] durch Kampfbereitschaft oder »die Befolgung der (ewigen) Werte der Menschheit«[68] oder mit Hilfe einer »wehrhaften Demokratie«[69] zu verhindern. Aus dem Rahmen autoritärer Wertepolitik fällt die Betonung der (inneren) Ruhe in der Verfassung Bhutans, die freilich zur dort propagierten Zielvorgabe der »Gross National Happiness« passt (Art. 9).

Die auf Kooperation[70] ausgerichtete Verfassungssymbolik steht ersichtlich im Dienst des politischen Autoritarismus, soweit sie die Masse gerade nicht zum souveränen Volk transformiert, sondern durch regressive Symbolisierung[71] als einheitlichen Körper[72] repräsentiert (im Nazi-Regime: »Ein Volk, ein Reich, ein Führer«), Integration (durch Werte) hoheitlich vornimmt und Einheit als Homogenität und Geschlossenheit (gegenüber Fremden) propagiert. Den Autoren der beiden ersten Sowjetverfassungen von 1918 und 1924 stellte sich die Aufgabe, den Adressat*innen auch mit der (Verfassungs-)Ideologie ein Register an die Hand zu geben, um die postrevolutionäre Welt des Sowjetstaates zu interpretieren und sie auf die neue Legitimität einzustellen. 1924 stand zudem im Vordergrund, in der Union die Kompetenzen der »obersten Machtorgane« und die eingeschränkten Souveränitätsrechte der Republiken extern zu bekräftigen.

---

67 Dazu die Verfassung von Ruanda (2003).
68 Beispiele: die Verfassung von Kuba (1976); die Verfassungen von Weißrussland (1994), Bahrein (2012) und Myanmar (2008). Die Verfassung der Türkei beschwört »the eternal existence of the Turkish Motherland and Nation and the indivisible unity of the Sublime Turkish State«.
69 Dazu Jan-Werner Müller, »Militant Democracy«, in: Michel Rosenfeld, Andras Sájo (Hg.), *Oxford Handbook of Comparative Constitutional Law*, Oxford: Oxford University Press, 2012.
70 Aufschlussreich dazu: die Formulierung in der Verfassung Chinas (1982/2004): »The state must rely on the support of the people.« (Art. 27)
71 In konstitutionellen Monarchien entspricht die Symbolisierung der vordemokratischen Tradition, etwa in Kambodscha: »Nation, Religion, König«, in Marokko: »Gott, das Land, der König«.
72 Zur Körpermetapher siehe die bereits erwähnten Beispiele sowie die Verfassung Ungarns von 2011: »Wir halten die Errungenschaften unserer historischen Verfassung und die Heilige Krone in Ehren, die die verfassungsmäßige staatliche Kontinuität Ungarns und die Einheit der Nation *verkörpern*.« (Hervorh. nicht im Original.) Den Hinweis auf die konstitutionelle Transformation einer Masse in ein Volk verdanke ich Ulrich K. Preuß.

Auffällig ist, dass sich die Sowjetverfassungen[73] mit doppelter Stoßrichtung nach innen und nach außen adressieren: an diejenigen, die an dem Befreiungsprojekt *nolens volens* im sozialistischen Lager des »wechselseitigen Vertrauens und Friedens, nationaler Freiheit und Gleichheit« teilnehmen, sowie an die reaktionären Kräfte und Organisationen; zugleich aber auch nach außen an die Bündnispartner in »friedlicher Koexistenz und brüderlicher Zusammenarbeit der Völker« sowie das übrige Ausland – die Feinde im kapitalistischen Lager:

Dort, im Lager des Kapitalismus, herrschen nationale Feindschaft und Ungleichheit, Kolonialsklaverei und Chauvinismus, nationale Unterdrückung und Pogrome, imperialistische Grausamkeiten und Kriege.

Hier, im Lager des Sozialismus, herrschen gegenseitiges Vertrauen und Friede, nationale Freiheit und Gleichheit, friedliches Zusammenleben und brüderliche Zusammenarbeit der Völker.[74]

Führer und Führungscliquen, die im Unterschied zu den Bolschewiki nicht mit einer kompakten Ideologie aufwarten können, suchen nach anderen Wegen, mit Hilfe in der Verfassung niedergelegter kollektiver Ziele ihre Legitimität auszuweisen. Zu den geläufigen Optionen, ein repressives Regime besser aussehen zu lassen, Erwartungen in Hinsicht auf eine erfreuliche Zukunft zu wecken und gegebenenfalls auch Gegner zu besänftigen, gehören Mobilisierungen für das Programm des Nationalismus,[75] die Sozialistische Internationale,[76] gegen (imaginäre) Feinde – wie etwa die amerikanische Verschwörung gegen den Iran, die »Islamisierung« Ungarns – oder, immer hilfreich, für ein Set kollektiver Werte.[77] Komplementär dazu wird die Gesellschaft als homogene Einheit dargestellt und ihr eine kollektive Identität vorgegeben. So will Ungarns vom Orbán-Regime orchestriertes Grundgesetz »die geistige und seelische Einheit unserer in den Stürmen des vergangenen Jahr-

---

73 Nach 1924 folgen 1936 die Stalin-Verfassung und 1977 die Breschnew-Verfassung.
74 Verfassung der UdSSR von 1924: »Deklaration über die Bildung der Union der Sozialistischen Sowjetrepubliken«.
75 Die Verfassung von Ägypten 1956, die Verfassungen Ungarns und Polens heute.
76 So die DDR-Verfassung von 1949, Art. 6.
77 Exemplarisch der Wertekatalog der Verfassung von Myanmar 2008; siehe auch die Verfassung des Iran 1979; die Verfassung von China 1982.

hunderts in Stücke gerissenen Nation« wiederherstellen. Algeriens Verfassung legt als »fundamentale Komponenten« der kollektiven Identität den Islam, ihre Zugehörigkeit zur Gemeinschaft der Araber und die *Amazighité* fest.[78] Den Mitgliedern der islamisch-arabischen Gemeinschaft Syriens wird, wie erwähnt, abverlangt, das Märtyrertum als obersten Wert anzuerkennen. Marokko wählte eine andere konstitutionelle Strategie der Einheitssicherung und gab dazu allgemeine Werte vor, verbot aber den Parteien, sich auf einer – die Einheit gefährdenden – religiösen, ethnischen, linguistischen, ethnischen oder regionalen Basis zu organisieren oder allgemein auf einer diskriminierenden Basis, die im Gegensatz zu den Menschenrechten steht (Art. 7 Verfassung des Königreichs Marokko 2011).

Werte und Pflichten fügen sich aus zwei Gründen besonders gut in die Verfassungen autoritärer Regime ein. Kraft ihrer Unbestimmtheit versprechen Werte alles, verpflichten eine Regierung aber zu so gut wie nichts. Die Zielvorgabe Bhutans »Gross National Happiness«, um ein besonders auffälliges Beispiel zu nennen, lässt sich nicht einklagen und hat auf die Regierungspolitik keinen Einfluss, jedenfalls reicht das Glück offensichtlich nicht für die nepalesische Bevölkerungsgruppe, die seit Jahren der Diskriminierung und Verfolgung ausgesetzt ist.[79] Zum anderen haben Werte und Pflichten eine autoritäre Innentendenz. Sie müssen *top-down* implementiert werden. Da sie keinen zivilgesellschaftlichen Träger haben, eignen sie sich vorzüglich dazu, mit Regierungsprogrammen implementiert zu werden, um allgemein Unterstützung oder Loyalität einzuwerben.

Die Wirkungen der Verfassungssymbolik auf »interessierte Kreise«, konkurrierende Eliten, Gleichgültige oder auch Anhänger sind

---

78 Vgl. Präambel der Verfassung Algeriens. Berber verstehen darunter den amazighischen Komplex ihrer Kultur, Sprache und Identität. Siehe auch Art. 84 Verfassung von Algerien 1989/2016. Marokkos Verfassung von 2011 spricht mit mehr Sinn für Diversität von der »Konvergenz seiner arabisch-islamischen, Berber-[amazighe] und sahara-hassanischen Komponenten, ergänzt und bereichert von seinen afrikanischen, andalusischen, hebräischen und mediterranen Einflüssen«.
79 »Diskriminierung in Bhutan: Unglück statt Wachstum«, in: *Spiegel Online* vom 13.12.2014, ⟨https://www.spiegel.de/wirtschaft/unternehmen/bhutan-unterdrueckt-nepalesische-minderheit-unglueck-statt-wachstum-a-1001608.html⟩ (Zugriff: 29.12.2018).

schwieriger einzuschätzen. Ob sie sich von kooperativen Projekten überzeugen oder für eine imaginäre Gemeinschaft gewinnen lassen, dürfte schwerlich allein von der konstitutionellen Bildersprache abhängen, eher davon, dass ihnen für Disziplin, Duldung und Loyalität ein Ausgleich versprochen wird oder sie mit nicht unerheblichen rechtlichen oder materiellen Prämien (Sozialleistungen) rechnen dürfen.

Die Verfassung Russlands von 1918 war unter Umständen weniger bedeutsam als Dokument, die Arbeiterklasse von der Legitimität der eben errichteten bolschewistischen Herrschaft zu überzeugen und sie aufzurufen, ihre Interessen zu verteidigen, denn als eine an die oppositionellen Kader und Organisationen adressierte demonstrative Botschaft, dass nunmehr eine revolutionäre Ordnung und staatliche Macht hergestellt sei: die »Diktatur des städtischen und ländlichen Proletariats und des ärmsten Landvolks in Gestalt einer machtvollen, allrussischen, sowjetischen Autorität«, der Bolschewiki. Konturenschärfe und Drohpotential erhielt diese Autorität durch die nachgerade schmittianische Aufzählung der politischen Feinde, die vom Wahlrecht und von der Beteiligung an jeglicher Diskussion über Legitimität ausgeschlossen waren: Personen, die Arbeitskräfte anstellen und ihnen Gewinn abpressen oder ohne zu arbeiten ein Einkommen erzielen, Kaufleute, kommerzielle Makler, Mönche und Geistliche aller Bekenntnisse, Mitglieder der früheren Gendarmerie- und Polizeieinheiten sowie des Geheimdienstes, Mitglieder der früher herrschenden Dynastie und andere mehr.[80]

Ungarns Verfassungsvater Orbán, der im Übrigen sehr darauf bedacht ist, die Vorgeschichte des sowjetischen Staatssozialismus auszulöschen,[81] schreibt diese wohl unfreiwillig im Kampf gegen

---

80 »The following persons enjoy neither the right to vote nor the right to be voted for [...]: (a) Persons who employ hired labor in order to obtain from it an increase in profits; (b) Persons who have an income without doing any work, such as interest from capital, receipts from property, etc.; (c) Private merchants, trade and commercial brokers; (d) Monks and clergy of all denominations; (e) Employees and agents of the former police, the gendarme corps, and the Okhrana [der Geheimdienst der Zaren – G.F.], also members of the former reigning dynasty; ... (g) Persons who have been deprived by a soviet of their rights of citizenship because of selfish or dishonorable offenses, for the period fixed by the sentence.« (Russland 1918, Art. 4, Nr. 65)

81 Art. U Grundgesetz Ungarns von 2011/2016.

die Feinde Ungarns und mit einem Begriff des Politischen nach schmittianischen Rezeptur[82] fort:

> Verräter und innere Feinde der Nation hatten mit feindlich gesinnten Ausländern paktiert, um das Land und seine Menschen den Bürokraten der Europäischen Union, den Spekulanten und der internationalen Finanzindustrie auszuliefern. Doch die Nation hat entschieden, nicht mehr in der Gefangenschaft des Auslands zu leben, sie wird gegen Kolonisierung und für ihre Selbstbestimmung kämpfen. ›Bringen wir unsere Truppen in Stellung!‹[83]

Nr. 3 Verfassung als Ausweis

Bei den Adressaten jenseits der nationalen Grenzen erweist sich die Instrumentalität autoritärer Verfassungen insbesondere in ihrer Ausweisfunktion. Bedeutsam ist diese primär für Regierungen, internationale Organisationen und Rechtsexperten, die von der verfassten Staatlichkeit überzeugt werden sollen. Nicht wenige Regime, ausnahmslos die postsowjetischen, bekräftigen emphatisch ihre staatliche Ordnung.[84] Außerdem tun dies solche Staaten, die nach Fremdherrschaft und anderen Formen defizitärer Souveränität Grund haben, Anerkennung als Staat zu suchen und Subalternität abzuschütteln.[85] Eine Verfassung ergänzt damit die herkömmliche Drei-Elemente-Regel, die einen politisch und rechtlich organisierten Personenverband (Staatsvolk) voraussetzt, der sich auf einem abgegrenzten Territorium (Staatsgebiet) eine eigene Ordnung (Staatsge-

---

82 Carl Schmitt, *Der Begriff des Politischen. Text von 1932 mit einem Vorwort und drei Corollarien*, Berlin: Duncker & Humblot, 1963.
83 Viktor Orbán zit. nach: Keno Verseck, »Ungarn: Feldzug gegen die EU«, in: *bpb.de* vom 27. 02. 2014, ⟨http://www.bpb.de/179664/ungarn-feldzug-gegen-die-eu/⟩ (Zugriff: 30. 06. 2019).
84 Präambel und Art. B Grundgesetz von Ungarn. Kasachstans Verfassung (1995/2017) greift die geläufige Formel von »unitarischen Staat« auf; ähnlich Moldawien 1994/2016. Kirgistans Verfassung (2010/2016) bekräftigt die »Fülle staatlicher Macht«.
85 Exemplarisch die Verfassung Ägyptens von 1953; Verfassung der Demokratischen Republik Kongo von 2005/2011; Verfassung von Dschibuti (1992); Verfassung von Eritrea von 1997 (Präambel und Art. 1). Zur Problematik der Subalternität von Staaten: Mahmood Mamdani, *Citizen and Subject: Contemporary Africa and the Legacy of Late Colonialism*, Princeton: Princeton University Press, 1996.

walt) gegeben hat, als ein wesentlicher Aspekt zur Erlangung völkerrechtlicher Anerkennung. Das erschließt sich auch daraus, dass eine Anerkennung bereits dann erfolgen kann, wenn sich die Staatsgewalt konstituiert hat, aber noch keine festen Strukturen aufweist.[86]

Im Konzert der internationalen Staatengemeinschaft kann eine Verfassung außerdem dazu beitragen, neben der Attestierung von Staatlichkeit Zweifel an der Bereitschaft eines autoritären Regimes auszuräumen, sich völkerrechtskonform zu verhalten,[87] etwa durch Transformation der Menschenrechtspakte in nationales Recht.[88] Freilich geben die bekenntnishaften konstitutionellen Aussagen wenig Aufschluss darüber, was in der Staatspraxis von der Bekräftigung von Gewaltenteilung, Rechtsstaatlichkeit, internationalen Menschenrechten etc. übrig bleibt.[89]

Mag sich staatliche Diplomatie mit einer krassen Divergenz von Verfassungsrecht und Verfassungswirklichkeit einrichten können, so gilt dies nicht ohne weiteres für ökonomische Akteure. Diese Erfahrung machte der ägyptische Präsident Sadat mit seiner auf die Verfassung von 1971 gestützten *rule of law*-Agenda und mit Steueranreizen für ausländische Unternehmen. Allzu deutlich widersprach diese Botschaft seiner Willkürherrschaft, der an der Scharia orientierten Re-Islamisierung Ägyptens und einem offensichtlich manipulierten Referendum, dessen Ergebnis dazu beitrug, den Ausweis der Verfassungsstaatlichkeit ungültig zu stempeln.[90]

---

86 Dazu Knut Ipsen, *Völkerrecht*, 7. Aufl., München: C.H.Beck, 2018.
87 Repräsentativ für autoritäre Regime, heißt es in der Verfassung von Katar 2003: »The State respects the international charters and treaties and works on executing all international agreements, charters and treaties to which it is a party.«
88 Die russische Verfassung von 1993/2013 bekräftigt die Geltung der Menschenrechte (was nicht bedeutet, dass sie in der Staatspraxis auch nur die geringste Rolle spielen): »The recognition, observance and protection of human and civil rights and freedoms shall be an obligation of the State.« (Art. 2) Zurückhaltender die Verfassung der Türkei: »The fundamental rights and freedoms in respect to aliens may be restricted by law compatible with international law.« (Art. 16)
89 Marokkos Verfassung von 2011: »The constitutional regime of the Kingdom is founded on the separation, the balance and the collaboration of the powers, as well as on participative democracy of [the] citizen, and the principles of good governance and of the correlation between the responsibility for and the rendering of accounts.« Die Aufzählung mag übertrieben sein, allerdings setzte der junge Monarch Mohammed VI. in der Tat Reformen ins Werk: »Verfassungsreform: Marokkos König gibt Teile seiner Macht ab«, in: *Spiegel Online* vom 18.06.2011.
90 Dessen Ergebnis: eine Zustimmung von 99,98 %. Dazu Tom Ginsburg, Tamir

Dass Autokraten bisweilen ein Interesse daran haben, ausländische Unternehmen davon zu überzeugen, im Land zu investieren, wird von einigen Verfassungen in Bestimmungen übersetzt, die die »rechtmäßigen Interessen ausländischer Unternehmen«[91] explizit in Schutz nehmen. Weiter ging Vietnam mit der in der Verfassung angelegten Öffnung der Wirtschaft. Vietnam war sowohl mit den rechtlichen Vorkehrungen als auch mit der Botschaft, die seine Verfassung mit der Kombination von Planwirtschaft, Familienökonomie und Privatwirtschaft aussendete, nur im Ansatz erfolgreich. Um die wegen Effektivitätsmängeln kritisierte Einparteien-Herrschaft durch mehr Wachstum der Wirtschaft zu legitimieren, flankierte Vietnam (die KP) seine kontrollierte und intern nicht unumstrittene *open door*-Politik mit verfassungsrechtlichen Garantien für ausländische Unternehmen, insbesondere dem Schutz vor Verstaatlichung und der Möglichkeit, Schiedsgerichte anrufen zu können.[92]

Nr. 4 Verfassung als Schaufenster

Im vierten Gitterfeld richtet sich die Verfassungssymbolik an ein internationales Publikum, in erster Linie an die Regierungen anderer Staaten, internationale Organisationen und globale ökonomische Akteure. Komplementär zum rechtlichen Ausweis der Staatlichkeit operieren Verfassungen autoritärer Regime im transnationalen Außendienst als Medien für die Propagierung von Vertrauen, Verlässlichkeit und berechenbarer Kooperation.[93] Es bedarf einer nüch-

---

Moustafa (Hg.), *Rule by Law*, Cambridge UK: Cambridge University Press, 2008; Franz Kogelmann, *Die Islamisten Ägyptens in der Regierungszeit von Anwar as-Sādāt (1970-1981)*, Berlin 1994.

91 Chinas Verfassung 1982/2004, Art. 18: China »permits foreign enterprises, other foreign organizations und individual foreigners to invest in China...«.

92 »The State encourages and provides favorable conditions for entrepreneurs, enterprises and individuals and other organizations to invest, produce, and do business, contributing to the stable development of the economic branches and national construction. Private possessions of individuals, organizations of investment, production, and business are protected by the law and are not subjected to nationalization.« (Verfassung von Vietnam 1992)

93 Beispiele solcher Kooperationsangebote: Die Verfassungen des Königreichs Marokko 2011, des Sultanats Oman 1996/2011. Siehe auch, wie oben erörtert, Vietnams Verfassung von 1992.

ternen Hermeneutik, die verhindert, den Schlussakkord von Haitis Verfassung von 1805 als Wunschdenken oder inhaltsleere Rhetorik abzubuchen, und stattdessen in dieser knappen Aussage den an die Nachbarn und die (ehemaligen) Kolonialmächte gerichteten Hinweis auf die Gefahren des (wieder aufflammenden) Kampfes gegen die Sklaverei zu entziffern:

> [Wir] empfehlen [diesen Pakt] unseren Nachfahren an, er sei eine Huldigung der Freunde der Freiheit, der Menschenfreunde aller Länder, einem Zeichen der göttliche Güte gleich, die, durch ihre ewigen Verordnungen, uns Gelegenheit gegeben hat, unsere Ketten zu brechen und uns als freies, zivilisiertes und unabhängiges Volk zu verfassen.[94]

Nachgefragt werden solche vertrauensbildenden Maßnahmen vor allem von potentiellen Partnern politischer Allianzen und ökonomischer Verträge. Der autoritäre Konstitutionalismus kann dazu beitragen oder jedenfalls herhalten, der Werbung um Partner oder dem Antrag auf Mitgliedschaft in einem Bündnis Seriosität zu verleihen. An einigen Beispielen und »Grundformen« – des personalen, militärischen und parteigestützten – Autoritarismus soll das im Folgenden kurz illustriert werden.

1805 lud Haitis Verfassungselite die rassistischen, auf die Hautfarbe gestützten Unterscheidungen mit politischer Bedeutung auf. So hielt sie den sie umgebenden kolonialen Sklavenhaltergesellschaften demonstrativ einen schwarzen Universalismus entgegen. Während diese sich anschickten, die Befreiung der Sklaven in Haiti rückgängig zu machen, wagte es dieses kleine Insel-Imperium in der Karibik und in unmittelbarer Nähe der USA, den franko-amerikanischen Konstitutionalismus mit einer normativen Revolte zu konfrontie-

---

94 »We commend it [the constitution] to our descendants and, in homage to the friends of liberty and the philanthropists in all countries, as a sign of divine goodness, which, as a result of his immortal decrees, has provided us with an occasion to break our irons and to constitute ourselves as free, civilized and independent people.« (Haiti, Verfassung von 1805) Vier Jahre zuvor überantwortete sich die erste Verfassung von Haiti (Saint-Domingue) noch der Zustimmung durch den Kolonialherren (Art. 77): »The Chief General *Toussaint-Louverture* is and shall remain charged with sending the present Constitution to be sanctioned by the French Government […].« Der Erste Konsul Napoleon Bonaparte erkannte die Sprengkraft dieser Verfassung und antwortete u. a., sie enthalte »einige Vorschriften, die im Gegensatz stehen zur Würde und Souveränität des französischen Volkes«. Victor Schoelcher, *Vie de Toussaint Louverture*, Paris: Paul Ollendorf, 1889.

ren, die, radikaler als die Deklarationen von Philadelphia 1776 und Paris 1789 sowie die *Bill of Rights* 1791, die Herr-Knecht-Beziehung auf den Kopf stellte.[95] Liest man die Verfassung des durchaus autoritär strukturierten *Empire d'Haïti* als zu bestimmten Zwecken geschriebenen Text, so gibt sich dieses politische Manifest[96] vor allem als Adresse an die Welt der Sklavenhalter zu erkennen. Nach innen hatte sie in einer Gesellschaft von erdrückend zahlreichen Analphabeten eine symbolische und zugleich volkspädagogische Bedeutung. Ehemalige Sklaven wurden als Akteure für die Befreiung mobilisiert und auf der Verfassungsbühne anerkannt – generisch »schwarze« Lafayettes, Madisons und Abbés Sieyès.

Im Sinne des konstitutionellen *window dressing* nicht ungeschickt ist seit 2011 die Strategie des Königs Mohammed VI. von Marokko, dem allerdings entgegenkam, dass der Absolutismus seines Vaters, Hassan II., den Ruf des Landes und des Königshauses nachhaltig ruiniert hatte. Abgesehen von der innenpolitischen Notwendigkeit, im Jahre 2011 den »Arabischen Frühling« vorsichtig zu »verherbsten«, abzukühlen und Proteste einzuhegen, präsentierte Mohammed VI. der Weltöffentlichkeit, vor allem auch der Region und investitionsfreudigen Unternehmen, im Gewande einer revidierten Verfassung einen moderat reformfähigen monarchischen Autoritarismus, der sich zur »Konsolidierung und Verstärkung der Institutionen eines modernen Staates«[97] eignete. Da Mohammed VI. zu einigen demokratischen Konzessionen bereit war, konnte er den Absolutismus und Feudalismus des väterlichen Regimes kontrolliert abbauen. Dadurch gewann er den Handlungsspielraum, um unter anderem das Schulsystem und das Familienrecht zu modernisieren, Infrastrukturprojekte anzustoßen, den Außenhandel zu fördern und die Verbrechen des *Ancien Régime* aufzuarbeiten.

---

95 Sibylle Fischer, *Modernity Disawowed. Haiti and the Cultures of Slavery in the Age of Revolution*, Durham NC: Duke University Press, 2004, 227-228 und 233: »Calling all Haitians, regardless of skin color, black is a gesture like calling all people, regardless of the sex, women: it both asserts egalitarian and universalist intuitions and puts them to a test by using the previously subordinated term of the opposition as the universal term.«

96 Ausführlich zum verfassungsrechtlichen Archetypus des politischen Manifests im Unterschied zum Verfassungsvertrag, -gesetz und -programm: Frankenberg, *Comparative Constitutional Studies*, 27 ff.

97 Aus der Präambel der Verfassung des Königreichs Marokko 2011.

Dabei musste er nicht das Bekenntnis zu traditionellen Werten, den Islam als Staatsreligion, seine Doppelrolle als Staatsoberhaupt und Oberhaupt der Gläubigen (*Amir Al Mouminine*)[98] oder seine beachtlichen finanziellen Verstrickungen (siehe Kap. V) aufgeben.

Militärregime tun sich naturgemäß schwer damit, ihre Außendarstellung zu modernisieren oder für sich zu werben. Zu tief ist die *zwangsweise* Durchsetzung ihrer Interessen und Vorstellungen in ihrer DNA verankert. Mit Unterbrechungen ist Burma/Myanmar seit 1962 Heimstatt des militärischen Autoritarismus. Auch dort bedurfte es stetiger, massiver öffentlicher Proteste, um Änderungen herbeizuführen. Das Regime versuchte zunächst, die Proteste niederzuschlagen. Nach dem Scheitern dieser Strategie und nach internationaler Kritik unternahmen die Militärs den Versuch, die Protestanliegen mit einem Verfassungsprojekt abzufangen. Der eingeschlagene Weg einer »disziplinierten Demokratisierung« ließ die Führungsrolle des Militärs allerdings unangetastet.[99] Die Ikone der Opposition, Aung San Suu Kyi, wurde zur Symbolfigur eines nur auf der konstitutionellen Außenhaut liberalisierten und oberflächlich demokratisierten Militärregimes, dem sie ein menschliches Gesicht geben sollte. Die von der neuen Verfassung unterstützte Strategie schien zunächst aufzugehen. Freilich verlor die symbolische Regierungschefin zuletzt viel an Ansehen als »Botschafterin des guten Gewissens« (und im Ausland wurden ihr eine Reihe von Ehrentiteln entzogen), als sie zu den Massakern des Militärs an den Rohingya und deren Vertreibung nur ausweichend Stellung nahm.[100]

Konstitutionelles *window dressing* dürfte allerdings nur dann Erfolg haben, wenn es die Eigenwerbung auf den Empfängerhorizont

---

98 Geschätztes Privatvermögen aus zahlreichen Beteiligungen: 2,5 Milliarden Euro. Leo Wieland, »Marokkos königlicher Unternehmer«, in: *faz.net* vom 28. Februar 2011.

99 René Hingst, *Herausforderungen des politischen Wandels in Burma/Myanmar. Entwicklungspolitisches Engagement im Transformationsprozess. Rahmenbedingungen und Lösungsansätze*, Heinrich Böll Stiftung (Hg.), 2007, ⟨https://www.boell.de/sites/default/files/uploads/2008/11/hingst_burma2003.pdf⟩ (Zugriff: 31.12.2018)

100 »San Suu Kyi nicht mehr ›Botschafterin des Gewissens‹«, in: *Spiegel Online* vom 13.11.2018, ⟨https://www.spiegel.de/politik/ausland/amnesty-international-entzieht-san-suu-kyi-ehrentitel-a-1238106.html⟩ (Zugriff: 31.12.2018). Siehe auch Kap. VII.

einstellt. In dieser Hinsicht ist die programmatische Öffnung Vietnams und seiner Wirtschaft (*Đổi mới*), die seit 1986 in Angriff genommen wurde, wohl doch ambivalent zu beurteilen. Einerseits war das bereitgestellte (verfassungs-)rechtliche *Instrumentarium* sinnvoll und ökonomisch effizient: Es führte eine Reduzierung der Inflation herbei, brachte Leistungs- und Zahlungsbilanz unter Kontrolle und produzierte stetiges Wachstum.[101] Andererseits ist die Selbstdarstellung Vietnams zu sehr der Prosa eines seine Rechtstreue selbst beglaubigenden Reformsozialismus verhaftet. Eine Aufzählung von Staatstugenden[102] dürfte extern schwerlich werbewirksam sein.

Einen ungewöhnlichen Fall des *window dressing* steuert Ungarn bei. Im Konflikt mit der Europäischen Union stellt es weder Unionstreue im rechtlichen Sinn (Quadrant 3) unter Beweis, noch zeigt es nach außen (Quadrant Nr. 4), dass es ein verlässlicher Partner ist. Im Gegenteil fehlt es nicht an Gelegenheiten, und die Verfassungsrevision von 2011 war eine von ihnen, bei denen sich die Orbán-Regierung demonstrativ als Vollstreckerin der Interessen jener heute nur noch im Mythos greifbaren Krone gebärdet und die Fahne eines historisch aufgespreizten nationalistischen Autoritarismus hisst: »Die EU ist 65 Jahre alt, der IWF 67 Jahre, die Vereinigten Staaten 236 Jahre, aber Ungarn ist 1116 Jahre alt.«[103]

---

101 Peter Boothroyd, Pham Xuan Nam (Hg.), *Socioeconomic Renovation in Viet Nam. The Origin, Evolution, and Impact of Doi Moi.* Ottawa: International Development Research Centre, 2000.

102 »The Socialist Republic of Vietnam consistently carries out a diplomatic policy of independence, autonomy, peace and friendship, cooperation, and development; seeks to multilateral and diversified relations, and actively seek to international integration and cooperation on the basis of respect for each other's independence, sovereignty and territorial integrity, non-interference in each other's internal affairs, equality, and mutual interest; conforms to the Charter of the United Nation and international treaties in which Vietnam is a member; is a friend, trust partner, and responsible member in international community for national interests and the contribution to the world for peace, national independence, democracy, and social progress.« (Verfassung Vietnams von 1992, Art. 12)

103 Zitiert nach: »Ungarn – von der Krisenbewältigung zum Aufstand gegen das EU-Regime«, in: *GegenStandpunkt. Politische Vierteljahreszeitschrift* 4-14 (2014), ⟨https://de.gegenstandpunkt.com/artikel/ungarn-krisenbewaeltigung-zum-aufstand-gegen-eu-regime/⟩ (Zugriff: 30.06.2019).

Epilog

»Ich revoltiere, also sind wir.«[1]

Autoritarismus hat kein Verfallsdatum, allerdings auch keine Haltbarkeitsgarantie. Also besteht kein Grund, autoritäre Regime wie Schicksalsschläge hinzunehmen und sich mit der Langlebigkeit ihrer Konstitutionen abzufinden. Autokratien operieren nach den Regeln einer auf ihre Regierungstechnik und ihr Machtkonzept zugeschnittenen Grammatik. Bürger- und Rechtsfreundlichkeit bestimmen nicht deren Regeln. Wo Gelegenheit zur Partizipation gegeben wird, besteht regelmäßig der Hintersinn, die Bürgerschaft einzustimmen auf die Melodie des Autoritarismus und Komplizen zu gewinnen. Wann immer Autokraten das direkte »Gespräch« mit dem Volk suchen, sind sie auf Zustimmung aus, nicht auf Fragen oder Widerspruch. Zudem ist in diese Staatspraxis, wie gezeigt, ein hoher Preis einzurechnen: ohnmächtige Medien, gleichgeschaltete Parteien, Opposition in Haft, vorentschiedene Wahlen, Delegierte ohne Stimme. Und als Gegenleistung erhält das Volk das Phantasma einer imaginären Gemeinschaft gereicht, der angehört, wer unbesehen glaubt und gehorsam folgt, vor allem auf Protest verzichtet.

Autoritarismus ein Profil zu geben, möglichst nah heranzuzoomen und gleichzeitig kritisch auf Distanz zu halten, war eine der methodischen Vorgaben für diese Untersuchung. Die andere war, sich in gleicher Weise auch dem autoritären Konstitutionalismus zu nähern und zugleich auf Abstand zu achten, ihn kreuzweise über die Leisten von Zwecken und Publikum zu spannen. Ins Zentrum der Aufmerksamkeit rückten vor allem jene Momente, in denen autoritäre Regime, Rhetoriken und Verfassungen ihren sicheren Stand verlieren: in flüchtigen Randbemerkungen, unbedachten Ableitungen und verdeckten Prämissen.

Ziel der analytischen Anstrengungen und Deutungen war, einen weiteren Zugang zu finden zu jener verhängnisvollen Faszination, die sowohl Amtsträger wie auch Bürgerschaft dazu verleitet, der autoritären Versuchung nachzugeben. Zudem sollte die Frage beantwortet werden, was Autokraten sich von Verfassungen versprechen.

---

1 Albert Camus, *Der Mensch in der Revolte*, Reinbek b. Hamburg: Rowohlt, 1969, 29 [frz. Orig.: *L'homme révolté*, 1951].

Die Überlegungen sollten nach Möglichkeit zum Herzen der Finsternis vordringen – zur Dunkelkammer, in der autoritäre Regime ihre Verbrechen und auch ihre Schwächen als Geheimnis hüten.

Autoritarismus hat eine Achillesferse: Autorität. Macht zu haben, reicht auf Dauer und in schwierigen Situationen nicht, um etwas – eine Strategie, einen Plan, eine Politik – durchzusetzen. »It's about authority, stupid!«[2] Folglich hängt Autorität von der Bereitschaft anderer ab, sie letztlich demjenigen zu leihen, der sie ausübt. Jemand ist, wie oben gesagt, »nur König, weil sich andere Menschen als Untertanen zu ihm verhalten [...] und umgekehrt [glauben], Untertanen zu sein, weil er König ist.«[3] Verfassungen können dabei als Autoritätsstützen wichtige Dienste leisten. Sie können aber auch Wege aufzeigen, wie sich die Leihe anfechten und die Autorität zurückholen lässt.

So überrascht es nicht, dass die Autorität von Autokraten immer wieder Federn lässt. Wann hätte sich ein Autokrat je für seine antisemitischen Ausfälle entschuldigen müssen, wie es die Europäische Volkspartei von Viktor Orbán verlangt?[4] Das wäre ein Anfang, wenn es denn geschieht. Für Erdoğan, einen der Hauptdarsteller des Autoritarismus, wachsen die Bäume nicht länger in den Himmel. Bei den Kommunalwahlen 2019 musste seine Partei zu seiner nicht geringen Überraschung Verluste hinnehmen und einige Metropolen an die Opposition abgeben.[5] Der autoritäre Eingriff, die

---

2 Stein Ringen, »It's about authority, stupid! Having power is not enough to get things done«, *WZB-Mitteilungen* 133 (2011), 7 ff.

3 Karl Marx, Friedrich Engels, *Werke 23*, Berlin: Dietz-Verlag, S. 72.

4 Seit Beginn der sogenannten Flüchtlingskrise im Spätsommer 2015 betreibt Ministerpräsident Viktor Orbán eine massive öffentliche Diskreditierungskampagne gegen George Soros. Unter Anspielung auf sein Vermögen und seine Herkunft als ungarischer Jude wird Soros als »einflussreicher Strippenzieher der ungarischen Opposition«, Financier der Nichtregierungsorganisationen und Förderer der Migration regierungsamtlich auf Plakaten, Anzeigen und in den regierungsnahen Medien verunglimpft. Siehe zum Konflikt Orbáns mit der EVP Patrick Kingsley, Steven Erlanger, »Hungary's Democracy Is in Danger, E.U. Parliament Decides«, in: *The New York Times* vom 09.12.2018, ⟨https://www.nytimes.com/2018/09/12/world/europe/hungary-eu-viktor-orban.html/⟩ Zugriff: 13.03.2019); darüber hinaus zur Kampagne gegen Soros: Thyra Veyder-Malberg, »Ungarn: Plakatkampagne gegen EU-Kommission«, in *Mitteldeutscher Rundfunk* vom 20.02.2019, ⟨https://www.mdr.de/nachrichten/osteuropa/politik/ungarn-plakat-kampagne-eu-kommission-juncker-100.html⟩ (Zugriff: 13.03.2019).

5 Susanne Güsten, »Wiederholte Bürgermeisterwahl: ›Wer Istanbul regiert, regiert

Annulierung der Wahl in Instanbul, erwies sich als grober taktischer Fehler. Bei der Wiederholung fiel die Niederlage von Erdoğans AKP deutlich krasser aus. In der Slowakei erlitten die Nationalisten gleichfalls eine empfindliche Niederlage. Überraschend gewann die Bürgerrechtsanwältin Zuzana Čaputová die Prädidentenwahl.[6] Die Zustimmung der Bevölkerung zur Amtsführung des brasilianischen Präsidenten und »strongman« Jair Bolsonaro ist nach nur einem halben Jahr auf 30 % gesunken.

Weiter zurück liegen die gravierenden Autoritätsverluste von Myanmars Militärjunta. Proteste zwangen sie 2008, die oppositionelle Nationale Liga für Demokratie an Wahlen teilnehmen lassen und schließlich Aung San Suu Kyi als *de facto*-Regierungschefin hinzunehmen. Im Hintergrund hielten sie freilich alle Fäden in der Hand.

Der im Kalten Krieg schockgefrorene Stalinismus regierte in der Deutschen Demokratischen Republik bis 1989 als einheitsparteiliche »Volksherrschaft«. Dann entzog sich das Volk dieser Herrschaft und kündigte dem Regime die Autoritätsleihe auf. Mit der antiautoritären Losung: »Wir sind das Volk«[7]

Ein Jahr später hob die Apartheid-Regierung Südafrikas das Verbot der Befreiungsbewegung des African National Congress auf und öffnete nach 27 Jahren Haft das Gefängnis für einen der bekanntesten Anti-Apartheid-Kämpfer, Nelson Mandela. Streiks, Protestmärsche, Terror-Anschläge, Sabotageakte, internationale Demarchen und Sanktionen hatten die Autorität des rassistischen Regimes endgültig erodiert und Raum geschaffen für transformativen Konstitutionalismus.[8]

---

die Türkei«, in: *Der Tagesspiegel* vom 23. 06. 2019, ⟨https://www.tagesspiegel.de/politik/wiederholte-buergermeisterwahl-wer-istanbul-regiert-regiert-die-tuerkei/24484378.html/⟩ (Zugriff: 30. 06. 2019).

6 Marc Santora, Miroslava Germanova, »Zuzana Caputova Is Elected Slovakia's First Female President«, *in: The New York* Times vom 30. 03. 2019, ⟨https://www.nytimes.com/2019/03/30/world/europe/slovakia-election-president.html⟩ (Zugriff: 05. 08. 2019).

7 Dazu Albert O. Hirschman, »Abwanderung, Widerspruch und das Schicksal der Deutschen Demokratischen Republik. Ein Essay zur konzeptionellen Geschichte«, in: *Leviathan* 20 (1992), 330 ff.; György Dalos, *Der Vorhang geht auf. Das Ende der Diktaturen in Osteuropa*, München: C. H. Beck, 2009.

8 Heinz Klug, »Towards a Sociology of Constitutional Transformation: Understanding South Africa's Post-Apartheid Constitutional Order«, in: *University of*

Im Dezember 2010 und den folgenden Monaten zerstörten zunächst Tunesien, dann andere Gesellschaften des Maghreb und Nahen Osten den Mythos, die arabische Welt sei kulturell disponiert, Despotismus widerstandslos hinzunehmen. In Tunesien wurde eine Selbstverbrennung zum Fanal für den allzu kurzen »Arabischen Frühling«, der immerhin dort den auf einer Kombination von Repression und bescheidenem Wohlstand gestützten Autoritarismus zu Fall brachte.[9]

Mit beachtlicher Verspätung geht Algeriens autokratisches Machtkartell, das 2011 nur den ohnehin belanglosen, formal erklärten Ausnahmezustand dem »Frühling« opferte, in der Praxis aber am autoritären Regierungsstil festhielt, seit dem Frühjahr 2019 »durch eine sensible Phase«. Erstmals in seiner bis dato zwar von Unruhen immer wieder durchbrochenen, aber in den Grundfesten kaum je erschütterten Regierungszeit zieht sich dort das autoritäre Regime vor den Protesten ein wenig zurück: Präsident Abdelaziz Bouteflika trat zu einer fünften Amtszeit nicht mehr an.[10] Allem Anschein nach stellt die gegen das Machtkartell demonstrierende algerische Bevölkerung dieser Tage die Autorität der Machthaber allzu hartnäckig in Frage und zweifelt am Sinn der dort eingerichteten und ausgeübten Beziehung zwischen Macht*habern* und Macht*unterworfenen*. Weder glaubt noch fürchtet die Zivilgesellschaft das autoritäre Gebaren jener Hintermänner, die einen greisen, der Realität entrückten Präsidenten erneut in eine fünfte Amtsperiode schi-

---

Wisconsin Legal Studies Research Paper No. 1373 (2016); Knud Andresen, Detlef Siegfried (Hg.), »Apartheid und Anti-Apartheid – Südafrika und Westeuropa«, in: *Zeithistorische Forschungen* 13 (2016), Heft 2.

9 Isabelle Werenfels, »Vorreiter Tunesien«, in: Bundeszentrale für politische Bildung (Hg.), *Dossier Arabischer Frühling*, 2011, ⟨http://www.bpb.de/internationales/afrika/arabischer-fruehling/52395/tunesien?p=all/⟩ (Zugriff: 13.03.2019); Michael J. Willis, »Revolt for Dignity. Tunisia's Revolution and Civil Resistance«, in: Adam Roberts et al. (Hg.), *Resistance in the Arab Spring: Triumphs and Disasters*, Oxford: Oxford University Press, 2016.

10 Dazu Bernhard Schmid, *Algerien – Frontstaat im globalen Krieg? Neoliberalismus, soziale Bewegungen und islamistische Ideologie in einem nordafrikanischen Land*, Münster: Unrast, 2005. Zum aktuellen Rückzug der Herrscherclique: Sandra Louven, »Der Abgang des algerischen Präsidenten zeigt: Die Zivilgesellschaft ist erstarkt«, in: *Handelsblatt* vom 02.04.2019, ⟨https://www.handelsblatt.com/meinung/kommentare/kommentar-der-abgang-des-algerischen-praesidenten-zeigt-die-zivilgesellschaft-ist-erstarkt/24168416.html?ticket=ST-6064535-WcdheYIDSmXJDuqi7hcA-ap1/⟩ (Zugriff: 09.07.2018).

cken wollten. So zeigen die algerischen Verhältnisse anschaulich, was dort als Autorität »durchgeht«.[11] Und die Verhältnisse werden jedenfalls vorläufig von denen bestimmt, die ihre Stimme wiedergefunden haben.[12] Nach Jahren der Langmut und des Leidens erfährt die Bevölkerung *im* Protest gegen das Regime das Passwort für den Zugang zu *ihrer* Autorität: »Ich revoltiere, also sind wir.«[13] In Algerien ist es gelungen, ein absurdes Theater des autoritären Konstitutionalismus vom Spielplan abzusetzen: den Wahlauftritt einer Marionette von Militär und Geheimdiensten, die ihre Bewegungen steuern und ihr den Text soufflieren wollten. Zur Aufführung kam ein anderer Text, der eher an Albert Camus' *Mensch in der Revolte* erinnert. Das Machtkartell hat reagiert und will dem Protest in absehbarer Zeit mit einer neuen Verfassung und einem Referendum entgegenkommen. Was daraus wird, bleibt abzuwarten.

Abwarten heißt es auch hinsichtlich der überraschenden Wende, die der zähsterbige Autoritarismus im Sudan genommen hat. Nachhaltige öffentliche Proteste führten zum Sturz des seit 30 Jahren, wie es heißt, »mit harter Hand« regierenden Despoten Omar al-Baschir. Auch der Vorsitzende des Militärrats und ehemalige Vertraute des Gestürzten, der rasch für »Ordnung« sorgen wollte, hielt sich nur einen Tag im Amt. Nur kurz, ziemlich genau zwei Monate, ließ sich das Regime von der Neuauflage des »Arabischen Frühlings« im Lande überraschen und schirmte seine Macht alsbald, wie gewohnt, mit Repression und Massakern ab.[14] Das

---

11 Die »Verhältnisse« verweisen auf Ferdinand Lassalles Definition des Begriffs einer »tatsächlichen Verfassung«: »Die tatsächlichen Machtverhältnisse, die in einer jeden Gesellschaft bestehen, sind jene tätig wirkende Kraft, welche alle Gesetze und rechtlichen Einrichtungen dieser Gesellschaft so bestimmt, daß sie im wesentlichen gar nicht anders sein können, als sie eben sind.« Ferdinand Lassalle, *Über Verfassungswesen. Rede am 16. April 1862*, Hamburg: Europäische Verlagsanstalt, 1993.

12 »Ich habe die Entwicklungen verfolgt […] und ich verstehe die Motivationen der zahlreichen Mitbürger, die diese Art des Ausdrucks nutzen«, sagte Bouteflika, zit. nach »Algeriens Präsident verzichtet nach Protesten auf fünfte Amtszeit«, in: *Die Welt* vom 11.03.2019, ⟨https://www.welt.de/politik/ausland/article190142661/Abdelaziz-Bouteflika-Algeriens-Praesident-verzichtet-nach-Protesten-auf-fuenfte-Amtszeit.html/⟩ (Zugriff: 12.03.2019).

13 Albert Camus, *Der Mensch in der Revolte*, Reinbek b. Hamburg: Rowohlt, 1969, 29 [frz. Orig.: *L'homme révolté*, 1951].

14 Julius Bücher, Ramona Lenz, »Stabilität statt Demokratie«, in: *medico international* vom 03.06.2019, ⟨https://www.medico.de/blog/stabilitaet-statt-demo

Vorgehen wurde nach ritueller öffentlicher Verurteilung von der Europäischen Union geduldet.[15]

So bleibt am Ende die Frage, ob und welchen Beitrag die Verfassungen autoritärer Regime zu deren Transformation oder gar deren Ende leisten können. Noch steht die Antwort in den Sternen. Testfälle wären Syrien, wo al-Assad, und Kambodscha, wo Hun Sen für 2021 ihren verfassungsmäßigen Rückzug von der Macht in Aussicht gestellt haben. Desgleichen Wladimir Putin für 2024. Ein Testfall wäre auch die wiederholte Äußerung von US-Präsident Trump, Artikel 2 der Verfassung (zur exekutiven Gewalt) erlaube ihm zu tun, was immer er tun wolle. Allerdings: Das ist nur der Stand jetzt. Testfälle wären auch Polen und Ungarn, wo sich die Zivilgesellschaft dem weiteren Vormarsch des autoritären Nationalismus entgegenstemmen und die beschädigte Verfassung instand setzen müsste. Weit schwieriger wäre freilich die Re-Konstitutionalisierung des Sudan oder Algeriens.

Am Ende wird sich zeigen, ob sich die jeweiligen Verfassungen »den tatsächlichen Machtverhältnissen« beugen oder eher dem Apfelbaum im Garten gleichen, an dem nur ein Zettel mit der Aufschrift hängt: »Dies ist ein Feigenbaum.«[16]

---

kratie-17404/?gclid=CjoKCQjw9pDpBRCkARIsAOzRzisqsRnSRSf4ILRkX Bwkf9083llSuXC2vcRUF5tMz3g80wME7h8xMW0aAh3LEALw_wcB#pk_ campaign=sudan/⟩ (Zugriff: 09.07.2019).

15 Christoph Sydow, »Der Frühling der Demokratie ist vorbei«, in: *Spiegel Online* vom 03.06.2019, ⟨https://www.spiegel.de/politik/ausland/sudan-massaker-an-demonstranten-zeigt-den-harten-kurs-der-armee-a-1270640.html⟩ (Zugriff: 09.07.2019).

16 Der gleichwohl ein Apfelbaum bleibt und Äpfel trägt. – Die Metapher wurde entnommen: Ferdinand Lassalle, *Über Verfassungswesen. Rede am 16. April 1862*: »Wenn Sie in Ihrem Garten einen Apfelbaum haben und hängen nun an denselben einen Zettel, auf den Sie schreiben: dies ist ein Feigenbaum, ist dann dadurch der Baum zum Feigenbaum geworden? Nein, und wenn Sie Ihr ganzes Hausgesinde, ja alle Einwohner des Landes herum versammeln würden und laut und feierlich beschwören ließen: dies ist ein Feigenbaum – der Baum bleibt, was er war, und im nächsten Jahr, da wird es sich zeigen, da wird er Äpfel tragen und keine Feigen. Ebenso wie wir gesehen haben mit der Verfassung. Was auf das Blatt Papier geschrieben wird, ist ganz gleichgültig, wenn es der realen Lage der Dinge, den tatsächlichen Machtverhältnissen widerspricht.«

Literatur

(Die Auswahl beschränkt sich auf Publikationen, die sich auf die Thematik von Autoritarismus und Verfassung beziehen.)

Abbott, Elizabeth, *Haiti: The Duvaliers and Their Legacy*, New York: McGraw-Hill, 1988.

Ackerman, Bruce A., *Before the Next Attack: Preserving Civil Liberties in an Age of Terrorism*, New Haven: Yale University Press, 2007.

Adorno, Theodor W. et al., *The Authoritarian Personality*, New York: Harper and Brothers, 1950.

–, *Jargon der Eigentlichkeit – Zur deutschen Ideologie*, Frankfurt am Main: Suhrkamp 1963.

–, »Die Freudsche Theorie und die Struktur der faschistischen Propaganda«, in: *Psyche* 24 (1970), 486 ff.

Albrecht, Holger, Rolf Frankenberg (Hg.), *Autoritarismus Reloaded – Neuere Ansätze und Erkenntnisse der Autokratieforschung*, Baden-Baden: Nomos, 2010.

Alexander, Michelle, *The New Jim Crow*, New York: The New Press, 2012.

Ali, Tariq, *Die Nehrus und die Gandhis. Eine indische Dynastie*, München: Heyne, 2006.

Allert, Tilman, *Der deutsche Gruß. Geschichte einer unheilvollen Geste*, Frankfurt am Main: Fischer, 2016.

Altemeyer, Robert, *Enemies of Freedom: Understanding Right-Wing Authoritarianism*, San Francisco CA: Jossey-Bass, 1988.

Alterio, Ana Micaela, Roberto Niembro Ortega, »Constitutional Culture and Democracy in Mexico – A Critical View of the 100-Year-Old Mexican Constitution«, in: Mark Graber et al. (Hg.), *Constitutional Democracies in Crisis?*, Oxford: Oxford University Press 2018, 139 ff.

Altınordu, Ateş, »A Midsummer Night's Coup: Performance and Power in Turkey's July 15 Coup Attempt«, in: *Qualitative Sociology* 40 (2017), 139 ff.

Alviar Garcia, Helena, Günter Frankenberg (Hg.), *Authoritarian Constitutionalism*, Cheltenham: E. Elgar Publishing, 2019.

Alviar Garcia, Helena, »Neoliberalism as a Form of Authoritarian Constitutionalism«, in Alviar Garcia, Frankenberg (Hg.), *Authoritarian Constitutionalism*, 37 ff.

Anderson, Benedict, *Imagined Communities. Reflections on the Origin and Spread of Nationalism*, London: Verso, 1983.

Applebaum, Anne, *Der Eiserne Vorhang: Die Unterdrückung Osteuropas 1944-1956*, München: Siedler, 2013.
Arendt, Hannah, *Elemente und Ursprünge totaler Herrschaft* [1951], München/Zürich: Piper, 1986.
–, *Über die Revolution* [1963], München: Piper, 2017.
Arenhövel, Mark, *Globales Regieren: Neubeschreibungen der Demokratie in der Weltgesellschaft*, Frankfurt am Main/New York: Campus, 2003.
Aron, Raymond, »L'avenir des religions séculières«, in: *Commentaire*, Nr. 28-29 (1985), 369 ff.
Art, David, »What Do We Know About Authoritarianism After Ten Years?«, in: *Comparative Politics* 44 (2012), 351 ff.
Assheuer, Thomas, »Krise des Liberalismus: Ein autoritäres Angebot«, in: *Zeit Online* vom 27. Mai 2016.
–, »Wahrheit ist die Krücke der Verlierer«, in: *Die Zeit* vom 01.10.2016.
Augsberg, Steffen, »›Denken vom Ausnahmezustand her‹. Über die Unzulässigkeit der anormalen Konstruktion und Destruktion des Normativen«, in: Felix Arndt et al. (Hg.), *Freiheit – Sicherheit – Öffentlichkeit*, Baden-Baden: Nomos, 2009, 17 ff.

Bajohr, Frank, Michael Wildt (Hg.), *Volksgemeinschaft. Neue Forschungen zur Gesellschaft des Nationalsozialismus*, Frankfurt am Main: Fischer, 2009.
Bank, André, »Die Renaissance des Autoritarismus. Erkenntnisse und Grenzen neuerer Beiträge der Comparative Politics und Nahostforschung«, in: *Hamburg Review of Social Sciences* 4 (2009), 10 ff.
Bank, André, Maria Josua »Gemeinsam stabiler: wie autoritäre Regime zusammenarbeiten«, in: *GIGA Focus Global 2*, Hamburg: GIGA German Institute of Global and Area Studies, Leibniz-Institut für Globale und Regionale Studien, 2017.
Bánkuti, Miklós et al., »Disabling the Constitution«, in: *Journal of Democracy* 23 (2012), 138 ff.
Bánkuti, Miklós, Gábor Halmai, Kim Lane Scheppele, »Hungary's Illiberal Turn: Disabling the Constitution«, in: *Journal of Democracy* 23 (2012) 138 ff.
Barskanmaz, Cengiz, »Rasse – Unwort des Antidiskriminierungsrechts?«, in: *Kritische Justiz* 44 (2011), 382 ff.
Baxi, Upendra, »The Colonial Heritage«, in: Pierre Legrand, Roderick Munday (Hg.), *Comparative Legal Studies: Traditions and Transitions*, Cambridge: Cambridge University Press, 2003, 50 ff.
Beck, Martin, Ingo Stützle (Hg.), *Die neuen Bonapartisten*, Berlin: Dietz, 2018.
Benhabib, Selya, »Feminist Theory and Hannah Arendts's Concept of the Public Space«, in: *Historiy of the Human Sciences* 6 (1993), 97 ff.

Benjamin, Walter, »Zur Kritik der Gewalt«, in ders., *Gesammelte Schriften* II.1, hg. v. Rolf Tiedemann, Hermann Schweppenhäuser, Frankfurt am Main: Suhrkamp, 1999, 179 ff.

Benni, Stefano, Andrea Camilleri, Umberto Eco, *Berlusconis Italien – Italien gegen Berlusconi*, Berlin: Verlag Klaus Wagenbach, 2002.

Berlin, Ira, *Generations of Captivity: A History of African-American Slaves*, Cambridge MA/London: Harvard University Press, 2003.

Bernet, Wolfgang, »Eingabe als Ersatz für Rechte gegen die Verwaltung in der DDR«, in: *Kritische Justiz* (1990), 153 ff.

Betz, Hans-Georg, »Rechtspopulismus. Ein internationaler Trend?«, in: *Aus Politik und Zeitgeschichte*, B 9-10, 1998, 1 ff.

Böckenförde, Ernst-Wolfgang, »Der verdrängte Ausnahmezustand. Zum Handeln der Staatsgewalt in außergewöhnlichen Lagen«, *Neue Juristische Wochenschrift* 31 (1978), 1881 ff.

Böhnke, Petra, »Ungleiche Verteilung politischer und zivilgesellschaftlicher Partizipation«, *Aus Politik und Zeitgeschichte* 1-2 (2011), 18 ff.

Bogaards, Mathijs, Sebastian Elischer, »Competitive Authoritarianism in Africa Revisited«, in: *Zeitschrift für Vergleichende Politikwissenschaft* 10 (2016), 5 ff.

Boger, Horst Wolfgang, »Bürger & Staat: Nomokratie Demokratie Bürokratie KLEPTOKRATIE«, in: *HUMONDE. Zeitschrift für eine humane Welt und Wirtschaft* 2 (2004).

Borejsza, Jerzy W. et al. (Hg.), *Totalitarian and Authoritarian Regimes in Europe*, Oxford/New York: Berghahn Books, 2006.

Borstel, Dierk, »Die rechte Mobilisierung – eine Gefahr für die Demokratie?«, in: *Gesellschaft – Wirtschaft – Politik* 65 (2016), 163 ff.

Bos, Ellen, *Verfassungsgebung und Systemwechsel: Die Institutionalisierung von Demokratie im postsozialistischen Europa*, Wiesbaden: Springer VS, 2004.

Bourdieu, Pierre, »Ökonomisches Kapital – Kulturelles Kapital – Soziales Kapital«, in: Reinhard Kreckel (Hg.), *Soziale Ungleichheiten*, Göttingen: Vandenhoeck & Ruprecht, 1983, 183 ff.

Bracher, Karl Dietrich, *Die deutsche Diktatur. Entstehung, Struktur, Folgen des Nationalsozialismus*. Köln: Kiepenheuer & Witsch, 1993.

Braehler, Elmar, Oliver Decker, *Flucht ins Autoritäre: Rechtsextreme Dynamiken in der Mitte der Gesellschaft*, Gießen: Psychosozial Verlag, 2018.

Brandt, Mark J., P. J. Henry, »Gender Inequality and Gender Differences in Authoritarianism«, in: *Personality and Social Psychology Bulletin* 38 (2012), 1301 ff.

Bratton, Michael, Nicolas van de Walle, »Neopatrimonialism and Political Transitions in Africa«, in: *World Politics* 46 (1994), 453 ff.

–, *Democratic Experiments in Africa. Regime Transitions in Comparative Perspective*, Cambridge UK: Cambridge University Press, 1997.

Bredekamp, Horst, *Der schwimmende Souverän. Karl der Große und die Bildpolitik des Körpers*, Berlin: Wagenbach, 2014.

Bredies, Ingmar, »Verfassungen ohne Konstitutionalismus: quasikonstitutionelle Institutionalisierung des Autoritarismus in Osteuropa«, in: *Totalitarismus und Demokratie* 8 (1) (2011), 133 ff.

–, »Entstehungsbedingungen, Stützen und Wirkungsumfeld »neuer Autoritarismen««, Regensburg: Januar 2011 (Working Papers des Forums Regensburger Politikwissenschaftler – FRP Working Paper 01/2011).

Breede, H. Cristian, *The Idea of Failed States*, New York: Routledge 2017.

Breschnew, Leonid, *On the Draft Constitution of the Union of Soviet Republics*, Moskau: Foreign Languages Publishing House, 1977.

Brooker, Peter, *Non-democratic Regimes: Theory, Government, and Politics*, New York: St. Martin's Press, 2000 (2. Aufl., New York: Palgrave 2009).

Brooks, Christopher W., *Law, Politics and Society in Early Modern England*, Cambridge UK: Cambridge University Press, 2008.

Brown, Nathan J., *Constitutions in a Nonconstitutional World*, Albany NY: State University of New York Press, 2002.

Brown, Wendy, *Die schleichende Revolution: Wie der Neoliberalismus die Demokratie zerstört*, Berlin: Suhrkamp, 2015.

Brown, Wendy, Peter E. Gordon, Max Pensky, *Authoritarianism. Three Inquiries in Critical Theory*, Chicago: University of Chicago Press, 2018.

Bruff, Ian, »The Rise of Authoritarian Neoliberalism«, in: *Rethinking Marxism: A Journal of Economics, Culture & Society* 26 (2016), 115 ff.

Buck-Morss, Susan, *Hegel, Haiti, and Universal History*, Pittsburgh: University of Pittsburgh Press, 2009.

Buckel, Sonja, John Kannankulam, »Zur Kritik der Anti-Terror-Gesetze nach dem ›11. September‹«, in: *Das Argument* 44/2002, 34 ff.

Bühl, Achim, *Rassismus – Anatomie eine Machtverhältnisses*, Wiesbaden: Marix-Verlag, 2016.

Bülow, Andreas von, *Die CIA und der 11. September: Internationaler Terror und die Rolle der Geheimdienste*, München: Piper, 2011.

Bui, Thiem H., »Liberal Constitutionalism and the Socialist State in an Era of Globalisation: An Inquiry into Vietnam's Constitutional Discourse and Power Structures«, in: *Global Studies Journal* 5 (2013), 43 ff.

Burke, Edmund, *Reflections on the Revolution in France* [1790], hg. v. J.C.D. Clark, Stanford CA: Stanford University Press 2001.

Burke, Peter, *Ludwig XIV. Die Inszenierung des Sonnenkönigs*, Berlin: Wagenbach, 2001.

Butterwegge, Christoph, »Globalisierung, Neoliberalismus und Rechtsextremismus«, in: Peter Bahtke, Susanne Spindler (Hg.), *Neoliberalismus und Rechtsextremismus in Europa. Zusammenhänge – Widersprüche – Gegenstrategien*, Berlin: Dietz-Verlag, 2006, 15 ff.

Çalışkan, Koray, »Explaining the end of military tutelary regime and the July 15 coup attempt in Turkey«, in: *Journal of Cultural Economy* 10 (2017), 97 ff.

Canovan, Margaret, *Populism*, New York: Harcourt Brace Jovanovich, 1981.

–, »Trust the People! Populism and the Two Faces of Democracy«, in: *Political Studies* 47 (1999), 2 ff.

–, »Taking Politics to the People: Populism and the Ideology of Democracy«, in: Yves Mény, Yves Surel (Hg.), *Democracies and the Populist Challenge*, Barsingstoke UK: Palgrave 2002, 25 ff.

Cavuldak, Ahmet et al. (Hg.), *Demokratie und Islam. Theoretische und empirische Studien*, Wiesbaden: Springer VS, 2014.

Chapman, Peter, *Bananas: How the United Fruit Company Shaped the World*, Edinburgh UK: Canongate Books, 2007.

Cheesman, Nick, Nicolas Farrelly, *Conflict in Myanmar: War, Politics and Religion*, Singapur: ISEAS – Yusof Ishak Institute, 2018.

Chen, Albert H.Y., »The achievement of constitutionalism in Asia – moving beyond ›constitutions without constitutionalism‹«, in: Albert H.Y. Chen (Hg.), *Constitutionalism in Asia in the Early Twenty-First Century*, Cambridge UK: Cambridge University Press, 2014, 4 ff.

Chomsky, Noam, *Failed States: The Abuse of Power and the Assault of Democracy*, New York: Henry Holt & Co., 2006.

Chua, Amy, Jed Rubenfeld, »The Threat of Tribalism«, in: *The Atlantic Monthly*, 10 (2018).

Çıpa, H. Erdem, *The Making of Selim: Succession, Legitimacy and Memory in the Early Modern Ottoman World*, Bloomington IN: Indiana University Press, 2017.

Coates, Ta-Nehisi, *We were eight years in power – Eine amerikanische Tragödie*, Berlin: Hanser, 2017.

–, »The First White President«, in: *The Atlantic Monthly*, 10 (2017).

Codoceo, Fernando, *Demokratische Transition in Chile. Kontinuität oder Neubeginn?*, Berlin: Wissenschaftlicher Verlag Berlin, 2007.

Collinson, David, Jeff Hearns, *Men as Managers, Managers as Men. Critical Perspectives on Men, Masculinities and Managements*, London: Sage, 1996.

Cook, Steven A., »How Erdogan Made Turkey Authoritarian Again«, in: *The Atlantic Monthly*, 7 (2016).

Corrales, Javier, »Venezuela's Succession Crisis«, in: *Current History* 112 (2013), 56 ff.

–, »The Authoritarian Resurgence: Autocratic Legalism in Venezuela«, in: *Journal of Democracy* 26 (2015), 37 ff.

Cortés, Juan Donoso, *Obras* I, Madrid: Tejado, 1854.

–, *Über die Diktatur: Drei Reden aus den Jahren 1849/50*, hg. v. Günter Maschke, Wien: Karolinger Verlag, 1996.

Crouch, Colin, *Postdemokratie*, Berlin: Suhrkamp, 2010.
–, *Das befremdliche Überleben des Neoliberalismus*, Berlin: Suhrkamp, 2011.

Dahrendorf, Ralf, »Ungewißheit, Wissenschaft und Demokratie«, in: ders., *Konflikt und Freiheit*, München: Piper 1972.
–, *Versuchungen der Unfreiheit. Die Intellektuellen in Zeiten der Prüfung*, München: C. H. Beck, 2006.
Dalos, György, *Der Vorhang geht auf. Das Ende der Diktaturen in Osteuropa*, München: C. H. Beck, 2009.
David, René, »On the Concept of ›Western‹ Law«, in: *Cincinnati Law Review* 52 (1983), 126 ff.
David, René, Camille Jauffret-Spinosi und Marie Goré, *Les grands systèmes du droit contemporains*, 12. Aufl., Paris: Dalloz, 2016.
Davis, Dennis, »Authoritarian Constitutionalism: The South African Experience«, in: Alviar, Frankenberg, *Authoritarian Constitutionalism*, 2019, 57 ff.
Dawisha, Karen, *Putin's Kleptocracy: Who Owns Russia?*, New York: Simon & Schuster, 2014.
Decker, Oliver et al., »Das Veralten des autoritären Charakters«, in: Friedrich-Ebert-Stiftung (Hg.), *Die Mitte in der Krise. Rechtsextreme Einstellungen in Deutschland 2010*, Berlin: zu Klampen 2012, 29 ff.
Deibert, Ronald et al. (Hg.), *Access Denied. The Practice and Policy of Global Internet Filtering*, Cambridge MA: MIT Press, 2008.
–, *Access Controlled. The Shaping of Power, Rights in Cyberspace*, Cambridge MA: MIT Press, 2010.
Deiseroth, Dieter, »Die Legalitäts-Legende. Vom Reichstagsbrand zum NS-Regime«, in: *Blätter für deutsche und internationale Politik* 53 (2008), 91 ff.
Deneen, Patrick, *Why Liberalism Failed*, New Haven: Yale University Press, 2018.
Denninger, Erhard, *Der gebändigte Leviathan*, Baden-Baden: Nomos, 1990.
–, »Freiheit durch Sicherheit?«, in: *Strafverteidiger* 22 (2002), 96 ff.
–, »Loyalitätserwartungen«, *Kritische Justiz* 41 (2011), 321 ff.
Derrida, Jacques, *Gesetzeskraft. Der »mystische Grund der Autorität«*, Berlin: Suhrkamp, 1991.
–, »Declarations of Independence«, in: ders., *Negotiations: Interventions and Interviews, 1971-2001*, Stanford CA: Stanford University Press 2002, 46 ff.
Dewey, John, *Die Öffentlichkeit und ihre Probleme*, Bodenheim: Philo, 1996.
Diamond, Larry, Marc Plattner (Hg.), *Democracy in Decline?*, Baltimore MD: Johns Hopkins University Press, 2015.

Diamond, Larry, Marc F. Plattner und Christopher Walker (Hg.), *Authoritarianism Goes Global: The Challenge to Democracy*, Baltimore MD: Johns Hopkins University Press, 2016.

Diehl, Paula, »Die repräsentative Funktion des Körpers in der Demokratie«, in: André Brodocz et al. (Hg.), *Die Verfassung des Politischen – Festschrift für Hans Vorländer*, Wiesbaden: Springer VS 2014, 113 ff.

–, *Der politische Repräsentant und der ›leere Ort der Macht‹. Das Symbolische, das Imaginäre und die Demokratie. Eine Theorie politischer Repräsentation*, Baden-Baden: Nomos Verlag, 2015.

Dirks, Nicholas, *The Scandal of Empire: India and the creation of Imperial Britain*, Cambridge MA: The Belknap Press of Harvard University Press, 2006.

Dubiel, Helmut, *Populismus und Aufklärung*, Frankfurt am Main: Suhrkamp, 1986.

Dupré, Catherine, *Importing the Law in Post-Communist Transitions. The Hungarian Constitutional Court and the Right to Dignity*, Oxford/Portland: Hart Publishing, 2003.

Eisenstadt, Shmuel N., *Traditional Patrimonialism and Modern Neopatrimonialism*, Beverly Hills CA: Sage, 1973.

Elias, Norbert, *Die Gesellschaft der Individuen*, Frankfurt am Main: Suhrkamp, 1987.

Esena, Berk, Sebnem Gumuscu, »Rising Competitive Authoritarianism in Turkey«, in: *Third World Quarterly* 37 (2016), 1581 ff.

Erdmann, Gero, Christian von Soest, »Diktatur in Afrika«, in: *GIGA focus* 8 (2008), 1 ff.

Ernst, Wolfgang, Cornelia Vismann (Hg.), *Geschichtskörper. Zur Aktualität von Ernst H. Kantorowicz*, München: Wilhelm Fink Verlag, 1998.

Fetscher, Iring, *Herrschaft und Emanzipation. Zur Philosophie des Bürgertums*, München: Piper, 1976.

Figes, Orlando, *Die Flüsterer. Leben in Stalins Russland*, Berlin: Berlin Verlag, 2008.

Finaldi, Giuseppe, *Mussolini and Italian Fascism*, Harlow UK: Routledge, 2008.

Fink, Moritz, »›Every Second Counts‹ – Postmoderne Propaganda und kreativer Protest im Zeitalter des Donald Trump«, in: *Akademie-Kurzanalyse* 1 (2017), 1 ff.

Fischer, Sibylle, *Modernity Disawowed. Haiti and the Cultures of Slavery in the Age of Revolution*, Durham NC: Duke University Press, 2004.

Fleischer, Helmut, *Marxismus und Geschichte*, 7. Aufl. Frankfurt am Main: Suhrkamp 1977.

Fisahn, Andreas, *Hinter verschlossenen Türen: halbierte Demokratie?*, Hamburg: VSA-Verlag, 2017.

Forst, Rainer, *Normativität und Macht. Zur Analyse sozialer Rechtfertigungsordnungen*, Berlin: Suhrkamp 2015.

Forsthoff, Ernst, »Der introvertierte Rechtsstaat und seine Verortung«, in: *Der Staat* (1963), 385 ff.

Foucault, Michel, *Überwachen und Strafen*. Die Geburt des Gefängnisses, Frankfurt am Main: Suhrkamp 1977.

–, »Security, Territory, Population«, in: ders., *Ethics: Subjectivity and Truth*, New York: The New Press, 2004, 73 ff.

–, *Geschichte der Gouvernementalität I, Sicherheit, Territorium, Bevölkerung*, Frankfurt am Main: Suhrkamp, 2004.

–, *Die Geburt der Biopolitik. Geschichte der Gouvernementalität II – Vorlesung am Collège de France 1978/1979*, Frankfurt am Main: Suhrkamp, 2006.

–, *Dispositive der Macht: Über Sexualität, Wissen und Wahrheit*, Berlin: Merve, 2008.

Fraenkel, Ernst, *Der Doppelstaat*, Frankfurt am Main/Köln: Europäische Verlagsanstalt, 1974.

Frankenberg, Günter, »Critical Comparisons. Re-Thinking Comparative Law«, in: *Harvard International Law Journal* (1985), 411 ff.

–, *Autorität und Integration*, Frankfurt am Main: Suhrkamp 2003.

–, »Kritik des Bekämpfungsrechts«, in: *Kritische Justiz* (2005), 370 ff.

–, *Staatstechnik. Perspektiven auf Rechtsstaat und Ausnahmezustand*, Frankfurt am Main: Suhrkamp 2010.

–, »Annäherungen an den Wutbürger«, in: *Kritische Justiz* (2013), 396 ff.

–, »Im Ausnahmezustand«, in: *Kritische Justiz* 50 (2017), 3 ff.

–, *Comparative Constitutional Studies – Between Magic and Deceit*, Cheltenham UK: E. Elgar, 2018.

–, »Authoritarian constitutionalism: coming to terms with modernity's nightmares«, in: Alviar, Frankenberg (Hg.), *Authoritarian Constitutionalism*, 1 ff.

Frederickson, George M., *White Supremacy: A Comparative Study in American and South African History*, Oxford: Oxford University Press, 1981.

Frei, Daniel, *Feindbilder und Abrüstung. Die gegenseitige Einschätzung der UdSSR und der USA*, München: UNIDIR, 1985.

Frei, Norbert, *Der Führerstaat. Nationalsozialistische Herrschaft 1933-1945*. 8. Auflage, München: Deutscher Taschenbuch Verlag, 2007.

Frei, Norbert, Franka Maubach, Christina Morina und Maik Tändler, *Zur rechten Zeit. Wider die Rückkehr des Nationalismus*, Berlin: Ullstein, 2019.

Freud, Sigmund, *Massenpsychologie und Ich-Analyse. Die Zukunft einer Illusion*, Frankfurt am Main: Fischer, 1993.

Friedrich, Dirk, *Salazars Estado Novo. Vom Leben und Überleben eines autoritären Regimes 1930-1974*, Bonn: Minifanal, 2016.

Fuchs, Christian, *Digitale Demagogie: Autoritärer Kapitalismus in Zeiten von Trump und Twitter*, Hamburg: VSA Verlag, 2018.

Fukuyama, Francis, *Das Ende der Geschichte. Wo stehen wir?*, München: Kindler, 1992.

Furedi, Frank, *The Politics of Fear*, New York/London: Continuum, 2005.

Gallie, Walter B., »Essentially Contested Concepts«, in: *Proceedings of the Aristotelian Society* 56 (1956), 167 ff.

Gargarella, Roberto, *Latin American Constitutionalism 1810-2010. The Engine Room of the Constitution*, Oxford: Oxford University Press, 2013.

–, »Latin America: Constitutions in Trouble«, in: Mark A. Graber et al. (Hg.), *Constitutional Democracy in Crisis?*, Oxford: Oxford University Press, 2018, 177 ff.

Garraway, Doris L., »›Légitime Défense‹: Universalism and Nationalism in the Discourse of the Haitian Revolution«, in: dies. (Hg.), *The Tree of Liberty*, Charlottesville VA: University of Virginia Press 2008, 63 ff.

Gauchet, Marcel, »Die totalitäre Erfahrung und das Denken des Politischen«, in: Ulrich Rödel (Hg.), *Autonome Gesellschaft und libertäre Demokratie*, Frankfurt am Main: Suhrkamp, 1990, 107 ff.

–, »Pacification démocratique, desertion civique«, in: *Le débat* 6 (1990), 87 ff.

Geddes, Barbara, »What Do We Know About Democratization After Twenty Years?«, in: *Annual Review of Political Science* 2 (1999), 115 ff.

Geertz, Clifford, »Local Knowledge: Fact and Law in Comparative Perspective«, in: ders., *Local Knowledge. Further Essays in Interpretive Anthropology*, New York: Basic Books 1983, 167 ff.

Germani, Gino, *Authoritarianism, Fascism, and National Populism*, New Brunswick: Transaction Books, 1978.

Gill, Stephen, »European Governance and New Constitutionalism: Economic and Monetary Union and Alternatives to Disciplinary Neoliberalism in Europe«, in: *New Political Economy* 1 (1998), 5 ff.

Ginsborg, Paul, *Silvio Berlusconi: Television, Power and Patrimony*, London: Verso Books, 2005.

Ginsburg, Tom, Alberto Simpser (Hg.), *Constitutions in Authoritarian Regimes*, Cambridge: Cambridge University Press 2013.

Ginsburg, Tom, Aziz H. Huq, *How to Save a Constitutional Democracy*, Chicago: University of Chicago Press, 2018.

Ginsburg, Tom, Aziz H. Huq, Mila Versteeg, »The Coming Demise of Liberal Constitutionalism?«, in: *The University of Chicago Law Review* 85 (2018), 239 ff.

Gliech, Oliver, *Der Sklavenaufstand von Saint-Domingue und die Französische Revolution (1789-1795)*, Köln: Böhlau, 2010.

Görgens, Maximilian, *Die Präsidentialismus-Falle*, Saarbrücken: AV Akademikerverlag, 2017.

Gonzalez-Jácome, Jorge, »Authoritarianism and the Narrative Power of Constitutionalism in Venezuela«, in: Alviar, Frankenberg (Hg.), *Authoritarian Constitutionalism*, 136 ff.

Gooyer, Stephanie et al., *Vom Recht, Rechte zu haben*, Hamburg: Hamburger Edition, 2018.

Gordon, Peter E., »The Authoritarian Personality Revisited: Reading Adorno in the Age of Trump«, in: *boundary* vom 15. Juni 2016.

Gotanda, Neil, »A Critique of ›Our Constitution is Color-Blind‹«, in: *Stanford Law Review* 44 (1991), 1 ff.

Graber, Mark A., Sanford Levinson, Mark Tushnet (Hg.), *Constitutional Democracy in Crisis?*, Oxford: Oxford University Press, 2018.

Graciel, Cathérine, Eric Laurent, *Le Roi Préd*ateur, Paris: Seuil, 2012.

Greenberg, Douglas et al. (Hg.), *Constitutionalism and Democracy, Transitions in the Contemporary World,* New York: Oxford University Press, 1993.

Grimm, Dieter, *Constitutionalism – Past, Present and Future*, Oxford: Oxford University Press, 2016.

Gross, Oren, »Chaos and Rules: Should Responses to Violent Crises Always be Constitutional?«, in: *Yale Law Journal* 112 (2003), 1014 ff.

Gudkow, Lew, »Staat ohne Gesellschaft. Zur autoritären Herrschaftstechnologie in Rußland«, in: *Osteuropa* 58 (2008), 3 ff.

Goodin, Robert E., *Innovating Democracy. Democratic Theory and Practice after the Deliberative Turn,* Oxford: Oxford University Press, 2008.

Günther, Klaus »Geteilte Souveränität, Nation und Rechtsgemeinschaft«, in: *Kritische Justiz* 49 (2016), 321 ff.

Gulick, Anne, »We Are Not the People: the 1805 Haitian Constitution's Challenge to Political Legibility in the Age of Revolution«, in: *American Literature* 78 (2008), 802 ff.

Habermas, Jürgen, »Hannah Arendts Begriff der Macht«, in: *Merkur* 341 (1976).

–, *Faktizität und Geltung: Beiträge zur Diskurstheorie des Rechts und des Rechtsstaats*, Frankfurt am Main: Suhrkamp, 1992.

–, »Drei normative Modelle der Demokratie: Zum Begriff der deliberativen Demokratie«, in: Herfried Münkler (Hg.), *Die Chancen der Freiheit: Grundprobleme der Demokratie*, München/Zürich: 1992, 11 ff.

–, »Wie demokratisch ist die Europäische Union?«, in: *Blätter für deutsche und internationale Politik* 8 (2011), 37 ff.

Hall, Stuart, »The Great Moving Right Show«, in: *Marxism Today*, January 1979, 14 ff.
–, *Das verhängnisvolle Dreieck – Rasse Ethnie Nation*, Berlin: Suhrkamp, 2018.
Hambückers, Martin, *Arrivederci Berlusconi. Medienpolitische Verflechtungen in Italien seit 1945*, Konstanz: UVK-Verlag, 2006.
Hamilton, Alexander, James Madison und John Jay, *Die Federalist Papers* [1787/88], München: C. H. Beck, 2007.
Hammer, Karl, Peter Claus Hartmann (Hg.), *Der Bonapartismus. Historisches Phänomen und politischer Mythos. 13. Deutsch-französisches Historikerkolloquium des Deutschen Historischen Instituts Paris in Augsburg vom 26. bis 30. September 1975*, München/Zürich: Artemis, 1977.
Haraway, Donna, »Situated Knowledges: The Science Question in Feminism and the Privilege of Partial Perspective«, in: *Feminist Studies* 14 (1988), 575 ff.
Harrington, James, *The Commonwealth of Oceana* und *A System of Politics* [1656], hg. v. J. G. A. Pocock, Cambridge: Cambridge University Press, 1992.
Hanschmann, Felix, »Die Suspendierung des Konstitutionalismus im Herzen der Finsternis. Recht, Rechtswissenschaft und koloniale Expansion des Deutschen Reiches«, in: *Kritische Justiz* 45 (2012), 144 ff.
Heidenreich, Felix, Gary S. Schaal (Hg.)., *Politische Theorie und Emotionen*, Baden-Baden, Nomos, 2012.
Heitmeyer, Wilhelm, *Autoritäre Versuchungen*, Berlin: Suhrkamp, 2018.
Hellfeld, Matthias von, *Das lange 19. Jahrhundert – Zwischen Revolution und Krieg 1776-1914*, Berlin: Dietz, 2015.
Hendricks, Vincent F., Mads Vestergaard, »Verlorene Wirklichkeit? An der Schwelle zur postfaktischen Demokratie«, in: *Aus Politik und Zeitgeschichte* 67 (2017), 4 ff.
Henry, O., *Cabbages and Kings*, New York: Doubleday, Page & Company, 1904.
Hill, Clauspeter, Jörg Menzel (Hg.), *Constitutionalism in Southeast Asia*, Singapur: Konrad-Adenauer-Stiftung, 2008.
Hillebrand, Ernst (Hg.), *Rechtspopulismus in Europa: Gefahr für die Demokratie?*, Bonn: Dietz, 2015.
Hirschl, Ran, *Towards Juristocracy: The Origins and Consequences of the New Constitutionalism*, Cambridge MA: Harvard University Press, 2004.
–, *Comparative Matters. The Renaissance of Comparative Constitutional Law*, Oxford: Oxford University Press, 2014.
Hirschman, Albert O., *Leidenschaften und Interessen*, Frankfurt am Main: Suhrkamp, 1987.
Hirschmann, Kai, *Der Aufstieg des Nationalpopulismus – Wie westliche Ge-*

sellschaften polarisiert werden, hrsg. v. d. Bundeszentrale für politische Bildung, Bonn, 2017.

Hobbes, Thomas, *Leviathan* [1651], hg. und eingeleitet von Iring Fetscher, Frankfurt am Main: Suhrkamp, 1994.

–, *The Elements of Law, Natural and Political* [1640], Oxford: Oxford University Press, 2008.

Hobsbawn, Eric, *Das lange 19. Jahrhundert*, 3 Bde., Stuttgart: Theiss, 2017.

Hofstetter, Yvonne, *Das Ende der Demokratie*, München: Bertelsmann Verlag, 2016.

Holliday, Ian, Maw Htun Aung & Cindy Joelene, »Institution Building in Myanmar: The Establishment of Regional and State Assemblies«, in: *Asian Survey* 55 (2015), 641 ff.

Holmes, Stephen, »Constitutions and Constitutionalism«, in: Michel Rosenfeld, András Sajó (Hg.), *The Oxford Handbook of Comparative Constitutional Law*, Oxford: Oxford University Press, 2012, 198 ff.

Honneth, Axel, »Verwilderungen. Kampf um Anerkennung im frühen 21. Jahrhundert«, in: *Aus Politik und Zeitgeschichte* 1-2 (2011), 37 ff.

Horcicka, Florian, *Das schmutzige Geld der Diktatoren*, Wien: Knemayr & Scheriau, 2015.

Horn, Eva, *Der geheime Krieg: Verrat, Spionage und moderne Fiktion*, Frankfurt am Main: S. Fischer, 2007.

Howind, Sascha, »Der faschistische Einheitstrick. Die Suggestion von Einheit und Gleichheit in der nationalsozialistischen ›Volksgemeinschaft‹«, in: Markus Brunner et al. (Hg.), *Volksgemeinschaft, Täterschaft und Antisemitismus*, Gießen: Psychosozial-Verlag 2011, 111 ff.

Huq, Aziz, Tom Ginsburg, »How to Lose a Constitutional Democracy«, in: *UCLA Law Review* 65 (2018), 13 ff.

International Crisis Group Working to Prevent Conflict Worldwide, »Popular Protest in North Africa and the Middle East (VII): The Syrian Regime's Slow-Motion Suicide«, in: *Middle East/North Africa Report*, No. 109 - 13. Juli 2011.

Isiksel, Turkuler, »Between Text and Context: Turkey's Tradition of Authoritarian Constitutionalism«, in: *International Journal of Constitutional Law* 11 (2013), 702 ff.

Jackson, Vicky C., Mark Tushnet, *Comparative Constitutional Law*, 3. Aufl. New York: Foundation Press, 2014.

Jäckel, Eberhard, *Hitlers Herrschaft. Vollzug einer Weltanschauung*. 4. Aufl., Stuttgart: DVA, 1999.

James, C.L.R., *The Black Jacobins: Toussaint L'Ouverture and the San Domingo Revolution*, London: Secker & Warburg Ltd., 1938.

Jasch, Hans-Christian, Wolf Kaiser, *Der Holocaust vor deutschen Gerichten*, Bonn: Reclam Verlag, 2018.

Johnstone, B.V., »The War on Terrorism: A Just War?«, in: *Studia Moralia* 40 (2002), 39 ff.

Kant, Immanuel, *Studienausgabe*, hrsg. v. W. Weischedel, darin: »Metaphysische Anfangsgründe der Rechtslehre« [1797], Bd. IV, Frankfurt am Main: Suhrkamp, 1976.

–, *Zum Ewigen Frieden* [1795], Berlin: Suhrkamp 2011 (mit einem Kommentar von Oliver Eberl und Peter Niesen).

Kantorowicz, Ernst, *Die zwei Körper des Königs. Eine Studie zur politischen Theologie des Mittelalters*, Stuttgart: Klett-Cotta, 1992.

Kautsky, Karl, *Der Bolschewismus in der Sackgasse*, Berlin: Dietz, 1930.

Keane, John, *The Life and Death of Democracy*, New York: Simon & Schuster, 2009.

Kelsen, Hans, *Allgemeine Staatslehre*, Berlin: Springer, 1925.

–, *Reine Rechtslehre* [1934], Studienausgabe, Tübingen: Mohr Siebeck, 2008.

Kennedy, David, *A World of Struggle – How Power, Law, and Expertise Shape Global Political Economy*, Princeton: Princeton University Press, 2016.

Kennedy, Duncan, »Legal Formalism«, in: Neil Smelser, Paul Baltes (Hg.), *Encyclopedia of the Social Sciences*, Amsterdam: Elsevier 13 (2001), Sp. 8634-5

–, »A Left of Liberal Interpretation of Trump's ›Big‹ Win, Part One 1«, in: *Nevada Law Journal Forum* 1 (2017), 98.

–, »Authoritarian Constitutionalism in Liberal Democracy«, in: Alviar, Frankenberg, *Authoritarian Constitutionalism*, 161 ff.

Kibet, Eric, Charles Fombad, »Transformative Constitutionalism and the Adjudication of Constitutional Rights in Africa«, in: *African Human Rights Journal* 17 (2017), 340 ff.

King, Stephen J., *The New Authoritarianism in the Middle East and North Africa*, Bloomington IN: Indiana University Press, 2009.

Kirchheimer, Otto, »Die Rechtsordnung des Nationalsozialismus«, in: ders., *Funktionen des Staats und der Verfassung. 10 Analysen*, Frankfurt am Main: Suhrkamp, 1972, 115 ff.

Klare, Karl, »Legal culture and transformative constitutionalism«, in: *South African Journal on Human Rights* 14 (1998), 146 ff.

Klarman, Michael J., *The Framers' Coup: The Making of the United States Constitution*, Oxford: Oxford University Press, 2016.

Klug, Heinz, *Constituting Democracy: Law, Globalism and South Africa's Political Reconstruction*, Cambridge UK: Cambridge University Press, 2000.

–, »Towards a Sociology of Constitutional Transformation: Understanding South Africa's Post-Apartheid Constitutional Order«, in: *University of Wisconsin Legal Studies Research Paper* 1373 (2016).

Köllner, Patrick, »Autoritäre Regime – Ein Überblick über die jüngere Literatur«, in: *Zeitschrift für Vergleichende Politikwissenschaft* 2 (2008), 351 ff.

Körner, Peter, *Zaïre. Verschuldungskrise und IWF-Intervention in einer afrikanischen Kleptokratie*, Hamburg: Deutsches Institut für Afrika-Forschung, Hamburger Beiträge zur Afrika-Kunde, 1988.

Kojève, Alexandre, *The Notion of Authority. A Brief Presentation*, Verso, 2014.

Konitzer, Werner, David Palme (Hg.), *»Arbeit«, »Volk«, »Gemeinschaft«: Ethik und Ethiken im Nationalsozialismus*, Frankfurt am Main/New York: Campus, 2016.

Koppetsch, Cornelia, *Gesellschaft des Zorns. Rechtspopulismus im globalen Zeitalter*, Bielefeld: Transcript, 2019.

Koselleck, Reinhard, *Begriffsgeschichten: Studien zur Semantik und Pragmatik der politischen und sozialen Sprache*, Berlin: Suhrkamp, 2006.

Koskenniemi, Martti, »Between Commitment and Cynicism: Outline for a Theory of International Law as Practice«, in: *Collection of Essays by Legal Advisers of International Organizations and Practitioners in the Field of International Law*, New York: United Nations, 1999, 495 ff.

Laclau, Ernesto, *Politics and Ideology in Marxist Theory: Capitalism, Fascism, Populism*, London: NLB/Atlantic Highlands Humanities Press, 1977.

Lauth, Hans-Joachim, »Typologien in der vergleichenden Politikwissenschaft: Überlegungen zum Korrespondenzproblem«, in: Susanne Pickel et al. (Hg.), *Methoden der vergleichenden Politik- und Sozialwissenschaft. Neue Entwicklungen und Anwendungen*, Wiesbaden: Springer VS, 2009, 153 ff.

Law, David S., Mila Versteeg, »Sham Constitutions«, in: *California Law Review* 101 (2013), 863 ff.

Lefort, Claude, *The Political Forms of Modern Society: Bureaucracy, Democracy and Totalitarianism*, Cambridge MA: MIT Press, 1986.

–, *Essais sur le politique*, Paris: Seuil, 1986.

–, »The Concept of Totalitarianism« [1988], in: ders., *Papers in Social Theory*, Warwick Social Theory Centre, Coventry UK, 2007, 22 ff.

–, *L'invention démocratique: Les limites de la domination totalitaire*, Paris: Fayard, 1994.

Lemke, Eveline, »Lügenpresse – wie die AfD verstand, die spekulative Kommunikation zu nutzen«, in: Eveline Lemke (Hg.), *Politik hart am Wind*, München: OEKOM Verlag, 2016, 153 ff.

Lemke, Matthias (Hg.), *Ausnahmezustand – Theoriegeschichte, Anwendungen, Perspektiven*, Wiesbaden: Springer VS, 2017.

–, *Demokratie im Ausnahmezustand: Wie Regierungen ihre Macht ausweiten*, Frankfurt am Main: Campus, 2017.

Lemke, Thomas, *Eine Kritik der politischen Vernunft*, Berlin: Argument-Verlag, 1997

Lentz, Carola, »›Tribalismus‹ und Ethnizität in Afrika – ein Forschungsüberblick«, in: *Leviathan* 23 (1995), 115 ff.

Lethen, Helmut, *Verhaltenslehren der Kälte – Lebensversuche zwischen den Kriegen*, Frankfurt am Main: Suhrkamp, 1994.

Lendvai, Paul, *Orbáns Ungarn*, Wien: Kremayr & Scheriau 2016.

Levitsky, Steven, Lucan A. Way, *Competitive Authoritarianism – Hybrid Regimes After the Cold War*, Cambridge: Cambridge University Press, 2010.

Levitsky, Steven, Daniel Ziblatt, *Wie Demokratien sterben: Und was wir dagegen tun können*, München: DVA, 2018.

Libret, Jeffrey, »Sovereignty and the Cult of Immediacy«, in: *Konturen* IX (2017), 1 ff.

Lindsay, Jason Royce, *The Concealment of the State*, London: Bloomsbury, 2013.

Linz, Juan J., *The failure of presidential democracy*, Baltimore MD: The Johns Hopkins University Press, 1994.

–, *Totalitäre und autoritäre Regime*, Berlin: Berliner Debatte Wissenschaftsverlag 2003.

Linz, Juan, Alfred Stepan, *Problems of Democratic Transition and Consolidation. Southern Europe, South America, and Post-Communist Europe*, Baltimore MD: Johns Hopkins University Press, 1996.

Locke, John, *Two Treatises of Government* [1689], hg. v. Peter Laslett, Cambridge UK: Cambridge University Press, 1988.

Loewenstein, Karl, »Militant Democracy and Fundamental Rights«, in: *American Political Science Review* 31 (1937), 417 ff. und 638 ff.

–, *Verfassungslehre*, 2. Aufl., Tübingen: Mohr, 1969.

Lofgren, Mike, *The Deep State: The Fall of the Constitution and the Rise of a Shadow Government*, London: Penguin, 2016.

López, Ernesto, *El primer Perón. El militar antes que el politico*, Buenos Aires: Capital Intelectual, 2009.

Loughlin, Martin, *Foundations of Public Law*, Oxford: Oxford University Press, 2010.

Luce, Edward, *The Retreat of Western Liberalism*, New York: Abacus, 2017.

Lübbe-Wolff, Gertrude, »Rechtsstaat und Ausnahmerecht«, in: *ZParl* 11 (1980), 110 ff.

Lukács, Georg, *Die Zerstörung der Vernunft: Der Weg des Irrationalismus von Schelling zu Hitler*, Berlin: Aufbau-Verlag, 1955.

Machiavelli, Niccolò, *Der Fürst* [1513], Frankfurt am Main: Suhrkamp/Insel, 1995.

MacKinnon, Rebecca, »China's Networked Authoritarianism«, in: *Journal of Democracy* 22 (2011), 32 ff.

MacPherson, C.B., *Die politische Theorie des Besitzindividualismus*, Frankfurt am Main: Suhrkamp, 1990.

Maistre, Joseph de, *Considérations sur la France* [1796], London: Bâle, 1797.

–, *De la souveraineté du peuple: Un anti-contrat social, Étude sur la souveraineté* [1794], Paris: Presses Universitaires de France, 1992.

Mamdani, Mahmood, *Citizen and Subject: Contemporary Africa and the Legacy of Late Colonialism*, Princeton: Princeton University Press, 1996.

Mannheim, Karl, *Diagnosis of Our Time. Wartime Essays of a Sociologist*, London: Paul, Trench, Trubner & Co, 1943.

Mansfield, Harvey C., *Taming the Prince: The Ambivalence of Modern Executive Power*, Baltimore MD: Johns Hopkins University Press, 1993.

Manow, Philip, *Im Schatten des Königs. Die politische Anatomie demokratischer Repräsentation*, Berlin: Suhrkamp, 2008.

–, *Die Politische Ökonomie des Populismus*, Berlin: Suhrkamp, 2018.

Marcuse, Herbert, »Theoretische Entwürfe über Autorität und Familie. Ideengeschichtlicher Teil«, in: Max Horkheimer, Erich Fromm und Herbert Marcuse, *Studien über Autorität und Familie*, Paris: zu Klampen 1936, 137 ff.

–, »Der Kampf gegen den Liberalismus in der totalitären Staatsauffassung«, in: ders., *Schriften Band 3*, Frankfurt am Main: Suhrkamp, 1979.

Marek, Kristin, *Die Körper des Königs. Effigies, Bildpolitik und Heiligkeit*, Paderborn: Fink Verlag, 2009.

Marshall, T.H., *Bürgerrechte und soziale Klassen: Zur Soziologie des Wohlfahrtsstaates* [1950], Frankfurt am Main/New York: Campus, 1992.

Martin, Bradley K., *Under the loving care of the fatherly leader. North Korea and the Kim dynasty*, New York: Thomas Dunne Books, 2004.

Marx, Karl, »Der achtzehnte Brumaire des Louis Bonaparte«, in: Karl Marx, Friedrich Engels, *Ausgewählte Schriften in zwei Bänden* 1, Berlin: Dietz Verlag, 1970, 226 ff.

–, »Zur Judenfrage«, in: Karl Marx, Friedrich Engels, *Werke*, Berlin: Dietz Verlag, 1976, 347 ff.

Mayer, Kenneth R., *With the Stroke of a Pen: Executive Orders and Presidential Power*, Princeton: Princeton University Press, 2002.

Mbembe, Achille, »Necropolis«, in: *Public Culture* 15 (2003), 11 ff.

McIlwain, Charles H., *Constitutionalism: Ancient and Modern*, Ithaca NY: Cornell University Press, 1947.

Mehta, Harish C., Julie B. Mehta, *Hun Sen: Strongman of Cambodia*. Singapore: Graham Brash Pte Ltd., 1999.

Mérieau, Eugénie, »Thailand's Deep State, Royal Power, and the Constitutional Court (1997-2015)«, in: *Journal of Contemporary Asia* 46 (2016), 445 ff.

–, »French Authoritarian Constitutionalism and its Legacy«, in Alviar, Frankenberg, *Authoritarian Constitutionalism*, 185 ff.

Merkel, Wolfgang et al., *Defekte Demokratie*, Opladen: Leske & Budrich, 2003.

Michaels, William C., *No Greater Threat: America since September 11 and the Rise of the National Security State*, New York: Algora Publishing, 2005.

Moffitt, Benjamin, *The Global Rise of Populism: Performance, Political Style, and Representation*, Stanford: Stanford University Press, 2016.

Mohr, Hubert, »Kult«, in: Karlheinz Barck et al. (Hg.), *Ästhetische Grundbegriffe* Bd. 3, Stuttgart/Weimar: Metzler, 2010, 498 ff.

Mommsen, Margareta, »Putins ›gelenkte Demokratie‹: ›Vertikale der Macht‹ statt Gewaltenteilung«, in: Matthes Buhbe, Gabriele Gorzka (Hg.), *Russland heute – Rezentralisierung des Staates unter Putin*, Wiesbaden: VS Springer, 2007, 235 ff.

Mommsen, Margareta, Angelika Nußberger, *Das System Putin. Gelenkte Demokratie und politische Justiz in Rußland*, München: C. H. Beck, 2007.

Montecinos, Verónica, John Markoff, *Economists in the Americas*, Cheltenham UK: Edward Elgar Publishing, 2009.

Morrison, Toni, *Die Herkunft der anderen – Über Rasse, Rassismus und Literatur*, Reinbek: Rowohlt, 2018.

Morsey, Rudolf (Hg.), *Das »Ermächtigungsgesetz« vom 24. März 1933*. Reihe: Historische Texte: Neuzeit, 4. unv. Nachdruck, Göttingen: Vandenhoeck & Ruprecht, 1976.

Moscovici, Serge, *Das Zeitalter der Massen*, Frankfurt am Main: S. Fischer, 1986.

Mounk, Yascha, *Der Zerfall der Demokratie*, München: Droemer, 2018.

Mudde, Cas, »The Populist Zeitgeist«, in: *Government and Opposition* 39 (2004), 541 ff.

–, *Populist Radical Right Parties in Europe*, Cambridge UK: Cambridge University Press, 2007.

Mühlberg, Felix, *Bürger, Bitten, Behörden: Geschichte der Eingabe in der DDR*, Berlin: Dietz, 2004.

Müller, Ingo, *Furchtbare Juristen*, München: Kindler, 1987.

Müller, Jan-Werner, »On Conceptual History«, in: Darrin M. McMahon, Samuel Moyn (Hg.), *Rethinking Modern European Intellectual History*, Oxford: Oxford University Press, 2014, 74 ff.

–, *Was ist Populismus? Ein Essay*, Berlin: Suhrkamp, 2016.

Münkler, Herfried, *Machiavelli. Die Begründung des politischen Denkens der Neuzeit aus der Krise der Republik Florenz*, Frankfurt am Main: S. Fischer, 1984.

Mughan, Anthony, Richard Gunther, »The Media in Democratic and Nondemocratic Regimes: A Multilevel Perspective«, in: dies. (Hg.), *Democracy and the Media. A Comparative Perspective*, Cambridge: Cambridge University Press, 2000, 1 ff.

Negretto, Gabriel L., Jose Antonio Aguilar Rivera, »Liberalism and Emergency Powers in Latin America: Reflections on Carl Schmitt and the Theory of Constitutional Dictatorship«, in: *Cardozo Law Review* 21 (2000), 1797 ff.

Nesbitt, Nick, *Universal Emancipation: The Haitian Revolution and Radical Enlightenment*, Charlottesville: University of Virginia Press, 2008.

Neumann, Franz, *Behemoth. Struktur und Praxis des Nationalsozialismus 1933-1944*, Köln/Frankfurt am Main: Europäische Verlagsanstalt, 1977.

Niembro Ortega, Roberto, »Conceptualizing authoritarian constitutionalism«, in: *Verfassung und Recht in Übersee* 49 (2016), 339 ff.

Newton, Scott, *The Constitutional Systems of the Independent Central Asian States. A Contextual Analysis*, Oxford: Bloomsbury, 2017.

Nohlen, Dieter, Liliana De Riz, »Verfassungsreform und Präsidentialismus in Argentinien«, in: Klaus Bodemer, Andrea Pagni und Peter Waldmann (Hg.), *Argentinien heute*, Frankfurt am Main: Vervuert Verlag, 2002, 337 ff.

Noyer, Alain, *La sûreté de l'État (1789-1965)*, Paris: IGDJ, 1966.

O'Donnell, Guillermo A., *Modernization and Bureaucratic Authoritarianism: Studies in South American Politics*, Berkeley CA: University of California Press, 1979.

–, »Delegative Democracy«, in: *Journal of Democracy* 5 (1994), 55 ff.

–, »The Perpetual Crisis of Democracy«, in: *Journal of Democracy* 18 (2007), 5 ff.

Oberndörfer, Lukas, »Vom neuen zum autoritären Konstitutionalismus«, in: *Kurswechsel* 2 (2012), 62 ff.

Offe, Claus, *Strukturprobleme des kapitalistischen Staates. Aufsätze zur Politischen Soziologie*, Frankfurt am Main: Suhrkamp, 1972.

–, »Moderne ›Barbarei‹: Der Naturzustand im Kleinformat«, in: Max Miller, Hans-Georg Soeffner (Hg.), *Modernität und Barbarei. Soziologische Zeitdiagnose am Ende des 20. Jahrhunderts*, Frankfurt am Main: Campus, 1996, 258 ff.

–, *Europa in der Falle*, Berlin: Suhrkamp, 2016.

Okoth-Ogendo, Hastings, »Constitutions without constitutionalism: an African political paradox«, in: Douglas Greenberg et al. (Hg.), *Constitutionalism and Democracy: Transitions in the Contemporary World*, New York: Oxford University Press, 1993, 65 ff.

Orwell, George, *1984*, Berlin: Ullstein, 2007.

Osterhammel, Jürgen, *Kolonialismus: Geschichte, Formen, Folgen*, München: C. H. Beck, 1995.

Page, Joseph, *Peron. A Biography*, New York: Random House, 1983.

Paine, Thomas, *Die Rechte des Menschen* [orig.: *The Rights of Man*, 1791-1792], München: dtv, 2007.

Pasquino, Pasquale, »The Law of the Exception: A Typology of Emergency Powers«, in: *International Journal of Constitutional Law* 2 (2004), 210 ff.

Pateman, Carol, *The Sexual Contract*, Stanford: Stanford University Press, 1988.

Paxton, Robert, *Anatomie des Faschismus*, München: Deutsche Verlagsanstalt, 2006.

Pech, Laurent, Kim Lane Scheppele, »Illiberalism Within: Rule of Law Backsliding in the EU«, in: *Cambridge Yearbook of European Legal Studies* 19 (2017), 3 ff.

Peerenboom, Randall, *China modernizes – threat to the west or model for the rest?*, Oxford: Oxford University Press, 2008.

Pereira, Anthony W., *Political (In)Justice: Authoritarianism and the Rule of Law in Brazil, Chile and Argentina*, Pittsburg PA: University of Pittsburg Press, 2005.

Perlmutter, Amos, *Modern Authoritarianism: A Comparative Institutional Analysis*, New Haven: Yale University Press, 1981.

Peukert, Detlev J. K., *Die Weimarer Republik. Krisenjahre der Klassischen Moderne*, Frankfurt am Main: Suhrkamp, 1987.

Pichl, Maximilian, »The Constitution of False Prophecies: The Illiberal Transformation of Hungary«, in: Alviar, Frankenberg, *Authoritarian Constitutionalism*, 2019.

Pildes, Robert H., »The Inherent Authoritarianism in Democratic Regimes«, in: András Sajó (Hg.), *Out of and Into Authoritarian Law*, New York: Kluwer Law International 2003, 125 ff.

Plumelle-Uribe, Rosa A., *Weiße Barbarei. Vom Kolonialrassismus zur Rassenpolitik der Nazis*, Zürich: Rotpunktverlag, 2004.

Pocock, John G. A., *Die andere Bürgergesellschaft. Zur Dialektik von Tugend und Korruption*, Frankfurt am Main/New York: Campus, 1993.

Politkovskaja, Anna, *In Putins Russland*, Köln: DuMont, 2005.

Popham, Peter, *The Lady and the Generals: Aung San Suu Kyi and Burma's Struggle for Freedom*, London: Penguin Books, 2016.

Poulantzas, Nicos, *Pouvoir politique et classes sociales II*, Paris: Maspero, 1972.

Prembeh, H. Kwasi, »Africa's ›constitutionalism revival‹: False start or new dawn?«, in: *International Journal of Constitutional Law* 5 (2007), 469 ff.

–, »Progress and Retreat in Africa: Presidents Untamed«, in: *Journal of Democracy* 19 (2008), 109 ff.
Preuß, Ulrich K., *Legalität und Pluralismus*, Frankfurt am Main: Suhrkamp, 1974.
–, *Revolution, Fortschritt und Verfassung*, Berlin: Wagenbach, 1990.
–, *Zum Begriff der Verfassung. Die Ordnung des Politischen*, Frankfurt am Main: S. Fischer, 1994.
Priester, Karin, »Definitionen und Typologie des Populismus«, in: *Soziale Welt* 62 (2011), 185 ff.
–, *Rechter und linker Populismus: Annäherung an ein Chamäleon*, Frankfurt am Main/New York: Campus Verlag, 2012.
–, »Hugo Chávez, Führer, Armee, Volk – Linker Populismus an der Macht«, in: dies., *Rechter und linker Populismus: Annäherung an ein Chamäleon*, Frankfurt am Main/New York: Campus, 2012.
Puschke, Jens, Tobias Singelnstein (Hg.), *Der Staat und die Sicherheitsgesellschaft*, Wiesbaden: Springer VS, 2018.
Putnam, Robert D., *Bowling Alone. The Collapse and Revival of American Community*, New York: Simon & Schuster, 2000.

Quent, Matthias, »Studien und Interventionen zu PEGIDA, AfD und der ›Neuen Rechten‹«, in: *Soziologische Revue* 40 (2017), 525 ff.

Rabin-Havt, Ari, Media Matters for America, *Lies, Incorporated: The World of Post-Truth Politics*, New York: Anchor, 2016.
Ramraj, Victor V. (Hg.), *Emergencies and the Limits of Legality*, Cambridge UK: Cambridge University Press, 2008.
Rancière, Jacques, »Demokratie und Postdemokratie«, in: Alain Badiou et al. (Hg.), *Politik der Wahrheit*, Wien: Turia & Kant, 1977, 94 ff.
–, *Der emanzipierte Zuschauer*, Wien: Passagen, 2009.
–, *Der Hass der Demokratie*, Berlin: August Verlag, 2011.
Rath-Sangkhakorn, Peter, Werner Seppmann, *Aufstand der Massen? Rechtspopulistische Mobilisierung und linke Gegenstrategien*, Bergkamen: pad-Verlag, 2017.
Raz, Joseph, *Between Authority and Interpretation. On the Theory of Law and Practical Reason*, Oxford: Oxford University Press, 2009.
Reckwitz, Andreas, *Das hybride Subjekt: Eine Theorie der Subjektkulturen von der Moderne zur Postmoderne*, Weilerswist: Velbrück, 2006.
Rensmann, Lars, Steffen Hagemann und Hajo Funke, *Autoritarismus und Demokratie. Politische Theorie und Kultur in der globalen Moderne*, Schwalbach: Wochenschau Verlag, 2011.
Reynolds, Vernon, Vincent Falger und Ian Vine (Hg.), *The Sociobiology of Ethnocentrism*, Athens GA: University of Georgia Press, 1987.

Richter, Emanuel, »Das Analysemuster der ›Postdemokratie‹«, in: *Forschungsjournal Neue Soziale Bewegungen* 4 (2006), 4 ff.

Roberts, Adam et al. (Hg.), *Resistance in the Arab Spring: Triumphs and Disasters*, Oxford: Oxford University Press, 2016.

Rod, Espen G., Nils B. Weidmann, »Empowering activists or autocrats? The Internet in authoritarian regimes«, in: *Journal of Peace Research* 52 (2015), 338 ff.

Rödel, Ulrich, Günter Frankenberg, Helmut Dubiel, *Die demokratische Frage*, Frankfurt am Main: Suhrkamp, 1989.

Röhmer, Cara, *Ungleichheit und Verfassung*, Weilerswist: Velbrück, 2019.

Rossiter, Clinton, *Constitutional Dictatorship: Crisis Government in Modern Democracies*, Princeton NJ: Princeton University Press, 1948.

Roth, Jürgen, *Der tiefe Staat: Die Unterwanderung der Demokratie durch Geheimdienste, politische Komplizen und den rechten Mob*, München: Heyne, 2016.

Rudolph, Enno, *Wege der Macht. Philosophische Machttheorien von den Griechen bis heute*, Weilerswist: Velbrück, 2017.

Sajó, András, *Limiting Government: An Introduction to Constitutionalism*, Budapest: Central European University Press, 1999.

–, (Hg.), *Militant Democracy*, Utrecht: Eleven International Publishing, 2004.

Santer, Eric L., *Was vom König übrigblieb. Die zwei Körper des Volke*s, Wien: Turia & Kant, 2015.

Sartori, Giovanni, »Constitutionalism: A Preliminary Discussion«, in: *American Political Science Review* 56 (1962), 853 ff.

–, *Il Sultanato*, Rom: Laterza, 2009.

Schäfer, Philipp, *Bedrohte Identität und Veränderungen im arabischen Sicherheitsdiskurs*, Wiesbaden: Springer VS, 2015.

Scharpf, Fritz, *Games Real Actors Play: Actor-Centered Institutionalism in Policy Research*, Boulder CO: Westview Press, 1997.

Scheerer, Sebastian, *Die Zukunft des Terrorismus. Drei Szenarien*, Lüneburg: zu Klampen 2002.

Schausberger, Franz, *Letzte Chance für die Demokratie. Die Bildung der Regierung Dollfuß I im Mai 1932. Bruch der österreichischen Proporzdemokratie*, Wien: Böhlau, 1993.

Schlesinger, Stephen, Stephen Kinzer, *Bananen-Krieg – CIA-Putsch in Guatemala*, Hamburg: Ernst Kabel Verlag, 1984.

Scheppele, Kim Lane, »The Rule of Law and the Frankenstate: Why Governance Checklists Do Not Work«, in: *International Journal of Policy Administration Institutions* 2 (2013), 559 ff.

–, »Autocratic Legalism«, in: *The University of Chicago Law Review* 85 (2018), 545 ff.

Schmitt, Carl, *Politische Theologie. Vier Kapitel zur Lehre von der Souveränität* [1922], München/Berlin: Duncker & Humblot, 1934.

–, *Der Begriff des Politischen. Text von 1932 mit einem Vorwort und drei Corollarien*, Berlin: Duncker & Humblot, 1963.

Schoelcher, Victor, *Vie de Toussaint Louverture*, Paris: Paul Ollendorf, 1889.

Schulz, Daniel, »Verfassungsbilder: Text und Körper in der Ikonographie des Verfassungsstaates«, in: *Leviathan* 46 (2018), 71 ff.

Schyga, Peter *Über die Volksgemeinschaft der Deutschen. Begriff und historische Wirklichkeit jenseits historiografischer Gegenwartsmoden*, Baden-Baden: Nomos, 2015.

Sennett, Richard, *Verfall und Ende des öffentlichen Lebens – Die Tyrannei der Intimität*, Frankfurt am Main: S. Fischer, 1983.

–, *Autorität*, Frankfurt am Main: S. Fischer, 1984.

Séville, Astrid, »*There is no Alternative*« – *Politik zwischen Demokratie und Sachzwang*, Frankfurt am Main/New York: Campus, 2017.

Sidel, Mark, *Law and Society in Vietnam*, Cambridge UK: Cambridge University Press, 2008.

Skinner, Quentin, *Freiheit und Pflicht. Thomas Hobbes' politische Theorie*, Frankfurt am Main: Suhrkamp, 2008.

Slater, Dan, *Ordering Power: Contentious Politics and Authoritarian Leviathans in Southeast Asia*, New York: Cambridge University Press, 2010.

Smith, Martin, *Burma. Insurgency and the Politics of Ethnicity*, Ann Arbor: University of Michigan Press, 1991.

Snyder, Timothy, *The Road to Unfreedom*, New York: Random House, 2018.

Somek, Alexander, »Authoritarian Constitutionalism: Austrian Constitutional Doctrine 1933 to 1938 and Its Legacy«, in: Christian Joerges, Navraj Singh Ghaleigh (Hg.), *Darker Legacies of Law in Europe: The Shadow of National Socialism and Fascism over Europe and its Legal Traditions*, Oxford: Hart Publishing, 2003, 361 ff.

Southall, Aidan W., »The Illusion of Tribe«, in: Peter Gutkind (Hg.), *The Passing of Tribal Man*, Leiden: Brill 1970, 28 ff.

Speit, Andreas (Hg.), *Reichsbürger. Die unterschätzte Gefahr*, Berlin: Ch. Links Verlag, 2017.

Spivak, Gayatri, *Can the Subaltern Speak? Postkolonialität und subalterne Artikulation*, Wien/Berlin: Turia & Kant, 2008.

Stanley, Jason, *How Propaganda Works*, Princeton: Princeton University Press, 2017.

Stern, Philipp J., *The Company-State: Corporate Sovereignty and the Early Modern Foundations of the British Empire in India*, Oxford UK: Oxford University Press, 2011.

Stockmann, Daniela, Mary E. Gallagher, »Remote Control: How the Media Sustain Authoritarian Rule in China«, in: *Comparative Political Studies* 44 (2011), 436 ff.

Stolleis, Michael, *Geschichte des öffentlichen Rechts, Bd. 4: 1945-1990*, München: C. H. Beck, 2012.

Spaulding, Norman W., »States of Authoritarianism in Liberal Democratic Regimes«, in: Alviar, Frankenberg, *Authoritarian Constitutionalism*, 265 ff.

Stier, Sebastian, »Democracy, Autocracy and the News: the Impact of Regime Type on Media Freedom«, in: *Democratization* 22 (2015), 1 ff.

Strenge, Irene, »Das Ermächtigungsgesetz vom 24. März 1933«, in: *Journal der Juristischen Zeitgeschichte* 7 (2013), 1 ff.

Stürmer, Stefan, »Soziale Repräsentationen von Bürgerprotesten: ›Die Wutbürger‹ – soziale Realität, Feuilleton-Chimäre oder politischer Kampfbegriff«, in: *Zeitschrift für politische Psychologie* 1 (2011), 9 ff.

Stürmer, Stefan, Bernd Simon, »Pathways to Collective Protest: Calculation, Identification or Emotion? A Critical Analysis of the Role of Anger in Social Movement Participation«, in: *Journal of Social Issues* 65 (2009), 681 ff.

Sultany, Nimer, *Law and Revolution: Legitimacy and Constitutionalism After the Arab Spring*, Oxford: Oxford University Press, 2017.

Tetzlaff, Rainer, Cord Jakobeit, *Das nachkoloniale Afrika: Politik – Wirtschaft – Gesellschaft*, Wiesbaden: Springer VS, 2005.

Thio, Li-Ann, »Constitutionalism in Illiberal Polities«, in: Michel Rosenfeld, Andras Sajó (Hg.), *Oxford Handbook of Comparative Constitutional Law*, Oxford: Oxford University Press, 2012, 134 ff.

Thompson, Mark R., »Pacific Asia After ›Asian Values‹: Authoritarianism, Democracy, and »Good Governance«, in: *Third World Quarterly* 25 (2004), 1079 ff.

Tocqueville, Alexis de, *Über die Demokratie in Amerika* [franz. Orig.: *De la Démocratie en Amérique*, 1835], Ditzingen: Reclam, 1986.

–, *Le despotisme démocratique*, Paris: L'Herne, 2010.

Torre, Carlos de la, *The Problem and Perils of Populism. A Global Perspective*, Lexington: University of Kentucky Press, 2015.

Tronconi, Filippo (Hg.), *Beppe Grillo's Five Star Movement. Organisation, Communication and Ideology*, London: Ashgate, 2015.

Trouillot, Michel-Rolph, *Silencing the Past: Power and the Production of History*, Boston: Beacon Press, 1995.

Tully, James, *A Discourse on Property, Locke and his Adversaries*, Cambridge: Cambridge University Press, 1980.

Tully, John, *A Short History of Cambodia. From Empire to Survival*, London: Allen & Unwin, 2005.

Tushnet, Mark, »Authoritarian Constitutionalism«, in: *Cornell Law Review* 100 (2015), 391 ff.

Twickel, Christoph, *Hugo Chávez. Eine Biographie*, Hamburg: Edition Nautilus, 2006.

Uitz, Renata, »Can you tell when an illiberal democracy is in the making?«, in: *International Journal of Constitutional Law* 13 (2015), 279 ff.
Unger, Arieh L., *Constitutional Development in the U.S.S.R.*, New York: Taylor & Francis, 1981.

Valdés, Juan Gabriel, *Pinochet's Economics. The Chicago School in Chile*, Cambridge: Cambridge University Press, 1995.
Vehrkamp, Robert, Wolfgang Merkel, *Populismus-Barometer. Populistische Einstellungen bei Wählern und Nichtwählern in Deutschland 2018*, Gütersloh: Bertelsmann-Stiftung, 2018.
Vetter, Reinhold, *Nationalismus im Osten Europas. Was Kaczynski und Orbán mit Le Pen und Wilders verbindet*, Berlin: Ch. Link, 2017.
Ville, Jacques de, »Sovereignty without Sovereignty: Derrida's Declarations of Independence«, in: *Law and Critique* 19 (2008), 87 ff.
Vismann, Cornelia, *Medien der Rechtsprechung*, hg. v. Alexandra Kemmerer und Markus Krajewski, Frankfurt am Main: S. Fischer, 2011.
Volkmann, Uwe, *Rechtsphilosophie*, München: C. H. Beck, 2018.
Vorländer, Hans, *Die Verfassung. Idee und Geschichte*, München: C. H. Beck, 1999.
–, »Demokratie und Ästhetik. Zur Rehabilitierung eines problematischen Zusammenhangs«, in: ders. (Hg.), *Zur Ästhetik der Demokratie. Die Formen der politischen Selbstdarstellung*, Stuttgart: DVA, 2003, 26 ff.
–, »The Good, the Bad, and the Ugly – über das Verhältnis von Populismus und Demokratie; eine Skizze«, in: *SSOAR* 8 (2) (2011), 187 ff.
–, »Wenn das Volk gegen die Demokratie aufsteht: Die Bruchstelle der repräsentativen Demokratie und die populistische Herausforderung«, in: Bertelsmann-Stiftung (Hg.), *Vielfalt statt Abgrenzung. Wohin steuert Deutschland in der Auseinandersetzung um Einwanderung und Flüchtlinge*, Gütersloh: Bertelsmann Verlag, 2016, 61 ff.
Vorländer, Hans et al., *Pegida. Entwicklungen, Zusammensetzung und Deutung einer Empörungsbewegung*, Wiesbaden: Springer, 2016.
Voßkuhle, Andreas, »Demokratie und Populismus«, in: *Frankfurter Allgemeine Zeitung* vom 23. 11. 2017, 6.

Waldmann, Peter, *Der Peronismus 1943-1955*, Hamburg: Hoffmann & Campe, 1974.
–, *Terrorismus und Bürgerkrieg. Der Staat in Bedrängnis*, München: Gerling Akademie Verlag, 2003.
Wirth, Hans-Jürgen, *Narzissmus und Macht*, 4. Aufl., Stuttgart: Thieme, 2011.

Weber, Max, *Wirtschaft und Gesellschaft. Grundriss einer verstehenden Soziologie* [1922], Tübingen: Mohr Siebeck, 2005.

Weiß, Volker, *Die autoritäre Revolte. Die Neue Rechte und der Untergang des Abendlandes*, Stuttgart: Klett-Cotta, 2017.

Wiedemann, Gregor et al., »Postdemokratie und Neoliberalismus«, in: *Zeitschrift für Politische Theorie* 4 (2013), 80 ff.

Wildt, Michael, *Volk, Volksgemeinschaft, AfD*, Hamburg: Hamburger Edition, 2017.

Wilkinson, Michael A. »Authoritarian liberalism as authoritarian constitutionalism«, in: Alviar, Frankenberg, *Authoritarian Constitutionalism*, 317 ff.

Winkler, Heinrich August, *Geschichte des Westens: Vom Kalten Krieg zum Mauerfall*, 2. Aufl., München: C. H. Beck, 2015.

Wodak, Ruth, Majid Khosravinik, Brigitte Mral, *Right-Wing Populism in Europe – Politics and Discourse*, London: Bloomsbury, 2013.

Wohlin, Sheldon, *Democracy Incorporated: Managed Democracy and the Specter of Inverted Totalitarianism*, Princeton NJ: Princeton University Press, 2017.

Yassin-Kassab, Robin, *Burning Country: Syrians in Revolution and War*, London: Pluto Press, 2016.

Yazbek, Samar, *The Crossing: My Journey to the Shattered Heart of Syria*, London: Ebury Press, 2016.

Zakaria, Fareed, »The Rise of Illiberal Democracy«, in: *Foreign Affairs* 76 (1997), 22 ff.

Zeuske, Michael, *Von Bolívar zu Chávez. Die Geschichte Venezuelas*. Zürich: Rotpunktverlag, 2008.

Zielcke, Andreas, »Der Volksstaat im Rechtsstaat«, in: *Süddeutsche Zeitung* vom 17. 08. 2018, 11.

Ziemer, Gesa, *Komplizenschaft – Neue Perspektiven auf Kollektivität*, Bielefeld: transcript, 2013.

Zürn, Michael, »*Autoritärer Populismus vs. offene Gesellschaft – eine neue Konfliktlinie?*«, hg. v. d. Heinrich Böll Stiftung, Oktober 2018.

Rechtswissenschaft im Suhrkamp Verlag
Eine Auswahl

Robert Alexy
- Theorie der Grundrechte. stw 582. 548 Seiten
- Theorie der juristischen Argumentation. Die Theorie des rationalen Diskurses als Theorie der juristischen Begründung. Mit einem Nachwort (1990): Antwort auf einige Kritiker. stw 436. 435 Seiten

Ernst-Wolfgang Böckenförde. Staat, Nation, Europa. Studien zur Staatslehre, Verfassungstheorie und Rechtsphilosophie. stw 1419. 290 Seiten

Ernst-Wolfgang Böckenförde/Dieter Gosewinkel. Wissenschaft, Politik, Verfassungsgericht. Aufsätze von Ernst-Wolfgang Böckenförde. Biographisches Interview von Dieter Gosewinkel. stw 2006. 492 Seiten

Hauke Brunkhorst/Wolfgang R. Köhler/Matthias Lutz-Bachmann (Hg.). Recht auf Menschenrechte. Menschenrechte, Demokratie und internationale Politik. stw 1441. 352 Seiten

Hauke Brunkhorst/Peter Niesen (Hg.). Das Recht der Republik. stw 1392. 403 Seiten

Ronald Dworkin. Bürgerrechte ernstgenommen. Übersetzt von Ursula Wolf. stw 879. 592 Seiten

Andreas Fischer-Lescano/Gunther Teubner. Regime-Kollisionen. stw 1803. 230 Seiten

Stanley Fish. Das Recht möchte formal sein. Essays. Herausgegeben und eingeleitet von Heinz Bude und Michael Dellwing. Aus dem Amerikanischen von Klaus Binder. stw 2008. 279 Seiten

Günter Frankenberg
- Autorität und Integration. Zur Grammatik von Recht und Verfassung. stw 1622. 418 Seiten
- Die Verfassung der Republik. Autorität und Solidarität in der Zivilgesellschaft. stw 1331. 264 Seiten

Johan Galtung. Menschenrechte – anders gesehen. stw 1084. 235 Seiten

Ute Gerhard/Jutta Limbach (Hg.). Rechtsalltag von Frauen. es 1423. 251 Seiten

Oliver Gerstenberg. Bürgerrechte und deliberative Demokratie. Elemente einer pluralistischen Verfassungstheorie. stw 1298. 143 Seiten

Stefan Gosepath/Georg Lohmann (Hg.). Philosophie der Menschenrechte. stw 1338. 417 Seiten

Dieter Grimm.
- Die Zukunft der Verfassung. stw 968. 447 Seiten
- Die Zukunft der Verfassung II. Auswirkungen von Europäisierung und Globalisierung. stw 2027. 400 Seiten

Jürgen Habermas. Faktizität und Geltung. Beiträge zur Diskurstheorie des Rechts und des demokratischen Rechtsstaats. stw 1361. 704 Seiten

H. L. A. Hart. Der Begriff des Rechts. Mit dem Postskriptum von 1994 und einem Nachwort von Christoph Möllers. Aus dem Englischen von Alexander von Baeyer. stw 2009. 395 Seiten

Georg Wilhelm Friedrich Hegel. Die Philosophie des Rechts. Vorlesung von 1821/22. Herausgegeben von Hansgeorg Hoppe. stw 1721. 237 Seiten

Materialien zu Hegels Rechtsphilosophie. Herausgegeben von Manfred Riedel. Band 1: stw 88. 437 Seiten

Otfried Höffe
- Gibt es ein interkulturelles Strafrecht? Ein philosophischer Versuch. stw 1396. 180 Seiten
- Kategorische Rechtsprinzipien. Ein Kontrapunkt der Moderne. stw 1170 und kartoniert. 431 Seiten
- Strategien der Humanität. Zur Ethik öffentlicher Entscheidungsprozesse. Mit einem neuen Nachwort. stw 540. 373 Seiten
- Vernunft und Recht. Bausteine zu einem interkulturellen Rechtsdiskurs. stw 1270. 296 Seiten

Herbert Jäger. Verbrechen unter totalitärer Herrschaft. Studien zur nationalsozialistischen Gewaltkriminalität. Mit einem Nachwort zur Neuauflage von Adalbert Rückerl. stw 388. 410 Seiten

Hans Joas. Die Sakralität der Person. Eine neue Genealogie der Menschenrechte. 303 Seiten. Gebunden

Wolfgang Kersting (Hg.). Gerechtigkeit als Tausch? Auseinandersetzungen mit der politischen Philosophie Otfried Höffes. stw 1297. 375 Seiten

Klaus Lüderssen
- Abschaffen des Strafens? es 1914. 427 Seiten
- Erfahrung als Rechtsquelle. Abduktion und Falsifikation von Hypothesen im juristischen Entscheidungsprozeß. Eine Fallstudie aus dem Kartellstrafrecht. 259 Seiten. Gebunden
- Genesis und Geltung in der Jurisprudenz. es 1962. 365 Seiten
- Kriminalpolitik auf verschlungenen Wegen. Aufsätze zur Vermittlung von Theorie und Praxis. stw 347. 483 Seiten
- Rechtsfreie Räume? stw 2042. 694 Seiten

Klaus Lüderssen/Fritz Sack (Hg.)
- Seminar: Abweichendes Verhalten
  Band 1: Die selektiven Normen der Gesellschaft.
  stw 84. 508 Seiten
  Band 2: Die gesellschaftliche Reaktion auf Kriminalität.
  Band 1. Strafgesetzgebung und Strafrechtsdogmatik.
  stw 85. 387 Seiten

Niklas Luhmann
- Ausdifferenzierung des Rechts. Beiträge zur Rechtssoziologie und Rechtstheorie. stw 1418. 459 Seiten
- Das Recht der Gesellschaft. stw 1183. 598 Seiten

Christoph Menke/Francesca Raimondi (Hg.). Die Revolution der Menschenrechte. Grundlegende Texte zu einem neuen Begriff des Politischen. stw 1988. 498 Seiten

Bernhard Peters. Rationalität, Recht und Gesellschaft. 366 Seiten. Gebunden

Ulrich K. Preuß. Die Internalisierung des Subjekts. Zur Kritik der Funktionsweise des subjektiven Rechts. 356 Seiten. Kartoniert

John Rawls
- Gerechtigkeit als Fairneß. Ein Neuentwurf. Herausgegeben von Erin Kelly. Übersetzt von Joachim Schultze. 316 Seiten. Gebunden
- Eine Theorie der Gerechtigkeit. Übersetzt von Hermann Vetter. stw 271. 674 Seiten

Karl F. Schumann. Der Handel mit Gerechtigkeit. Funktionsprobleme der Strafjustiz und ihre Lösungen – am Beispiel des amerikanischen plea bargaining. stw 214. 264 Seiten

Alexander Somek. Rechtliches Wissen. stw 1802. 240 Seiten

Rudolf Steinberg. Der ökologische Verfassungsstaat. 480 Seiten. Gebunden

Michael Stolleis. Recht im Unrecht. stw 1155. 342 Seiten

Gunther Teubner. Verfassungsfragmente. Gesellschaftlicher Konstitutionalismus in der Globalisierung. stw 2028. 291 Seiten

Rainer Wahl. Verfassungsstaat, Europäisierung, Internationalisierung. stw 1623. 442 Seiten

Uwe Wesel
- Juristische Weltkunde. Eine Einführung in das Recht. stw 467. 213 Seiten
- Der Mythos vom Matriarchat. Über Bachofens Mutterrecht und die Stellung von Frauen in frühen Gesellschaften vor der Entstehung staatlicher Herrschaft. stw 333. 168 Seiten

Sozialphilosophie im Suhrkamp Verlag
Eine Auswahl

Rainer Forst
- Kontexte der Gerechtigkeit. Politische Philosophie von Liberalisums und Kommunitarismus. stw 1252. 480 Seiten
- Toleranz im Konflikt. Geschichte, Gehalt und Gegenwart eines umstrittenen Begriffs. stw 1682. 816 Seiten

Stefan Gosepath. Gleiche Gerechtigkeit. Grundlagen eines liberalen Egalitarismus. stw 1665. 508 Seiten

Axel Honneth
- Das Andere der Gerechtigkeit. Aufsätze zur praktischen Philosophie. stw 1491 340 Seiten
- Das Ich im Wir. Studien zur Anerkennungstheorie. stw 1959. 308 Seiten
- Die Idee des Sozialismus. Versuch einer Aktualisierung. Gebunden. 168 Seiten
- Kampf um Anerkennung. Zur moralischen Grammatik sozialer Konflikte. stw 1129. 301 Seiten
- Kritik der Macht. Reflexionsstufen einer kritischen Gesellschaftstheorie. stw 738. 408 Seiten
- Pathologien der Vernunft. Geschichte und Gegenwart der Kritischen Theorie. stw 1835. 239 Seiten
- Das Recht der Freiheit. Grundriß einer demokratischen Sittlichkeit. stw 2048. 628 Seiten
- Unsichtbarkeit. Stationen einer Theorie der Intersubjektivität. stw 1616. 162 Seiten
- Verdinglichung. Eine anerkennungstheoretische Studie. Mit Kommentaren von Judith Butler, Raymond Geuss und Jonathan Lear und einer Erwiderung von Axel Honneth. stw 2127. 183 Seiten
- Vivisektionen eines Zeitalters – Porträts zur Ideengeschichte des 20. Jahrhunderts. es 2678. 308 Seiten

- Von Person zu Person. Zur Moralität persönlicher Beziehungen. Herausgegeben zus. mit Beate Rössler. stw 1756. 361 Seiten
- Der Wert des Marktes. Ein ökonomisch-philosophischer Diskurs vom 18. Jahrhundert bis zur Gegenwart. Herausgegeben zus. mit Lisa Herzog. stw 2065. 670 Seiten
- Die zerrissene Welt des Sozialen. Sozialphilosophische Aufsätze. Erweiterte Ausgabe. stw 849. 279 Seiten

Axel Honneth/Nancy Fraser. Umverteilung oder Anerkennung? Eine politisch-philosophische Kontroverse. stw 1460. 320 Seiten

Rahel Jaeggi
- Entfremdung. stw 2185. 337 Seiten
- Kritik von Lebensformen. stw 1987. 451 Seiten
- Nach Marx. Philosophie, Kritik, Praxis. Herausgegeben zus. mit Daniel Loick. stw 2066. 518 Seiten
- Sozialphilosophie und Kritik. Herausgegeben zus. mit Rainer Forst, Martin Hartmann und Martin Saar. stw 1960. 743 Seiten
- Was ist Kritik? Herausgegeben zus. mit Tilo Wesche. stw 1885. 375 Seiten

Hans Joas
- Die Entstehung der Werte. stw 1416. 321 Seiten
- Die Kreativität des Handelns. stw 1248. 415 Seiten

Angelika Krebs. Arbeit und Liebe. Die philosophischen Grundlagen sozialer Gerechtigkeit. stw 1564. 336 Seiten

George Herbert Mead. Geist, Identität und Gesellschaft. Aus der Sicht des Sozialbehaviorismus. Einleitung von Charles W. Morris. Übersetzt von Ulf Pacher. stw 28. 456 Seiten

Bernhard Peters. Der Sinn von Öffentlichkeit. Herausgegeben von Hartmut Weßler. Mit einem Nachwort von Jürgen Habermas. stw 1836. 410 Seiten

Beate Rössler. Der Wert des Privaten. stw 1530. 384 Seiten

Notizbuch
suhrkamp taschenbuch
wissenschaft

144 Seiten. Broschur
€ 4,– (D)/€ 4,20 (A)/Fr. 6,50
(978-3-518-07293-6)

Raum für anspruchsvolle theoretische Reflexion bietet das stw-Notizbuch für Freunde der Reihe suhrkamp taschenbuch wissenschaft.

»Laß dir keinen Gedanken inkognito passieren und führe dein Notizheft so streng wie die Behörde das Fremdenregister.«

Walter Benjamin

suhrkamp taschenbuch wissenschaft